非洲数字经济发展与中非合作

African Digital Economy and China-Africa Cooperation

牛东芳　黄梅波◎著

人民出版社

策划编辑:郑海燕
封面设计:王欢欢
责任校对:周晓东

图书在版编目(CIP)数据

非洲数字经济发展与中非合作/牛东芳,黄梅波 著. —北京:人民出版社,
　2023.12

ISBN 978－7－01－026117－1

I.①非… Ⅱ.①牛…②黄… Ⅲ.①对外投资-研究报告-中国、非洲-2022
　Ⅳ.①F832.6

中国国家版本馆 CIP 数据核字(2023)第 223596 号

非洲数字经济发展与中非合作

FEIZHOU SHUZI JINGJI FAZHAN YU ZHONGFEI HEZUO

牛东芳　黄梅波　著

人 民 出 版 社 出版发行
(100706　北京市东城区隆福寺街 99 号)

中煤(北京)印务有限公司印刷　新华书店经销

2023 年 12 月第 1 版　2023 年 12 月北京第 1 次印刷
开本:710 毫米×1000 毫米 1/16　印张:21.25
字数:310 千字

ISBN 978－7－01－026117－1　定价:110.00 元

邮购地址 100706　北京市东城区隆福寺街 99 号
人民东方图书销售中心　电话 (010)65250042　65289539

序

上海对外经贸大学国际发展合作研究院自2018年建立以来，一直致力于国际发展合作及中非贸易投资关系的研究，每年举办国际发展论坛及中非经贸论坛，邀请业内专家对非洲经济形势、投资环境、产业发展和中非合作等重大问题进行分析和解读，长期推进非洲发展的研究深度。同时，发布《中非投资指数》，形成非洲经济形势和投资环境权威报告，希望以此推进中非投资合作相关理论与政策的研究，为国家战略的制定与实施、中非合作的持续推进以及创新智库工作作出贡献。

2022年的发展报告聚焦数字经济主题。纵观中非合作的历史变迁，数字经济合作近年来已经成为中非最有活力和潜力的领域。从国际合作端来看，2021年11月，在中非合作论坛第八届部长级会议上，习近平总书记指出，"中国将同非洲国家密切配合，共同实施数字创新工程"。会议通过的《中非合作2035年愿景》和《达喀尔行动计划（2022—2024）》明确提出"中非双方将在减贫、农村振兴、信息和通讯技术、金融科技、数字经济、电子商务、云计算、大数据和网络安全等领域培育新的能力建设项目"。从市场实践来看，近年来，越来越多的中国数字企业在非洲取得了成功。2022年在非洲移动应用市场游戏领域，活跃用户规模前100位的开发者中，中国游戏发行商占有近三分之一的市场份额；在社交应用领域，中国、美国、新加坡主导了非洲整个大陆及非洲四个最主要数字经济国家的社交媒体。本书通过梳理非洲数字经济发展的宏观基本面，深入研究非洲重点国家的数字经济产业状况，发现非洲数字经济发展需求旺盛，非洲经济增长与"数字非洲"建设呈现相互交织、相互促进的发展趋势。此外，本书还描绘了中非数字合作的全景。中非双方数字经济优势互补，中国互联网企业大力开拓非洲市场,能够削减由数字鸿沟带来的隐形贫困风险,助力非洲弯道减贫,最终为人类命运共同体的构建贡献力量。

本书导论为 2022 年中非投资指数测算与分析,该部分通过经济规模、产业结构、投资环境、投资活力、投资潜力、风险因素六个方面构建指标体系,利用主客观权重结合的方法测算 2020 年以及 2001—2020 年非洲 53 个国家的投资指数及分项指标,总结归纳了影响中国对非洲投资的关键因素。第一章至第四章主要分析非洲数字经济发展及其竞争力,主要内容为"2023 年非洲移动应用市场报告""非洲数字经济发展评价""非洲金融科技发展与国际合作""数字技能与非洲数字化人才建设"。第五章至第七章研究中非数字经济合作及其效应,主要内容为"中国对非洲数字基础设施援助的减贫合作效应""中非数字金融合作的进展与挑战""数字支付与中非数字普惠金融合作"。第八章至第十一章分析非洲数字经济最有竞争力的四个国家的数字经济发展状况,主要内容为"南非数字经济竞争力与中南合作""尼日利亚数字经济竞争力分析""埃及数字经济发展及评价"和"肯尼亚数字经济发展与数字经济治理"。

总而言之,数字经济正在成为非洲大陆发展的新引擎,但从国际竞争力来看,非洲数字经济"大而不强""多而无序",尚在发展起步阶段,与全球平均水平相比仍存在巨大的数字鸿沟。但是,中非数字经济发展优势互补,战略积极对接,中非数字合作已取得初步成效。今后,中非需继续把握数字经济发展契机,优化合作主体及合作模式,突破合作瓶颈,打通合作堵点,积极提高硬件配套能力、软件支持能力、风险防范能力与国际合作竞争能力,推动中非经贸合作迈上新台阶。

目　　录

第一篇　非洲数字经济发展及其竞争力

导论　2022年中非投资指数测算与分析

中非投资指数编制立足全面性、系统性、科学性原则,从经济规模、产业结构、投资活力、风险因素、投资环境、投资潜力等方面,利用主客观权重结合的方法测算。通过测算2020年以及2001—2020年非洲53个国家中非投资指数国别指标和分项数值,总结归纳非洲大陆投资关键影响因素的趋势和长期前景,展示非洲主要经济体市场内投资格局的变化,揭示非洲及非洲各国对中国投资者的潜在吸引力。

在后疫情时代,随着全球政治经济挑战不断严峻化,中非双方均要未雨绸缪、统筹规划,以投资为引领,保持高质量发展,携手打造"健康非洲""制造非洲""联通非洲""丰收非洲""数字非洲""绿色非洲""安全非洲"和"人才非洲",造福中非人民,为中非全面战略合作伙伴关系不断注入新的内涵。因此,编制中非投资指数能够为两国的政策制定者、研究者和经贸往来的投资者提供更加丰富和全面的评估依据,提高对抗风险能力、实现合作共赢目标,构建更加紧密的中非命运共同体,继往开来,紧密合作。

第一节　中非投资指数编制意义及方法

2021年11月29日至30日,中非合作论坛第八届部长级会议在塞内加尔首都达喀尔举行,会议围绕"深化中非伙伴合作,促进可持续发展,构建新时代中非命运共同体"的主题,秉持共商共建共享的原则,坚持开放、绿色、廉洁的理念,力图将中非共建"一带一路"打造成高标准、惠民生、可持续的合作之路,并在卫生健康、投资贸易、工业化、基础设施、农业和粮食安全、气候变化、和平安全、人力资源、数字和蓝色经济等重点领域①,推动中非投资合作不断提质升级。

一、中非投资指数编制意义

中非投资合作的基石是经济结构互补、共同历史记忆和多元合作方式,因此,共同发展依然是中非投资的主旋律。自 2000 年举办的第一届中非合作论坛以来,中非经济往来日益频繁,《中华人民共和国政府和毛里求斯共和国政府自由贸易协定》于 2021 年 1 月 1 日正式生效,这是我国与非洲国家签署的第一个自贸协定,该协定的生效将进一步提升中毛两国互利合作水平,促进中非合作,为推动构建更加紧密的中非命运共同体作出贡献。过去 20 年里,中国对非洲直接投资流量年均增长超过25%。2020 年,在国际投资受新冠疫情影响严重缩水的背景下,中国对非洲直接投资额却逆势上扬,达到 42.26 亿美元,同比增长 56.29%,为新时期的中非合作注入强大动力。中国企业在实现自身发展的同时,通过积极开展技术转移、加强本地采购、雇用当地员工的方式,推动非洲工业化进程,为非洲国家社会稳定和经济繁荣作出了突出贡献。

本书立足全面性、系统性、科学性原则构建中非投资指数(Index of China-Africa Investment, ICAI),从经济规模、产业结构、投资活力、风险因素、投资环境、投资潜力六个方面对中非投资进行测评,并利用主客观权重结合的方法计算 2001—2020 年以及 2020 年非洲 53 个国家中非投资指数值。在编制中非投资指数的基础上,本书还研究和总结了过去 20 年非洲经济发展与中国对非洲投资环境、投资风险的变化,为我国政府与企业与时俱进地调整对非洲投资合作贡献思路、重点,创新中非合作模式,并为探索出一条更合理、更精细、更可持续的中非合作新路提供依据。

二、中非投资总览

自 2000 年第一届中非合作论坛以来,中非的经济往来愈加频繁,中

---

① 《中非合作论坛第八届部长级会议达喀尔宣言(全文)》,新华社,http://m.news.cn/2021-12/02/c_1128121932.htm,访问时间:2022 年 7 月 11 日。

国对非洲直接投资逐渐增加,在非洲的直接投资覆盖率不断提高,但受资国分布较为集中。

(一)中国对非洲投资流量和存量

从存量角度看,2000 年中国在非洲投资仅为 2.1 亿美元,2005 年增至 15.95 亿美元,2010 年为 130.42 亿美元,2015 年达到 346.94 亿美元,2020 年达到 433.99 亿美元,中国在非洲直接投资存量规模一直呈显著上升趋势(见表 0-1)。从流量角度看,在 2008 年国际金融危机发生前,中国对非洲直接投资流量规模 2003—2008 年每年几乎都是翻番。2008 年,由于中国工商银行收购了南非最大的商业银行——标准银行(Standard Bank)20%的股份,中国对非洲直接投资流量激增到近二十年的最大值——54.91 亿美元。此后,受国际金融危机影响,中国大部分企业选择减少对外直接投资。2009 年,在第四届中非合作论坛部长级会议的推动下,中国对非洲直接投资流量逐渐回升;2013 年,世界经济低迷,投资规模减小;2017 年,中国对非洲直接投资流量重新增长,增至 41.05 亿美元;2020 年,新冠疫情来势汹汹,但中国对非洲投资逆势增长到 42.26 亿美元,潜力不容小觑。

表 0-1 2003—2020 年中国对非洲直接投资流量和存量规模一览表

(单位:亿美元)

年份	2003	2004	2005	2006	2007	2008	2009	2010	2011
中国对非洲直接投资流量情况	0.75	3.17	3.92	5.20	15.74	54.91	14.39	21.12	31.73
中国对非洲直接投资存量情况	4.91	9.00	15.95	25.57	44.62	78.04	93.32	130.42	162.44
年份	2012	2013	2014	2015	2016	2017	2018	2019	2020
中国对非洲直接投资流量情况	25.17	33.71	32.02	29.78	23.99	41.05	53.89	27.04	42.26
中国对非洲直接投资存量情况	217.30	261.86	323.50	346.94	398.77	432.97	461.04	443.90	433.99

资料来源:中华人民共和国商务部、国家统计局、国家外汇管理局:《2020 年度中国对外直接投资统计公报》,中国商务出版社 2021 年版,第 15—21 页;中华人民共和国商务部、国家统计局、国家外汇管理局:《2013 年度中国对外直接投资统计公报》,中国商务出版社 2014 年版,第 42—48 页;中华人民共和国商务部、国家统计局、国家外汇管理局:《2005 年度中国对外直接投资统计公报》,中国商务出版社 2006 年版,第 51—59 页。

值得注意的是,虽然中国对非洲投资额增长迅速,已成为非洲地区的主要域外直接投资国,但非洲在中国对外直接投资的地位有待提升。2020年中国对非洲直接投资流量占中国对外直接投资流量比重为2.80%,对非洲存量占对外存量比重为1.70%,远远低于对亚洲、拉丁美洲、欧洲和北美洲的投资水平(见表0-2)。

表0-2　2020年中国对外直接投资流量和存量地区构成情况

(单位:亿美元;%)

洲别	流量金额	流量比重	存量金额	存量比重
亚洲	1123.40	73.10	16448.90	63.70
欧洲	126.90	8.30	1224.30	4.70
非洲	42.30	2.80	434.00	1.70
北美洲	63.40	4.10	1000.20	3.90
拉丁美洲	166.60	10.80	6289.10	24.40
大洋洲	14.50	0.90	401.10	1.60
合计	1537.10	100	25797.60	100

资料来源:中华人民共和国商务部、国家统计局、国家外汇管理局:《2020年度中国对外直接投资统计公报》,中国商务出版社2021年版,第50—70页。

(二)中国对非洲投资的国别分布

从中国境外企业在各大洲的分布与覆盖率变化情况来看,2003年在非洲对外直接投资企业覆盖率为73%,2020年年末达到94.64%,覆盖了非洲53个国家。从投资流量的国家分布来看,2020年中国对非洲直接投资流量前十国家分别为肯尼亚、刚果(金)、南非、埃塞俄比亚、尼日利亚、刚果(布)、尼日尔、赞比亚、塞内加尔、马达加斯加,十国流量总额占中国对非洲直接投资总额的比重高达78.27%;从投资存量国家分布来看,截至2020年年末,中国对非洲直接投资存量最高的10个非洲国家分别为南非、刚果(金)、赞比亚、埃塞俄比亚、安哥拉、尼日利亚、肯尼亚、津巴布韦、阿尔及利亚、加纳,十国投资存量在中国对非洲直接投资存量总额中的占比为63.11%,其中,对南非投资存量规模占比高达19.78%(见图0-1、图0-2)。

（单位：亿美元）

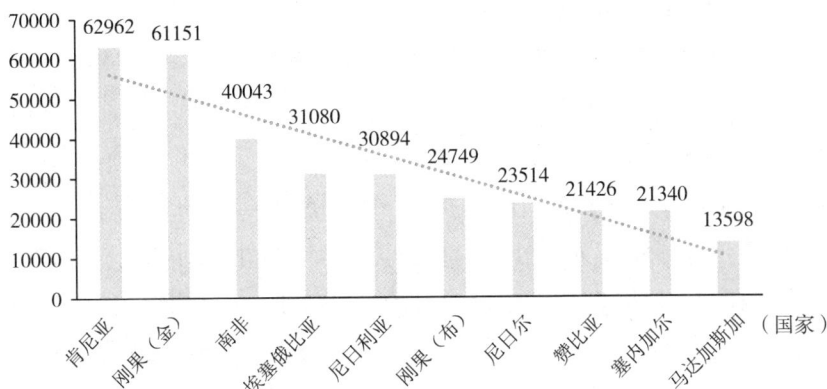

图0-1　2020年中国对非洲直接投资流量前十国家

资料来源：中华人民共和国商务部、国家统计局、国家外汇管理局：《2020年度中国对外直接投资统计公报》，中国商务出版社2021年版，第51—53页。

（单位：亿美元）

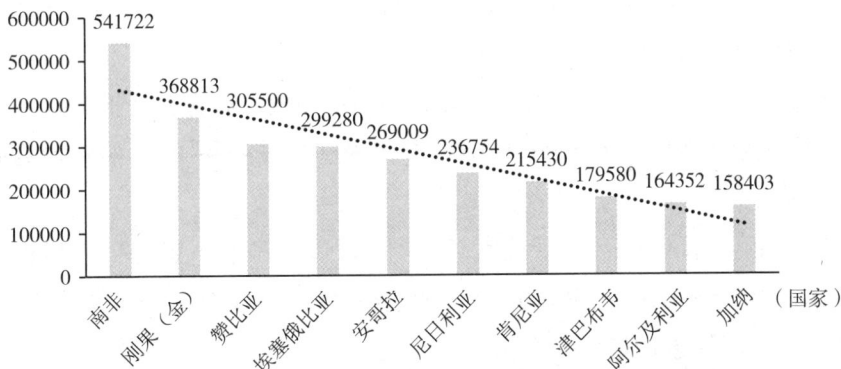

图0-2　2020年中国对非洲直接投资存量前十国家

资料来源：中华人民共和国商务部、国家统计局、国家外汇管理局：《2020年度中国对外直接投资统计公报》，中国商务出版社2021年版，第57—59页。

三、中非投资指数指标选取及测算方法

中非投资指数指标体系建设采用综合评价方法，通过经济规模、产业结构、投资活力、风险因素、投资环境、投资潜力六个方面进行测评，评价中国对非洲及非洲各国的投资水平。主要结合综合法与分析法进行指标

体系构建。

（一）中非投资指数测算对象

中非投资指数测算对象为非洲统计协调委员会（African Statistical Coordinating Committee，ASCC）编写的《非洲统计年鉴》（African Statistical Yearbook）中列出的非洲 53 个国家。

（二）中非投资指数指标体系构建方法

构建指标体系作为一种综合评价方法，指对评价对象进行某种层面或某种角度的评估，即在考虑评价目的的基础上，通过测定或衡量评价对象的某个或某些属性，综合评估在某一时间节点或时间段内数量规模、质量水平、业绩、功能等。

指数体系初选方法有分析法、综合法、交叉法、指标属性分组法等，综合法是对已有指标群按一定的标准进行聚类以构建指标体系。分析法是根据度量对象和目标逐层划分成若干不同部分或侧面，每一个部分或侧面都可以用具体的统计指标来描述实现。本书结合了综合法和分析法首先对中非投资整体水平和环境进行剖析，划分不同侧面，设置一级、二级指标，并根据数据可获取性设置理论与数据指标，最后进行指标体系完善，并采用主观检验，即邀请专家对指标树进行过滤和净化，确定最终指标体系。

本书立足科全面性、系统性、科学性原则构建中非贸易投资指标体系，考虑到非洲数据缺失问题，遵从数据可行性与可操作性原则，从六个方面三个层级进行指标体系构建。

（三）中非投资指数指标选取

根据中非投资指数指标体系构建方法与构建原则，并参考量子（Quantum）全球研究实验室编制的非洲投资指数以及由化险集团（Control Risks）和牛津非洲经济研究所（NKC African Economics）联合发布的《非洲投资风险与回报指数》（African Risk-Reward Index）。本书制定的中非投资指数主要包括 6 个一级指标与 21 个二级指标。中非投资指数指标体系内容具体包括：

1. 经济规模

主要包括经济总量、经济增量、经济均量、经济人口四个方面。规模是反映投资"量"方面的指标,通过规模的衡量来确定投资的整体水平,是确定投资指数的基础指标。

2. 产业结构

产业结构是反映投资"质"方面的指标,通过产业保障、产业升级两个方面度量。

3. 投资环境

投资环境决定了投资的便利化程度,投资便利化是衡量一个国家投资水平的重要因素,也是投资活动赖以发展的重要条件和环境,对投资发展起主要支撑作用,包括政府力量、金融服务、信息技术、文化环境四个方面。

4. 投资活力

投资活力是反映投资灵活性与动力的主要指标,通过贸易活力、资本活力两个方面确定。

5. 投资潜力

一个国家的产业与技术条件基础将决定投资是否能有效利用各种资源。该因素影响该国的投资发展,可以通过资源潜力、产业潜力、援助力度、投资保障四个方面度量。

6. 风险因素

投资的风险因素是决定中国对非洲国家投资是否可持续稳定发展以及跨国项目成败的关键因素,其风险高低将对投资项目决策起至关重要的作用,风险因素主要包括政治风险、经济风险、金融风险、社会风险、疾疫风险五个方面。

中非投资指数指标体系具体指标选取见表 0-3。

表 0-3　中非投资指数指标体系

一级指标	二级指标	三级指标	权重（%）
经济规模	经济总量	GDP	4.33
	经济增量	实际 GDP 增长率	5.12
	经济均量	人均 GDP	4.62
	经济人口	经济活动人口	4.65
产业结构	产业保障	工业比重	4.97
	产业升级	服务业比重	5.09
投资环境	政府力量	政府财政收入	3.92
	金融服务	银行数量	5.00
	信息技术	电话网络使用量	4.48
	文化环境	成人文盲率	5.02
投资活力	贸易活力	进出口贸易额	4.26
	资本活力	外国直接投资（FDI）	5.12
投资潜力	资源潜力	自然资源租金总额	4.18
	产业潜力	人均制造业增加值	3.51
	援助力度	官方发展援助（ODA）	4.74
	投资保障	电力生产能力	4.94
风险因素	政治风险	政治稳定性指数	5.17
	经济风险	通货膨胀率	5.13
	金融风险	汇率变动	5.13
	社会风险	每 10 万人受害者人数	5.31
	疾疫风险	供水和卫生的官方流量总数	5.30

资料来源：由笔者测算得到。

（四）中非投资指数测算方法与数据来源

中非投资指数非洲指标计算方法主要包括标准化处理、权重设置、合成方法、指标总分等，也包含缺失值填充等处理方法。

1. 数据标准化处理

在选取指标并获得原始数据后，需要对指标进行无量纲化处理，即标准化处理，使数据结果在 1 和 0 之间，并对数据采用正向化处理。遵循标准化需合乎逻辑、适应异常值、客观以及标准化后得分需有区分度的原则。按照数据类型，指标数据标准化主要分为：极差变化法处理、阿特曼（Z-Score）模型、对数函数处理和指数函数处理。极差变化法进行无量纲化可以将原始数据进行线性变化，具体公式为式（0-1）、式（0-2）：

$$A_{ij} = \frac{X_{ij} - \min(X_{ij})}{\max(X_{ij}) - \min(X_{ij})}(X_{ij} \text{为正向指标}) \qquad (0-1)$$

$$A_{ij} = \frac{\max(X_{ij}) - X_{ij}}{\max(X_{ij}) - \min(X_{ij})}(X_{ij} \text{为负向指标}) \qquad (0-2)$$

其中，X_{ij}为指标评数值，A_{ij}为指标标准化以后数值，如果指标为正向指标，即对中非投资指数正向影响，采用式(0-1)，如果指标为负向指标，即对中非投资指数负向影响，采用式(0-2)。由于部分指标存在规模性问题，因此采用取对数的方式保留其数据规模。

2. 权重设置方法

权重是某种数量形式对比、权衡被评价实物总体中诸因素相对重要程度的量值。本书中使用熵值法以及专家打分相结合的方法对投资指数权重进行测算，利用不同评价方法在处理指标构建、指标赋权或评价信息上的特点和优势，提高指数体系评价的质量。其中，客观权重根据使用熵值法计算得到，主观权重则邀请专家打分，根据中国对非洲投资的现实情况进行权重赋权。通过主客观权重共同确定最终权数，进而测算中非投资指数。

3. 数据汇总

本指数体系采用加权线性合成的方法计算整体中非投资指数结果，基本公式为：

$$X = \sum_{i=1}^{n} w_i x_i \qquad (0-3)$$

其中，w为指标权重，x为指标评价值，n为评价指标个数。中非投资指数总指标满分设置为100分。其中：

· 经济规模分数越高，表示该项规模越大；

· 产业结构指标分数越高，说明结构越合理；

· 投资活力指标分数越高，说明活力越大；

· 风险因素指标越高，说明该项指标风险越低；

· 投资环境指标分数越高，说明投资便利化水平越高；

· 投资潜力指标分数越高，表示投资潜力越大。

4.数据来源

本指数测算的主要数据来源为2002—2021年世界银行数据、非洲统计协调委员会（ASCC）编写的《非洲统计年鉴》（African Statistical Yearbook），以及中国国家商务部网站发布的《对外投资合作国别（地区）指南》（http://fec.mofcom.gov.cn/article/tjsj/）。

第二节　中非投资指数总体结果及分析

一、2020年中非投资指数总体结果

本书基于中非投资指数指标体系中6个一级指标与21个二级指标，并利用主客观权重结合的方法测算，计算得到2020年非洲53个国家①中非投资指数值，具体指数与排名见表0-4。

表0-4　2020年中非投资指数

排名	国家（中文）	国家（英文）	中非投资指数
1	南非	The Republic of South Africa	92.29
2	埃及	The Arab Republic of Egypt	88.98
3	尼日利亚	The Federal Republic of Nigeria	84.78
4	肯尼亚	The Republic of Kenya	71.83
5	埃塞俄比亚	The Federal Democratic Republic of Ethiopia	70.57
6	摩洛哥	The Kingdom of Morocco	66.42
7	加纳	The Republic of Ghana	65.31
8	阿尔及利亚	The People's Democratic Republic of Algeria	63.28
9	突尼斯	The Republic of Tunisia	61.19
10	坦桑尼亚	The United Republic of Tanzania	60.84
11	刚果（金）	Democratic Republic of the Congo	59.02
12	毛里求斯	The Republic of Mauritius	56.60

---

① 斯威士兰未与我国建交，不考虑在内。

续表

排名	国家（中文）	国家（英文）	中非投资指数
13	塞内加尔	The Republic of Senegal	56.47
14	加蓬	The Gabonese Republic	56.10
15	塞舌尔	Republic of Seychelles	55.67
16	博茨瓦纳	The Republic of Botswana	54.89
17	安哥拉	A República de Angola	54.16
18	莫桑比克	The Republic of Mozambique	52.92
19	赞比亚	The Republic of Zambia	51.43
20	南苏丹	The Republic of South Sudan	51.31
21	贝宁	The Republic of Benin	51.00
22	几内亚比绍	The Republic of Guinea-Bissau	50.88
23	苏丹	The Republic of the Sudan	50.64
24	喀麦隆	The Republic of Cameroon	50.34
25	科特迪瓦	The Republic of Côte d'Ivoire	50.20
26	冈比亚	The Republic of The Gambia	49.94
27	佛得角	The Republic of Cabo Verde	49.85
28	赤道几内亚	The Republic of Equatorial Guinea	49.42
29	马里	The Republic of Mali	49.41
30	吉布提	The Republic of Djibouti	49.31
31	圣多美和普林西比	The Democratic Republic of Sao Tome and Principe	49.30
32	布基纳法索	The Burkina Faso	49.24
33	纳米比亚	The Republic of Namibia	49.16
34	利比里亚	The Republic of Liberia	48.86
35	刚果（布）	The Republic of the Congo	48.84
36	津巴布韦	The Republic of Zimbabwe	47.23
37	多哥	The Republic of Togo	47.14
38	科摩罗	Union of Comoros	46.02
39	乌干达	The Republic of Uganda	45.65
40	马拉维	The Republic of Malawi	45.47
41	乍得	The Republic of Chad	45.21
42	卢旺达	The Republic of Rwanda	45.04

续表

排名	国家(中文)	国家(英文)	中非投资指数
43	毛里塔尼亚	The Islamic Republic of Mauritania	44.83
44	利比亚	State of Libya	44.21
45	尼日尔	The Republic of Niger	43.50
46	莱索托	The Kingdom of Lesotho	41.24
47	马达加斯加	The Republic of Madagascar	39.97
48	中非共和国	The Central African Republic	38.33
49	布隆迪	The Republic of Burundi	35.10
50	厄立特里亚	The State of Eritrea	33.03
51	几内亚	The Republic of Guinea	27.92
52	索马里	The Federal Republic of Somalia	27.82
53	塞拉利昂	The Republic of Sierra Leone	24.63

资料来源:由笔者测算得到。

二、2020 年中非投资指数排名前十的国别分析

经计算,中非投资指数排名前十的国家依次为南非、埃及、尼日利亚、肯尼亚、埃塞俄比亚、摩洛哥、加纳、阿尔及利亚、突尼斯和坦桑尼亚。通过表 0-4 可知,2020 年中非投资指数排名前十的国家指数均超过 60。中非投资指数最高分值为南非(92.29),最低分值为塞拉利昂(24.63)。2020 年中非投资指数平均分为 51.75,其中高于该平均分值的国家有 18 个,占比 34%。

2020 年中非投资指数得分最高的是南非(92.29)。南非自 2013 年以来保持着非洲第二大经济体的地位,是非洲经济最发达的国家之一。作为金砖五国中唯一的非洲国家,南非矿产资源丰富、劳动力充足,制造业、矿业、建筑业和能源业是南非经济发展的支柱产业,也是国内投资和外来投资的主要目标行业,对外贸易则以矿石和初级产品出口为主,位于产业链下游。以金融业为主的第三产业发展态势较好,南非金融业在非洲大陆占据较高的市场份额,这弥补了单一经济结构的劣势。南非在中非投资指数经济规模中得分较高,在投资环境的政府力量以及投资活力

的贸易活力中,南非得分最高。

2020 年中非投资指数得分第二的是埃及(88.98)。埃及是古代四大文明古国之一,是非洲第二人口大国、非洲第三大经济体。在经济、科技领域方面长期处于非洲领先态势,埃及自 1974 年经济改革以来,营商环境不断改善,投资活动受到支持,财政调整稳步推进,是非洲大陆最具吸引力的投资目的地。埃及在每一个中非投资指数一级指标中都有得分较高的二级指标,在投资活力的外商直接投资和投资潜力的电力生产能力中,埃及得分最高。

2020 年中非投资指数得分第三的是尼日利亚(84.78)。尼日利亚是目前非洲第一大经济体,不仅毗邻大西洋几内亚湾,还拥有丰富的自然资源,尤其是如今变现能力超强的石油资源、天然气资源和煤炭资源。尼日利亚在中非投资指数经济规模指标中有四项分指标得分第一,分别是 GDP 规模、经济活动人口数量、电话网络使用量和自然资源租金总额,尼日利亚在经济规模的实际 GDP 增长率和投资潜力的官方发展援助中也表现较好。

2020 年中非投资指数得分第四的是肯尼亚(71.83)。肯尼亚是撒哈拉以南非洲第三大经济体,也是这一地区最多元、最发达的经济体之一。肯尼亚凭借优越的地理位置和相对完善的基础设施,发挥着向东部、中部非洲辐射的重要作用。近年肯尼亚建立了众多经济特区、工业园区、出口加工区以吸引外商,鼓励投资者参与其农业、制造业、医药、农产品加工、农机设备、石油开采和基础设施领域的建设和发展。肯尼亚在中非投资指数经济规模指标中的银行数量得分最高,肯尼亚在投资环境的电话网络使用量和投资活力的进出口贸易额中也表现较好。

2020 年中非投资指数得分第五的是埃塞俄比亚(70.57)。新冠疫情暴发前 14 年,埃塞俄比亚经济保持快速增长,是非洲最具经济活力的国家之一。埃塞俄比亚拥有钽铌矿等丰富的自然资源,并且勘探开发技术不断提升。埃塞俄比亚在中非投资指数投资潜力的官方发展援助得分最高,投资环境的文化环境、经济规模的经济活动人口得分较高。

2020 年中非投资指数得分第六的是摩洛哥(66.42)。摩洛哥凭借濒临大西洋与地中海的优势,开放沿海、建设港口城市,近年增加了对其港口、交通和工业基础设施的投资,丹吉尔附近的新港口和自由贸易区创造了多元化和开放的市场经济,矿产品出口成为摩洛哥的支柱产业。摩洛哥在中非投资指数投资潜力的电力生产能力、投资活力的外商直接投资和产业结构的服务业比重得分较高。

2020年中非投资指数得分第七的是加纳(65.31)。加纳是非洲大陆经济调整和改革比较好的国家之一,被世界银行誉为"非洲经济复兴的中心"。加纳经济以矿业和农业为主,石油、黄金、可可为前三大出口创汇产业。服务业是加纳国民经济重要部门,2020年服务业产值占国内生产总值的45.2%,其中医疗保障和信息通信等行业增速较快。此外,加纳在投资活力的外商直接投资、投资环境的银行数量和投资潜力的自然资源租金总额等指标中得分较高。

2020年中非投资指数得分第八的是阿尔及利亚(63.28)。阿尔及利亚国民经济发展主要靠能源产品出口,石油、天然气及其副产品出口额超过该国出口总值的95%。中国企业在阿尔及利亚的投资主要集中在油气、矿业领域,以油气区块风险勘探及矿业勘探开发为主,兼有汽车、金属加工、软木生产、旅游业、贸易等方面少量私人投资。阿尔及利亚在中非投资指数经济规模的经济活动人口、投资环境的政府财政收入和投资潜力的人均制造业增加值得分较高,投资活力和风险因素中也各有分项表现较好。

2020年中非投资指数得分第九的是突尼斯(61.19)。突尼斯经济中工业、农业、服务业并重。工业以磷酸盐开采、制造业和加工工业为主。农业是国民经济重要部门,但粮食不能完全自给。突尼斯是世界上少数几个集中了海滩、沙漠、山林和古文明的国家之一,因此旅游业一直是其国民经济的支柱产业,在国民经济中占重要地位,也是外汇收入的主要来源。突尼斯在中非投资指数经济规模的人均GDP、产业结构的服务业比重和投资活力的进出口贸易额得分较高。

2020年中非投资指数得分第十的是坦桑尼亚(60.84)。2020年7月1日,坦桑尼亚被世界银行列入中等收入国家类别,是东非地区第二个被列入中等收入类别的国家(另一个国家为肯尼亚)。在产业结构上,推动经济增长的主要领域是建筑业、农业、矿业和运输业等领域,其中增速最快的是矿业、建筑业和运输业。此外,坦桑尼亚矿产资源丰富且许多未得到开发利用,这将是吸引投资的一大领域。坦桑尼亚在中非投资指数经济规模的实际 GDP 增长率、产业结构的工业比重和投资环境的银行数量中得分较高。

三、2020 年中非投资指数按指数等级的国别分析

自然断裂法是基于数据中固有的自然分组,对分类间隔加以识别,可对相似值进行最恰当的分组,并使各个类别之间差异最大化,通过自然断裂法可将非洲 53 个国家划分为 5 个投资指数等级。

1. 中非投资指数得分均在 70 以上的最高等级国家

中非投资指数等级最高的国家为南非、埃及、尼日利亚、肯尼亚和埃塞俄比亚,这些国家也是非洲经济总量靠前的五个国家,具有较好的经济基础和产业结构,且自然资源丰富、基础设施较完善、金融市场活跃,具有较大的投资潜力。

南非位于非洲大陆最南部,东、南、西三面为印度洋和大西洋所环抱,其西南端的好望角航线,历来是世界上最繁忙的海上通道之一,有"西方海上生命线"之称。作为目前非洲的第一大经济体,南非拥有强大的资本市场、较完善的基础设施和金融服务,是外国投资者进入非洲的门户。南非在矿产行业与跨国企业开展合作,矿石行业因此成为吸引外国投资、开展国内国际合作的目标行业;南非电力行业亟待结构性改革,对绿色能源投资的需求旺盛;通信和信息产业是南非增长最快的部门,随着人们对信息的需求不断增加,南非通信行业对国际投资缺口较大。因此,矿业、绿色能源、通信和信息产业都是南非吸引外国直接投资的热门领域。

埃及位于非洲大陆东北角,地处欧亚非三大洲的交通要道,经济多元、人口数量多、市场增长潜力大,是非洲本地和国际投资者的首选投资地区。从产业结构来看,第二产业和第三产业在埃及占据重要地位,特别是第三产业占据了国民经济生产总值的 50%,是该国的支柱产业。相比

之下,埃及工业体系年代久远,无法满足当代的发展需要。在第二产业中,油气和建造业表现出强劲的发展势头。埃及的石油、天然气储量位居非洲前列,油气投资高度对外开放;建造业得益于政府的战略部署,基础设施成为吸引投资的新领域。此外,金融部门是埃及最繁荣的部门之一,采矿业和农业也是很好的投资领域。尼罗河三角洲沿线的农业发展较好,可投资棉花、甘蔗和水果等经济作物。

尼日利亚位于非洲西部,南濒大西洋几内亚湾,水系发达,国内多河流。尼日利亚是非洲第一大石油生产国和天然气储量国,也是近年来世界上油气勘探开发活动最活跃的国家之一,其油气产业占国民经济绝对主导地位,占出口收益逾90%,也是最大的收入来源。此外,尼日利亚人口众多,是非洲第一人口大国,对土地和住房需求较大,因此当地房地产投资收益比较可观;同时,尼日利亚中产阶层人口占总人口的23%,进一步推动了消费升级,民众对医疗健康、投资理财和更高品质生活的需求明显增长。因此,尼日利亚经济增长潜力巨大,随着石油价格和商品生产稳定,将成为当今国际投资的主要流入地之一。

肯尼亚位于非洲东部,赤道横贯中部,东南濒临印度洋,自1963年独立以来政局一直保持稳定,是撒哈拉以南非洲政局最稳定和经济基础较好的国家之一。肯尼亚政府鼓励外商直接投资,除制定《外国投资保护法》,还采取了一系列鼓励投资措施,如取消进出口许可证,降低进口关税税率,取消出口关税和废除外汇管制,设立出口加工区(EPZ)和建设经济特区(SEZ)等,这促进了与其他国家经贸合作的达成、吸引了国际资本的流入。肯尼亚是"一带一路"合作在非洲的重要支点和中国政府确立的开展产能合作先行先试示范国家之一,还与十多个国家签订并生效了双边投资保护协定。因此,肯尼亚吸引外资前景良好。

埃塞俄比亚地处非洲之角的中心位置,在投资环境方面拥有诸多得天独厚的优势。首先,埃塞俄比亚位于非洲和中东的交汇处,地理位置优越,不仅可有效辐射周边市场,也利于产品销售到亚洲各国;其次,地处东非高原,水利资源丰富,埃塞俄比亚被誉为"东非水塔",生产成本较低;再次,埃塞俄比亚是继尼日利亚之后非洲第二大人口国,劳动力资源丰富,国内市场潜力巨大;最后,埃塞俄比亚矿产资源较丰富,但勘探开发滞后,成为未来吸引外资的重要领域。为了加大外资引进力度,埃塞俄比亚实行对外开放政策,推行经济市场化和私有化改革,五次修改投资法律法规,即增加投资优惠政策、降低投资门槛、扩大投资领域、实行减免税优惠以及为外国投资者提供保护和服务等。

2. 中非投资指数得分均在60分以上的第二等级国家

第二等级国家有摩洛哥、加纳、阿尔及利亚、突尼斯和坦桑尼亚。

摩洛哥位于非洲大陆西北端,东部及东南部与阿尔及利亚接壤,南部为西撒哈拉,西濒浩瀚的大西洋,北临地中海,隔直布罗陀海峡与西班牙相望,扼地中海西端出入门户,成为连接欧洲、非洲和美洲三大市场的交通要道。摩洛哥政局稳定、经济发展前景良好、基础设施不断加强、经济开放程度高和劳动力素质较高,使得摩洛哥投资环境不断改善。同时,摩洛哥政府一直将吸引外资作为发展经济的重要战略,鼓励外国投资的产业主要包括电子、汽车、航空、电信、纺织、新能源、旅游和物流等。

加纳位于非洲西部,几内亚湾北岸,南濒大西洋几内亚湾,地理位置优越。加纳是西非地区重要货物贸易集散中心,可辐射西非经济共同体3亿多人口大市场。加纳史称"黄金海岸",主要有黄金、钻石、铝矾土、铁、锰和油气等自然资源和渔业资源,黄金、可可、石油是其三大出口创汇产品。近年来,为扩大吸收外资,加纳政府高度重视改善基础设施,并实施非常优惠的外资激励政策。同时,加纳社会稳定,经济发展快速平稳,市场相对开放,法制逐步健全,根据投资者所介入的行业或投资属地为他们制定了一系列优惠的激励政策,因而吸引了大量外国投资。

阿尔及利亚位于非洲西北部,是非洲国土面积最大的国家。阿尔及利亚矿产资源较丰富,最重要的资源为石油、天然气和页岩气,储量分别居世界第15位、第10位和第3位,这也是阿尔及利亚最重要的经济来源。2016年以来,阿尔及利亚通过各种途径改善投资环境,在贸易、投资和工程领域采取了一系列优惠措施,以鼓励外来资本参与本国经济建设。2018年9月,阿尔及利亚和中国签署了关于"一带一路"倡议的谅解备忘录,重点加强双方的基础设施与能源合作。

突尼斯位于非洲北端,北部和东部面临地中海,处地中海东西航运的要冲。突尼斯经济中工业、农业、服务业并重。工业以磷酸盐开采、制造业和加工工业为主。2016 年 8 月,突尼斯政府开始致力于吸引外资,对外资给予优惠和便利,专门设立了外商投资促进署、工业促进署、农业投资促进署和出口促进中心,为外资进入突尼斯提供一条龙服务。机械电子制造业是突尼斯最重要的工业支柱,也是吸引外资的重要行业。

坦桑尼亚位于非洲东部,东临印度洋。坦桑尼亚矿产资源丰富,主要包括黄金、金刚石、铁、镍和氦气等,总量居非洲第 5 位;同时,天然气资源丰富,预计总储量 200 万亿立方英尺。坦桑尼亚经济以农牧业为主,其政府长期对外国直接投资抱有积极态度,一直寻求吸引矿业与农业的投资者,将鼓励投资的领域分为最惠领域和优先领域,最惠领域资本货物免缴进口关税,优先领域资本货物只需缴纳 5% 的进口关税。此外,坦桑尼亚是"一带一路"倡议的重要支点,是中国对非洲开展产能合作的试点国家之一,中坦产能合作已经初见成效。

3. 中非投资指数得分均在 50 分以上第三等级国家

第三等级国家有刚果(金)、毛里求斯、塞内加尔、加蓬、塞舌尔、博茨瓦纳、安哥拉、莫桑比克、赞比亚、南苏丹、贝宁、几内亚比绍、苏丹、喀麦隆和科特迪瓦。

刚果(金)地处非洲中部,有"非洲心脏"之称。刚果(金)自然资源丰富,矿产、森林、水资源储量均居世界前列;人口众多,是非洲国土面积第二、人口数量第四的大国;河流湖泊众多,降雨量充沛,水力资源极为丰富。刚果(金)是世界上最重要的钴生产国之一,钴的储量 450 万吨,占世界的 50%。随着各国遵循《巴黎协定》以减少碳排放,新能源等领域将进一步发展,刚果(金)相关金属资源将源源不断地吸引外国投资的进入。

毛里求斯位于非洲大陆以东、印度洋西南部,地理位置较优越。毛里求斯基础设施较为完善,拥有较为发达的港口和机场基础设施;通信设施较现代化,国内外通信方便;生产和生活用电充足;水供应基本充足。毛里求斯经济长期保持稳定发展,制糖业、纺织服装加工业和旅游业是毛里求斯经济传统的三大支柱产业。近年来,毛里求斯政府努力推动经济转型和产业升级,积极促进金融业、信息通讯业等新兴行业的发展,着力培育新的经济增长点,蕴藏着诸多投资商机。2021 年 1 月 1 日,《中毛自贸协定》生效,中毛经贸投资合作不断深入。

塞内加尔位于非洲大陆西部突出部位的最西端,西濒大西洋。塞内加尔 56%的人口从事农业生产,具备一定的工业基础,第三产业发展较快,渔业、花生、磷酸盐出口和旅游是四大传统创汇产业。塞内加尔基础设施相对完善,劳动力充足且素质较高,法律法规基本健全,国民具有一定购买力,为外国投资合作提供了很多便利。塞内加尔政府重视吸引外资,将工业作为重点发展领域,出台了一系列鼓励投资的政策和措施,例如简化营业许可、商业注册等行政手续。

加蓬地处非洲中西部,赤道横穿其中部,西濒大西洋。加蓬经济发展长期依赖石油、锰矿等资源性产业,近年来为加快经济结构转型,加蓬政府相继推出国家振兴计划和加速转型计划,陆续修订了《投资法》等法规,改善营商环境以吸引外国投资。加蓬政局总体稳定,经济社会发展水平较高,与中国保持良好关系,同时加蓬正在积极推进经济多元化发展,在木材加工、基础设施建设、能源资源开发与利用、农业现代化、旅游等领域存在一定投资潜力。

塞舌尔是坐落在东部非洲印度洋上的一个群岛国家,地处印度洋东西方贸易的必经之地,与亚非欧大陆隔海相望。旅游业为塞舌尔第一大经济支柱,工业和农业体系薄弱。从投资合作吸引力的角度看,塞舌尔的竞争优势在于政局稳定、地理位置优越、基础设施便捷、教育环境和生活环境较好。塞舌尔政府鼓励外资进入,尤其是旅游业、渔业、农业、工业、信息技术、离岸贸易等。

博茨瓦纳地处南部非洲,属于内陆国家,被誉为非洲的小康之国,属非洲国家中经济发展状况较好的国家。博茨瓦纳矿产资源丰富,钻石储量和产量均居世界前列,钻石产业是博茨瓦纳经济的支柱产业,也是博茨瓦纳政府收入和外汇收入的重要来源,下游的钻石加工和珠宝设计是吸收外资的重要行业。在外资吸引力上,博茨瓦纳政局长期稳定,法治程度高,经济平稳持续发展,实行外汇自由政策,税负较低,矿产资源较为丰富,劳动力工资水平较低。同时,博茨瓦纳政府重视改善营商环境,鼓励外国投资,出台经济特区及一系列优惠政策,并设立了博茨瓦纳投资和贸易中心(Botswana Investment and Trade Centre,BITC),负责提供贸易投资信息、政策咨询以及办理企业登记注册等一站式服务。

安哥拉位于非洲西南部,西濒大西洋,是中部和南部非洲重要的出海通道之一。安哥拉国土富饶,石油、天然气和矿产资源丰富,石油和钻石开采是安哥拉国民经济的支柱产业,矿业和钻石业也是外资在安哥拉投资经营的主要领域。此外,安哥拉的酒店及旅游业、水电领域都在快速发展,这对于相关行业的外国投资者将是巨大的投资机遇。

莫桑比克位于非洲东南部,东临印度洋,是东南部非洲内陆国家重要出海口和区域性交通走廊,是“21世纪海上丝绸之路”在非洲的自然延伸。莫桑比克是农业国,工业以加工业为主。莫桑比克煤炭、天然气、铁、钛、石墨等矿产资源丰富,目前主要开采和出口的矿产品是天然气和焦煤。在投资吸引力上,莫桑比克自然资源丰富,地理位置优越,经济发展潜力巨大。莫桑比克政府重视发展清洁能源和数字经济,这对于相关国际投资者或将是较好的投资机会。

赞比亚地处非洲中南部内陆。赞比亚自然资源丰富,铜蕴藏量9亿多吨,是世界第七大产铜国;钴作为铜的伴生矿物,其储量居世界第二。赞比亚经济结构较为单一,采矿业是经济支柱之一,也是外商直接投资的主要去向。赞比亚是目前非洲国家中投资贸易环境较好的国家之一,政府积极推行经济多元化政策,其矿业、能源、农业、旅游等行业均有较大的投资开发潜力。

南苏丹位于非洲东北部内陆,独立于2011年。南苏丹自然资源十分丰富,主要有石油、铁、铜、锌等,水利资源也很丰富。南苏丹产业结构单一,经济严重依赖石油资源,生产的石油全部出口。在对外资的吸引力上,南苏丹自然资源丰富,投资潜力巨大;南北苏丹和解,经济复苏提速;南苏丹成立投资管理局,对外资持积极态度。但值得注意的是,南苏丹自独立之后饱受战火,基础设施建设非常落后,或将构成一定的投资困难。

贝宁位于非洲西部赤道和北回归线之间的热带地区,南濒大西洋。贝宁矿产资源潜力巨大,已探明矿产资源主要有黄金、铁、磷酸盐、石油等。在经济结构上,棉花业一直是贝宁经济增长主要发动机,旅游业和工业是政府重点发展领域。为更好吸引投资,贝宁政府成立促进投资部际委员会,积极改善营商环境,设立投资者一站式服务机构,推行无纸化网上办理,加大对必要基础设施建设来为投资者提供低廉的生产要素。中国和贝宁在基础设施、旅游、农业、能源、贸易、数字经济等领域蕴藏巨大合作潜力。

几内亚比绍位于非洲大陆西端,北接塞内加尔,西濒大西洋。几内亚比绍是典型的农业国,全国80%的人口以农业为生,其工业基础薄弱,以农产品和食品加工为主。目前,外资在几内亚比绍投资实业不多,多数集中在商业流通领域。从吸引投资角度看,几内亚比绍具有以下几个方面的特点:自然条件尚可,可兼营农牧渔业;对外来投资者持欢迎态度,市场门槛不高;劳动力充裕,具有成本优势;初级产品廉价,低端产业发展前景良好。此外,几内亚比绍政府的施政纲领致力于电力建设、港口项目、通信网络、渔业设施、道路建设、航空设施和旅游发展,这也可作为中国对几内亚比绍投资的可能领域。

苏丹地处非洲东北部,东临红海,与7个非洲国家接壤,交通非常便利,地缘优势明显。农业是苏丹经济的主要支柱,政府高度重视农业发展,称农业是"永恒的石油"。南北苏丹分裂后,苏丹石油产量锐减,金、银、铬、铁等资源作为石油替代品引起高度重视,政府制定了一系列引资措施,成功吸引了国际矿业企业的涌入。苏丹对外资的吸引力主要表现为:自然资源丰富,投资潜力巨大;处于结构调整和战略转型期,大力引进外资;扼苏丹港这一关键出海口,交通较为便利,区位优势明显。农业、矿业、加工业等是苏丹吸引投资的主要领域。

喀麦隆位于非洲中部,地理位置和自然条件优越,石油、天然气、铝矾土、铁矿石等矿产资源储量可观。农林牧渔业和矿产开发潜力较大,具有一定的工业基础,主要是石油开采和提炼、森林采伐和木材加工、炼铝等产业。在喀麦隆投资的大部分中国企业主要从事公路、港口、电站、房建、通信、供水等领域的基础设施建设工程施工,还有少数企业在石油和矿产勘探、农业和林业开发等领域进行投资。喀麦隆对外资的吸引力体现在政局稳定、自然资源和劳动力资源丰富和地理位置优越,基础设施、能源资源开发以及加工制造等将成为外资的主要流入领域。

科特迪瓦位于西非几内亚湾沿岸,其经济首都阿比让拥有西非最大港口,地理位置十分优越。农业是科特迪瓦的经济基础,科特迪瓦是世界第一大腰果生产国和世界第一大可可生产和出口国。在科特迪瓦投资的大部分中国企业主要从事矿产开采、水泥加工、橡胶种植园和加工。科特迪瓦投资环境优势在于经济基础良好,矿产、农业经济作物等资源丰富,政府鼓励外来投资并提供部分优惠政策,区位优势明显并辐射西非内陆国家以及交通便利。科特迪瓦国家规划重视能源、矿业、数字经济和电信等领域发展,这些也是吸引外资在科创办企业的主要行业。

4. 中非投资指数中位于第四等级和第五等级的国家

包括冈比亚、佛得角、赤道几内亚、马里、吉布提、圣多美和普林西比、布基纳法索、纳米比亚、利比里亚、刚果(布)、津巴布韦、多哥、科摩罗、乌干达、马拉维、乍得、卢旺达、毛里塔尼亚、利比亚、尼日尔、莱索托、马达加斯加、中非共和国、布隆迪、厄立特里亚、几内亚、索马里和塞拉利昂。这些国家总体得分较低,但并不意味着所有二级指标得分都较低,例如,总体得分第 30 位的吉布提在产业结构的服务业比重得分最高,总体得分第 44 位的利比亚在产业结构的工业比重得分最高,总体得分第 51 位的几内亚在经济规模的实际 GDP 增长率得分最高。上述现象可归因于 2020 年受新冠疫情影响,部分国家的经济规模或风险因素得分值较低,影响了总体分值。

四、2001—2020 年中非投资指数的变化及分析

由于部分数据缺失,在计算 2001—2020 年中非投资指数过程中对部分指标进行剔除,并对缺失数据进行补充。其中,南苏丹(South Sudan)于 2011 年宣告独立,其道路、水电、医疗等基础设施和社会服务欠缺,且相关数据缺失量较大,指数计算难度大,因此在该研究期内不考虑南苏丹

的投资情况,由此得到 2001—2020 年非洲 53 个国家中非投资指数的时序变化。具体结果如下:

(一)2001—2020 年中非投资指数的时序变化

2001—2020 年中非投资指数的时序变化主要特点表现为在波动中上升(见图 0-3)。中国政府从 2000 年起实施"走出去"战略,积极应对经济全球化挑战,且 2000 年第一届中非合作论坛举办,中非经济往来愈加频繁,中国企业在纺织、家电、建材、农业、食品加工等行业技术成熟,投资非洲除享有当地优惠政策外,还享有欧美等发达国家对非洲国家的优惠政策。因此,非洲市场是中国实施"走出去"战略的重点地区之一。中国采取了一系列政策,鼓励企业对外投资,如适当放宽了企业境外投资限制,建厂投资的设备、零件、原材料享受出口退税。2003 年中非投资指数达到一个小高峰,随后有所下降,经济规模、投资潜力以及风险因素指标分数都出现一定程度下滑。究其原因,2003 年是冷战结束以来非洲大陆整体局势动荡,社会不稳定,且 2003 年是大国在非洲激烈角逐的一年,西方"重返"非洲的态势明显,因此 2003—2004 年中非投资指数降幅明显。此后中非投资指数继续上升,到 2008 年再次达到峰值,2008 年投资活力指标同比显著提高,投资环境与风险因素指标得分也略有上升,中国在非洲的对外直接投资流量迅速增长到 54 亿美元,部分原因是中国工商银行在 2008 年收购了南非标准银行 20%的股权。2007 年国家开发银行出资成立了中非发展基金,并在 2010 年发放了首笔"非洲中小企业发展专项贷款"。2009 年,受国际金融危机的影响,全球经济进入寒冬,各国缩减对外投资,中非投资指数再次下降。2014—2015 年,中非投资指数升至最新峰值,2015 年虽然全球的跨境投资在下降,但当年非洲仍是外国直接投资增长最快的地区之一,外来投资增长 7%,创造就业数也高于 2010—2014 年的平均水平,这段时间非洲地区吸收外资结构也发生了变化,由原先集中于几个国家和资源型行业,转为更加分散化和多元化,商业服务、汽车、环保技术和生命科学成为新的投资热点。2015 年年底中国进出口银行作为股东之一设立了首批资金 100 亿美元的中非产能合作基金。2015 年 12 月 4 日,中国国家主席习近平出席了中非合作论坛约翰内斯堡峰会开幕式,并发表题为《开启中非合作共赢、共同发展的新时代》的致辞,明确指出未来3年为确保中方同非方重点实施"十大合作计划",将提供600亿美元支持中非合作计划。2015年后,中非投资指数较为稳定,2017—2018年开始非洲大部分国家政局走向稳定,致力于建设更友好的投资环境,并推出吸引外资的政策。此外,非洲有世界上最年轻的人口,最大的劳动力市场。与此同时,很多发达国家拥有过剩的产能、饱和的市场,需要向非洲大陆的新兴市场转移。这些都使外国投资者的焦点投向非洲。2018年9月中非合作论坛峰会在北京的举办,为中非合作发展注入新的强劲动力。"一带一路"项目的建设也促进了中非投资合作转型升级。2018年、2019年中非投资指数显著上升。2019年其投资活力分项指标得分大幅升高,经济规模、投资潜力等指标也有所提升。2020年新冠疫情席卷全球,中非投资指数出现明显下降,由2019年的80.3056下降至59.8993,下降比率高达25.41%。2020年是中非合作论坛成立20周年,疫情以来,中非合作抗疫,中国政府不断向53个建交国及非盟提供多批抗疫物资援助,派出多个医疗专家组指导协助当地抗疫工作,为非方来华商业采购医疗物资提供便利,积极落实二十国集团(G20)缓债倡议。但是非洲大陆虽地域辽阔,医疗卫生基础设施却十分薄弱,人口众多且常年被多种传染病如疟疾、艾滋病、结核病等疾病困扰,疫情物资供不应求,直接导致非洲人民身体健康受损,国家经济受损严重,中非投资指数呈现明显下降趋势。

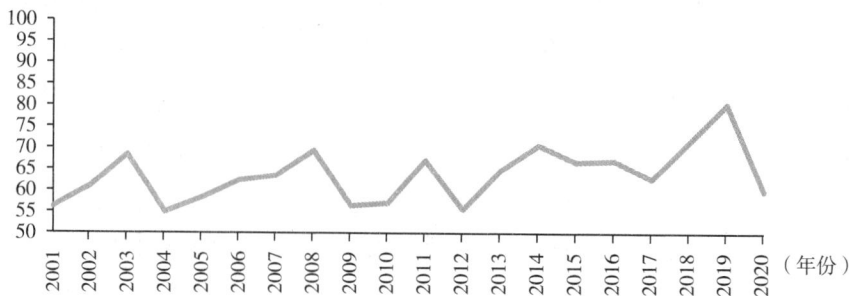

图0-3 2001—2020年中非投资指数时序变化

资料来源:由笔者测算得到。

（二）2001—2020 年中非投资指数空间演化

为进一步探讨研究期内中非投资指数在空间上的演化过程,将 2001 年、2007 年、2013 年、2019 年、2020 年 53 个国家的中非投资指数划分为 5 个等级。

根据 2001—2020 年中非投资指数整体格局,非洲大陆南北地区的中非投资指数较高,而中部地区的中非投资指数较低;高值区的数量随着时间推移显著增加。2001 年最南部的国家南非的中非投资指数超过了 60,是 53 个国家中得分最高的,此时北部非洲阿尔及利亚、利比亚和埃及以及西部临海的尼日利亚的中非投资指数也较高;2007 年尼日利亚以及地处欧亚非三大洲的交通要冲的埃及也跃升为中非投资指数第一梯队的国家,其得分均超过 50,另一个沿海城市安哥拉以及与阿尔及利亚接壤的摩洛哥进入第二梯队;2013 年得分最高值的国家为尼日利亚,另外埃塞俄比亚、塞舌尔的中非投资指数有所上升;2019 年得分最高值的国家仍旧是尼日利亚,埃塞俄比亚、埃及和南非处于第一梯队。

埃塞俄比亚自 2005 年以来,政府实施"以农业为先导的工业化发展战略",加大农业投入,大力发展新兴产业、出口创汇型产业、旅游业和航空业,吸引外资参与能源和矿产资源开发,经济高速增长,又因有着"非洲之角"之称的埃塞俄比亚地理上靠近欧洲和中东国家,因而对中国企业极具吸引力,中非投资指数稳定上升。

尼日利亚是一个位于西非东南部的国家,也是非洲第一人口大国。其地理位置位于西非东南部,西邻贝宁与多哥,东接喀麦隆,北靠尼日尔与乍得,南濒大西洋几内亚湾。2014 年,尼日利亚的中非投资指数上升到次高值。2009 年以及 2016 年由于石油价格暴跌,国民经济收入对石油产业十分依赖的尼日利亚的中非投资指数都下降了一个水平。但是作为非洲第一大、世界第十大产油国,尼日利亚自然资源丰富,对投资者充满吸引力,因此,近 20 年尼日利亚的中非投资指数在波动中上升。

南非地处非洲大陆最南端,三面环海,矿产资源丰富且矿业发展成熟。而且,南非基础设施比较完善,法律体系相对完备,市场化程度高,是金砖国家以及二十国集团中唯一非洲成员,因而与中国关系发展迅速,合作更为便捷,吸引了大量中国投资者。南非政治和经济稳定成为南非吸引外国直接投资的关键因素。因此,南非的中非投资指数一直位于非洲大陆国家前列。

五、中非投资指数分项指标及分析

本部分通过对中非投资指数一级指标和二级指标进行拆分做比较分析,以更直观地从不同侧面对非洲国家的投资状况进行观察。

(一)2001—2020 年中非投资指数一级指标分项结果分析

2001—2020 年中非投资指数一级指标中产业结构以及投资环境指标较为稳定,经济规模、投资活力、风险因素以及投资潜力波动幅度较大。

1. 2001—2020 年中非投资指数一级指标分项结果分析

自 2000 年举行第一届中非合作论坛以来,中非的经济来往更加频繁,投资前景的一片光明使得经济规模、投资活力、产业结构指标得到提升,投资潜力、风险因素略有下降。然而 2008 年国际金融危机的爆发使得中非贸易往来急速缩减,与此同时,巨大的经济下行压力使得投资活力这一指标急速下降。2011 年,北非国家和少数撒哈拉以南非洲国家的政局动荡、欧债危机的强力冲击以及自然灾害的肆虐使得非洲大陆投资环境恶化,经济规模、投资潜力指标有所下降,投资活力指标出现时滞效应,在随后几年显现下降趋势。2013 年的埃博拉"不合时宜"的"造访"扰乱了西非国家经济发展的步伐,投资活力明显下降,但塞拉利昂通过引进外资大力发展钻石业,其 GDP 在 2012—2013 年增长了 20.1%。直至 2018年中非合作论坛第七届部长级会议的推进,中非经济往来才逐渐升温,使得投资活力持续上涨。在 2020 年新冠疫情暴发前,尼日利亚国内生产总值达到 5100 亿美元,超过南非,成为非洲最大经济体。新冠疫情席卷全球后,非洲也受到了较大影响,投资活力大幅下降,呈现出近二十年最严重的下降。

总体来看,除了 2008 年国际金融危机期间、2013 年的埃博拉疫情、2020 年的新冠疫情以外,中非投资指数指标整体在往好的趋势发展,如图 0-4、图 0-5 所示。

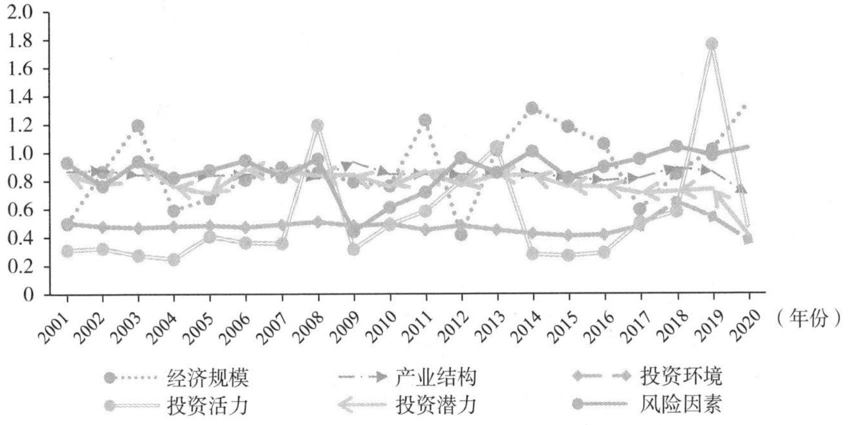

图0-4　2001—2020年中非投资指数一级指标得分折线图

资料来源:由笔者测算得到。

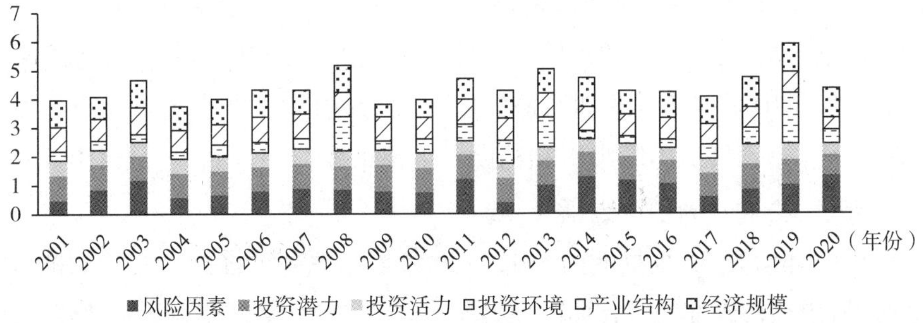

图0-5　2001—2020年中非投资指数一级指标累计得分柱状图

资料来源:由笔者测算得到。

2.2020年中非投资指数一级指标分项结果分析

基于中非投资指数指标体系,利用主客观权重结合的方法计算得到2020年非洲53个国家的中非投资指数,得到结果分别如图0-6所示。

中非投资指数指标体系中,包括6个一级指标。经计算,从高到低依次为经济规模(0.803)、投资环境(0.591)、风险因素(0.587)、投资活力(0.551)、产业结构(0.486)、投资潜力(0.254)。说明2020年中国对非洲国家投资过程中,经济规模不断扩大,其投资活力与环境整体较好,投资风险较低,但仍存在不少国家产业结构单一、投资潜力低以及技术原因或投资保障不足的问题。

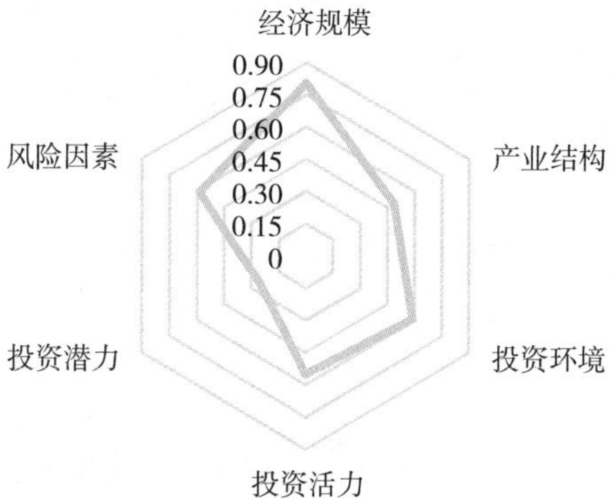

图 0-6　2020 年中非投资指数一级指标得分雷达图

资料来源:由笔者测算得到。

经济规模方面,2020 年年初新冠疫情席卷全球,也导致非洲国家经济社会发展的不确定性增加,非洲需要更多的外部资金提供支持。一方面,多数非洲国家经济结构单一,对外依赖程度高,疫情引发的全球产业链和供应链中断加剧了非洲经济的脆弱性,并引发了非洲近二十五年来的首次经济衰退,但国际组织和捐助者迅速采取行动,向撒哈拉以南非洲提供支持,使得非洲经济逐渐恢复。

投资环境方面,根据非盟 2012—2020 年非洲基础设施发展计划的优先行动计划,涉及的基础设施建设领域包括能源、交通运输、水资源、通信,针对非洲基础设施投资的快速上升使得其整体的基础设施水平也在稳步提高,中国在非洲的基建工程有尼日利亚沿海铁路、南非莫德冯顿新城、肯尼亚铁路、莫桑比克姆潘达恩库瓦大坝和水电站、马拉维基建项目群(包括体育馆、议会大厦、会议中心、大学图书馆等)、坦桑尼亚巴加莫约港口、刚果金矿业基础设施工程,包括能源、交通运输、水资源、通信等在内取得了一系列成果,为整体投资提供了一个较为良好的投资环境。

风险因素方面,债务问题一直困扰着非洲各国,这间接导致了非洲严重的通货膨胀。较高的通货膨胀率加上不稳定的汇率也使得对非洲投资危机四伏。非洲债务规模增长和债务可持续性压力增大有其深刻的历史根源,也与当前非洲债务来源的变化有很大关系,多边金融机构是非洲国家债务存量的主要来源,快速增长的私人部门和商业贷款是非洲国家债务增量的主要来源。中国是非洲坚定的发展合作伙伴,也是提供缓债额最多的国家,正在共同框架下开展与非洲国家的集体债务处置,并通过扩大自非洲进口、加大对非洲投资、向非洲金融机构提供融资支持等方式支持非洲国家经济恢复和发展,因此对非洲投资的风险因素近年来有所缓解。

投资活力方面,随着非洲大陆的吸引力日益增强,非洲逐步成为世界重要的投资目的地,金融危机之后,非洲的进出口贸易总额以及外国直接投资总体上保持着稳定,尽管按全球标准衡量,总量较少,但是和国内生产总值的比率却比较高,这证明进出口贸易以及对外投资对非洲大陆的经济增长十分重要,投资活力整体较好。

产业结构方面,当前非洲国家的发展模式过度依赖消费和初级产品出口的拉动,制造业对非洲 GDP 的贡献率十分有限,而依靠初级产品出口这种单一产品经济很容易受国际市场上大宗商品价格波动的影响。近年来产业结构的调整以及经济转型的发展使得非洲经济向多元化转变,因此总体来看产业结构指标表现较为一般。

投资潜力方面,尽管非洲受到各国援助,基础设施建设目前在如火如荼地进行当中,但是由于非洲有相当长的一段时间是被殖民的,在被殖民期间,虽然有了一定的开发,但是却是掠夺性的开发,并没有建立完善的社会系统,使得其工业发展较为缓慢,整体处于起步阶段,某种程度限制了其他国家的投资意愿,但由于大多数国家资源丰富、劳动力充足,因此投资潜力亟须挖掘。

(二)2001—2020 年二级指标分项测算结果及分析

从图 0-7 二级指标分项结果来看,一级指标的投资活力以及投资环境较为稳定的原因,主要来自进出口贸易比重较为稳定,从而确保了投资活力的平稳发展,稳定的电话网络使用量也对投资环境的稳步发展产生了促进作用。

1. 2001—2020 年二级指标分项结果分析

经济规模方面,GDP、GDP 增长率、人均 GDP 在 2001—2003 年的快

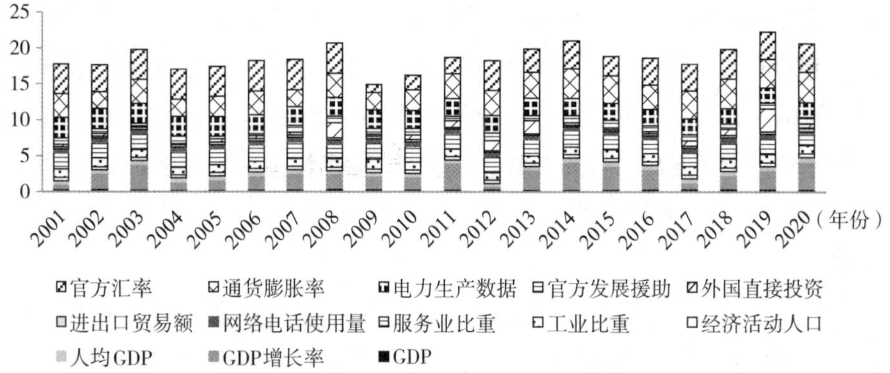

官方汇率　通货膨胀率　电力生产数据　官方发展援助　外国直接投资
进出口贸易额　网络电话使用量　服务业比重　工业比重　经济活动人口
人均GDP　GDP增长率　GDP

图 0-7　2001—2020 年中非投资指数二级指标累计得分柱状图

资料来源:由笔者测算得到。

速增长使得经济规模快速攀升,然而突如其来的金融危机也波及非洲大陆,使得 GDP 增长率在 2004 年惨遭折腰。随着国际金融危机的结束,各二级指标出现缓慢回复的现象,直至 2011 年非洲各地政局动乱使得经济规模迅速下降,随着政局的稳定,非洲经济规模指标整体趋于稳步增长趋势。

投资环境方面,该指标主要受到政府财政收支影响,根据约翰·霍普金斯大学(Johns Hopkins University)的数据,非洲政府在 2000—2018 年获得了大约 1480 亿美元的中国贷款,其中大部分用于大型基础设施项目贷款,因为援助使得非洲政府处于较好的投资环境。

风险因素方面,该一级指标主要由通货膨胀率以及汇率变动组成,分别衡量经济风险以及金融风险这两大二级指标。整体来看风险因素指标除了 2009 年前一直波动,其余时间处于稳定的趋势,2009 年前的波动主要是由于汇率变动。

投资活力方面,该部分指标由进出口贸易额以及外国直接投资两部分通过衡量贸易活力和资本活力两大二级指标来衡量。投资活力指标整体来看趋于稳步上升,其中贸易活力指标稳定,资本活力指标 2008 年出现了急速上升,2014 年又出现了快速下跌,主要是由于 2008 年国际金融危机的初步结束,全球经济复苏,非洲地区的战略意义又一次被国际社会记起,大量的资本涌入非洲大陆,2013 年埃博拉疫情的泛滥又使大量外国资本处于观望状态,因此2014年外国直接投资量出现了大幅度下降。

产业结构方面,该部分指标由工业和服务业这两个指标构成,进入21世纪以来,非洲工业化卷土重来,作为非洲经济转型的重点内容。2008年1月,非盟第11届首脑会议将非洲工业化纳入讨论的重点议题,通过了《非洲加速工业发展行动计划》(Action Plan for the Accelerated Industrial Development of Africa,AIDA),该计划强调工业化是实现经济增长的关键引擎,非洲需要在国家、区域、大陆和国际层面加强合作,促进非洲工业发展。非洲多国还致力于发展服务业,以带动经济增长,但由于起步较晚,因此在产业结构优化方面还有很长的路要走。

投资潜力方面,该部分指标主要由官方发展援助以及电力生产能力两方面衡量援助力度以及投资保障二级指标构成。投资潜力整体来看除了2011—2012年快速下降以外,处于较为稳定状态。2011年由于政局的不稳定,各大援助国对非洲投资保持观望,暂缓对其官方发展援助,2013年中非合作论坛部长级会议的推进,中非经济往来才逐渐升温,使得投资潜力持续上涨。

2. 2020年中非投资指数二级指标分项结果分析

2020年中非投资指数二级指标的得分雷达图见图0-8,得分从高到低依次为:经济增量(0.924)、资源潜力(0.804)、资本活力(0.754)、产业升级(0.664)、金融服务(0.652)、产业保障(0.649)、文化环境(0.644)、经济风险(0.615)、政治风险(0.610)、经济人口(0.607)、信息技术(0.574)、社会风险(0.523)、产业潜力(0.517)、政府力量(0.511)、经济总量(0.484)、经济均量(0.443)、援助力度(0.401)、贸易活力(0.375)、金融风险(0.215)、投资保障(0.144)、疾疫风险(0.122)。

其中,指数得分较高的几项分别是经济增量、资源潜力、资本活力、产业升级、金融服务。相比之下,2019年指数得分较高的是资源潜力、资本活力、中非关系、政府力量、经济总量、基础设施。其中,资源潜力(2019年第一、2020年第二)、资本活力(2019年第二、2020年第三)在2019—

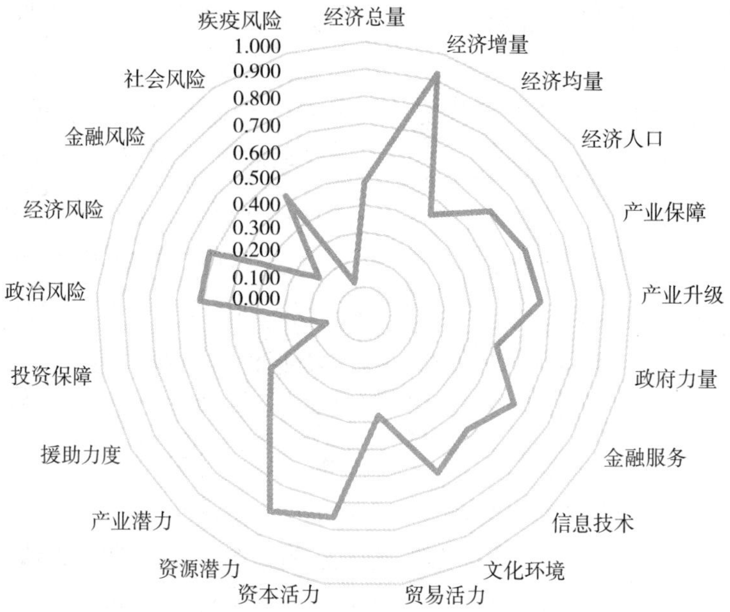

图 0-8   2020 年中非投资指数二级指标得分雷达图

资料来源:由笔者测算得到。

2020 年一直保持良好的势头,说明"一带一路"倡议下,非洲蕴藏的巨大潜力被激发;而 2020 年经济增量一跃上升至第一位,这主要是因为大型石油出口商产量的恢复,增加投资商对该地区的投资信心以及非洲资源密集型经济的增长。2019 年非洲地区经济增长缓慢,主要受中美贸易摩擦、大宗商品价格下降、公共借贷成本增加、干旱、持续贫困以及国家安全等问题的影响,具体指数得分较高的几项分析如下:

经济增量方面,2020 年,在非洲 53 个国家中,人均 GDP 最高的是塞舌尔,达 11639 美元,最低的是布隆迪,也是全世界人均最低的国家,仅 254 美元,两者相差 46 倍。受全球新冠疫情影响,2020 年全球大部分经济体出现了负增长,但非洲地区经济表现强劲,有近半国家经济为正增长。相比 2019 年,埃及经济增长了 19.68%,增速居非洲地区第一;几内亚 2020 年经济增速为 12.32%,在非洲地区排名第二;马拉维 2020 年经济增长了 10.39%,排名第三。其他经济取得正增长的国家分别为津巴布韦(8.81%)、肯尼亚(4.09%)、埃塞俄比亚(4.32%)、加纳(2.09%)、坦桑尼亚（3.95%）、科特迪瓦（4.96%）、突尼斯（1.02%）、喀麦隆（0.26%）、苏丹（2.38%）、塞内加尔（4.72%）、马里（1.73%）、布基纳法索（5.10%）、贝宁（5.56%）、尼日尔（6.20%）、卢旺达（2.97%）、毛里塔尼亚（3.8%）、多哥（4.17%）、塞拉利昂（2.44%）、吉布提（3.03%）、中非共和国（4.35%）、厄立特里亚（5.00%）、冈比亚（5.56%）。[①] 自 1990 年以来，非洲的 GDP 增长了两倍；从 2010 年到 2019 年，其复合年增长率为 4%，而欧洲和拉丁美洲的复合年增长率为 1.7%。非洲的消费者支出增长速度也快于大多数其他地区：2018—2023 年的复合年增长率为 9.4%，而东欧的复合年增长率为 6.9%、亚太地区 6.8%、西欧 4%、北美 3.5% 和拉丁美洲 2.8%。

资源潜力方面，非洲具有丰富的矿产资源，其储量在世界上占有极其重要的地位。其中金、铬、铂族、锰、钴、铝土矿等矿产资源储量在世界上占据首位；金刚石、铀等矿产资源储量位居世界第二位；天然气等资源储量位居世界第三位；煤、石油、铁等资源储量位居世界第四位。因此，非洲在资源开发方面具有极大的潜力，资源潜力指标得分值较高。

资本活力方面，非洲是充满机遇与挑战的大陆，蕴藏着巨大的潜力，世界各国的资本纷纷涌向非洲大陆。此外，近年来，越来越多的中国企业也借着"一带一路"的东风来到非洲一些比较富裕和开放的国家，寻求互利共赢的发展机遇，有力带动了当地就业、经济增长及两国经贸往来。

产业升级方面，服务贸易是促进非洲经济发展的重要驱动力，能够为非洲创造大量就业机会和可观经济效益，部分非洲国家充分把握服务业崛起的趋势，已经形成了各自的优势行业，并为非洲地区广泛提供相应服务，比如毛里求斯和尼日利亚的银行金融服务、埃塞俄比亚和南非的客货运航空服务、乌干达和加纳的教育服务、埃及的电信服务以及吉布提和肯尼亚的港口服务等。当然，非洲服务业的发展还面临着基础设施薄弱的瓶颈，因此非洲各国应弥补这方面的短板，以实现服务业的潜在增长，促

---

①　IMF, https://www.imf.org/en/Home, 2022-07-08.

进非洲大陆经济转型,提升全球市场竞争力。

金融服务方面,随着非洲的进一步发展以及外资的大量引进,各国以及有关组织纷纷出台了进一步加大非洲贷款的措施,这一举措吸引了大量的银行和金融机构,因此,跨国银行资本近年来在撒哈拉以南非洲快速扩张。银行业在非洲扩张主要得益于三个关键因素:一是开发目标市场银行利率低,蕴藏着巨大潜力;二是相关金融服务已在前期扎根于非洲有潜力的工业集团客户;三是受非洲经济、金融领域潜力大的吸引。

指数得分较低的两项分别是投资保障和疾疫风险。

投资保障方面,政治风险是致使投资保障数值低的主要原因。一般来讲,政治风险主要指由于东道国内部或外部的原因,政府所采取的政策或行动给大多数跨国公司的经营带来负面影响。由于非洲国家多数是发展中国家,政治环境极为复杂,政府更迭频繁、区域矛盾冲突频发,存在很高的政治风险。中国企业对非洲投资面临的政治风险主要表现形式包括战争及暴乱风险、国有化风险、第三国干预风险等。此外,非洲电力大多靠水电供应,虽然非洲能源很多、降水量非常大,但受到雨季和旱季影响,供电很不稳定,电力一直不足,已经成发展经济与吸引投资的最大阻碍。

疾疫风险方面,2020 年 12 月 10 日,埃及成为首个收到新冠疫苗的非洲国家,疫苗来自中国。经过疫情考验,非洲公共卫生体系整体得到加强,传染性疾病诊治能力获得提高。

但非洲仍面临新冠疫情笼罩的阴霾,虽然没有出现国际社会担心的大爆发,但是南非等国已出现传染力更强的病毒变异,若疫苗无法尽快普及接种,新冠疫情将成为非洲新常态。

六、中非投资指数国别特征及其变化分析

截至 2020 年,中国对非洲投资存量前十国家为肯尼亚(6.30 亿美元)、刚果(金)(6.12 亿美元)、南非(4.00 亿美元)、埃塞俄比亚(3.11 亿美元)、尼日利亚(3.09 亿美元)、刚果(布)(2.47 亿美元)、尼日尔(2.35

亿美元)、赞比亚(2.14 亿美元)、塞内加尔(2.13 亿美元)、马达加斯加(1.36 亿美元)。①

肯尼亚在 2020 年中非投资指数得分为 32.99,排名第七,见图 0-9。经济规模方面,肯尼亚指数较 2019 年有所上升,但 20 年间波动较大,尤其是 2004 年和 2012 年出现大幅下降的情况。产业结构层面,肯尼亚整体得分有所上升,其中 2008 年下降幅度较大。投资环境方面,肯尼亚在 2008 年投资环境不断恶化后迎来了较小幅度上升,投资活力却存在大幅下降。投资潜力方面,肯尼亚大幅度上涨,其中 2014 年上涨幅度很大,2020 年较 2019 年略有上升。风险因素层面,肯尼亚投资风险略有上升,但期间不断波动,2007 年经历大规模暴力冲突后,风险急剧上升。随着 2008 年政局趋于稳定,投资风险亦在 2009 年大幅下降。整体来看,肯尼亚的投资吸引力不太稳定,但从趋势来看,肯尼亚的经济规模、投资活力、投资潜力等指标表现较好,表明未来有不断改善优化的趋势。

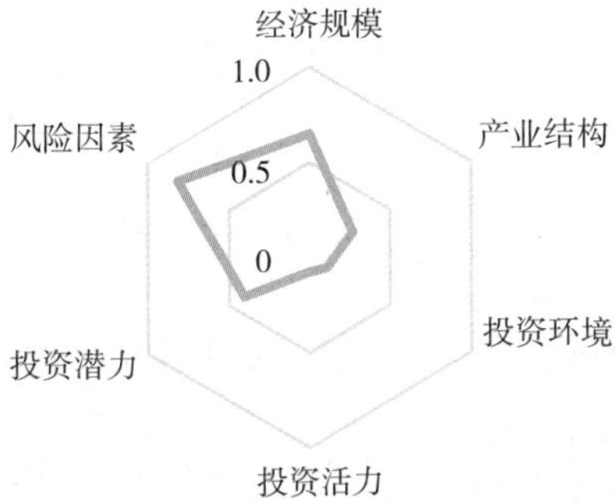

图 0-9 2020 年肯尼亚投资指数雷达图

资料来源:由笔者测算得到。

刚果(金)的得分为 23.70,排名第十一,见图 0-10。2020 年刚果(金)各指标存在不同幅度的下降。经济规模方面,相对于 2001 年,2019 年刚果(金)经济规模有较大幅度上涨,但在此期间波动很大,2020 年经

---

① 中华人民共和国商务部、国家统计局、国家外汇管理局:《2020 年度中国对外直接投资统计公报》,中国商务出版社 2021 年版,第 51—53 页。

济规模存在小幅下降。产业结构层面,刚果(金)整体得分开始较低,但有较大幅度上涨,其间有所波动,其中 2009 年的波动幅度较大,2020 年较 2019 年下降。投资环境方面,刚果(金)得分有较小幅度下降。投资活力方面,刚果(金)开始得分较高,且上涨幅度巨大,其中 2018 年出现较大幅度上涨,除 2008 年波动较大外,整体比较平稳,2020 年与 2019 年基本持平。投资潜力方面,20 年间刚果(金)上涨幅度较大,且 2003 年波动幅度较大,2020 年迎来了中幅下降趋势。风险因素层面,刚果(金)小幅上涨,但期间有所波动,其中 2009 年波动幅度较大,2020 年与 2019 年相比存在大幅下降。整体来看,刚果(金)的投资吸引力并不高,但中国对刚果(金)的投资总额较高,可能原因在于其丰富的矿场资源。

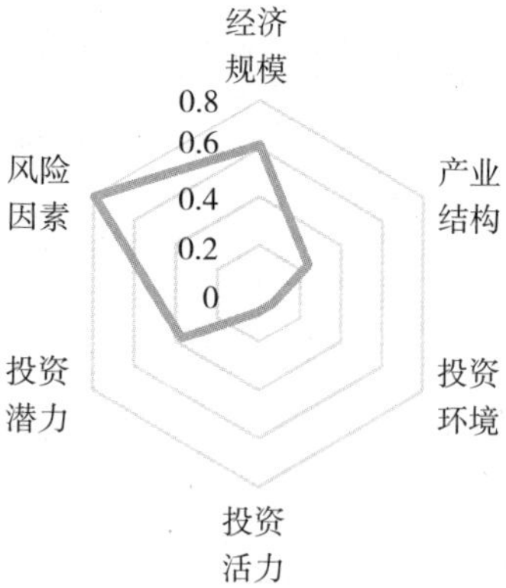

图 0-10　2020 年刚果(金)投资指数雷达图

资料来源:由笔者测算得到。

南非的得分为 81.53,排名第二,见图 0-11。经济规模方面,南非整体经济规模相对较大,即使 2019 年的经济规模比 2001 年低,但整体经济规模十分平稳,2020 年南非经济规模呈现小幅上升趋势。产业结构层面,南非的整体得分略有下降,20 年间除 2009 年波动幅度较大外,整体十分平稳。投资环境方面,南非整体相对较好,但呈现不断恶化趋势,2020 年较 2019 年投资环境指数更高。投资活力方面,南非表现十分突出,远高于其他国家,且不断平稳上涨,但是由于 2020 年新冠疫情席卷全球,进出口贸易受到影响,投资活力存在大幅下降。投资潜力方面,南非分数远超其他国家,且20年间一直很平稳,稍有上涨。风险因素层面,南非2020年较2019年小幅上涨且期间有所波动,投资风险不太稳定。南非整体投资指数表现较好,而且相对稳定。

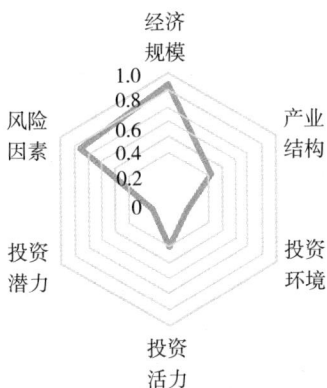

图0-11　2020年南非投资指数雷达图

资料来源:由笔者测算得到。

埃塞俄比亚的得分为36.32,排名第六,见图0-12。2020年埃塞俄比亚各指标保持稳定,其中投资活力存在大幅下降。经济规模方面,埃塞俄比亚经济规模有所上涨,除2012年有较大下滑外,整体比较平稳。产业结构层面,埃塞俄比亚整体得分有较大幅度提升,但2008年有大幅波动、2020年存在小幅下降。投资环境方面,埃塞俄比亚不断向好,其中2001—2007年上升较快。在投资活力方面,埃塞俄比亚整体呈大幅上涨趋势,尤其是在2018年大幅上涨,但在2008年以及2013年出现较大幅度波动,2020年却存在大幅下降。投资潜力方面,埃塞俄比亚大幅度上涨,其中2013年上涨幅度很大。风险因素层面,埃塞俄比亚小幅上涨,但期间有所波动,其中在2009年波动幅度较大。整体来看,埃塞俄比亚虽然目前的整体得分不高,但各项指标都有不断提升趋势,未来投资前景较好。

尼日利亚的得分为98.39,排名第一,见图0-13。经济规模方面,相对于2001年,2020年尼日利亚的经济规模有所上涨,但期间波动幅度较大,经济发展不稳定。产业结构层面,尼日利亚2020年整体得分较2019年有小幅下降,且在2008年呈现较大波动幅度。投资环境方面,尼日利

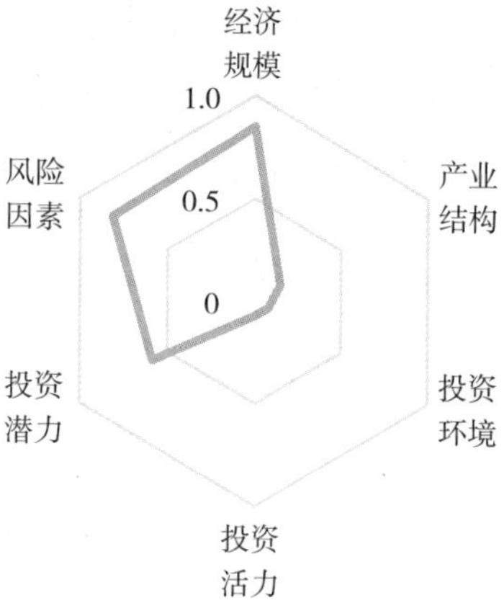

图 0-12　2020 年埃塞俄比亚投资指数雷达图

资料来源:由笔者测算得到。

亚有优化趋势,较 2019 年存在大幅上升,但是期间波动也较大,2006 年前整体呈现上涨趋势,随后呈现下降趋势。投资活力层面,尼日利亚平稳上涨,但是较 2019 年有所下降。在投资潜力方面,尼日利亚 20 年间整体上涨幅度较大,除 2006 年出现较大幅度波动外,十分平稳。风险因素层面,尼日利亚小幅上涨,但 2009 年出现大幅下降的情况。总的来看,尼日利亚整体投资表现较好,也相对稳定,但中国对其投资并不算高,原因可能为,第一,中国对尼日利亚投资起步较晚,从 2003 年才开始;第二,2014 年大宗商品价格大幅下跌,以石油产业为主的尼日利亚经济受到影响,外资吸引力有所下滑。

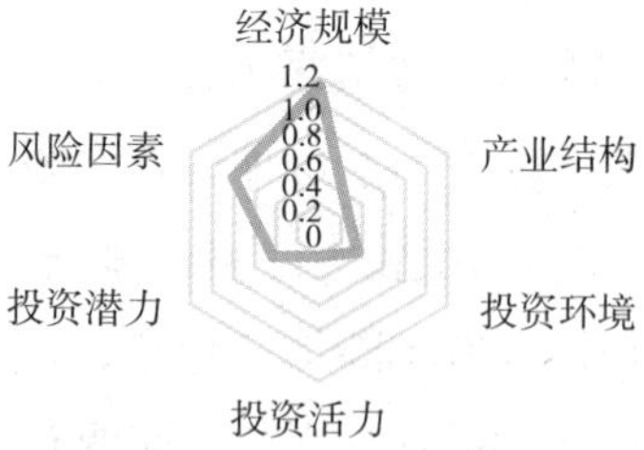

图 0-13　2020 年尼日利亚投资指数雷达图

资料来源:由笔者测算得到。

刚果(布)的得分为 19.98,排名第 18,见图 0-14。经济规模方面,刚果(布)起始得分较低,但在20年间有较大波动,尤其是在2004年和2012年出现大幅下降,但是从2018年起迎来了小幅上涨。产业结构层面,刚果(布)的得分整体十分平稳,唯有在2012年存在小幅下降。投资环境方面,刚果(布)的2020年得分小幅度上升,但是得分一直较低。投资活力方面,刚果(布)有小幅度下降,其间不断波动,其中2013年波动幅度较大,整体呈现上升趋势。投资潜力方面,刚果(布)一直十分稳定,20年间,除2009年波动幅度较大外,整体十分平稳。风险因素层面,刚果(布)略有上升,整体波动幅度较小,在2009年和2015年尤为突出。

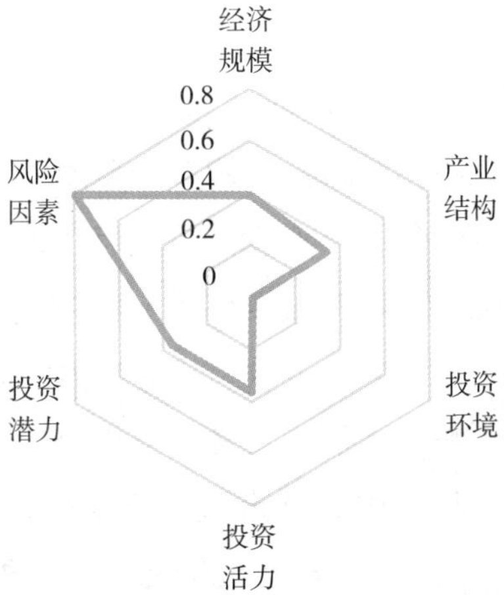

图0-14 2020年刚果(布)投资指数雷达图

资料来源:由笔者测算得到。

尼日尔的得分为11.87,排名第40,见图0-15。2020年尼日尔各指标保持稳定,其中投资活力存在大幅下降。经济规模方面,2020年尼日尔经济规模有所上涨,除2012年有较大下滑外,整体比较平稳,呈上升趋势。产业结构层面,2020年尼日尔整体得分有较小幅度下降,但是2001—2020年整体呈现稳定状态。在投资环境方面,尼日尔在20年间上涨幅度较大。在投资活力方面,尼日尔整体呈平稳趋势,但在2008年以及2013年、2019年出现较大幅度波动,2020年大幅下降。投资潜力方面,尼日尔稳定向好。风险因素层面,2020年尼日尔存在小幅上涨,但期间有所波动,其中在2009年、2015年波动幅度较大。

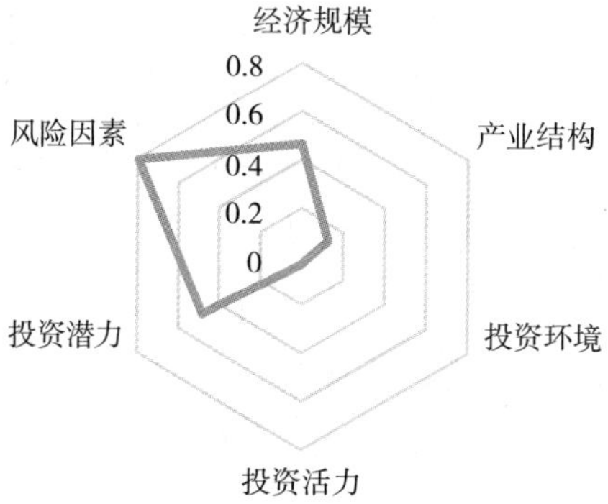

图 0-15　2020 年尼日尔投资指数雷达图

资料来源:由笔者测算得到。

赞比亚的得分为 14.99,排名第 26,见图 0-16。经济规模方面,赞比亚起始得分较低,但有较大幅度上涨,其间有较大幅度波动,尤其是在 2004 年和 2012 年出现大幅下降,但 2020 年迎来了小幅上涨。产业结构层面,赞比亚的得分整体十分平稳地上涨。投资环境方面,赞比亚的 2020 年得分小幅度上升,且在 2018 年有较大幅度波动。投资活力方面,赞比亚下降幅度很大,特别是在 2019 年大幅度上涨之后赞比亚投资活力指数 2020 年出现大幅度下降,其间不断波动,其中 2008 年波动幅度较大。投资潜力方面,赞比亚下降幅度较小,20 年间,除 2006 年波动幅度较大外,整体十分平稳。风险因素层面,赞比亚略有上升,整体波动幅度很大,在 2009 年和 2015 年尤为突出。整体来看,赞比亚的表现一般并且稳定性欠佳。

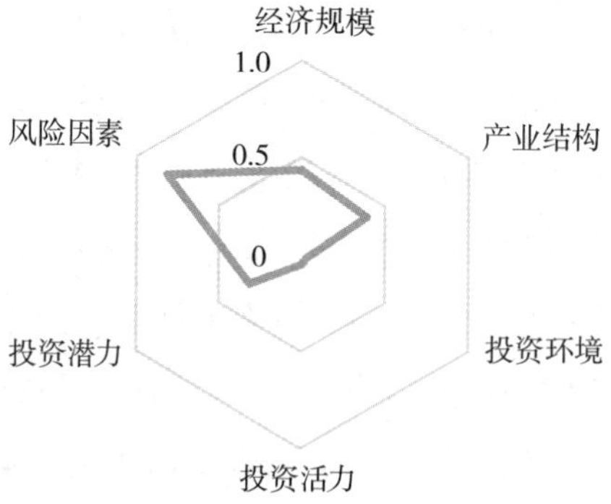

图 0-16　2020 年赞比亚投资指数雷达图

资料来源:由笔者测算得到。

塞内加尔的得分为 15.83,排名第 24,见图 0-17。经济规模方面,塞内加尔 2020 年的经济规模较 2001 年变化有大幅上涨,但 20 年内的波动范围很大,尤其是 2012 年、2017 年,经济发展十分不稳定。产业结构层面,塞内加尔一直保持十分稳定的趋势,除了 2008 年有较小幅度的下降。投资环境方面,塞内加尔 2013 年前一直呈平稳状态,但 2014 年有大幅上升,随后在 2017 年又大幅下降,20 年间虽有波动,但整体有较小幅度上涨。投资活力方面,塞内加尔有较小幅度下降,除了 2014 年有较大波动,其余年间皆较为平稳。投资潜力方面,塞内加尔整体呈现小幅度下降,2014 年有较大波动,整体十分平稳。风险因素层面,塞内加尔得分一直较高,且期间有所波动,尤其 2009 年大幅波动。

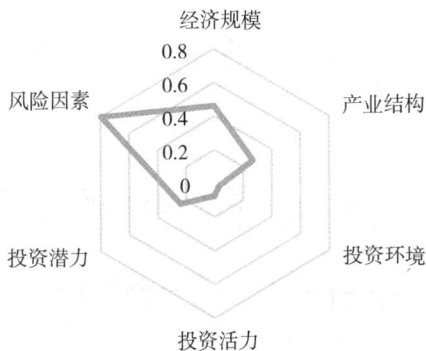

图 0-17　2020 年塞内加尔投资指数雷达图

资料来源:由笔者测算得到。

马达加斯加的得分为 13.12,排名第 34,见图 0-18。经济规模方面,马达加斯加整体有大幅上涨,其间也有所波动,尤其是 2004 年、2012 年和 2017 年出现大幅度下降。产业结构层面,马达加斯加的整体得分稍有下降,但 20 年间比较平稳。投资环境方面,马达加斯加小幅度上升,其间存在波动,尤其 2010 年出现大幅下降。投资活力方面,马达加斯加大幅下降,但是 2019 年上涨幅度很大,20 年间,在 2008 年、2013 年有较大幅度波动。投资潜力方面,马达加斯加有较小幅度下降,其中 2004 年波动较大,其余年间较为平稳。风险因素层面,马达加斯加略有下降,但期间不断波动,其中 2009 年、2015 年大幅波动。总体来看,马达加斯加整体投资吸引力得分不算高,但其呈现出不断向好的趋势。

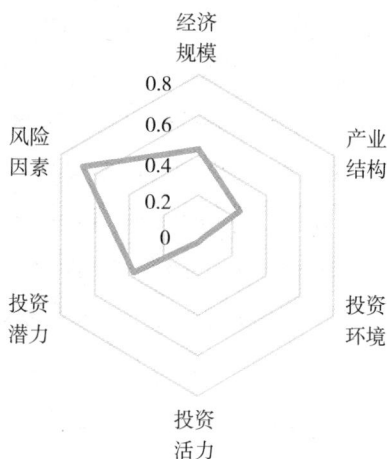

图 0-18　2020 年马达加斯加投资指数雷达图

资料来源:由笔者测算得到。

第三节　基于中非投资指数的政策建议

一、中非投资指数测算结果与实际情况的差异及原因分析

从理论上来说,一个政治稳定、法律完善且执法公平的国家,将有更大倾向吸引其他国家的投资。但由于难以用定量化的数据进行衡量,本书采用世界银行数据库的政治稳定性指标,但其统计方法可能受到主观因素影响,难免具有一定局限性。

1.2020 年中非投资指数最高的十国与 2020 年中国对非洲投资流量十大国别对比

从表 0-5 可以看出,2020 年中非投资指数得分前十国家和 2020 年中国对非洲投资流量前十国家有一部分发生重合,其中南非、尼日利亚、埃塞俄比亚三国的两者排名相差较小。南非作为非洲第二大经济体,综合投资环境较好,因此中非投资指数得分较高,中南两国对接“一带一路”建设利益契合点多、互补性强,中南投资也一直较为稳定。尼日利亚是目前非洲第一大经济体,拥有变现能力超强的石油资源、天然气资源和煤炭资源,吸引众多中国投资,中非投资指数得分也较高。埃塞俄比亚以其优惠的招商政策、巨大的人口红利、低廉的营商成本和巨大的市场潜力不断吸引着中国投资者前去开拓商机,因此中非投资指数得分和中国对其投资流量都较高。此外,2020 年中国对非洲投资流入最多的国家是肯尼亚,肯尼亚位列 2020 年中非投资指数得分最高十国之内,由此可见,中国对非洲投资流量目的国与中非投资指数得分较吻合。

表 0-5 2020 年中非投资指数得分最高十国与 2020 年中国对非洲
投资流量前十国别对比

排序	2020 年中非投资 指数得分最高十国		2020 年中国对非洲投资 流量前十国(亿美元)	
1	南非	92.44	肯尼亚	6.29
2	埃及	89.11	刚果(金)	6.12
3	尼日利亚	84.91	南非	4.00
4	肯尼亚	71.94	埃塞俄比亚	3.11
5	埃塞俄比亚	70.68	尼日利亚	3.09
6	摩洛哥	66.52	刚果(布)	2.48
7	加纳	65.41	尼日尔	2.35
8	阿尔及利亚	63.38	赞比亚	2.14
9	突尼斯	61.28	塞内加尔	2.13
10	坦桑尼亚	60.93	马达加斯加	1.36

资料来源:中华人民共和国商务部,国家统计局,国家外汇管理局:《2020 年度中国对外直接投资统计公报》,中国商务出版社 2021 年版,第 51—53 页。

2.2001—2020 年中非投资指数最高的十国与中国对非洲投资存量十大国别对比

从表 0-6 可以看出,2001—2020 年中非投资指数平均得分仍然是非洲前三大经济体盘踞前三——南非、尼日利亚和塞舌尔。南非凭借其非洲第二大经济体的地位,不仅在 2001—2020 年中非投资指数平均得分最高,且是中国对非洲投资存量第一的国家,2001—2020 年中国在南非投资水平、结构和趋势都较为稳定,中国和南非同为新兴发展中国家、金砖国家成员、二十国集团成员和区域经济大国,经济互补性强,发展合作潜力大。尼日利亚的2001—2020年中非投资指数平均得分稳居第二,在中国对非洲投资存量中也位列第六,尼日利亚作为非洲目前第一大经济体,总体投资环境较好,近年来中国与尼日利亚投资贸易成果显著,2018年中尼在中非合作论坛北京峰会上签署双边"一带一路"合作有关文件,中尼产能合作稳步前进。此外,埃塞俄比亚中非投资指数的平均得分位列第五,截至2020年在中国对非洲投资存量中排名第四,未来投资吸引力有不断上升的趋势,中国与埃塞俄比亚的合作将得到加强。

表0-6 2001—2020年中非投资指数平均得分最高十国与中国对非洲投资存量前十国对比

排序	2001—2020年中非投资指数平均得分最高十国		2020年中国对非洲投资存量前十国(亿美元)	
1	南非	96.04	南非	54.18
2	尼日利亚	93.32	刚果(金)	36.88
3	塞舌尔	84.17	赞比亚	30.55
4	埃及	81.79	埃塞俄比亚	29.92
5	埃塞俄比亚	81.46	安哥拉	26.90
6	坦桑尼亚	77.73	尼日利亚	23.68
7	赤道几内亚	76.72	肯尼亚	21.54
8	安哥拉	75.92	津巴布韦	17.96
9	突尼斯	74.80	阿尔及利亚	16.44
10	刚果(布)	74.69	加纳	15.84

资料来源:中华人民共和国商务部、国家统计局、国家外汇管理局:《2020年度中国对外直接投资统计公报》,中国商务出版社2021年版,第51—53页。

(二)本次研究的其他局限和今后改进的方向

中非投资指数指标体系中存在部分理论指标难以定量化的问题,如中非投资指数理论指标中的政治稳定性指标。就中国与非洲国家的关系而言,虽然可以通过一些现实情况进行讨论,如双边投资和贸易协定(协议)的签署情况,双边高层交往频度,或外交上的相互理解与支持情况,但在定量分析上仍有较大困难,因此可能影响最终指标得分。以上由于数据缺失或难以定量的问题是本书主要的局限。本书从指标体系的构建、指标的衡量及数据的选取的科学性、研究方法的合理性以及指数的具体指标分析和国别分析的深入程度都还有待于进一步提升。同时也希望我们的研究结果对企业的对非洲投资更有指导意义。

二、中非投资政策性建议

中国是世界上最大的发展中国家,同非洲各国一样,都是发展中国家大家庭的一员,是好朋友、好伙伴,在涉及全球发展的诸多议题上有着高度共识。近年来,在"一带一路"、中非合作论坛、南南合作等框架下,中非共同实施合作项目,中国与非洲共同推进重点领域合作,调动发展资源,深化全球减贫和消除贫困合作,建设粮食生产和供应能力,推进清洁能源伙伴关系,加强疫苗创新研发和联合生产,致力于土地和海洋生态的保护和可持续利用。中非合作在各领域取得丰硕成果,包括基础设施、粮食和农业、公共卫生、电信、能源、教育等,切实造福了双方人民和世界人民。

(一)搭建互惠共赢平台、发挥企业主体作用

搭建中国和非洲重点国家开展国际产能合作的交流平台,加强各国发展经验的交流,依托交流平台,通过举办大型会议、相互出访、实地考察、民间交流等方式加强对中国成功经验的宣传,提高非洲国家对中国经验的认同感。企业应该增强国家战略使命感,制定企业国际产能合作规划,充分发挥企业自身优势,规避风险,实现企业效益和实现国家战略双赢,同时实现合作国家间互惠共赢的良好局面。

(二)推动中非数字经济领域的沟通与协作

2015年,非盟通过了《2063年议程》,将数字技术、数字经济、数字基建等作为优先发展的领域,着力建设数字非洲,非洲各国也都制定了数字化转型战略以推进数字经济发展。在内需拉动和国际力量推动下,中国数字经济也蓬勃发展,对于一直想要实现经济飞跃式发展的非洲来说,数字经济为非洲国家经贸转型、实现跨越式发展提供了前所未有的契机和挑战。从数字化潜力看,虽然非洲国家互联网起步晚,人均拥有手机数量也很低,很多地方没有 WiFi 和 5G 覆盖,存在巨大的数字化鸿沟,但他们

拥有对新技术、新经济进行探索强烈的愿望，因此，在数字经济领域潜力无限。帮助提高非洲公众数字素养和技能，加快推进工业化道路转型升级，加强数字时代互联互通，中非在数字经济领域即将迈向新高度，为非洲各国发展注入新动力，为共建"一带一路"成果向更高质量转变而努力。

（三）加强中非基础设施建设的对接及融通

在"一带一路"的背景下，中国在非洲的基础设施建设方面取得了一定的成绩，相比非洲国家，我国在资金、技术方面都有较大的优势，但是在实际合作过程中，由于文化背景、气候环境、经济基础等方面存在很大差异，面对当前的国际形势，在非洲的企业依旧面临许多重重困难，我们要抓住机遇，迎难而上，保障在非洲基建企业供能系统，改善在非洲工作人员生活条件。同时，探寻双边合作的契合点，辽阔的非洲大陆拥有丰富的矿物资源，将当地物资和人力充分利用起来，提高核心竞争力，运用现代化技术，扭转非洲各国分割闭塞的现状，通过基础建设联通非洲与世界，最终实现双赢的状态。

（四）深化中非在减贫和消除贫困领域合作

改革开放以来，我国积极推动世界减贫事业的前行，并作出了重大贡献。基于过去的友好合作，中非合作出现历史性转机，消除贫困、改善民生、拥抱未来是双方的共同目标。中非双方要加强交流，根据不同国家的历史文化背景、经济贸易基础，有针对性地借鉴治贫经验、整合治贫资源，取其精华，去其糟粕，不仅要分享治贫"药单"，更要开展"有效性"治疗，进而完善贫困治理规划，形成有效的反贫成果，搭建经验共享平台。中非双方还要加强减贫合作的深度与广度，共建治贫责任共同体，帮助非洲国家实现小康、走向富裕，构建联系更加密切的中非命运共同体。

第一篇

非洲数字经济发展及其竞争力

第一章 2023年非洲移动应用市场报告[①]

当前新兴市场移动互联网渗透率与数字经济持续崛起,面对前所未有的战略机遇期,全球企业纷纷入局。风云变幻的海外市场环境也为出海企业带来更多挑战。非洲数字经济近年来迅速发展,移动应用用户基数巨大且呈现不断增长的态势。截至2022年12月,非洲移动应用月活跃用户规模已超2.7亿人、月均消耗流量约为12GB、日均手机使用时长超过4小时、月活规模超百万的应用数高达575款。[②] 这种增长是由非洲强劲的基本面推动的,包括年轻活跃的庞大人口、日益改善的网络环境、不断攀升的智能手机普及率等。来自数据洞察平台——数据闪闪(DataSparkle)表明,2018年以来,非洲数字初创公司融资金额翻了两番,投资者在非洲变得越来越活跃。对非洲各行业赛道进行数字颠覆的机会比比皆是。

本书聚焦非洲移动应用市场游戏及非游戏类应用,解读2021年9月至2022年12月非洲整体移动市场及埃及、尼日利亚、肯尼亚、南非四个代表国家移动应用市场的数据变化。报告的榜单分析选取各品类的头部应用,通过展示应用的排名、活跃情况、开发商等数据呈现头部应用市场发展情况。报告中的日活跃用户数(Daily Active Users,DAU)、月活跃用户数(Monthly Active Users,MAU)、人均使用时长、人均打开次数等数据均取自DataSparkle。报告的应用分类均与谷歌商店(Google Play)应用分

[①] 本书根据传音控股大数据与人工智能实验室《2023非洲移动市场的格局之变》(PPT版本)改写。

[②] 数据覆盖传音旗下Android 11版本以上的手机设备。

类保持一致。数据几乎涵盖了2023年非洲移动领域发展所需了解的信息，并根据数据分析客观得出结论，不涉及任何倾向性分析。目的是帮助品牌与开发者更好地了解非洲市场，调整业务，从而在当今激烈的竞争中实现生存和发展。

第一节 非洲移动市场总况

非洲近年来已进入蓬勃发展的移动时代。智能手机的快速普及推动了非洲移动应用市场的发展。截至2022年年底，非洲移动互联网活跃用户规模已超2.7亿人，其中智能手机普及率约为50%。随着网络环境改善和流量资费降低，非洲用户的月流量消耗持续增长。虽然目前非洲整体消费水平较低，但非洲消费者在移动设备上花费的时间已超过日常生活①的三分之一。其中，泛娱乐应用使用时长领先，抖音（TikTok）、脸书（Facebook）等应用深受非洲用户喜爱。

一、疫情后持续恢复的非洲经济

新冠疫情后非洲地区经济持续恢复，发展前景良好。第一，非洲已成为全球经济增长最快的地区之一。1990年以来，其GDP已经增长了2倍，2022年GDP已近3万亿美元。② 第二，非洲人口增长迅猛，2022年非洲人口超14亿人，占全球人口的18%，未来仍将保持显著人口增长，预计到2100年将接近亚洲人口。第三，非洲作为世界上城镇化速度最快的地区之一，自1990年以来，城市人口累计增加了约5亿人。③ 第四，非洲移动互联网用户数量持续增长。2022年移动互联网用户近2.4亿人，移动互联网普及率超41%。第五，智能手机在非洲的普及率持续快速上升。

---

① 日常生活时间是按12个小时的日间时间计算。

② IMF, World Economic Outlook, October, 2022: Countering the Cost－of－Living Crisis, https://www.imf.org/en/Publications/WEO/Issues/2022/10/11/world－economic－outlook－october－2022, OCTOBER 2022.

③ UN－Habitat, World Cities Report 2020: The Value of Sustainable Urbanization, https://unhabitat.org/world-cities-report-2020-the-value-of-sustainable-urbanization, October, 2020.

2022 年非洲智能手机普及率约 50%，预计到 2025 年将增至 61%。[①]

二、非洲移动运营商众多且竞争激烈

非洲市场运营商众多。截至 2022 年，非洲移动运营商数量已近 200 家。由于基础设施不完善，且每家运营商的覆盖范围及资费标准不同等因素，大部分用户拥有 1—2 张 SIM 卡。从表 1-1 中可以看出，在 4 个非洲重点国家中，南非运营商数量最多，达到 64 家；其次是尼日利亚，共有 42 家。在非洲的主流运营商包括南非跨境电信有限责任公司（Mobile Telecommunication Network，MTN）、印度巴蒂电信有限责任公司（Airtel）、肯尼亚萨法利通信公司（Safaricom）、橘子股份有限公司（Orange）等。埃及及肯尼亚分别有 29 家及 27 家移动运营商。

表 1-1　2022 年非洲主要国家运营商数量与主流运营商

埃及	29 家	肯尼亚	27 家
沃达丰集团有限责任公司（Vodafone）	vodafone	肯尼亚萨法利通信公司（Safaricom）	Safaricom
橘子股份有限公司（Orange）	orange	南非电信股份有限公司（南非有线 & 无线通讯运营商，Telkom）	Telkom
阿联酋电信公司（Etisalat）	etisalat	印度巴蒂电信有限责任公司（Airtel）	airtel
埃及电信股份有限公司（Telecom）	telecomegypt	肯尼亚佳米电信有限公司（Jmaii）	JTL
尼日利亚	42 家	南非	64 家
南非跨境电信有限责任公司（MTN）	MTN	沃达丰集团有限责任公司（Vodafone）	vodafone
尼日利亚电信有限责任公司（Globacom）	glo	南非跨境电信有限责任公司（MTN）	MTN

①　GSMA, The Mobile Economy 2023, https://www.gsma.com/mobileeconomy/wp-content/uploads/2023/03/270223-The-Mobile-Economy-2023.pdf, March 2023.

续表

埃及	29家	肯尼亚	27家
印度巴蒂电信有限责任公司（Airtel）	airtel	南非电信股份有限公司（南非有线 & 无线通讯运营商，Telkom）	Telkom
新兴市场电信服务有限公司 Emerging Markets Telecommunication Services Ltd.（EMTS），交易名称为9Mobile	9 mobile	南非塞尔西有限公司（南非无线通讯运营商）Cell C	CellC

资料来源：传音移动互联 DataSparkle 大数据平台 www.datasparkle.com，访问时间：2023 年 1 月 22 日。

三、非洲网络资费逐渐亲民

随着互联网基础设施的加速改善以及智能手机的快速普及，非洲移动互联网费用可负担性日益增强。1GB 移动数据的平均成本逐年降低。图 1-1 中展示了 2019—2022 年 13 个非洲国家与地区 1GB 的移动数据成本，到 2022 年这 13 个非洲国家 1GB 移动数据的平均成本不到 1 美元，尼日利亚是降幅比例最大的国家。移动数据成本逐渐降低更推动移动数据使用量增长（见图 1-1）。

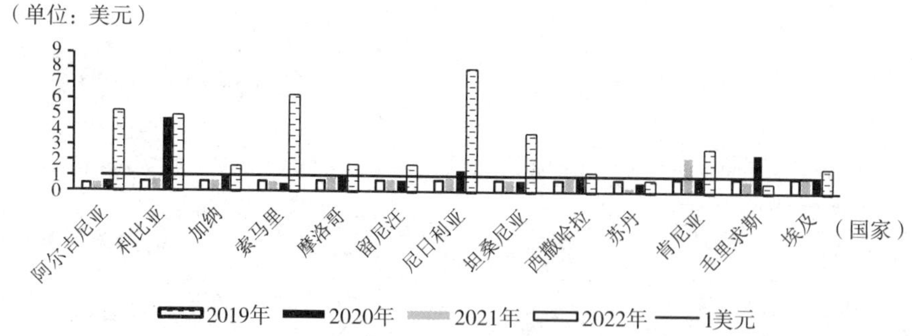

图 1-1　2019—2022 年非洲部分国家与地区 1GB 移动数据成本

资料来源：传音移动互联 DataSparkle 大数据平台 www.datasparkle.com，访问时间：2023 年 1 月 22 日。

四、非洲用户移动数据使用量上升

非洲和中东地区单个用户的每月移动数据使用量[1]在 2017—2022 年增加约一倍以上。据数据闪闪统计,2022 年非洲移动用户人均每月流量消耗近 12GB。分地区来看,北非移动数据使用量最高,西非和东非与非洲平均水平相似。从流量消费来说,非洲整体流量消费水平较低,平均单个用户月流量费用在 5—15 美元居多。在 4 个非洲重点国家中,也可以看出非洲用户移动数据使用量上升,其中埃及人均月移动数据使用量最多,达到 23.4GB;南非人均月移动数据使用花费最多,为 25.77 美元;肯尼亚人均月移动数据使用花费占人均月收入百分比最高,达到 7.2%(见表 1-2)。

表 1-2 2022 年非洲主要国家人均月移动数据使用量与花费

国家	人均月移动数据使用量[2](GB)	人均月移动数据使用花费[3](美元)	人均月移动数据使用花费占人均月收入百分比(%)
埃及	23.4	22.16	3.8
肯尼亚	14.1	11.81	7.2
尼日利亚	13.8	9.83	6.2
南非	12.63	25.77	1.9

资料来源:传音移动互联 DataSparkle 大数据平台 www.datasparkle.com,访问时间:2023 年 1 月 22 日。

---

[1] GlobalData,Monthly Mobile Data Usage in Africa and Middle East to Double by 2022,says GlobalDatahttps://www.globaldata.com/industries-we-cover/technology/? utm_source = email&utm_medium=pr&utm_campaign=180521a_gd_tc_pr_Moblie_Data_Exploding_In_Africa_Middle_East&utm_nooveride=1,May,2022.

[2] 数据覆盖传音旗下 Android 11 版本以上的手机设备。

[3] Salaryexplorer, Average Salary in Egypt 2023, http://www.salaryexplorer.com/salary-survey.php? loc = 64&loctype = 1, June, 2022; Kenya National Bureau of Statistics, Employment, Earnings and Consumer Price Indices,Kenya National Bureau of Statistics,Employment,Earnings and Consumer Price Indices, https://www.knbs.or.ke/download/employment-earnings-and-consumer-price-indices-2/, December 2022;Technext, Nigerians spend 22% of their salaries on monthly streaming subscriptions - report, https://technext24.com/2022/10/27/subscription-nigerians-spend-22-monthly/, October 2022;Statista, Average monthly earnings in South Africa, April,2023.

五、非洲用户手机使用集中在夜间

手机已经成为非洲人民日常生活中不可或缺的一部分。2022年非洲人均每天使用手机的时长已超4小时,占日常生活时间的三分之一以上。从各时段使用手机用户占比来看,非洲用户使用手机的高峰时段[①]集中在晚上6点之后,使用最高峰时段为19:00—21:00。其中,肯尼亚使用手机高峰时段在13:00—23:00、南非在14:00—22:00、埃及在19:00—24:00、尼日利亚在20:00—23:00。

六、泛娱乐应用[②]用户使用时长领先

从移动应用品类看,包含社交和音视频在内的泛娱乐类应用是非洲手机用户参与度最高的移动应用类别,手机用户平均每10分钟就有3.6分钟用在了泛娱乐应用。从图1-2中可以看出,手机用户中通信时间最长为每月32.7小时,其次是社交24.5小时,视频播放与编辑13.2小时,都主要集中在泛娱乐应用中。

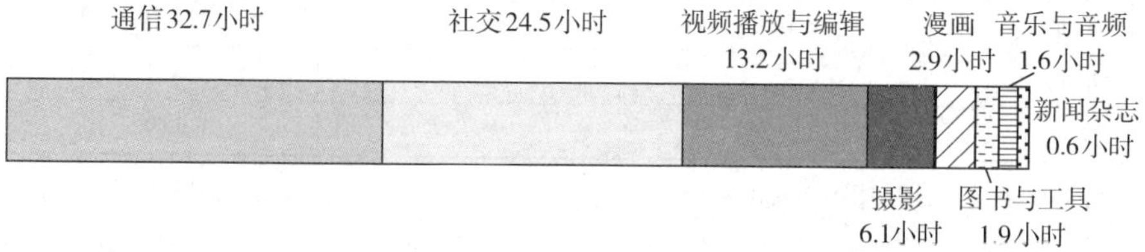

| 通信32.7小时 | 社交24.5小时 | 视频播放与编辑13.2小时 | 漫画2.9小时 音乐与音频1.6小时 新闻杂志0.6小时 摄影6.1小时 图书与工具1.9小时 |

图1-2 2022年非洲移动应用核心品类人均每月使用时长

资料来源:传音移动互联DataSparkle大数据平台www.datasparkle.com,访问时间:2023年1月22日。

此外,全球热门泛娱乐应用也深受喜爱。全球热门泛娱乐应用如脸书(Facebook)、照片墙(Instagram)、抖音(TikTok)和油管(YouTube)在非洲同样深受手机用户喜爱。非洲手机用户每月在这类应用上花费的时间最长超过23小时。表1-3中展示出4个重点国家在这4个应用上的时

---

① 手机使用活跃高峰均为各国当地时区时间。
② 泛娱乐应用包含视频播放与编辑、摄影、社交、漫画、图书与工具书、音乐与音频、新闻杂志。

间花费,其中埃及地区的手机用户在这 4 个应用上花费时间最长,使用脸书最高能达到 23.53 小时。

表 1-3 2022 年非洲主要社交应用人均月使用时长与移动数据使用量

国家	脸书 (Facebook)		照片墙 (Instagram)		抖音 (TikTok)		油管 (YouTube)	
埃及	23.53 小时	5.52GB	4.85 小时	1.56GB	14.29 小时	3.37GB	12.93 小时	1.79GB
肯尼亚	12.92 小时	2.29GB	4.85 小时	1.77GB	13.33 小时	3.09GB	11.80 小时	1.80GB
尼日利亚	12.80 小时	2.00GB	4.11 小时	1.19GB	7.72 小时	1.66GB	6.47 小时	0.83GB
南非	11.58 小时	1.75GB	4.66 小时	1.66GB	10.61 小时	2.10GB	7.08 小时	0.99GB

资料来源:传音移动互联 DataSparkle 大数据平台 www.datasparkle.com,访问时间:2023 年 1 月 22 日。

第二节 非洲移动生态系统的特征

数据闪闪研究发现,2022 年年末对比年初,整个非洲大陆的移动应用市场活跃用户规模增长了 14%。对比 2021 年,非洲移动应用市场新增了 87 款月活跃用户规模超百万的应用,其中游戏品类应用表现最为突出。超过 50%以上的非洲国家 2022 年有新的月活跃用户规模超百万的移动应用出现。

一、非洲移动应用"百万俱乐部"的数量增加

2022 年非洲移动应用"百万俱乐部"[①]成员达 575 款。其中游戏品类的应用占比最高,共计 214 款,休闲游戏占绝对优势。除游戏外,占比最高的为泛娱乐类应用,共计 126 款。2022 年"百万俱乐部"中 87 款为"新成员",其中应用数量占比最高的三个品类分别为约会、健康与健身、工具类。对比 2021 年,有 47 款应用退出了非洲"百万俱乐部"名单。

二、非洲移动应用市场日益活跃

分国家来看,2022 年非洲 53 个国家中有 50%以上国家的"百万俱乐

---

① 百万俱乐部指 2022 年月均活跃用户规模超过一百万的应用。

部"发生了变化,其中 28 个国家的"百万俱乐部"有新增成员。对比各国 2021 年的"百万俱乐部",2022 年尼日利亚移动应用市场活跃度最高,新增 18 款应用,主要包括图书与工具书、办公、音乐、娱乐、财务、游戏、社交、工具;埃及其次,新增 10 款应用;南非以 4 款应用排第 8 位;肯尼亚以 2 款应用排第 20 位(见表 1-4)。

表 1-4 2022 年非洲主要国家"百万俱乐部"新增应用

排名	国家/地区	新增应用类目	新增应用数量
1	尼日利亚	图书与工具书、办公、音乐、娱乐、财务、游戏、社交、工具	18
2	埃及	音乐、工具、游戏视频、娱乐	10
8	南非	效率、游戏、财务	4
20	肯尼亚	娱乐、音乐	2

资料来源:传音移动互联 DataSparkle 大数据平台 www.datasparkle.com,访问时间:2023 年 1 月 22 日。

三、游戏、工具、泛娱乐三大品类表现最为活跃

2022 年非洲活跃用户规模前 500 位的应用中,共有 183 款游戏,占比达 36.6%。紧随其后的品类是工具(41 款,8.2%)、音乐与音频(32 款,6.4%)、视频播放和编辑(31 款,6.2%)、通信(28 款,5.6%)、社交(26 款,5.2%)、财务(22 款,4.4%)和效率(22 款,4.4%)。按国家来看,财务类应用在尼日利亚和肯尼亚更具有活跃度;南非音乐与音频类应用活跃度更高,而埃及则是视频播放和编辑类应用更活跃(见表 1-5)。

表 1-5 2022 年非洲及其主要国家移动应用活跃用户规模品类排行前 5 位

排名	非洲	埃及	肯尼亚	尼日利亚	南非
1	游戏	游戏	游戏	游戏	游戏
2	工具	工具	金融	金融	音乐与音频
3	音乐与音频	视频播放和编辑	工具	工具	工具

排名	非洲	埃及	肯尼亚	尼日利亚	南非
4	视频播放和编辑	音乐与音频	图书与工具书	社交	金融
5	通信	社交	社交	通信	视频播放和编辑

资料来源:传音移动互联 DataSparkle 大数据平台 www.datasparkle.com,访问时间:2023 年 1 月 22 日。

四、非洲移动应用市场开发者愈加多元

从 2022 年非洲活跃用户规模前 100 位应用的开发者所在区域来看,中国和欧美开发者引领了非洲开发者市场。其中开发者是中国的移动应用比例达 40%,开发者是美国、欧洲的分别达 23%、11%。从应用类别来看,中国开发者在游戏、社交、视频播放和编辑领域更有优势,欧美开发者则在非洲通信、音乐和音频市场更为领先。

第三节　数字非洲的机遇与挑战

非洲移动应用市场前景向好。非洲地区 2022 年 12 月对比 1 月活跃用户规模增长超 14%。其中,通信、泛娱乐等品类活跃用户规模领先,活动、健康与健身等非游戏类应用品类增速明显。从赛道上看,游戏、财务、购物和社交等赛道非常活跃,一些市场板块已经趋于饱和,容易受到巨头和本土创业者的正面竞争,比如 B2C(Business To Customer)、移动银行等,但还有一些需要更高运营成本的细分赛道领域未被大力开发,如健康与健身、旅游与本地出行、教育、餐饮美食与本地生活等赛道。这些赛道虽近年受到疫情影响较大,但随着疫情后边境重新开放,尚有较大待开发的空间。

一、非游戏类应用活跃用户增长显著

第一,非洲移动应用市场在 2022 年稳步向前,非游戏类应用增长表现突出。从活跃用户规模来看,2022 年 12 月对比 1 月,非洲移动应用市

场活跃用户规模增长超14%,其中活动类应用增长最快,达到65%(见图1-3)。移动应用在经济逆风形势下强劲增长,展现出了该领域的活力。通信、社交、摄影以及照片和视频类应用用户数量领先,仍是2022年非洲应用市场的头部品类。截至2022年12月,这四大分类的年度活跃用户总数均超过2.13亿人。

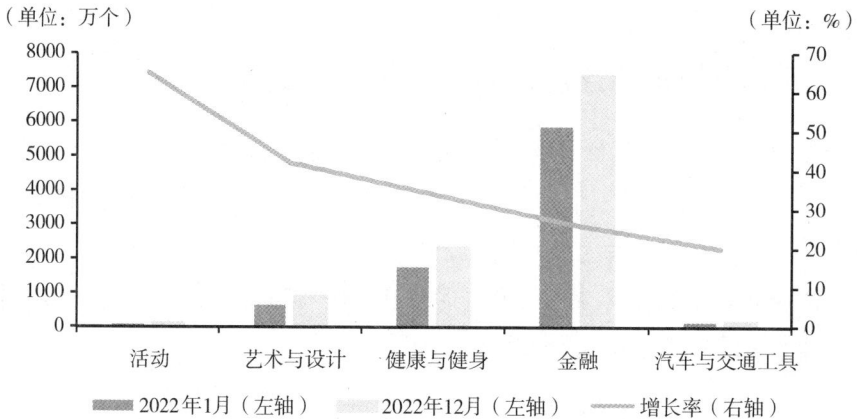

（单位：万个）　　　　　　　　　　　　　　　　　　（单位：%）

图1-3　2022年非洲移动应用非游戏类活跃用户规模增长前5位应用品类
资料来源:传音移动互联 DataSparkle 大数据平台 www.datasparkle.com,访问时间:2023 年 1 月 22 日。

第二,不同国家应用品类趋势差异大。聚焦到国家层面,虽然非洲移动应用市场整体发展趋势向好,但区域差异依旧存在。家居装修类应用增长最为迅速,而效率类应用则在南非更受关注(见表1-6)。

表1-6　2022年非洲主要国家非游戏类应用活跃用户规模变化

排名	埃及		肯尼亚		尼日利亚		南非	
1	金融	64%	活动	36%	家居装修	264%	游戏	11%
2	活动	60%	购物	58%	汽车与交通工具	88%	汽车与交通工具	9%
3	购物	49%	家居	43%	健康与健身	84%	效率	7%
4	健康与健身	43%	健康与健身	39%	活动	81%	工具	6%
5	餐饮美食	42%	金融	39%	金融	33%	通信	6%

注:该数据为 2022 年 12 月与 2022 年 1 月活跃用户规模对比。
资料来源:传音移动互联 DataSparkle 大数据平台 www.datasparkle.com,访问时间:2023 年 1 月 22 日。

二、非洲移动应用市场热门赛道

从用户角度出发,2022 年非洲移动应用多个赛道保持活跃。其中游戏、财务、购物、社交、体育赛道表现突出,市场参与者不断涌现,应用程序的使用数据创下新高。

(一)游戏

2022 年非洲移动游戏月活跃用户持续 2 亿人以上,人均月使用时长超 12 小时。休闲、益智和街机等游戏品类活跃用户规模依旧占据头部位置。音乐、博彩、卡牌类游戏活跃用户规模增长最快。全球热点及体育赛事对非洲游戏市场同样会造成影响。在非洲活跃用户规模前 100 位的游戏中,约 1/3 游戏开发者为中国公司。

首先,非洲游戏用户规模持续增长,使用数据略有下降。截至 2022 年 12 月,非洲移动游戏活跃用户规模已超 2 亿人,较同年 1 月增长近 18%(见图 1-4)。在四个主要国家中,尼日利亚和肯尼亚表现最好,活跃用户规模分别增长了 32% 和 29%。从单个用户使用行为来看,非洲人均月使用时长超 12 小时,人均月打开次数 113 次,整体有降低趋势。值得注意的是肯尼亚,在大盘下行的趋势下,保持了小幅增长。人均月使用时长和人均月打开次数对比年初,分别增长 1% 和 5%。

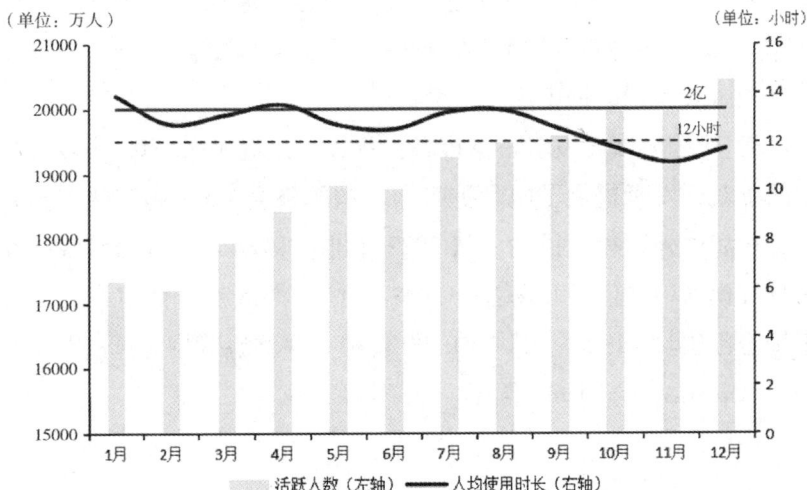

图 1-4　2022 年 1—12 月非洲移动应用市场游戏品类活跃用户规模和使用时长变化

资料来源:传音移动互联 DataSparkle 大数据平台 www.datasparkle.com,访问时间:2023 年 1 月 22 日。

其次,音乐、博彩、卡牌类游戏活跃用户规模增长突出,2022 年 12 月较 1 月分别增长了约 65%、42%、41%。国家维度表现突出的为肯尼亚的卡牌类游戏和尼日利亚的策略类游戏,全年活跃用户规模分别增长了近 4 倍和 1.5 倍(见表 1-7)。

表 1-7　2022 年非洲及其主要国家游戏二级品类 12 月对比 1 月
活跃用户规模增长前 3 位

排名	非洲		埃及		肯尼亚		尼日利亚		南非	
1	音乐	65%	博彩	17%	卡牌	370%	策略	124%	桌面和棋类	56%
2	博彩	42%	音乐	8%	益智	91%	益智	92%	卡牌	48%
3	卡牌	41%	桌面和棋类	6%	策略	87%	博彩	89%	益智	41%

资料来源:传音移动互联 DataSparkle 大数据平台 www.datasparkle.com,访问时间:2023 年 1 月 22 日。

再次,体育游戏引领游戏使用数据增长。在游戏用户使用数据整体下行的趋势下,仅体育类游戏的人均月使用时长和人均月打开次数[1]保持了增长。2022 年 12 月人均月使用时长和人均月打开次数较 1 月分别增长 6% 和 9%。除受世界杯及非洲杯等足球热门赛事影响外,非洲用户本身对体育运动的喜好也不容忽视。《梦幻足球联盟》(Dream League Soccer)、《FIFA 足球世界》(FIFA Soccer)等足球相关体育游戏,2022 年在非洲移动游戏使用数据中主导了增长。

最后,中国游戏开发者占据市场份额较大。近年来,海外市场为各类规模的游戏开发者提供了国际扩张和盈利的机会,越来越多的中国游戏开发者在海内外取得了成功。从 2022 年非洲移动应用市场游戏品类活跃用户规模前 100 位的开发者分布来看,中国游戏发行商占有三分之一的市场份额(见图 1-5)。其中前 100 位中有 9 款游戏均为算法开发与挖掘公司(Open Apps Adam)推出。

---

[1]　人均月打开次数:统计周期内,用户打开该应用的总次数/打开应用的用户总数。

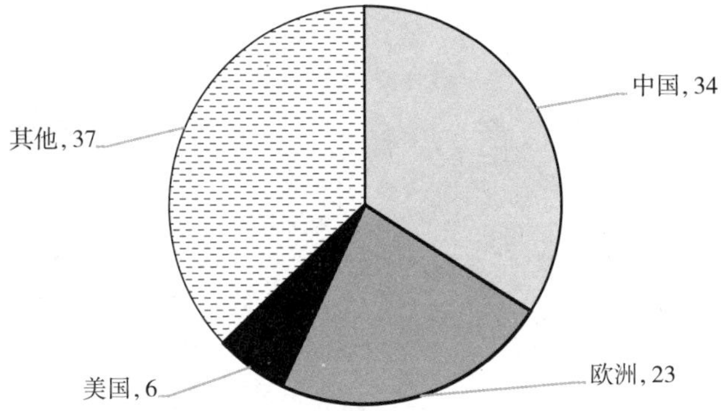

图 1-5 2022 年非洲移动应用市场游戏品类活跃用户规模前 100 位开发者所属区域
（单位：个）

资料来源：传音移动互联 DataSparkle 大数据平台 www.datasparkle.com，访问时间：2023 年 1 月 22 日。

（二）财务

随着越来越多的年轻人和银行存款不足的人使用互联网金融服务，即使面对政治、经济挑战和全球疫情，非洲大陆的金融科技仍蓬勃发展。2022 年非洲财务类移动应用活跃用户规模 12 月较 1 月增长了 26%。2022 年数字银行占据非洲财务类应用市场主导地位，合规性仍是金融服务稳步前进的关键。个人贷款以及加密货币监管措施逐渐收紧。先买后付（Buy Now Pay Later，BNPL）、个人投资等金融服务应用开始崭露头角，非洲大陆正经历一场"金融科技爆发"。

首先，非洲移动金融服务应用稳步增长。虽然受乌克兰危机、高通胀等影响，2022 年非洲财务类移动应用用户使用数据有震荡波动，但其活跃用户规模保持了稳步增长，12 月对比 1 月增长了约 26%。四个主要国家中埃及增长最为明显，但埃及活跃用户规模在四个主要国家中最低（见图 1-6）。

其次，移动银行以及数字钱包和支付类应用占据主导地位。近年来，非洲金融科技创新主要集中在数字钱包、账户、支付、汇款、财富管理、保险和贷款等领域。其中，支付解决方案的采用，尤其是数字钱包和支付及移动银行在非洲市场一直占据主导地位（见图 1-7）。

（单位：万人）

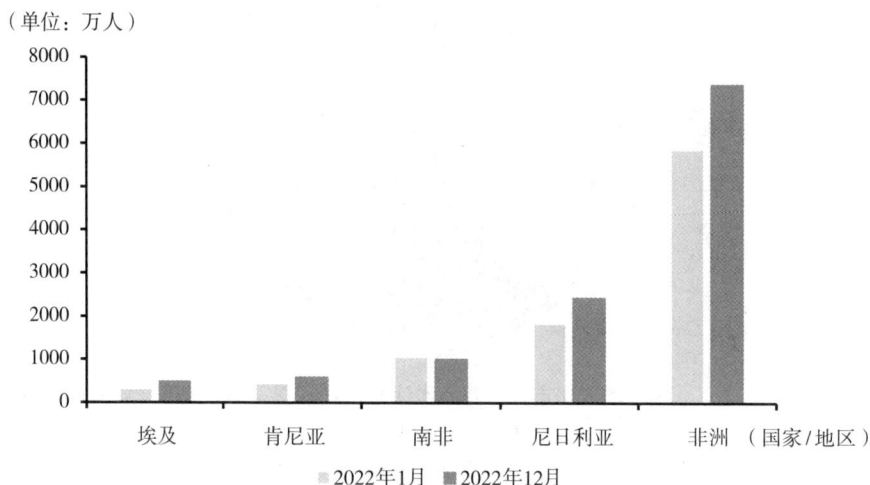

图 1-6　2022 年非洲及其主要国家财务类应用活跃用户规模变化

资料来源：传音移动互联 DataSparkle 大数据平台 www.datasparkle.com，访问时间：2023 年 1 月 22 日。

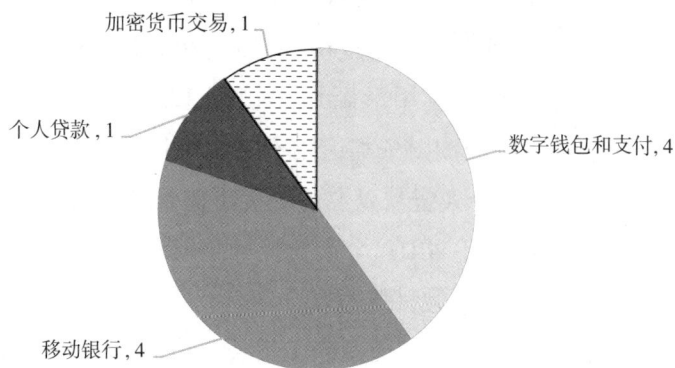

图 1-7　2022 年非洲移动应用市场财务类应用活跃用户规模前 10 位二级品类分布
（单位：个）

资料来源：传音移动互联 DataSparkle 大数据平台 www.datasparkle.com，访问时间：2023 年 1 月 22 日。

再次，金融科技浪潮仍将继续，部分赛道仍有发展空间。根据数据闪闪 2022 年 1—12 月非洲财务类移动应用使用排行前 10 位的变化，可以发现，统计周期内共计 15 款应用曾出现在榜单中，其中 7 款应用每月均在榜单中。非洲的财务类应用的竞争格局已初现，行业前三位基本稳定。但由于非洲金融科技的创新发展、财务类应用本地化服务的特性及不同国家的政策区别,部分细分领域依旧有市场机会。从市场集中度①指标来看,2022年非洲财务类应用的市场集中度尚不足40%。其中尼日利亚最低,而南非最高。

最后,金融监管加剧,金融赛道出现新方向。随着个人贷款以及加密货币在非洲市场的迅速崛起,合规性成为其持续发展的关键。2022年3月起,尼日利亚和肯尼亚的中央银行先后对数字贷款应用实施了监管措施,使得2022年个人贷款品类市场波动较大。尤其在肯尼亚,数字贷款类应用因合规性问题遭遇大批下架。截至2022年年底,尼日利亚、肯尼亚获准数字贷的公司分别降至100家和20家左右。虽然很多非洲国家对数字加密货币持开放态度,撒哈拉以南非洲地区只有1/4的国家正式监管加密货币。政策影响较小,但受2022年全球经济的不确定以及非洲宏观经济的影响,再加上数字资产衍生品交易所(FTX)等丑闻的曝出,众多投资者选择从加密货币等高风险资产中撤离,加剧了非洲加密货币的动荡不安。先买后付(Buy Now Pay Later,BNPL)、个人投资等金融服务应用也开始崭露头角并占据活跃榜单靠前位置。对于计划进入非洲金融科技行业的开发者来说,瞄准这些需求,提供相应的个性化服务,填补当地金融服务行业的空白,或将更快打开市场。

(三)购物

疫情持续推动了非洲消费者在线购物习惯的养成。2022年,全球头部商家齐聚非洲,泛非电商平台朱米亚(Jumia)以其东道主的优势占据榜首。2022年高通胀的宏观经济影响,促使非洲购物类移动应用仍保持了强劲增长趋势,12月较1月活跃用户规模增长了6%,活跃用户规模超3600万。

首先,移动购物应用在高通胀压力下更受在线消费者青睐。2022年线下购物虽然逐步恢复,但高通胀对消费者经济情况产生了巨大压力,在线购物成为追求性价比的非洲消费者用于省钱的必需工具。非洲购物类

---

① 市场集中度,表征垄断程度。统计周期内,所选分类下活跃人数排名Top 4的应用的活跃人数占比合计值。即:所选分类活跃人数Top 4应用的活跃人数合计值/所选分类所有应用的活跃人数合计值。

应用在 2022 年保持增长趋势,其活跃用户规模超 3600 万人,12 月较 1 月活跃用户规模增长了 6%。11 月同样也是非洲的主要购物节点,移动购物品类数据出现明显高峰,人均月使用时长约 0.52 小时,人均月打开次数超 13 次(见图 1-8)。

(单位:万人)　　　　　　　　　　　　　　　　　　　　(单位:次)

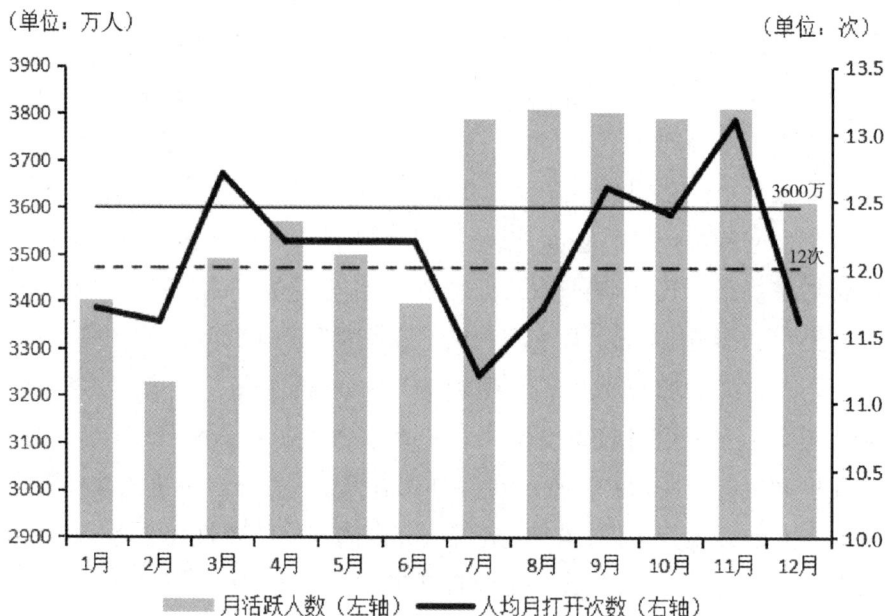

图 1-8　2022 年非洲移动应用市场购物类应用活跃用户规模与打开次数变化
资料来源:传音移动互联 DataSparkle 大数据平台 www.datasparkle.com,访问时间:2023 年 1 月 22 日。

其次,全球头部商家齐聚非洲,电商格局初现。随着亚马逊有限责任公司(Amazon)、希音有限责任公司(SHEIN)等头部电商平台陆续进入非洲,非洲电商市场竞争日益激烈,其市场集中度已超 80%。但因语言文化、网络普及率等因素,各国差异依旧较大。在四个主要国家中,埃及市场集中度最低,仅约 63%。多数全球头部电商平台从北非开启其非洲的电商征战。

再次,埃及电商活跃用户规模超尼日利亚。随着希音、拼多多有限责任公司(Temu)等相继从北非登陆非洲,从图 1-9 中可以看出,埃及的购物类应用活跃用户规模快速增长,2022 年 7 月超过尼日利亚,12

月较 1 月增长了 48%。从国际市场来看,2022 年肯尼亚活跃用户规模增长最高,12 月较 1 月增长 57%。尼日利亚用户使用黏性进一步加强,人均月打开次数 12 月较 1 月增长 32%,人均月使用时长 12 月较 1 月增长 29%。

（单位：万人）

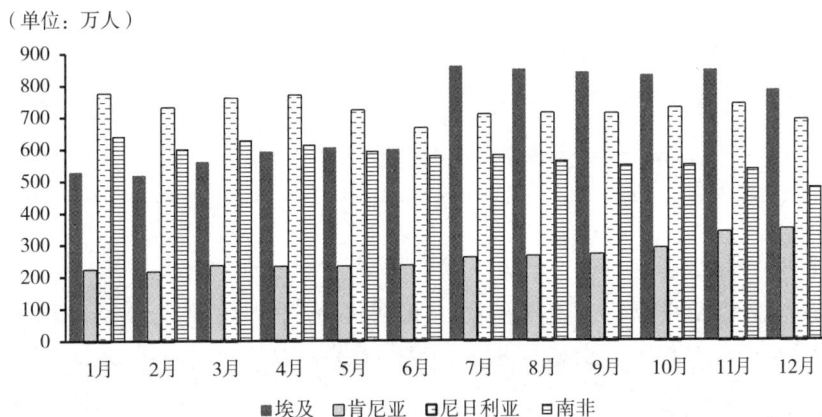

图 1-9　2022 年非洲主要国家移动应用购物类活跃用户规模变化

资料来源：传音移动互联 DataSparkle 大数据平台 www.datasparkle.com,访问时间：2023 年 1 月 22 日。

　　最后,本土电商优势明显,海外开发者抢滩好望角。非洲蓬勃发展的电商市场吸引了全球电商平台巨头纷纷开始在非洲市场开疆辟土。从活跃用户规模来说,得益于本土优势,非洲本土电商平台活跃规模领先,且本地平台占据了除埃及外剩余 3 国年度电商平台排行榜首位。阿里巴巴有限责任公司、希音等中国平台以及亚马逊、购物趣有限责任公司(Wish)等欧美成熟电商平台入驻非洲后,市场占有率也相当可观(见图 1-10)。此外,线下大型零售商和连锁商超也开始积极寻求扩大其在电子商务领域的市场份额。以家乐福有限责任公司(Carrefour)为例,其在非洲市场推出的线上购物应用家乐福网上购物(MAF Carrefour Online Shopping)在肯尼亚已进入 2022 年购物类应用用户使用排行前十之列。

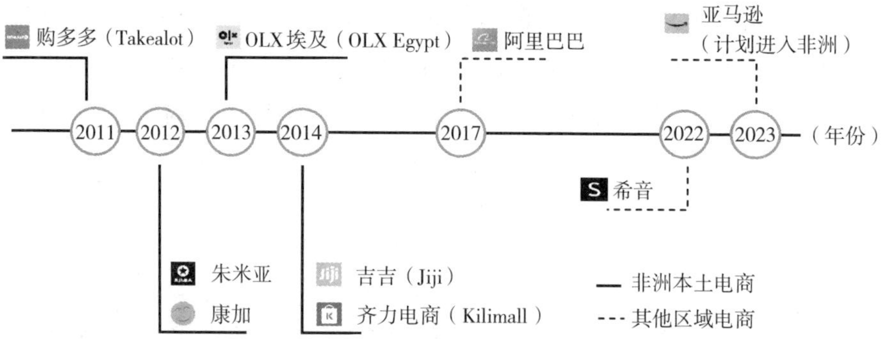

图 1-10　非洲本土与其他区域电商进入时间

资料来源:传音移动互联 DataSparkle 大数据平台 www.datasparkle.com,访问时间:2023 年 1 月 22 日。

(四)社交

随着移动互联网覆盖范围的扩大和网络资费的下降,非洲移动用户花费在社交应用上的时间越来越多,2022 年人均每月花费在社交应用上的时间约为 32 小时。2022 年脸书(Facebook)、抖音(TikTok)和照片墙(Instagram)占据社交类活跃用户规模前三名。其中抖音(TikTok)正在逐渐侵占元(Meta)系①地位,其引导的短视频社交依旧是当下最流行的网络社交形式。受网络覆盖及资费等因素影响,社交媒体平台内容下载类社交工具快速笼络了大批受众。

首先,非洲用户规模较大,使用数据多。从图 1-11 中可以看出,2022 年,非洲社交类应用活跃用户规模近 2.5 亿人,用户平均每月在社交应用上花费约 32 小时。随着移动互联网覆盖范围的扩大和网络资费的下降,非洲移动用户花费在社交应用上的时间越来越多。其中,南非和埃及移动用户每月平均花费在社交媒体上的时间更是超过 34 小时。

其次,中国、美国、新加坡开发者占据顶流。从活跃规模来看,中国、美国、新加坡社交应用主导了非洲整体及四个主要国家社交媒体的使用。脸书、抖音和照片墙是非洲最钟爱的社交媒体,稳居非洲整体及四大主要国家社交类活跃用户规模前三名(见表 1-8)。

---

　①　META 是指元素可提供相关页面的元信息,比如针对搜索引擎和更新频度的描述和关键词。

（单位：万人）　　　　　　　　　　　　　　　　　　　　　　　　（单位：小时）

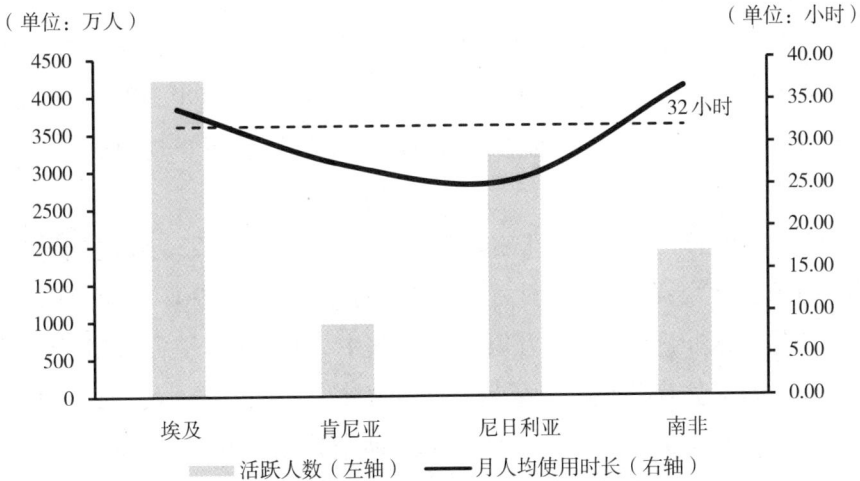

图 1-11　2022 年非洲主要国家移动应用社交类活跃用户规模和使用数据

资料来源：传音移动互联 DataSparkle 大数据平台 www.datasparkle.com，访问时间：2023 年 1 月 22 日。

表 1-8　2022 年非洲及其主要国家前 10 位社交类活跃应用及开发者所属地区

国家	非洲	埃及	肯尼亚	尼日利亚	南非
美国	脸书轻量版 脸书 照片墙 推特	脸书 照片墙 脸书轻量版 推特	脸书轻量版 脸书 照片墙轻量版 照片墙 推特	脸书轻量版 脸书 照片墙 推特	脸书轻量版 脸书
中国	陌+ 俱乐部 陌	陌+ X 俱乐部	X 俱乐部 陌+ 陌	陌+ 陌 X 俱乐部	
新加坡	抖音 抖音轻量版 Bigo 直播	抖音 Bigo 直播 抖音轻量版 Likee 短视频	抖音 抖音轻量版	抖音 抖音轻量版 Bigo 直播	抖音 抖音轻量版
法国				瓦次艾普下载器 视频下载器	
印度				贴纸保存器	

资料来源：传音移动互联 DataSparkle 大数据平台 www.datasparkle.com，访问时间：2023 年 1 月 22 日。

再次，埃及、南非市场竞争激烈，尼日利亚、肯尼亚尚有空间。社交应用是非洲最受欢迎的应用品类之一。从全年活跃用户规模榜单来看，行业前6位基本固定。但非洲各国依旧不时涌现出新的社交媒体平台,竞争激烈程度不言而喻。从市场集中度指标来看,非洲社交应用市场集中度高达69.63%。其中南非和埃及市场集中度达73%以上,相较之下,尼日利亚、肯尼亚市场尚有一定发展潜力,2022年活跃用户规模分别上升了21%和26%。

最后,内容下载成为非洲热门新晋社交子品类。2022年内容下载媒体工具成为社交赛道新晋"百万俱乐部"的最大赢家。2022年共有5款社交应用进入非洲地区"百万俱乐部",其中,内容下载平台占据了60%(见表1-9)。凭借其轻松下载和保存各大社交媒体平台上的内容迅速吸引了大众用户。但从这类产品的生命周期来看,这类产品将随着非洲网络质量的改善而逐渐退出舞台。

表1-9　2022年非洲"百万俱乐部"新晋社交类应用

应用名称	应用类型
状态保存器(Status Saver)	下载器
瓦次艾普状态保存器(WhatsApp.Status Saver)	下载器
情书(Love Letters & Love Messages)	社交约会
状态保存器(Status Saver)	下载器
向上直播(Uplive)	在线直播

资料来源:传音移动互联 DataSparkle 大数据平台 www.datasparkle.com,访问时间:2023 年 1 月 22 日。

(五)体育

独家体育赛事报道成为引流新用户的关键切入点,2022 年 FIFA 世界杯和非洲杯等重大体育赛事带动非洲体育类活跃渗透率出现两次高峰。随着非洲数字化进程的不断推进,体育电视类应用在主要国家活跃用户规模前 10 位榜单中占比超 30%。

第一,体育赛事带动体育类应用活跃度攀升。受到体育赛事的推动,从图 1-12 中可以看出,2022 年非洲体育类应用 12 月活跃用户规模较年初增长 13%。其中,2022 年 1 月开始的非洲国家杯和 2022 年 11 月开始的 FIFA 世界杯推动了当月体育类应用活跃渗透率的激增。

（单位：%）

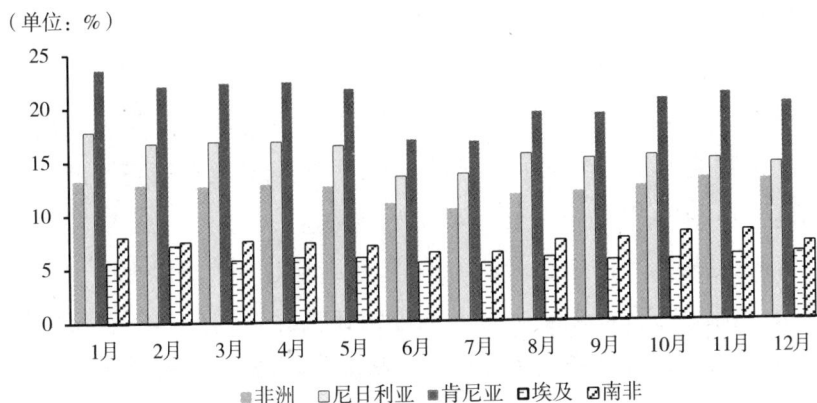

图 1-12　2022 年非洲及其主要国家移动应用市场体育类应用活跃渗透率

资料来源：传音移动互联 DataSparkle 大数据平台 www.datasparkle.com，访问时间：2023 年 1 月 22 日。

第二，体育电视应用吸引了大批网络环境较好的用户。近年来，随着非洲数字化进程的不断推进，体育电视应用正在逐步争夺市场流量。2022 年在尼日利亚、埃及和肯尼亚等网络环境较好的国家市场中，体育电视应用在活跃用户规模前 10 位应用中占比达 30% 以上（见表 1-10）。

表 1-10　2022 年非洲及其主要国家移动应用市场体育类活跃用户规模前 10 位应用中体育电视应用占比　（单位：%）

国家/地区	占比
非洲	20
尼日利亚	40
埃及	40
肯尼亚	30
南非	10

资料来源：传音移动互联 DataSparkle 大数据平台 www.datasparkle.com，访问时间：2023 年 1 月 22 日。

三、《2063 年议程》中的出海机遇

作为"非洲愿景和行动计划"，非洲《2063 年议程》为今后 50 年非洲大陆社会经济变革发展明确了"战略框架"。基于《2063 年议程》，本书分析认为，未来非洲这片互联网蓝海中，教育、旅游出行、外卖配送以及健

康健身等领域发展空间充裕,仍值得重点关注。

(一)健康与健身

疫情加剧了非洲用户对健康的需求,非洲人民对自身健康关注度在2022年显著提升。根据数据闪闪显示,2022年非洲健康与健身赛道活跃用户规模提升34%,其中尼日利亚和埃及领跑这一涨幅。但当前并未形成稳定格局,随着需求的进一步凸显,非洲健康与健身市场潜力巨大。

首先,健康需求关注度日益增长。疫情让世界看到了非洲健康领域的新可能性,人们对自身健康关注度逐步提升推动2022年健康与健身赛道活跃用户规模攀升至新高点,非洲健康与健身赛道活跃用户规模较年初增长超34%。其中尼日利亚和埃及健康与健身赛道活跃用户数量在2022年下半年急剧增长,较年初分别增长了84%和43%(见图1-13)。

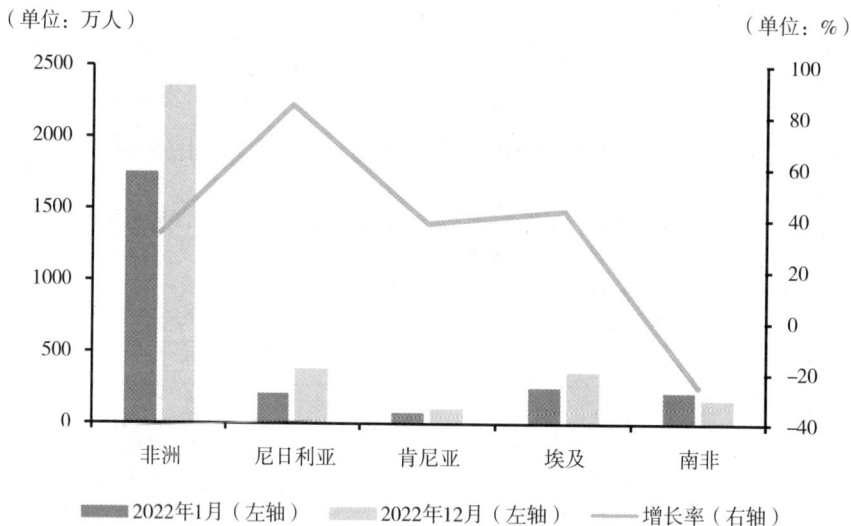

图1-13 **2022年非洲及其主要国家移动应用市场健康与健身类应用月活跃用户规模变化**

资料来源:传音移动互联 DataSparkle 大数据平台 www.datasparkle.com,访问时间:2023年1月22日。

其次,市场格局尚未形成,发展潜力客观。当前非洲及主要国家市场并未出现极具优势的头部产品。从市场集中度指标来看,非洲及主要国家健康与健身赛道市场集中度均低于36%,其中埃及和南非健康与健身赛道市场集中度更是低于27%。伴随着需求凸显,这一领域发展潜力值得重点关注。

最后,女性健康以及健身相关子品类占据市场头部位置。从用户规模出发,健康与健身追踪、按需型锻炼和健身计划等健身相关应用以及女性健康占据了非洲健康与健身领域的头部位置(见图1-14)。此外,健康与健身产业衍生出的医疗和传统健康、健身内容和垂直培养以及减肥等品类对口需求也开始冒头,细分垂类子品类仍可"大展拳脚"。

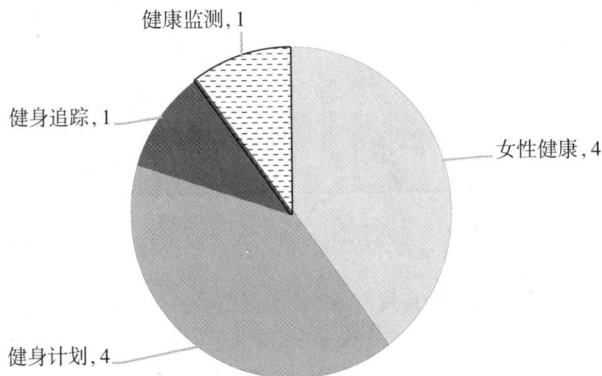

健康监测,1

健身追踪,1

女性健康,4

健身计划,4

图1-14 2022年非洲移动应用健康与健身类活跃用户规模前10位的二级分类占比(单位:个)

资料来源:传音移动互联 DataSparkle 大数据平台 www.datasparkle.com,访问时间:2023年1月22日。

(二)旅游与本地出行

2022年全球各个国家相继解除旅行限制,旅游出行重新成为消费者关注的重点。近年来,非洲一直是全球移动出行领域的热门开拓地。随着该行业从疫情中迅速恢复,优步(Uber)和迅捷打车(Bolt)等头部应用又重新开始其非洲扩张之行。此外,旅游与本地出行应用随着旅游开放呈现回暖趋势。

第一,移动出行赛道迅速从疫情中恢复,迎来了新一轮关注。新冠疫情曾使网约车行业受到重创,但现在,该行业已经在缓慢复苏。全球网约车行业预计将在未来七年内增加一倍以上,达到980亿美元。在非洲,移动出行行业几乎完全恢复,国际巨头们纷纷开始拓展业务和市场,市场竞争日趋激烈。随着优克(Uker)退出后又重返坦桑尼亚,非洲移动出行行业又将迎来新一轮关注。从活跃规模市场占比来看,目前非洲整体市场占统治地位的依然是迅捷打车和优步,但非洲出行需求仍呈现激增趋势,给了出行新秀如阳光（Yango）等迅速崛起的广阔空间（见图1-15）。非洲的移动行业竞争激烈，吸引了来自不同地区的其他参与者。

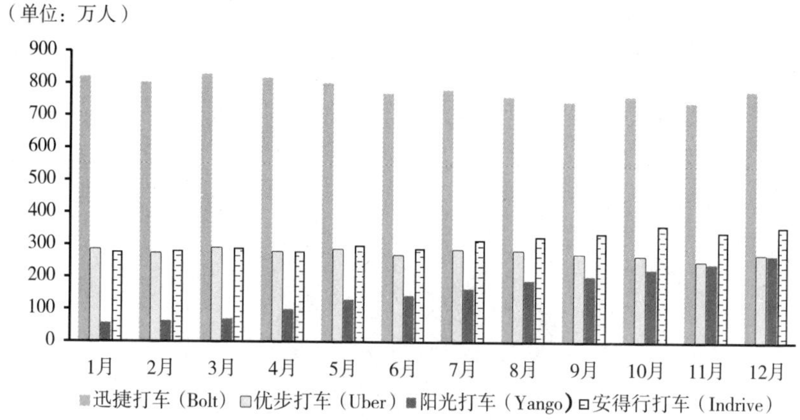

（单位：万人）

图 1-15　2022年非洲移动应用市场地图与导航类头部应用活跃用户规模变化趋势

资料来源：传音移动互联 DataSparkle 大数据平台 www.datasparkle.com，访问时间：2023年1月22日。

第二，随着旅游重新开放，旅游出行领域正在回暖。非洲是全球热门旅游目的地之一。从图1-16中可以看出，2022年，非洲旅游业逐渐好转，旅游与本地出行应用的月活跃用户规模大幅回升。其中，埃及是非洲最大的旅游市场。

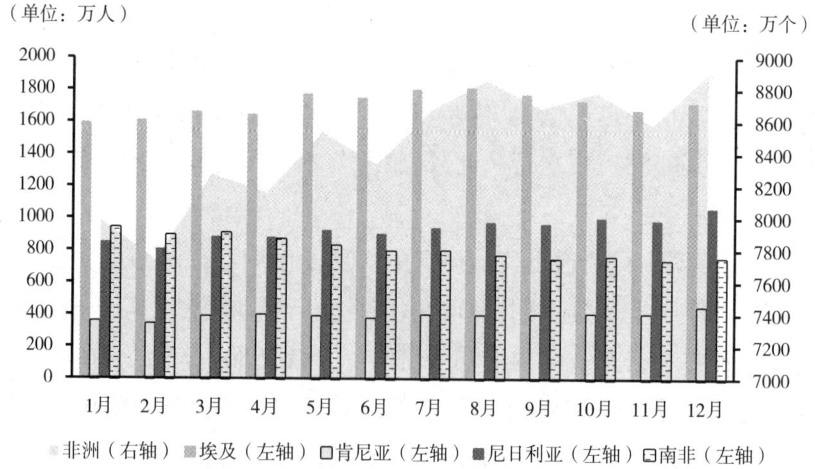

（单位：万人）　　　　　　　　　　　　　　　　　　　（单位：万个）

图 1-16　2022年非洲及其主要国家旅游与本地出行类应用活跃用户规模变化趋势

资料来源：传音移动互联 DataSparkle 大数据平台 www.datasparkle.com，访问时间：2023年1月22日。

（三）教育

近年来,教育一直是非洲最为看好的潜力赛道之一。2022 年 12 月较 1 月对比,非洲移动应用教育品类活跃用户规模增长 9%,其中语言学习类应用活跃用户规模和人均月使用时长爬升较明显。学习管理应用受复课等因素影响,人均月使用时长较年初下降超 10%。

第一,语言学习应用活跃度爬升。截至 2022 年 12 月,非洲移动应用教育品类活跃用户规模较年初增长 9%。其中,语言学习类应用表现突出,头部应用《高级英语词典》(Advanced English Dictionary)、《多邻国:语言课程》(Duolingo;language lessons)12 月活跃用户规模较年初增长 28% 和 21%,月人均使用时长均较年初分别增长 99% 和 11%(见图 1-17)。

（单位：万人）

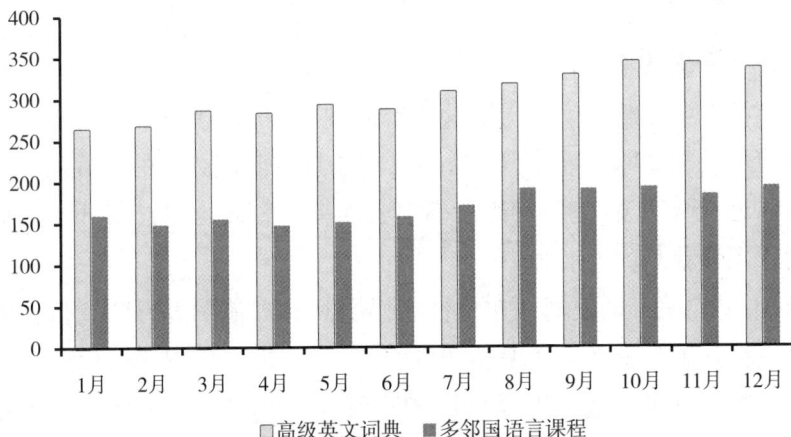

图 1-17   2022 年非洲移动应用语言学习类活跃用户规模头部应用变化趋势

资料来源:传音移动互联 DataSparkle 大数据平台 www.datasparkle.com,访问时间:2023 年 1 月 22 日。

第二,疫情后学习管理应用的用户依赖有所降低。谷歌课堂(Google Classroom)、优课堂教育应用程序(uLesson Educational App)等学习管理应用以及其他中小学教育应用在新冠疫情期间取得了巨大增长,但是在 2022 年,除南非外,其活跃用户规模排名并未占据上风。2025 年随着学校复学,消费者对学习管理应用的依赖有所降低,谷歌课堂、优课堂教育应用程序人均使用时长 12 月对比年初分别下降 22% 和 11%(见图 1-18)。

（单位：小时）

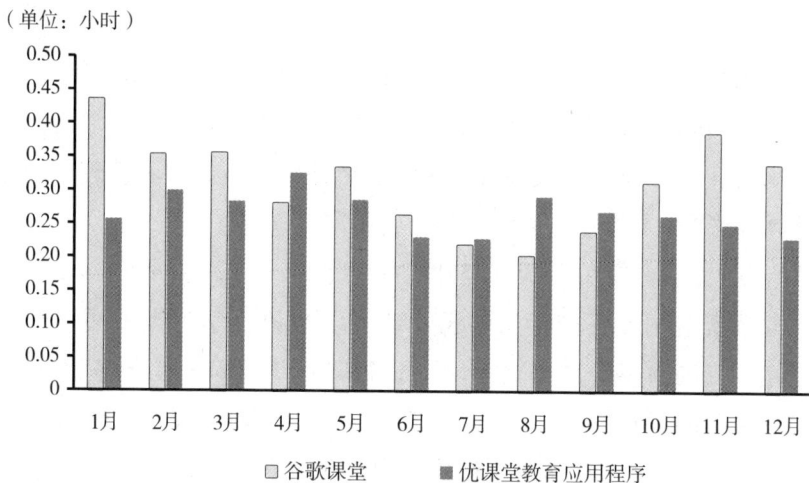

图 1-18　2022 年非洲移动应用语言学习类活跃用户规模头部应用变化趋势

资料来源：传音移动互联 DataSparkle 大数据平台 www.datasparkle.com，访问时间：2023 年 1 月 22 日。

（四）餐饮美食

非洲消费者逐渐习惯外卖以及送餐的便利性，餐饮和杂货配送应用程序的使用量在 2022 年持续攀升，埃及和尼日利亚该类应用的活跃用户规模涨幅近 46%。麦当劳、肯德基等知名连锁快餐店也通过其开发的移动应用程序俘获品牌忠实客户。

第一，外卖服务的便利性在疫情后仍受到非洲消费者青睐。自新冠病毒大流行开始时出现加速增长，餐饮和杂货配送应用程序的使用量持续攀升。2022 年非洲餐饮配送活跃用户规模持续增长。虽然一些市场的增长已趋于平稳，但依旧有部分市场有着发展空间。其中，埃及和尼日利亚外卖类应用活跃用户规模增长 40%（见图 1-19）。

第二，麦当劳等知名连锁快餐店开发的移动应用程序俘获了大批忠诚用户。在非洲市场，除了朱米亚餐饮（Jumia Food）、麦当劳有限责任公司（McDonalds）等外卖送餐应用占据了较高的活跃用户，麦当劳、肯德基有限责任公司等快餐店应用程序也逐渐凸显（见图 1-20）。麦当劳、肯德等全球知名连锁快餐店近年来已启动移动业务，推动用户使用其应用程序点单并提供各种奖励和独家优惠。通过为常客提供更优厚的奖励来提高顾客忠诚度，此举使其移动应用程序成为一款实用工具。

（单位：万人）

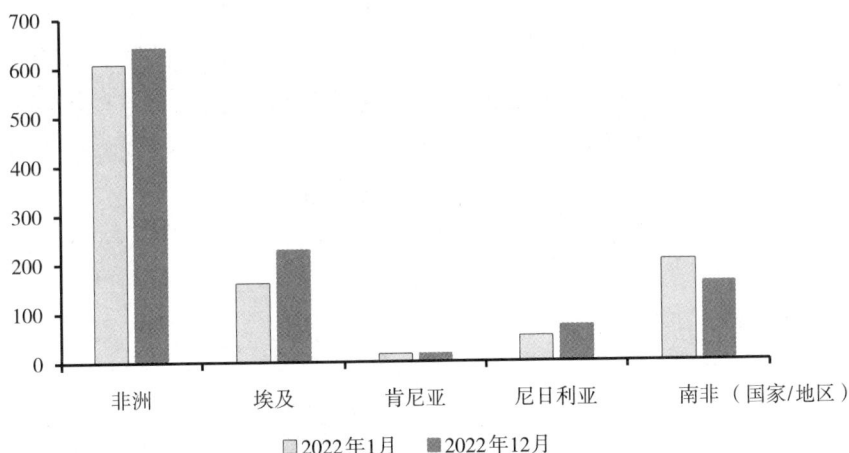

图 1-19　2022 年非洲及其主要国家外卖类移动应用活跃用户规模变化

资料来源：传音移动互联 DataSparkle 大数据平台 www.datasparkle.com，访问时间：2023 年 1 月 22 日。

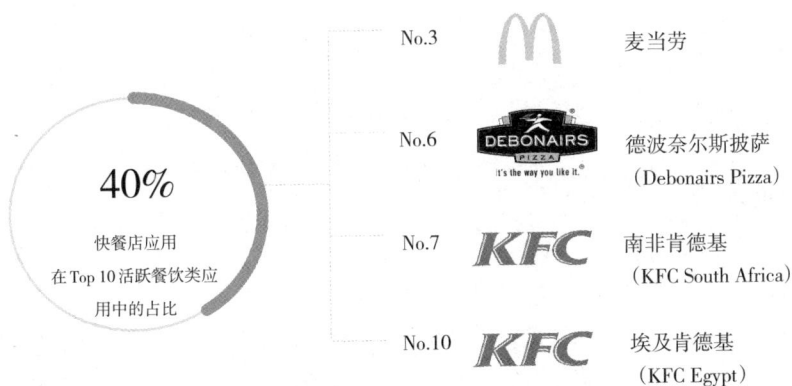

No.3		麦当劳
No.6	DEBONAIRS PIZZA	德波奈尔斯披萨（Debonairs Pizza）
No.7	KFC	南非肯德基（KFC South Africa）
No.10	KFC	埃及肯德基（KFC Egypt）

40%

快餐店应用

在 Top 10 活跃餐饮类应用中的占比

图 1-20　2022 年非洲餐饮美食类移动应用活跃用户规模前 10 位中快餐店应用排名

资料来源：传音移动互联 DataSparkle 大数据平台 www.datasparkle.com，访问时间：2023 年 1 月 22 日。

　　总之，非洲作为最后一个"十亿级互联网市场"，对于出海的开发者们来说更是不可多得的一片蓝海。人口红利明显（全球最年轻的人口），智能手机普及率和互联网普及率逐年上升等因素都彰显着这是当今世界上主要且不可忽视的新兴市场之一。得益于其网络连接质量的持续改善，2022 年非洲移动市场维持了其蓬勃发展的态势，移动消费逐步升级，吸引了全球各行各业的优秀厂商纷纷在非洲开疆拓土。从应用赛道来看,通信、社交、视频相关成熟赛道依然领跑。游戏、财务、购物、泛娱乐等热门赛道用户数据稳步高涨,一些需要更高的成本和环境要求的领域还未被大力开发,通常缺少有力的竞争者或者市场相对空白,这些领域的潜力不容小觑。此外,健康与健身、教育、旅游和餐饮配送受到疫情影响较大,在疫情限制解除后还有很多待开发的空间。

第二章 非洲数字经济发展评价

百年未有之大变局下,经济形势的新变化和新冠疫情的冲击让数字经济走进世界各国的视野之中。数字经济的发展不仅有利于加快各国经济复苏的步伐,同时也加强了世界各国的经济联系,推动构建世界命运共同体。本章基于2014—2019年非洲21个国家的面板数据,通过熵值法测算出非洲各国的数字经济发展指数,并详细分析了非洲数字经济发展水平。结果表明:(1)在推动非洲国家数字经济快速发展的因素中,数字基础设施影响最大,创新能力次之,数字交易和营商环境紧随其后;(2)非洲国家的数字经济发展水平整体不断提高,但非洲国家数字经济指数总体仍处于较低水平,且各国及地区之间的数字经济发展水平呈现两极分化;(3)北部非洲是非洲大陆数字经济发展水平最高的区域,东部及西部非洲整体数字经济发展较以往都有所提高,而南部非洲绝大部分国家数字经济发展走向低迷。本书通过研究非洲及区域的数字经济发展程度,分析非洲发展数字经济的优势和存在的问题,为非洲走向数字化道路、完成数字化转型提供借鉴。

第一节 非洲数字经济发展测度

据中国信通院最新发布的《全球数字经济白皮书(2022年)》显示,截至2021年,全球47个国家数字经济增加值规模达到38.1万亿美元,同比名义增长15.6%,占GDP比重为45.0%[1],由此可以看出数字经济

---

① 中国信通院:《全球数字经济白皮书(2022年)》,http://www.caict.ac.cn/kxyi/qwjb/bps/202212/t20221207 412453.htm。

已逐步成为世界经济的重要组成部分。对于发展中国家最集中的非洲地区,也必须紧跟时代步伐,提高数字经济发展水平,积极推动数字产业化和产业数字化转型。

非洲作为世界上最年轻的大陆,2022 年有 40 多个国家的一半人口在 20 岁以下,"人口红利"成为推动非洲地区数字经济快速发展的重要因素。[1] 非洲国家通过提高创新能力水平、支持电子商务平台发展及完善相关法律法规等措施,数字经济规模得到一定扩大,提高了数字经济发展速度。据统计,2021 年非洲地区共有 564 家初创公司筹集了超过 20 亿美元的资金,初创公司数量增长率达 42.1%[2],由此可见,非洲国家数字经济发展潜力巨大,未来发展趋势向好。与此同时,非洲国家数字经济发展也存在某些问题。非洲地区数字基础设施并不完善,2020 年其整体网络覆盖还处于 3G 水平,使用宽带的非洲人口占比不足 1/3,非洲仍有 8300 万人居住在距离光纤或电缆宽带连接超过 50 多千米远的地方[3],2019 年非洲的 B2C 电子商务指数只有 29[4],相较于其他经济体,非洲地区排名最低,且非洲地区数字经济发展水平也存在两极分化问题。因此,在全球数字化浪潮下,非洲国家如何提高数字经济发展水平成为亟须研究的一个重要课题。

一、国际组织对数字经济规模的测算方法

随着数字经济的不断发展,越来越多的国际组织和学者对数字经济指标提出了不同的测度方法。目前国际上认可的主要有六个组织机构,其对数字经济指数所提出的测算方法各有优势。

---

① 《非洲国家努力弥合"数字鸿沟"》,人民网,http://world.people.com.cn/n1/2022/0610/c1002-32442763.html,访问时间:2022 年 6 月 10 日。
② 《阿尔及利亚举办"数字非洲峰会"》,人民网,http://world.people.com.cn/n1/2022/0531/c1002-32435230.html,访问时间:2022 年 5 月 31 日。
③ 《非洲国家努力弥合"数字鸿沟"》,人民网,http://world.people.com.cn/n1/2022/0610/c1002-32442763.html,访问时间:2022 年 6 月 10 日。
④ UNCTAD,*UNCTAD B2C E-COMMERCE INDEX* 2019,UNCTAD:Geneva,2020.

国际电信联盟(2009)①采用比较法从信息通信技术(Information and Communications Technology,ICT)接入、信息通信技术使用和信息通信技术技能三个层面衡量信息通信技术发展指数(ICT Development Index,IDI),其涵盖了数字基础设施、信息网络的应用程度和教育水平,可以较全面地反映各国信息通信技术水平。信息通信技术发展指数可以将一国与另一个国家的信息通信技术水平在同一时间点进行比较,衡量国家乃至全球数字鸿沟的大小,并监测其变化过程。值得注意的是,信息通信技术发展指数体系侧重衡量数字基础设施以及人力资本,对衡量数字产业化(产业数字化)的指标涉及较少,但其对选择测算数字经济的指标体系仍具有重要的借鉴意义。

世界经济论坛在全球信息技术报告(2009)②中发表了网络准备度指数(Network Readiness Index,NRI),包括环境、准备度和使用三个维度,其中环境是网络化准备的关键因素。网络准备度指数认为,数字经济不仅仅受到数字基础设施和信息网络应用程度的影响,还应该包括经济社会中营商环境和政治环境的冲击,在良好的经济环境下,数字经济更能焕发出生机活力。因此政府和企业应努力打造适当的市场环境,为数字经济的发展保驾护航。网络准备度指数创新性地在构建数字经济指标体系中纳入了环境这一指标,但是有部分其他子指标来自世界经济论坛进行的高管意见调查,这类指标数据可能具有一定的主观性。

经济合作与发展组织(OECD,2014)③指出,信息技术和创新能力对数字经济产生积极作用的同时,也要注意随之而来的网络安全问题,因此将政府对网络安全的监督纳入数字经济指标测算体系中是十分必要的。经济合作与发展组织所提出的数字经济测算框架较全面,但其并未全面

---

① International Telecommunication Union, *Measuring the Information Society – The ICT Development Index*, Geneva Switzerland:ITU,2009.

② World Economic Forum, *The Global Information Technology Report* 2008 – 2009, Geneva:WEF,2009.

③ Organization for Economic Cooperation and Development,*Measuring the Digital Economy:A New Perspective*,Paris:OECD,2014.

收集过具体国家的数据,也并未核算出具体的数字经济指数,因此在借鉴经济合作与发展组织数字经济的指标体系过程中应根据数据的准确性、完整性和可得性选择具体指标。

二、美国、欧盟和中国对数字经济规模测算的主要方法

美国商务部数字咨询委员会(2018)[①]则使用直接法衡量数字经济的规模,由于数字经济涵盖的领域较广泛,因此其重点关注由数字化核心生产者组成的数字部门如在线平台、平台化服务以及信息通信技术商品和服务供应商,并以此构建数字经济核算体系框架研究数字经济所带来的经济影响。

欧盟(2022)[②]从人力资本、网络连通性、数字技术融合程度和公共服务数字化程度四个维度的 32 个三级指标中测算出数字经济与社会指数(The Digital Economy and Society Index,DESI),涵盖了数字经济与社会两个层面的发展,更能体现出数字经济对社会的影响。数字经济与社会指数采用欧盟统计局关于人工智能的官方统计数据,并使用最小—最大方法进行标准化核算,数据指标新颖准确,但是对于非欧盟国家来说,由于缺乏部分官方调查统计数据,按数字经济与社会指数的指标框架测算数字经济与社会指数具有一定困难。

中国信息通信研究院(2020)[③]认为,数字经济包括数据价值化、数字产业化、产业数字化及数字化治理。由于数据可得性等原因,中国信息通信研究院通过核算包括产业数字化和数字产业化两部分的数字经济增加值的规模对中国数字经济发展水平进行分析。但这种测算方法侧重于数字化所衍生出的经济利益,并未考虑到数字经济发展过程中所需的良好营商环境及出现的网络安全问题。此外,也有学者通过核算数字经济指数对具体国家样本展开了研究。许宪春和张美慧(2020)[④]通过筛选数字

---

① International Monetary Fund,*Measuring the Digital Economy*,Washington:IMF,2018.

② European Commission,*Digital Economy and Society Index(DESI)*2022[R].Europe:EU,2022.

③ 中国信息通信研究院:《中国数字经济发展白皮书(2022 年)》,中国通讯院,2022 年。

④ 许宪春、张美慧:《中国数字经济规模测算研究——基于国际比较的视角》,《中国工业经济》2020 年第 5 期。

经济产品测算数字经济规模的增加值来衡量中国数字经济规模并将结果与澳大利亚和美国进行比较。马慧敏和贾丽平（2022）[①]、王晓宇（2022）[②]等构建数字经济指标体系从各个维度测算各国数字经济规模以研究东南亚国家及中国和阿拉伯国家的数字经济发展水平。

三、国际组织对非洲地区数字经济发展水平的评估

关于非洲数字经济的研究,国际电信联盟（2016）[③]在衡量信息社会指数报告中将成员分为非洲、美洲、阿拉伯国家、亚洲及太平洋、独立国家联合体（独联体）和欧洲六个区域,其中非洲地区在固定电话和固定宽带订阅、家庭互联网和计算机接入以及高等教育入学率方面的指标值特别低,其信息通信技术发展方面远落后于其他地区,平均信息通信技术发展指数值也是最低,这与该区域的经济发展及本国国民收入相一致。其次,在非洲地区内部,信息通信技术发展指数值与一国移动蜂窝订阅和国际互联网带宽有较大关系,非洲区域的信息通信技术发展指数分布变化较大,南非、毛里求斯、塞舌尔的信息通信技术发展指数发展最快,使得非洲区域得分区间上升了0.20点;然而在该指数所列的39个非洲国家中,有29个国家处于最低的1/4,该地区包括全球排名垫底的所有10个国家,如尼日尔、布隆迪、乍得等国家,因此需要解决非洲地区持续存在的数字鸿沟问题。

世界经济论坛在全球信息技术报告（2016）[④]中通过蜘蛛网图直观展示了10个子指标得分,并且在此基础上划分出高收入、中高收入、中低收入以及低收入四个群体的指标得分。其中欧洲仍然处于技术前沿,前10个网络准备度指数国家中有7个是欧洲国家,其他如东南亚国家、亚洲新兴和发展中国家以及拉丁美洲和加勒比地区的所有国家都有明显的上升趋势。而在其统计的33个非洲国家中,也有几个撒哈拉以南非洲国家网

---

① 马慧敏、贾丽平:《"数字丝绸之路"背景下数字经济合作对策研究——以东南亚国家为例》,《国际经济合作》2022年第4期。

② 王晓宇:《新发展格局下中阿数字经济合作的基础与前景》,《西亚非洲》2022年第3期。

③ International Telecommunication Union, *Measuring the Information Society Report* 2016, Geneva Switzerland:ITU, 2016.

④ World Economic Forum, *The Global Information Technology Report* 2016, Geneva:WEF, 2016.

络准备度指数排名上升,包括南非、埃塞俄比亚、卢旺达、尼日利亚及科特迪瓦,但大部分非洲国家处于中低收入群体平均水平,还有个别国家如莫桑比克、马拉维、马达加斯加等低于低收入群体平均,说明非洲地区的数字经济发展水平还较为落后。

世界银行集团(2018)[①]提出非洲数字经济倡议(Digital Economy for Africa,DE4A),并指出非洲数字经济发展的五大基本支柱分别为数字基础设施和平台、数字技能、数字金融服务以及支持数字商业和创业的环境,为评估一个非洲国家数字经济发展的有利环境和水平提供了一个综合框架。非洲国家数字经济发展呈现两极分化,包括脆弱和受冲突影响的国家以及高收入国家,并且其用于互联网的移动网络覆盖范围和质量在各国之间差异很大,"数字鸿沟"和网络风险也在扩大。世界银行集团报告(2021)[②]显示对于非洲地区,撒哈拉以南非洲大学设置非洲应用科学、工程和技术区域奖学金和创新基金(Regional Scholarship and Innovation Fund,RSIF),以培训应用研究人员并建设研究能力;国际金融公司投资了首个在东非国家与欧洲和北美之间提供直接连接的东非海底电缆系统(Eastern Africa Submarine Cable System,EASSy);南非和北非国家在大学互联互通方面已确保全民覆盖,为数字经济的发展提供了动力。对于个别非洲国家,尼日利亚、突尼斯、加纳、肯尼亚、马达加斯加等国家数字经济发展水平较高,通过支持以公民为中心的数字转型、加大电子转型的融资力度及完善网络连接设施等助推数字经济的发展。但是部分非洲国家仍存在较大问题,索马里缺乏可信的、普遍可用的数字技术;尼日尔超过一半的人口没有移动宽带覆盖。

瑞士洛桑国际管理发展学院(International Institute for Management Development,IMD)(2022)[③]发布世界数字经济竞争力排名,从知识、科技及未来准备情况三个层面衡量了 63 个经济体的数字经济发展程度,其中

---

① World Bank Group, *Digital Economy for Africa* (*DE4A*), Washington, D.C.: World Bank Group,2018.

② World Bank Group, *Digital Economy for Africa Newsletter Spring* 2021, Washington, D.C.: World Bank Group,2021.

③ IMD, "World Competitiveness", https://worldcompetitiveness.imd.org/rankings/Digital, 2023-03-01.

欧洲国家发展程度较高,非洲地区数字经济发展程度较其他地区还相对较落后,63 个国家中只包括南非(排名第 58 名)和博茨瓦纳(排名第 61 名)两个非洲国家。此外,当前国内外文献大部分是基于理论探讨非洲国家数字经济的影响因素及发展方向等,并未准确计算出非洲国家的数字经济发展水平(李康平和段威,2021;牛东芳等,2022)[①]。此外,在实证研究层面,有些学者对于非洲国家数字经济的指标构建体系范围较小,无法全面准确测算出数字经济发展规模(Bunje 等,2022;Myovella 等,2020)[②]。马维莱等(Myovella,2021)[③]在衡量撒哈拉以南非洲经济的数字化水平时选取互联网使用、宽带订阅、电力基础设施等指标,并通过空间杜宾模型分析影响数字鸿沟的因素,但其指数未能有效反映出撒哈拉以南非洲数字经济发展水平。

通过对现有研究的分析与梳理,可以发现国际上对数字经济的测度方法和指标体系已逐渐完善,然而对非洲国家的数字经济发展水平测度还较为欠缺。因此,本章通过营商环境、创新能力、数字基础设施和数字交易四个方面,对 2014—2019 年非洲 21 个国家的数字经济发展水平进行测算,探讨非洲数字经济发展中存在的问题,推动非洲完成数字化转型,建立"数字非洲"。

第二节　非洲国家数字经济指标体系测算及评价

在指标选取上,本书主要考虑了数据的代表性、全面性和可得性,尽

---

①　李康平、段威:《非洲数字经济发展态势与中非数字经济合作路径探析》,《当代世界》2021 年第 3 期;牛东芳、沈昭利、黄梅波:《中非共建"数字非洲"的动力与发展路向》,《西亚非洲》2022 年第 3 期。

②　Bunje M.Y., Abendin S., Wang Y., "The multidimensional Effect of Financial Development on Trade in Africa:The Role of the Digital Economy", *Telecommunications Policy*, Vol.10,2022,p.102444; Myovella G., Karacuka M., Haucap J., "Digitalization and Economic Growth:A Comparative Analysis of Sub-Saharan Africa and OECD Economies", *Telecommunications Policy*, Vol.2,2020,p.101856.

③　Myovella G., Karacuka M., Haucap J., "Determinants of Digitalization and Digital Divide in Sub-Saharan African Economies:A Spatial Durbin Analysis", *Telecommunications Policy*, Vol.10, 2021,p.102224.

可能准确衡量非洲数字经济的发展程度。通过总结现有国际组织和机构对数字经济指标测算体系,并从数字经济的内涵出发,本书最终构建了一个包含 4 个一级指标 19 个二级指标的指标体系来估计非洲国家数字经济发展水平。由于非洲部分国家数字经济相关数据缺失较严重,本书只测算了 2014—2019 年 21 个非洲国家的数字经济发展指数。

一、数字经济指标体系

尽管国内外对数字经济的定义不尽相同,但是目前学术界比较认可的是二十国集团峰会《二十国集团数字经济发展与合作倡议》中对数字经济的定义,"数字经济是指以使用数字化的知识和信息作为关键生产要素、以现代信息网络作为重要载体、以信息通信技术的有效使用作为效率提升和经济结构优化的重要推动力的一系列经济活动"[①]。由此可以看出,数字经济不同于以往的经济生产活动,其生产要素从传统的土地、劳动力和资本转变为数字化的知识和信息,这就要求更高的教育水平和技术水平,因此本章把创新能力指标纳入测算数字经济的范畴。其次,由于数字经济是以现代信息网络和通信技术作为基础逐步发展的,数字基础设施的完善有利于提高互联网应用的普及率,助推数字经济的发展,所以将数字基础设施作为衡量数字经济规模的又一指标。此外,根据世界经济论坛全球信息技术报告(2009)对经济环境的阐述,在指标体系中加入营商环境这一指标,以反映数字经济不仅受到本身微观因素的影响,在营商环境的宏观背景下同样会对数字经济的发展水平造成冲击。最后,数字交易规模能直接体现数字经济发展水平,一国数字交易规模越大,则其数字经济发展水平也越高。

相较于目前已有数字经济的指标体系,本章所选择的指标较全面地考虑了各国际组织所设置数字经济指标框架的优势与劣势,剔除了其中具有主观性、不可得性的子指标。本章除涵盖了数字基础设施、创新能力和数

---

① 《二十国集团数字经济发展与合作倡议》,中国网信网,http://www.cac.gov.cn/2016-09/29/c_1119648520.htm,访问时间:2023 年 3 月 1 日。

字交易之外,还纳入了世界经济论坛网络就绪指数 NRI 指数中所提出的环境维度。此外,本章在构建数字经济指标体系过程中同时考虑经济合作与发展组织所提出的网络安全问题,在子指标中加入了安全互联网服务器数,尽可能弥补现有指标体系中存在的不足。基于数据的完整性和可得性,在已有基础上,本章从营商环境、创新能力、数字基础设施和数字交易四个维度对非洲数字经济发展水平进行测度,构建了一个较全面的包含 19 个二级指标的测算体系。但由于相关数据缺失较严重,本章采用熵值法计算出 2014—2019 年非洲 21 个国家的数字经济指数,指标体系如表 2-1 所示。

表 2-1　非洲数字经济指标测算体系

数字经济发展指数	一级指标	二级指标	指标属性
数字经济	营商环境 (4 个)	法律权利力度指数	正向
		征信信息深度指数	正向
		GDP 增长率	正向
		总税率	负向
	创新能力 (5 个)	科技期刊文章数	正向
		前沿技术准备度指数	正向
		教育占国民收入的比重	正向
		总生育率	正向
		城市人口比例	正向
	数字基础设施 (7 个)	发电量	正向
		至少 3G 移动网络覆盖率	正向
		国际宽带	正向
		安全互联网服务器数	正向
		互联网用户百分比	正向
		活跃的移动宽带用户	正向
		固定宽带用户数(每百人)	正向
	数字交易 (3 个)	B2C 电子商务指数	正向
		信息和通信技术产品贸易额占比	正向
		数字可交付服务的国际贸易价值	正向

资料来源:World Bank,Statista,Our World in Data,UNCTADSTAT,ITU。

二、指标测算及结果分析

本书通过熵值法来确定每个二级指标所占比重,根据每个指标所对

应的权重计算出数字经济发展指数,以此衡量非洲国家的数字经济发展水平,数据处理步骤如下:

1. 数据标准化处理

由于各指标之间的计量单位存在差异,并且有些指标对数字经济指数呈正向促进作用,也有个别指标对其呈负向抑制影响,因此需要对数据进行无量纲化处理,使数据处于[0,1]的范围之内,如式(2-1)和式(2-2)所示:

$$正向指标:X_{ij} = \frac{X_{ij} - X_{\min}}{X_{\max} - X_{\min}}, i = 1,2,\cdots,m; j = 1,2,\cdots n \quad (2-1)$$

$$负向指标:X_{ij} = \frac{X_{\max} - X_{ij}}{X_{\max} - X_{\min}}, i = 1,2,\cdots,m; j = 1,2,\cdots,n \quad (2-2)$$

2. 计算第 j 项指标下,第 i 年所占比重: $P_{ij} = \dfrac{X_{ij}}{\sum\limits_{i=1}^{n} X_{ij}}$ （2-3）

3. 计算第 j 项指标的差异熵值: $e_j = -K \times \sum\limits_{i=1}^{n} P_{ij}\ln P_{ij}, K = \dfrac{1}{\ln m}, e \in [0,1]$

$$(2-4)$$

4. 计算第 j 项指标的差异系数: $g_j = 1 - e_j$ （2-5）

5. 计算各项指标权重: $W_j = \dfrac{g_j}{\sum\limits_{j=1}^{n} g_j}$ （2-6）

式(2-5)所计算的权重如表2-2所示,首先,从表中可以看出一级指标中数字基础设施所占权重高达61.31%,说明数字基础设施对非洲数字经济发展水平产生强有力的推动作用,数字基础设施建设是非洲国家发展数字经济的基础,因此在2021年中非合作论坛所提出的达喀尔计划中,中国承诺为非洲援助实施10个数字经济项目,支持非洲数字基础设施建设,其有利于提高非洲未来数字经济发展水平,加深非洲与世界各国的经济联系。①

① 《中非合作论坛—达喀尔行动计划》,中国外交部,http://new.fmprc.gov.cn/ziliao_674904/zt_674979/dnzt_674981/qtzt/BEIJING2022/bzhd/202201/t20220115_10496010.shtml,访问时间:2023年3月2日。

而在数字基础设施所对应的二级指标体系中,安全互联网服务器数占其比重超过 1/3。随着数字经济的不断发展,非洲人民对互联网的使用也日趋频繁,转账交易等都在互联网上进行,这也导致网络诈骗等层出不穷,人们更加重视互联网安全问题,因此要推动非洲数字经济发展首先就要保障安全问题,加深非洲各国人民对数字经济的信任度。所占权重排名第二的是发电量,在非洲数字经济发展的过程中,绝大部分需要使用手机电脑进行互联网交易,其对于发电量需求较大,所以必须确保电能的充足供应,为促进非洲数字经济发展解决后顾之忧。此外,非洲至少 3G 的移动网络覆盖率占比为 1.08%,但在 4G、5G 网络逐渐普及的时代,非洲也需要继续加强互联网基站建设,让互联网的普及成为推动数字经济发展的引擎。

其次,一级指标中占比紧随其后的是创新能力,所占权重为 17.60%。二十国集团领导人峰会上所提出的数字经济定义中明确指出数字经济的生产要素是数字化的知识和信息,对于此类生产要素的获得需要更高水平的人力资本,新技术和理论的研究需要更高层次的教育以培养数字领域的人才。科技期刊文章数以及前沿技术准备度指数不仅能够很好地反映出非洲国家创新技术水平,也从侧面说明非洲国家的教育水平,一般来说,受过高等教育的劳动力所发表的科技期刊文章数较多,而往往最新的理论以及技术大部分来源于期刊文章,因此在非洲国家数字经济发展的过程中,教育是其非常重要的一环。

表 2-2　非洲数字经济指数各指标权重

数字经济发展水平	一级指标	权重(%)	二级指标	权重(%)
数字经济	营商环境	5.13	法律权利力度指数	1.57
			征信信息深度指数	1.63
			GDP 增长率	0.69
			总税率	1.24
	创新能力	17.60	科技期刊文章数	9.54
			前沿技术准备度指数	3.35
			教育占国民收入的比重	1.88
			总生育率	1.03
			城市人口比例	1.80

续表

数字经济发展水平	一级指标	权重(%)	二级指标	权重(%)
数字经济	数字基础设施	61.31	发电量	10.91
			至少3G移动网络覆盖率	1.08
			国际宽带	8.27
			安全互联网服务器数	23.32
			互联网用户百分比	2.84
			活跃的移动宽带用户	5.51
			固定宽带用户数(每百人)	9.38
	数字交易	15.96	B2C电子商务指数	1.31
			信息和通信技术产品贸易额占比	7.34
			数字可交付服务的国际贸易价值	7.31

资料来源:笔者自制。

再次,数字交易在一级指标中所占权重为15.96%,其可以衡量企业对互联网的实际应用率,数字交易规模越大,则非洲国家数字经济发展水平越高。对于非洲国家,数字交易规模仍然较小,其中B2C电子商务指数占1.31%,数字可交付服务的国际贸易价值占比7.31%,非洲国家可以通过信息通信技术进行经济活动从而降低企业交易成本,提高经济效率,优化经济结构。

最后,在营商环境层面,法律权利力度指数和征信信息深度指数所占权重超过营商环境所占比重的一半,说明一个合法公平诚信友善的经济环境有利于非洲数字经济的健康发展,也有利于非洲国家整体经济态势的良好运行。

6.计算每年的综合指标: $S_i = \sum_{j=1}^{n} W_j \times X_{ij}$　　　　　(2-7)

测算出各个指标的权重之后,将非洲各国每年各指标数据乘以权重核算出非洲国家综合的数字经济指数,如表2-3所示。

表2-3　2014—2019年非洲国家数字经济发展指数

国家	2014年	排名	2015年	排名	2016年	排名	2017年	排名	2018年	排名	2019年	排名	增长率(%)
南非	0.7856	1	0.8002	1	0.7965	1	0.7369	1	0.7608	1	0.7571	1	-3.63
埃及	0.5324	2	0.5564	2	0.5739	2	0.5243	2	0.5561	2	0.5623	2	5.62

续表

国家	2014 年	排名	2015 年	排名	2016 年	排名	2017 年	排名	2018 年	排名	2019 年	排名	增长率（%）
毛里求斯	0.3567	3	0.3296	4	0.3136	5	0.2578	5	0.2716	5	0.2580	5	-27.67
突尼斯	0.3214	4	0.3020	5	0.3395	4	0.3239	4	0.3140	4	0.3195	4	-0.59
摩洛哥	0.3207	5	0.3376	3	0.3528	3	0.3573	3	0.3597	3	0.3669	3	14.41
加纳	0.1840	6	0.2162	6	0.2329	6	0.2350	6	0.2351	6	0.2250	6	22.28
博茨瓦纳	0.1697	7	0.1640	7	0.1745	7	0.1499	7	0.1592	8	0.1571	7	-7.42
纳米比亚	0.1567	8	0.1597	8	0.1497	9	0.1344	9	0.1330	11	0.1333	8	-14.93
赞比亚	0.1330	9	0.1313	10	0.1670	8	0.1254	10	0.1240	12	0.1126	11	-15.34
卢旺达	0.1225	10	0.1279	11	0.1286	11	0.1008	15	0.1154	15	0.1097	12	-10.45
莫桑比克	0.1180	11	0.1215	12	0.1221	13	0.1058	14	0.1205	13	0.0894	16	-24.24
津巴布韦	0.1169	12	0.1195	14	0.1090	15	0.1003	16	0.1057	16	0.0947	15	-18.99
科特迪瓦	0.1001	13	0.0949	15	0.1206	14	0.1098	13	0.1379	9	0.1255	9	25.37
埃塞俄比亚	0.1000	14	0.0887	16	0.1066	16	0.1264	9	0.1379	9	0.1195	10	19.50
乌干达	0.0903	15	0.1387	9	0.1347	10	0.1120	11	0.1195	14	0.1097	13	21.48
坦桑尼亚	0.0804	16	0.1202	13	0.1249	12	0.1112	12	0.1731	7	0.1015	14	26.24
贝宁	0.0683	17	0.0632	18	0.0634	20	0.0676	18	0.0767	18	0.0703	19	2.93
马拉维	0.0631	18	0.0604	19	0.0894	17	0.0883	17	0.0834	17	0.0861	18	36.45
多哥	0.0618	19	0.0659	17	0.0743	18	0.0673	19	0.0670	20	0.0864	17	39.81
布基纳法索	0.0528	20	0.0598	20	0.0670	19	0.0625	20	0.0683	19	0.0572	20	8.33
布隆迪	0.0319	21	0.0310	21	0.0319	21	0.0310	21	0.0303	21	0.0346	21	8.46
均值	0.1889	11	0.1947	11	0.2035	11	0.1870	11	0.1976	11	0.1894	11	0.26

资料来源：笔者自制。

表 2-3 的结果显示，在电子商务迅猛发展的时代，南非、埃及、毛里求斯、突尼斯和摩洛哥五个国家的数字经济发展指数在所选样本国家中排名前五。① 在数字化浪潮下，数字经济逐渐成为非洲经济发展中必不可少的一部分，促进数字经济发展成为大势所趋，而南非、埃及、毛里求斯、突尼斯和摩洛哥五个国家的数字经济发展水平能在非洲地区脱颖而出，与其创新能力、营商环境、数字基础设施及数字交易水平有着密切关系。

---

① 由于数据的可得性，本书只选取 21 个非洲国家测算数字经济发展指数并进行排名。

2020年南非发布国家综合信息和通信技术政策白皮书《南非国家数字及未来技术战略》,其中提出要加强数字技术基础教育和设施建设、培养数字技术高层次人才、实现数字技术与产业相融、实现数字技术与社会相融、加强数字技术学术研究、加强社会宣传、实现政府与各行业及劳工等多方协调、筹集数字技术发展资金八个战略发展方向,为南非数字经济的发展指明了前进方向。① 据国际电信联盟统计,南非个人互联网使用率为68.2%,3G和4G移动网络覆盖率分别达到99.80%和96.45%。同时,数字基础设施效能的显现需要稳定的电力供应为基础,而南非的电力供应达到84.39%,接近全球90.44%的平均水平。② 其次,2019年南非拥有基础信息和通信技术技能人口占比达到18.64%,为南非数字经济的发展提供了人才后备军。③ 但值得注意的是,虽然南非具备基础数字技能的人口较多,但具备高级技能如使用专门的编程语言编写计算机程序的数字型人才占比仅为5.04%。④

埃及作为非洲第三大经济体,数字经济发展指数位列第二。2020年埃及政府拨款127亿埃镑用于推动数字化转型,同时启动"数字埃及"计划,同年埃及电子商务市场达到400亿埃镑。⑤ 在人力资本层面,埃及2021年人口年增长率达到1.66%,人口超过1亿人,具有较大的人口红利。⑥ 在数字基础设施层面,埃及个人互联网使用率达57.28%,3G和4G移动网络覆盖率分别达到99.2%和96.0%(见图2-1)。⑦ 但是埃及在着

① 《南非政府发布国家综合信息和通讯技术政策白皮书》,驻南非共和国大使馆经济商务处,http://za.mofcom.gov.cn/article/jmxw/202009/20200903004012.shtml,访问时间:2023年3月2日。

② World Bank, "World Development Indicators", https://databank.worldbank.org/source/world-development-indicators,2023-03-04.

③ ITU, "ICT Indicators", https://www.itu.int/en/ITU-D/Statistics/Pages/SDGs-ITU-ICT-indicators.aspx,2023-03-04.

④ ITU, "ICT Indicators", https://www.itu.int/en/ITU-D/Statistics/Pages/SDGs-ITU-ICT-indicators.aspx,2023-03-04.

⑤ 《中东地区数字经济加速发展》,人民网,http://world.people.com.cn/n1/2021/0114/c1002-31998978.html,访问时间:2023年3月5日。

⑥ World Bank, "World Development Indicators", https://databank.worldbank.org/source/world-development-indicators,2023-03-04.

⑦ 《埃及经济于2021年继续保持强劲表现》,埃及国家信息服务中心,https://www.sis.gov.eg/Story/126516,访问时间:2023年3月5日。

力发展数字经济的同时,也存在突出的贫困问题。据世界银行最新数据统计,2017 年埃及生活在国家贫困线以下人口比率达 32.50%,贫困成为埃及发展数字经济的一大阻碍。① 埃及作为非洲最大的电子商务市场之一,其也未开发出本国的电子商务平台,大部分都是使用外国网站,不能充分挖掘本国的电商市场。

（单位：%）

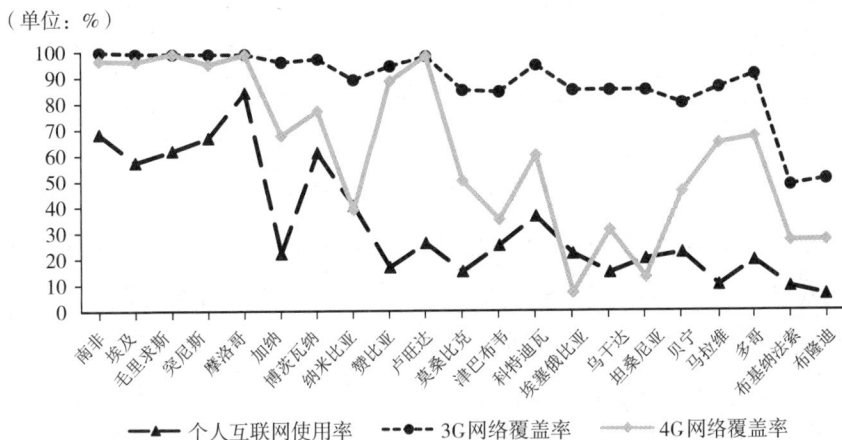

图 2-1　2019 年个人互联网使用率及 2020 年 3G、4G 网络覆盖率

资料来源:ITU。

毛里求斯数字经济发展水平近年来稳定在非洲第五,这还得益于毛里求斯积极提高本国的研发投入、完善数字基础设施。2019 年毛里求斯与中国签订了《中华人民共和国政府和毛里求斯共和国政府自由贸易协定》,其中对网络消费者保护、在线数据保护、电子认证和数字证书以及电子商务合作层面具有明确规定,为毛里求斯解决发展数字经济过程中所出现的网络安全问题提供了一定保障。② 其次,2021 年人均 GDP 达9703.52 美元,成为非洲第一,为数字经济发展提供了稳定的物质基础。③

---

① World Bank, "World Development Indicators", https://databank.worldbank.org/source/world-development-indicators, 2023-03-04.

② 《中国—毛里求斯自由贸易协定》,中国自由贸易区服务网,http://fta.mofcom.gov.cn/mauritius/mauritius_special.shtml,访问时间:2023 年 3 月 6 日。

③ World Bank, "World Development Indicators", https://databank.worldbank.org/source/world-development-indicators, 2023-03-04.

根据世界知识产权组织发布的《2022年全球创新指数》显示,毛里求斯创新指数全球排名第45名,在非洲国家中位列第一。①② 在数字基础设施层面,埃及个人互联网使用率达61.73%,3G和4G移动网络覆盖率都达到了99%,但是在5G不断普及的时代,毛里求斯也必须加快5G网络的普及率。

突尼斯作为非洲最北部的沿海国家,号称"地中海明珠",其数字经济发展指数在0.3以上,在样本国家中排名第四。突尼斯是一个比较重视教育的国家,2019年教育投入占国民收入比重为5.9%,具备基础信息技能人口占比达25.62%,具备高级信息技能如使用专门的编程语言编写计算机程序的数字型人才占比为16.09%,是南非的三倍。在数字基础设施层面,突尼斯个人互联网使用率达66.7%,3G和4G移动网络覆盖率分别达到了99%和95%,突尼斯在推进5G网络普及的同时,对于网络不发达的偏远地区也应该继续提高3G、4G网络的覆盖率。突尼斯中小企业的税收负担较重,2019年高达60.7%,对于中小型企业,过重的税收负担提高了企业生产成本,减少了研发投入支出,不利于其创新能力水平的提高和规模的扩大,从而会抑制数字经济的发展水平。③

摩洛哥数字经济指数排名从2014年的第五到2019年的第三,增长率达14.41%,是非洲数字经济发展前五大国家中增长速度最快的国家。摩洛哥数字基础设施和创新水平均位于非洲前列,摩洛哥个人互联网使用率高达84.12%,3G和4G移动网络覆盖率分别达到了99%和98.75%,欧克兰(Ookla)发布的2022年速度测试全球指数显示,摩洛哥平均下载网速为28.93mbps,在统计的141个国家中排第69名。④ 此外,

---

① World Intellectual Property Organization, *Global Innovation Index* 2022, Geneva: WIPO, 2022, p.50.

② ITU, "ICT Indicators", https://www.itu.int/en/ITU-D/Statistics/Pages/SDGs-ITU-ICT-indicators.aspx, 2023-03-04.

③ World Bank, "World Development Indicators", https://databank.worldbank.org/source/world-development-indicators, 2023-03-04.

④ Ookla, "Speedtest Global Index", https://www.speedtest.net/global-index, 2023-03-05.

根据世界知识产权组织发布的《2022 年全球创新指数》显示,摩洛哥创新指数全球排名第 67 名,在非洲国家中位列第三,其具备基础信息技能人口占比达 54.26%,具备高级信息技能如使用专门的编程语言编写计算机程序的数字型人才占比为 9.52%。尽管摩洛哥为数字经济"阁楼"筑造了坚实的地基,但是对数字化技术的应用却相对落后。2020 年摩洛哥 B2C 电子商务指数为 44.8,在统计的 152 个国家中排名第 95 位,电子商务在摩洛哥的市场并未充分挖掘。

尽管在非洲大陆有部分国家数字经济发展水平较高,但与此同时仍然存在数字经济发展"贫困"的国家,如贝宁、马拉维、多哥、布基纳法索和布隆迪等,其数字经济发展指数低于 0.1,这与数字经济发展所需的政治经济环境以及经济发展基础有着很大关系。

例如处于非洲内陆的布隆迪,是世界上最不发达的国家之一,具有"山国"的称号,其数字经济发展指数在所选样本中排名最低。发展数字经济的基础就是完善的数字基础设施,而布隆迪数字基础设施建设需求严重不足,布隆迪个人互联网使用率仅为 6.2%,3G 和 4G 移动网络覆盖率分别为 50.6% 和 27.1%,远低于世界平均水平的 92.99% 和 85.47%,总而言之,布隆迪数字基础设施建设与世界其他国家差距较大。其次,布隆迪自身的地理位置以及社会的动荡极大地影响了国民经济的健康平稳发展,这也是导致布隆迪数字经济发展水平不能快速发展的原因之一。同样,多哥也是世界上最不发达国家之一,资源匮乏,经济发展水平较低。在数字基础设施方面,多哥个人互联网使用率仅为 19.3%,3G 和 4G 移动网络覆盖率分别为 91% 和 67%;在人才储备方面,其具备基础信息技能人口占比仅有 3.51%,具备高级信息技能如使用专门的编程语言编写计算机程序的数字型人才仅占比 0.50%,严重缺乏数字型人才,阻碍了数字经济的发展。

通过以上分析发现,虽然南非、埃及、毛里求斯、突尼斯和摩洛哥五个国家的数字经济发展指数较高,但是 2014—2019 年绝大部分非洲国家数字经济发展指数处在 0.2 以下,且 2019 年非洲国家整体平均数字经济发展指数为 0.1894,说明非洲国家的数字经济发展还处于较低水平,反映出在非洲国家之间数字经济发展水平呈现出两极分化。由于非洲各国的自然资源分布不均和地理位置优势差异等导致各国经济实力之间存在较大差距,各地区经济发展不平衡,数字经济在发展过程中也出现数字鸿沟。

最后,从整体趋势来看,2014—2019 年,南非的数字经济发展指数稳居第一,而布隆迪的数字经济发展指数连续六年最低,其他非洲国家的数字经济发展水平呈波动上升。2019 年数字经济发展指数超过 0.2 的国家增加到 6 个,加纳的数字经济发展指数从 2014 年的 0.1840 增加到 2019 年的 0.2250,增长率达 22.28%。其他国家如埃及、摩洛哥、乌干达和坦桑尼亚等国家的数字经济指数也呈现增长状态,这与其加大数字经济发展力度密切相关。朱米亚(Jumia)作为非洲最大的电子商务运营商,在加纳,摩洛哥和埃及等国家积极开展业务,为这些国家的数字经济发展提供了指引和方向。同时,坦桑尼亚侧重于信息技术水平与移动支付的发展;乌干达着重完善本国基础设施建设,推动电子商务继而促进本国数字经济发展;南非重视对消费者的保护和网络相关法律法规的完善(黄梅波和段秋韵,2021)①,这都为数字经济发展提供了助力。另外,从 2014 年到 2019 年,非洲数字经济指数的整体平均值由 0.1889 增长到 0.1894,尽管增长幅度较小,仅有 0.26%,但是从长远来看其整体趋势还是呈现上升状态。目前数字技术正加速融入非洲各个行业,包括教育、医疗、农村发展等方面,据统计,2020 年接近 400 家与数字经济相关的初创公司共获得 7 亿美元以上融资。② 此外,联合国贸易和发展会议表示自新冠疫情暴发以来,非洲一些电商平台业务量实现三位数的增长,不少非洲国家政府正根据贸发会议的建议,营造有利于电商和数字经济发展的环境。③ 通过在数字经济领域不断完善基础设施、提高教育水平以及保障公平公开

---

① 黄梅波、段秋韵:《"数字丝路"背景下的中非电子商务合作》,《西亚非洲》2021 年第 1 期。

② 《非洲数字化转型进程加速》,人民网,http://world.people.com.cn/n1/2021/0520/c1002-32108135.html,访问时间:2023 年 3 月 4 日。

③ 《非洲数字经济发展的挑战与机遇 中非合作带来新动力》,人民网,http://world.people.com.cn/n1/2020/1009/c1002-31885264.html,访问时间:2023 年 3 月 4 日。

的营商环境等,非洲各国适时抓住数字经济发展的机遇,实现经济发展的飞跃。

三、区域比较

对于非洲区域层面,各区域之间数字经济发展水平也存在两极分化,如东部非洲和西部非洲各国的数字经济指数全部在0.2以下,而南部非洲和北部非洲各国的数字经济指数远高于东非和西非,如表2-4所示。

表2-4 2014—2019年非洲国家数字经济指数分区域比较

年份	标准	南部非洲	北部非洲	西部非洲	东部非洲
2014	>中位数	博茨瓦纳、毛里求斯、纳米比亚、南非、赞比亚(5个)	埃及、摩洛哥、突尼斯(3个)	加纳(1个)	卢旺达(1个)
	中位数	莫桑比克(1个)			
	<中位数	马拉维、津巴布韦(2个)		贝宁、布基纳法索、科特迪瓦、多哥(4个)	布隆迪、埃塞俄比亚、坦桑尼亚、乌干达(4个)
	>0.5	南非(1个)	埃及(1个)		
	<0.5	博茨瓦纳、马拉维、毛里求斯、莫桑比克、纳米比亚、赞比亚、津巴布韦(7个)	摩洛哥、突尼斯(2个)	贝宁、布基纳法索、科特迪瓦、加纳、多哥(5个)	布隆迪、埃塞俄比亚、卢旺达、坦桑尼亚、乌干达(5个)
	最大值	0.7856	0.5324	0.1840	0.1225
	最小值	0.0631	0.3207	0.0528	0.0319
	均值	0.2375	0.3915	0.0934	0.0850
2015	>中位数	博茨瓦纳、毛里求斯、纳米比亚、南非、赞比亚(5个)	埃及、摩洛哥、突尼斯(3个)	加纳(1个)	乌干达(1个)
	中位数				卢旺达(1个)
	<中位数	马拉维、莫桑比克、津巴布韦(3个)		贝宁、布基纳法索、科特迪瓦、多哥(4个)	布隆迪、埃塞俄比亚、坦桑尼亚(3个)
	>0.5	南非(1个)	埃及(1个)		
	<0.5	博茨瓦纳、马拉维、毛里求斯、莫桑比克、纳米比亚、赞比亚、津巴布韦(7个)	摩洛哥、突尼斯(2个)	贝宁、布基纳法索、科特迪瓦、加纳、多哥(5个)	布隆迪、埃塞俄比亚、卢旺达、坦桑尼亚、乌干达(5个)
	最大值	0.8802	0.5564	0.2162	0.1387
	最小值	0.0604	0.3020	0.0598	0.0310
	均值	0.2358	0.3987	0.1000	0.1013

续表

年份	标准	南部非洲	北部非洲	西部非洲	东部非洲
2016	>中位数	博茨瓦纳、毛里求斯、纳米比亚、南非、赞比亚(5个)	埃及、摩洛哥、突尼斯(3个)	加纳(1个)	乌干达(1个)
	中位数				卢旺达(1个)
	<中位数	马拉维、莫桑比克、津巴布韦(3个)		贝宁、布基纳法索、科特迪瓦、多哥(4个)	布隆迪、埃塞俄比亚、坦桑尼亚(3个)
	>0.5	南非(1个)	埃及(1个)		
	<0.5	博茨瓦纳、马拉维、毛里求斯、莫桑比克、纳米比亚、赞比亚、津巴布韦(7个)	摩洛哥、突尼斯(2个)	贝宁、布基纳法索、科特迪瓦、加纳、多哥(5个)	布隆迪、埃塞俄比亚、卢旺达、坦桑尼亚、乌干达(5个)
	最大值	0.7965	0.5739	0.2329	0.1347
	最小值	0.0894	0.3395	0.0634	0.0319
	均值	0.2400	0.4221	0.1116	0.1053
2017	>中位数	博茨瓦纳、毛里求斯、纳米比亚、南非、赞比亚(5个)	埃及、摩洛哥、突尼斯(3个)	加纳(1个)	埃塞俄比亚(1个)
	中位数				乌干达(1个)
	<中位数	马拉维、莫桑比克、津巴布韦(3个)		贝宁、布基纳法索、科特迪瓦、多哥(4个)	布隆迪、卢旺达、坦桑尼亚(3个)
	>0.5	南非(1个)	埃及(1个)		
	<0.5	博茨瓦纳、马拉维、毛里求斯、莫桑比克、纳米比亚、赞比亚、津巴布韦(7个)	摩洛哥、突尼斯(2个)	贝宁、布基纳法索、科特迪瓦、加纳、多哥(5个)	布隆迪、埃塞俄比亚、卢旺达、坦桑尼亚、乌干达(5个)
	最大值	0.7369	0.5243	0.2350	0.1264
	最小值	0.0883	0.3239	0.0625	0.0310
	均值	0.2123	0.4018	0.1084	0.0963
2018	>中位数	博茨瓦纳、毛里求斯、南非(3个)	埃及、摩洛哥、突尼斯(3个)	科特迪瓦、加纳(2个)	埃塞俄比亚、坦桑尼亚(2个)
	中位数	纳米比亚(1个)			
	<中位数	马拉维、莫桑比克、赞比亚、津巴布韦(4个)		贝宁、布基纳法索、多哥(3个)	布隆迪、卢旺达、乌干达(3个)
	>0.5	南非(1个)	埃及(1个)		
	<0.5	博茨瓦纳、马拉维、毛里求斯、莫桑比克、纳米比亚、赞比亚、津巴布韦(7个)	摩洛哥、突尼斯(2个)	贝宁、布基纳法索、科特迪瓦、加纳、多哥(5个)	布隆迪、埃塞俄比亚、卢旺达、坦桑尼亚、乌干达(5个)
	最大值	0.7608	0.5561	0.2351	0.1731
	最小值	0.0834	0.3140	0.0670	0.0303
	均值	0.2204	0.4099	0.1170	0.1152

续表

年份	标准	南部非洲	北部非洲	西部非洲	东部非洲
2019	>中位数	博茨瓦纳、毛里求斯、纳米比亚、南非(4个)	埃及、摩洛哥、突尼斯(3个)	科特迪瓦、加纳(2个)	埃塞俄比亚(1个)
	中位数	赞比亚(1个)			
	<中位数	马拉维、莫桑比克、津巴布韦(3个)		贝宁、布基纳法索、多哥(3个)	布隆迪、卢旺达、坦桑尼亚、乌干达(4个)
	>0.5	南非(1个)	埃及(1个)		
	<0.5	博茨瓦纳、马拉维、毛里求斯、莫桑比克、纳米比亚、赞比亚、津巴布韦(7个)	摩洛哥、突尼斯(2个)	贝宁、布基纳法索、科特迪瓦、加纳、多哥(5个)	布隆迪、埃塞俄比亚、卢旺达、坦桑尼亚、乌干达(5个)
	最大值	0.7571	0.5623	0.2250	0.1195
	最小值	0.0861	0.3195	0.0572	0.0346
	均值	0.2110	0.4162	0.1129	0.0950

资料来源:笔者自制。

　　分地区看,2014—2019 年,北部非洲整体的数字经济发展水平得到提高。本书中北部非洲包含埃及、突尼斯和摩洛哥三个国家,其中埃及目前已经完成 2 个登陆站建设,新建了 13 条地线和 4 个登陆站,正在建设 13 条新地面轨道,以增加信息技术服务、数据分析和数字营销等专业实用服务领域的数字出口;[①]突尼斯作为南南合作的成员之一,成为中国北斗卫星导航系统首个海外中心,为数字经济的发展提供了技术支持;[②]摩洛哥成立数字化发展署,旨在为传统产业向数字化转型提供支持,推动数字化技术在全社会的普及。[③] 此外,2020 年非洲大陆有超过 250 个电子商务企业,集中在埃及、加纳、摩洛哥等国家。[④] 北部非洲各国在不断完善电信基础设施的同时也在逐步加大技术支持从而助力数字经济发展。

---

　　① 《埃及经济于 2021 年继续保持强劲表现》,埃及国家信息服务中心,https://www.sis.gov.eg/Story/126516,访问时间:2022 年 1 月 22 日。

　　② 《抓住数字机遇　共谋合作发展》,人民网,http://world.people.com.cn/n1/2022/0430/c1002-32412463.html,访问时间:2022 年 4 月 30 日。

　　③ 《摩洛哥数字化发展署介绍》,驻摩洛哥王国大使馆经济商务处,http://ma.mofcom.gov.cn/article/jmjg/zwglbm/202005/20200502968424.shtml,访问时间:2020 年 5 月 29 日。

　　④ Yasmin Ismail,*Mobilising E-Commerce for Development in Africa through AfCFTA*,Geneva:CUTS International,2020.

南部非洲作为整体数字经济指数均值排名第二的地区,经济实力较雄厚,为数字经济的发展创造了良好条件。但是南部非洲绝大部分国家在2014—2019年的数字经济发展呈倒退趋势,这与南部非洲的经济发展形势高度相关。2019年,南部非洲实际GDP增长率为0.3%,2020年陷入衰退阶段,为-6%,南部非洲经济步入"技术性衰退"时期,这对南部非洲数字经济的发展产生负向冲击。但是依靠南部非洲多年的资本积累和完善的基础设施,南部非洲未来数字经济发展潜力很大。西部非洲和东部非洲包含的国家虽然数字经济发展程度处于非洲较低水平,但各国政府如加纳、贝宁、卢旺达等国家也积极推动数字经济的发展。目前加纳拥有约1900万活跃手机支付用户,数字支付发展迅速;①贝宁出台国家宽带网项目,努力打造西非地区数字服务重要平台,为数字经济发展创造活力;②卢旺达出台多项促进数字经济发展政策,互联网普及率已达47.8%。③ 西部非洲和东部非洲紧跟时代步伐,坚持走数字经济发展道路,并取得了一定成果。2014—2019年各国数字经济指数的增长率基本全部为正,数字经济发展水平不断提高。

此外,通过分析发现,北部非洲的整体数字经济指数均值从2014—2019年持续保持第一,南部非洲次之,西部非洲和东部非洲紧随其后,各地区的数字经济发展水平出现两极分化,这与各地区经济实力和基础设施水平也有很大关系。2020年北部非洲和南部非洲的基础设施发展指数分别为75.19和36.25,西部非洲和东部非洲分别为15.83和21.61,因此对于基础设施较完善的南部非洲和北部非洲,其数字经济发展水平高于东部非洲和西部非洲。

最后,除科特迪瓦于2018年后步入中等数字经济发展水平以外,2014—2019年位于非洲国家数字经济发展水平中位线以上的国家基本

① 《加纳数字支付发展迅速》,西亚非洲司,http://xyf.mofcom.gov.cn/article/zb/202201/20220103234850.shtml,访问时间:2022年1月6日。
② 《助力贝宁数字发展 促进非洲数字创新》,国家国际发展合作署,http://www.cidca.gov.cn/2021-09/22/c_1211378981.htm,访问时间:2021年9月22日。
③ 《卢旺达发展电子商务的挑战与机遇》,驻卢旺达使馆经商处,http://www.mofcom.gov.cn/article/i/jyjl/k/201901/20190102825643.shtml,访问时间:2019年1月3日。

保持不变;数字经济发展指数大于 0.5 以上的仍只有南非和埃及两个国家,指数小于 0.5 的国家同样未发生变化,说明非洲各国数字经济发展虽然呈现增长趋势,但此增长速度十分缓慢,因此非洲各国需要加快完善数字基础设施、提高创新能力水平,各国应该积极参与电子商务平台建设,为数字经济发展提供动力。

第三节　非洲数字经济发展结论及启示

本书从营商环境、创新能力、数字基础设施和数字交易四个方面对非洲地区的数字经济发展程度进行测算,并从非洲数字经济发展的整体趋势、个别国家发展状况以及非洲不同区域的发展情况三个层面展开讨论。毋庸置疑,数字化发展有效降低了经济贸易沟通成本,并对土地、劳动力、资本、技术等传统生产要素分配产生深刻影响,实现市场资源的有效配置。此外,信息化流通加深了非洲与世界的经济联系,有助于加快非洲追赶世界经济发展水平的步伐,使非洲地区共享数字经济红利。因此对于非洲数字经济发展过程中存在的问题,非洲国家需要制定适合本地区的数字化发展战略,充分挖掘数字经济对非洲经济结构转型的拉动作用。

一、研究结论

本章在数字经济加快发展的背景下,以熵值法测算出 2014—2019 年非洲 21 个国家的数字经济发展指数,研究发现:

第一,在本书所构建的 4 个一级指标 19 个二级指标中,数字基础设施所占权重最大,创新能力次之,数字交易和营商环境紧随其后。数字基础设施是推动数字经济发展的基础,数字化和信息化生产要素是数字经济发展的核心。

第二,2014—2019 年,非洲国家的数字经济发展水平整体不断提高,但非洲国家数字经济指数总体仍处于较低水平,且各国之间的数字经济发展水平呈现两极分化。

第三,南部非洲绝大部分国家数字经济发展走向低迷,南部非洲陷入"技术性衰退"阶段,对数字经济发展产生负向抑制作用。上述结论对非洲未来数字经济发展的方向具有一定启示。

二、政策启示

在数字化浪潮下,数字经济逐渐成为非洲经济发展中必不可缺的一部分,促进数字经济发展成为大势所趋,对此深入研究非洲数字经济的发展意义深远。

首先,在数字经济发展的过程中,数字基础设施是数字经济发展的基础,没有完善的数字基础设施,数字经济发展无疑是纸上谈兵。

其次,创新能力是数字经济发展的引擎,是重要推动力,一国科技水平的提高将有力促进本国传统产业的数字化转型,创新能力的提高不仅包括技术的创新,同样包括对新型人才培养的创新。数字技术是推动数字经济发展的核心,数字经济的发展需要区块链、大数据和人工智能等核心技术的支撑,而非洲的科学技术水平相比以往虽然有所提高,但是仍无法满足数字经济蓬勃发展的条件。同时数字经济的发展离不开数字型人才,由于数字经济独特的发展方式,其对劳动力的知识水平要求更高。在信息化社会充斥着大量网络信息和广告,需要抓住有效的数字化信息并发现潜在创新点,将理论转化为实践,这要求较强的理论和研究能力。非洲的高等教育水平还处于较低阶段,受过高等教育或拥有数字化技能的人数远远低于发展数字经济所需人才。

再次,数字交易是数字经济发展的结果,是将数字信息技术成功运用到实际生活与经济活动中,满足人民的便捷化消费需求。数字交易不仅仅是线上的转账,还包括信息通信技术产品的贸易额等,其涵盖利用区块链等技术所进行的所有交易,例如电子商务平台,是数字经济中不可或缺的一部分。但是非洲的电子商务平台涵盖范围较小,未能有效开发非洲的电商市场,非洲各国之间应该加强非洲大陆自贸区建设,推动非洲大陆经济一体化进程,缩小地区间的数字鸿沟。而在国际贸易中,数字贸易也属于数字经济的一部分,数字贸易通过信息通信技术完成交易活动,不但能简化手续提高效率,减少企业的交易成本,还能突破空间限制,满足用户多样化需求,因此非洲可以加大对数字贸易的发展力度,共享数字经济红利。

最后,数字经济的发展同样离不开经济社会环境,一个公平公正的良好营商环境有利于数字经济的健康发展;相反,一个恶意竞争没有秩序的营商环境毫无疑问对数字经济的发展起到阻碍作用,因此想要推动非洲国家数字经济又快又好发展,政府必须要加强对经济市场尤其是网络市场的监管,保护网民的权益,增强消费者和企业对互联网的信任,助推数字经济发展。因此,非洲国家想要完成产业数字化、数字产业化转型,需要继续完善数字基础设施建设、提高创新能力水平、拓展数字交易合作以及加强市场监管力度,实现"数字非洲"的目标指日可待。

三、研究不足及今后研究方向

本书通过梳理并分析国际上现有数字经济的测度方法和指标体系,构建了一个包含营商环境、创新能力、数字基础设施和数字交易四个方面的一级指标和19个二级指标的测算体系,通过熵值法测算出2014—2019年非洲21个国家的数字经济发展水平,以期为非洲未来数字经济发展的路径提供一定借鉴。但限于数据的可得性等问题,本书的指标体系及测算方法还存在一些不足,现有指标的测算还不能完全体现出非洲数字经济发展的程度,也并未展开对非洲数字经济发展的实证研究。因此在未来的研究中可以继续完善相关指标体系,并试着采用其他测算方法计算非洲数字经济发展程度,以此更全面地对非洲数字经济与相关产业发展的影响进行实证研究。

第三章　非洲金融科技发展与国际合作

金融科技英译为 Fintech，是 Financial Technology 的缩写，可以简单理解成为 Finance（金融）+Technology（科技），指通过利用各类科技手段创新传统金融行业所提供的产品和服务，提升效率并有效降低运营成本的另类金融。《英国另类金融行业报告（2014）》（The UK Alternative Finance Industry Report 2014）[1] 指出，另类金融涵盖了传统金融体系之外出现的多种新型融资模式，这些模式利用在线平台或网站将筹款人与出资人和投资者直接联系起来；换言之，他们利用数字技术提供金融服务。包括数字支付系统、众筹、点对点消费者借贷、点对点商业借贷等多种模式，这些模式对消费者和小企业贷款环境产生了重大影响，并迅速改变了金融普惠的格局。

金融科技可以减少信息不对称和交易成本，是深化金融包容性的有力武器。金融科技的主要产品包括移动货币、信贷、开放银行业务等，它们正在或可能对非洲这个世界上银行最少的地区的金融包容性产生深远的影响。在移动技术的推动下，数百万以前没有银行账户的非洲人正在通过移动货币获得正式金融账户，这对许多人来说是进入正规金融体系的第一步。据世界银行报告，非洲拥有移动货币账户的人比拥有金融机构账户的人更多。[2] 采用金融科技的主要好处还包括便利性、财富管理、信息共享和公共财政管理等政府流程的数字化，从而为公民和政府节省

---

[1]　Baeck P., Collins L., Zhang B., The UK Alternative Finance Industry Report 2014, *Understanding Alternative Finance*, 2014.

[2]　World Bank, "The Global Findex Database 2021", https://www.worldbank.org/en/publication/globalfindex/Report, 2023-03-29.

成本和时间。金融科技是驱动非洲大陆实现更高水平储蓄、投资、就业和包容性增长的关键,是实现非洲经济逆势崛起的重要手段。然而,为了发挥金融科技的潜力,需要建立适当的法律和监管框架,并为基础设施发展提供支持和资源。

第一节　非洲金融科技发展现状

非洲是人口增长速度最快、最年轻的大陆。但是,大部分非洲人仍然无法获得金融服务,金融服务需求未被充分满足。缺乏金融基础设施既是非洲大陆的金融科技最大的挑战,也是最大的机遇。非洲是移动货币技术最早的创新者和采用者之一,见证了金融服务交付的转变。尽管整体金融结构仍落后于发达地区,但金融科技正在为非洲大陆的普惠金融和经济发展奠定基础。非洲暴发新冠疫情之后,金融科技在经济复苏方面发挥了关键作用,成为该地区消费者和商家的重要选择。越来越多的商家采用金融科技解决方案来运营业务,消费者也首次转向移动钱包、数字信贷和其他多种非现金支付方式。根据麦肯锡(Mckinsey)在2022年8月发布的研究报告,2020年非洲金融科技公司总收入为40亿—60亿美元,并且达到3%—5%的金融科技渗透率(不包括南非),与全球领先企业保持一致,到2025年,非洲金融科技公司的总收入可能增长8倍,达到300亿美元。[1]

一、移动支付

非洲金融科技的使用量增长和创新改变了非洲大陆金融业的格局,撒哈拉以南非洲已成为移动支付和移动货币的领导者,金融科技渗透率已经高于传统银行业务。根据全球移动通信系统协会(Global System for Mobile Communications Association,GSMA)的《移动货币行业现状报告》,

---

① Mckinsey & Company, "Fintech in Africa: The end of the beginning", https://www.mckinsey.com/industries/financial - services/our - insights/fintech - in - africa - the - end - of - the - beginning, 2023-03-26.

全球一半的移动支付注册用户来自非洲,2021 年撒哈拉以南非洲地区用户约占全球移动货币交易的 70%。① 金融科技支付行业快速发展得益于非洲移动电话拥有量激增,截至 2021 年,撒哈拉以南非洲地区的智能手机使用率为 49%,预计到 2025 年年底将达到 61%。② 此外,东非监管机构一直灵活地允许电信企业进行试验,建立了金融普惠的监管框架。尽管移动货币越来越流行,但目前非洲 90% 的交易仍通过现金方式完成,只有大约 10% 的交易是通过数字方式完成的,因此移动货币有很大的增长空间。③

(一)移动货币

允许用户在移动设备上进行交易和存储资金的电子钱包服务被称为"移动货币"(Mobile Money)。根据全球移动通信系统协会(GSMA)报告,2021 年全球一共拥有大约 13.5 亿个移动货币账户,撒哈拉以南非洲地区拥有大约 6.05 亿个移动货币账户(全球最高),较上年增加了17%。④ 与此同时,撒哈拉以南非洲地区移动货币交易额增长 39%,达到 7014 亿美元,约占全球移动货币交易额的 70%(2021 年全球移动货币交易额首次超过 1 万亿美元)⑤。据波士顿咨询公司(Boston Consulting Group,BCG)评估,到 2025 年,整个非洲的移动货币市场将拥有 8.5 亿客户,支持 2.5 万亿至 3 万亿美元的交易,每年能带来 250

---

① GSMA,"State of the Industry Report on Mobile Money 2022", https://www.gsma.com/mobilefordevelopment/gsma_events/state - of - the - industry - report - on - mobile - money - 2022/, 2023-03-26.

② GSMA,"The Mobile Economy Sub - Saharan Africa 2022", https://www.gsma.com/mobileeconomy/sub-saharan-africa/,2023-03-26.

③ Mckinsey & Company, "Fintech in Africa:The end of the beginning", https://www.mckinsey.com/industries/financial - services/our - insights/fintech - in - africa - the - end - of - the - beginning,2023-03-26.

④ GSMA,"State of the Industry Report on Mobile Money 2022", https://www.gsma.com/mobilefordevelopment/gsma_events/state - of - the - industry - report - on - mobile - money - 2022/, 2023-03-26.

⑤ GSMA,"State of the Industry Report on Mobile Money 2022", https://www.gsma.com/mobilefordevelopment/gsma_events/state - of - the - industry - report - on - mobile - money - 2022/, 2023-03-26.

亿至 300 亿美元的收入。①

马佩萨(M-Pesa)是一家非洲的金融科技公司,总部位于肯尼亚首都内罗毕。它是由沃达丰公司(Vodafone)在肯尼亚的子公司萨法利通信公司(Safaricom)于 2007 年推出的一项移动支付服务,旨在提供一种安全、便捷、实惠的电子支付方式,让人们无须使用传统的纸币和银行账户就能进行金融交易。马佩萨公司将手机重新转换为数字账户,资金存储在 SIM 卡上,用户可以通过短信汇款,资金在众多的分支机构兑换成现金。马佩萨公司的服务范围覆盖多个非洲国家,包括肯尼亚、坦桑尼亚、南非、卢旺达、乌干达等,已经成为非洲最大的移动支付服务提供商之一。截至 2021 年年底,马佩萨公司拥有约 493000 名活跃商户(同比增长 63.4%)和 26200 个活跃代理商,为超过 4200 万客户(同比增长 6.4%)提供支付服务。公司成立以来一共达成 158 亿笔交易,总价值 2393 亿美元。② 马佩萨公司填补了传统金融机构无法覆盖的市场业务空白,让更多人能够享受到便捷的金融服务。

（二）汇款

根据世界银行《移民与发展简报 33》(The World Bank, Migration and Development Brief 33),汇款 200 美元的成本占交易的百分比,撒哈拉以南非洲地区为 9.4%、东亚地区为 7.6%、欧盟和中亚地区为 6.7%、拉丁美洲地区为 5.9%。③ 非洲市场的汇款费用最高,这主要是由于非洲国家持续大量使用现金,缺乏足够的金融基础设施,银行可操作性问题,以及相对缺乏竞争性服务。非洲四大主要市场(南非、尼日利亚、埃及和肯尼亚)成本都在 5% 以上(见图 3-1),成为数字金融的主要痛点,也成为支

---

① BCG(Boston Consulting Group), "Five Strategies for Mobile-Payment Banking in Africa", https://www.bcg.com/publications/2020/five-strategies-for-mobile-payment-banking-in-africa? mc_cid=9db89d0f52&mc_eid=e740b6a321, 2023-03-26.

② FT Partners, "FinTech in Africa: Momentum is Building and the World is Taking Notice", FT Partners' Proprietary Transaction Database, https://www.ftpartners.com/fintech-research/fintech-africa-momentum, 2023-03-30.

③ World Bank, "Migration and Development Brief", https://www.knomad.org/publication/migration-and-development-brief-33, 2023-03-26.

付公司急需解决的难题。金融科技企业可以为消费者提供有效服务,通过数字化支付来降低汇款成本。

2022 年,低收入和中等收入地区的汇款流入达到 6580 亿美元,撒哈拉以南非洲地区为 530 亿美元,实现 5.2% 的同比增长①,增长的主要原因为:第一,采用数字收支方式,而不是缓慢且昂贵的现金收支;第二,新的金融科技公司提供了廉价的交易渠道和快速、灵活的支付方式,消费者有移动货币、现金提取和银行转账多种选择;第三,"MFS 非洲"(MFS Africa)等公司的发展使越来越多的消费者能够通过一两个应用程序编程接口(Application Programming Interface,API)快速进入汇款市场。②

（单位：%）

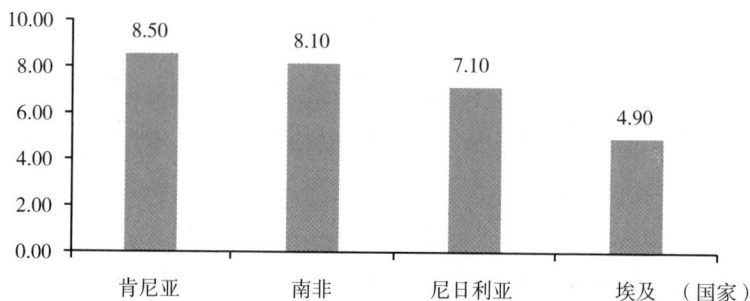

图 3-1　2020 年非洲主要市场汇款 200 美元的汇款成本

资料来源:世界银行:《移民与发展简报 33》(The World Bank, Migration and Development Brief 33),第 16 页和第 36 页,网址:https://www.knomad.org/publication/migration-and-development-brief-33。

"MFS 非洲"成立于 2010 年,是一家总部位于南非的跨境支付和数字金融服务公司。该公司的数字支付平台为用户提供多种服务,包括跨境汇款、支付、借贷和保险等。其中,跨境汇款是该公司的核心业务之一,用户可以使用其平台将资金从一个非洲国家转移到另一个非洲国家。③ "MFS

---

① FT Partners, "FinTech in Africa: Momentum is Building and the World is Taking Notice", FT Partners' Proprietary Transaction Database, https://www.ftpartners.com/fintech-research/fintech-africa-momentum, 2023-03-30.

② FT Partners, "FinTech in Africa: Momentum is Building and the World is Taking Notice", FT Partners' Proprietary Transaction Database, https://www.ftpartners.com/fintech-research/fintech-africa-momentum, 2023-03-30.

③ MFS Africa, "MFS Africa", https://mfsafrica.com/, 2023-03-26.

非洲"的数字支付平台已覆盖超过3.2亿个移动钱包,合作伙伴网络中有30多个非洲国家,250家以上企业和商业客户,超过600个跨境支付通道,以及和180多家移动网络运营商(Mobile Network Operator,MNO)和银行连接。

2021年以来,"MFS非洲"在不同的融资轮次中吸引了多个投资者的支持。2021年11月完成的C轮首轮融资后,"MFS非洲"加速推进全球战略,包括完成对尼日利亚数字化支付平台"八喜"(BAXI)的收购,通过"八喜"(BAXI)线下代理商,为尼日利亚个人及中小企业用户提供"最后一公里"的支付增值服务,以促进离线实物和在线数字转账、账单支付、微型中小企业营运资本融资。[①] 2022年6月,"MFS非洲"正式宣布收购美国金融科技公司"全球技术合作伙伴"(Global Technology Partners,GTP),将非洲最大预付卡运营商收入囊中。"全球技术合作伙伴"向非洲各地的消费者发行预付费实体卡和虚拟卡,为非洲消费者和企业进入全球支付轨道和参与国际电子商务提供直接途径。[②]

(三)先买后付

先买后付(Buy Now Pay Later,BNPL),即顾客先购买商品并在以后付款。这是一种短期贷款产品,允许消费者即时购买产品并在未来的某个日期偿还贷款,没有利息或利息很低。"先买后付"是分期付款的新版本,具有更快速的支付特点,消费者可以立即获得产品,也会立即获得债务。在非洲,大部分"先买后付"都是"无息"的。这对于经济相对落后的非洲地区,在减轻用户还款压力的同时也可以帮助商家拓展客源。

作为全球电商增长最快的地区之一,非洲地区的消费潜力不容小觑。根据咨询公司麦肯锡(Mckinsey)预测,2025年非洲电子商务市场规模将突破3000亿美元,占主要市场零售总额的10%。[③] 但非洲人均收入相对

---

① MFS Africa, "MFS Africa announces expansion into Nigeria", https://mfsafrica.com/press-view/21, 2023-03-30.

② MFS Africa, "MFS Africa acquires us-based", https://mfsafrica.com/press-view/27, 2023-03-30.

③ GSMA, "Global mobile trends 2020, new decade, new industry?", https://data.gsmaintelligence.com/api-web/v2/research-file-download? id=47743151&file=2863-071119-GMT-2019.pdf, 2023-03-30.

较低,一次性支付大笔费用对大多数非洲人来说比较困难,因而他们并不排斥利用"先买后付"的支付方式。相比传统的信用卡分期付款,"先买后付"信用门槛低、偿还利息少(甚至没有利息),即便是价值不高的商品也可以采用"先买后付"方式。

"利派稍后"(Lipa Later)是一家总部位于肯尼亚的金融科技公司,成立于 2016 年,专注于提供"先买后付"的消费信贷服务,旨在为非洲消费者提供更加便利的购物体验。"利派稍后"公司的核心业务是"先买后付"消费信贷,目标客户群是非洲的中产阶级和年轻消费者。"利派稍后"与各种商家建立合作关系,让消费者可以在商家门店内申请分期付款,甚至不需要提供抵押品。"利派稍后"公司已经在肯尼亚、卢旺达和乌干达等非洲国家开展业务,覆盖了电子产品、家电、家具、医疗设备等多个行业。据相关数据,到 2022 年为止,"利派稍后"公司的用户数已经超过 20 万,融资金额超过 1600 万美元,年复合增长率达到 100%以上。[①]其中 70%以上的用户是通过移动端在线渠道申请信贷,分期付款的平均订单价值约为 200 美元。该公司的还款率高达 90%以上,远高于行业平均水平。公司的合作伙伴包括肯尼亚的朱米亚(Jumia)、华为(Huawei)等知名品牌。

"弹性支付"(Payflex)是一家总部位于南非的"先买后付"金融科技公司,成立于 2017 年,也致力于为非洲的消费者和商家提供先买后付的消费信贷服务。通过"弹性支付"公司提供的平台,消费者首次仅需支付消费总金额的 25%,付款后,所购买物品将立即发货。且在支付首付后 6周内通过 3 次等额的无息付款偿还余额,在这期间,平台将不产生利息或费用。"支付弹性"的先买后付解决方案为客户提供了一个免息的信贷选择,只有在客户没有按时付款的情况下才会产生三笔 85 兰特的额外费用。公司还为平均花费 1200 兰特的客户提供服装、电子产品和家用电器等商品的融资服务,这种先买后付解决方案将平均订单价值提高了

---

① Billionaires Africa,"Kenyan tech entrepreneur Eric Muli's Lipa Later secures $ 12 million to expand in Africa", https://billionaires. africa/2022/01/14/kenyan − tech − entrepreneur − eric − mulis-lipa−later−secures−12−million−to−expand−in−africa/,2023−03−30.

30%。到 2022 年为止,平台共有超过 1000 家活跃商户和 135000 名用户。[①] "支付弹性"公司已经在南非、肯尼亚、尼日利亚和津巴布韦等非洲国家开展业务,涉及电子产品、服装、家具等多个行业。年交易总额超过 1.5 亿南非兰特,年复合增长率超过 300%。

二、数字信贷

非洲数字信贷(digital credit)主要通过金融科技创新手段,以互联网和移动技术为基础,为没有信用记录的人提供小额贷款的服务。近年来,非洲数字信贷的用户数量也在不断增长,非洲数字信贷平台的数量不断上升,非洲信贷金融科技公司表现出色的公司有塔拉(Tala)、布朗驰(Branch)、卡本(Carbon)、培拉特(Paylater)等。根据世界银行扶贫协商小组(Consultative Group to Assist the Poorest,CGAP)2018 年的报告,非洲数字信贷的用户数量已经达到了 5000 万人以上[②],其中以肯尼亚和尼日利亚为主要市场。预计到 2025 年,非洲数字信贷用户数量将会达到 1 亿人以上。

塔拉(Tala)是一家成立于 2011 年的非洲金融科技公司,总部位于美国加利福尼亚州圣莫尼卡。该公司提供金融服务,特别是小额贷款,以帮助那些缺乏信用历史和稳定收入的人们提供资金支持。"塔拉"公司的服务基于智能手机应用程序,客户只需下载应用程序并提供一些个人信息即可申请贷款,它的贷款审核过程采用机器学习算法和大数据分析,这使得"塔拉"公司能够在数分钟内对客户的申请进行评估和批准,而无须进行传统的信用评估,可即时向从未有过正式信用记录的人发放贷款。贷款从 10 美元到 500 美元不等,利率低至 4%。到 2022 年为止,"塔拉"公司已经在肯尼亚、菲律宾、印度和墨西哥等国家向

---

① TechCrunch,"Zip acquisition of Payflex means Africa is ripe for BNPL disruption", https://techcrunch.com/2021/09/03/zip‐acquisition‐of‐payflex‐means‐africa‐is‐ripe‐for‐bnpl‐disruption/,2023‐03‐30.

② CGAP,The Global Findex Database 2017:Measuring Financial Inclusion and the Fintech Revolution.

700 多万客户发放了超过 34 亿美元的贷款。① 此外，"塔拉"公司的智能手机应用程序也具有其他金融服务功能，例如转账和信用卡还款，以及财务管理和储蓄工具。

三、开放银行

伴随现代银行业的发展，以人工智能、大数据、云计算等为代表的金融科技底层技术，深刻影响着银行的内部架构与外部环境。② 开放银行（Open Banking）指第三方金融服务提供商使用开放和统一的应用程序编程接口（Application Programming Interface, API）为金融机构构建服务和应用程序。开放银行支持在银行和第三方公司（例如金融科技公司和其他金融服务提供商）之间共享客户许可的数据。在征得客户同意的情况下，数据共享将通过应用程序编程接口完成。一旦客户同意共享他们的数据，第三方公司就可以通过银行的应用程序编程接口访问客户的数据。共享的数据包括有关客户银行交易、账户余额和其他相关金融数据。

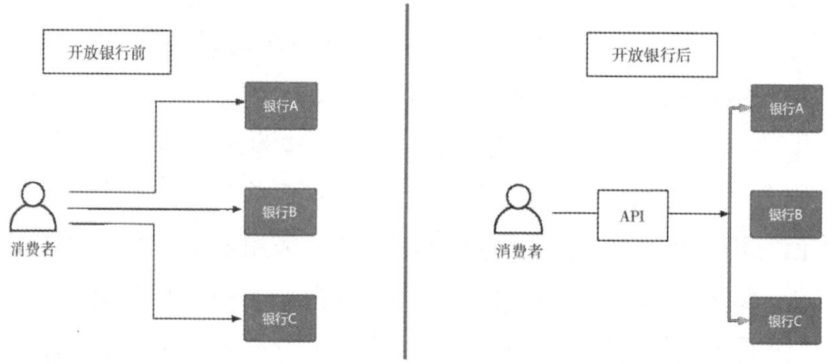

图 3-2　开放银行工作机制图解

资料来源：易观分析：《中国开放银行发展专题分析 2019（行业篇）》，网址：https://www.analysys.cn/article/detail/20019586。

---

① FT Partners, "FinTech in Africa: Momentum is Building and the World is Taking Notice", FT Partners' Proprietary Transaction Database, https://www.ftpartners.com/fintech-research/fintech-africa-momentum, 2023-03-30.

② 《功能庞大，架构臃肿！金融企业的后台架构将如何演变？》，51CTO，https://blog.51cto.com/u_15127556/2717870，访问时间：2023 年 4 月 15 日。

开放银行允许金融机构与授权的第三方(如金融科技公司)共享某些数据,以便代表客户访问新产品和服务,可以极大地扩大金融科技的影响范围和能力,推动金融领域的创新和竞争,从而为客户带来更好、更实惠的金融产品和服务。例如,开放银行可以帮助解决保险和信贷缺口等关键问题,并为银行服务不足的人群和小企业增加获得金融服务的机会,这些人以前可能因缺乏信用记录或抵押品而被排除在外。开放银行支持数字化和业务流程改进,减少了对手对流程和中介的需求,金融交易的处理流程也因此变得更加高效。在非洲多数国家,由于缺乏贷款利率、经常账户回报率和定期存款利率等公开信息,保险及信贷等金融业务并不普遍,但开放银行为这类业务的蓬勃发展提供了机会。开放银行还可以通过使金融用户更容易地访问和管理他们的金融信息来改善客户体验。开放银行衍生的产品和服务是根据客户的特定需求量身定制的,客户可以使用这些更有效的方式来改变他们的生活,例如当前金融市场中的创新服务——商业贷款、抵押贷款、住房贷款等。

"奥佐夫"(OZOW)是一家总部位于南非开普敦的金融科技公司,该公司提供一种银行支付服务,允许客户使用智能设备进行安全、即时的在线支付,而无须使用银行卡。利用其自动的银行对银行支付平台,该公司通过开放银行为数百万获取银行服务不足的消费者提供金融和数字包容性服务。2020年,"奥佐夫"成为南非第一家获得金融市场行为管理局(Financial Sector Conduct Authority,FSCA)授权的非银行机构,其授权范围包括开放银行服务。2021年11月17日,"奥佐夫"从腾讯融资4800万美元①,以加速国际扩张、并购、营销和人力资本。"奥佐夫"的支付解决方案已经覆盖了南非、肯尼亚和津巴布韦等非洲国家,并且已经与众多非洲的商家和金融机构建立了合作关系,包括南非有线 & 无线通信运营商特尔康(Telkom)、南非最大的银行之一标准银行(Standard Bank)和肯尼亚移动支付服务提供商马佩萨(M-Pesa)等。

---

① OZOW, " Celebrating our $ 48m Series B funding round ", https://ozow. com/blog/celebrating-our-48m-series-b-funding-round,2023-03-30.

四、保险科技

保险科技（Insurtech）指应用数字技术、数据分析和人工智能等现代技术手段来改善保险行业的方式。它是保险业的数字化转型和创新的重要驱动力之一。保险科技可以改善保险产品和服务的效率、透明度和个性化，同时也可以提高保险公司的盈利能力和风险管理能力。[1] 非洲保险科技在非洲发展具备条件，保险科技在非洲低覆盖率、非洲人口增长和城市化不断上升、移动支付快速普及、数据科技的进步和政府支持等，这些因素将为保险科技提供广阔的市场和发展机会。在保险渗透率方面，非洲许多国家的保险渗透率非常低，非洲保险业在南非的保险渗透率仅为12.2%，肯尼亚为2.2%、埃及为0.6%、尼日利亚为0.4%，但在欧洲地区保险渗透率为8%。[2] 这意味着大多数非洲人没有获得适当的风险保障，保险科技在非洲拥有巨大的市场，可以通过更高效的方式提供更广泛的保险服务。在人口增长和城市化方面，非洲的人口正在快速增长，城市化率不断上升，新兴中产阶级兴起，需要更多的保险服务来保护他们的家庭和财产。在移动支付的普及方面，非洲是全球移动支付高覆盖率地区，许多非洲人使用手机进行转账和支付，这为保险科技提供了一个购买基础，使更多人能够获得保险服务。在数据科技的进步方面，非洲互联网普及率不断提高，越来越多的数据被收集和分析，保险科技公司可以更好地了解客户的需求，并为他们提供更加个性化和有效的保险产品。在政府支持方面，许多非洲国家的政府都认识到保险服务的重要性，并且在支持保险科技发展方面采取了积极的态度，政府的支持为保险科技公司提供了规范环境和商业机会。

南非占非洲保费总额的69%左右，保险渗透率远高于其他国家，甚至高于欧洲和中东的发达国家。人寿保险约占南非保费的82%，尼日利

---

[1] 李金钟、张雯嘉、周浩楠：《普惠性金融背景下的农业保险研究》，《中国商论》2018年第8期。

[2] Swiss Re Institute, "World Insurance Inflation Risks Front and Centre", https://www.swissre.com/institute/research/sigma-research/sigma-2022-04.html, 2023-03-30.

亚约为 55%、埃及和肯尼亚约为 46%①。在非寿险部分,汽车、意外事故、财产和健康保险占整个非洲市场保费的主要部分。根据咨询公司麦肯锡(Mckinsey)测算,2020—2025 年,非洲保险市场预计以 7% 的年复合增长率增长,是北美预期增长率的两倍,是欧洲同期预期增长率的三倍多。② 2021 年"颠覆非洲"(Disrupt Africa)报告提到,非洲的保险科技行业在 2020 年获得了 2.1 亿美元的融资,比 2019 年增长了12.5%。③ 截至 2021 年,非洲共有 74 家保险科技公司。尽管这个数字相对较低,但它已经比 2016 年增长了 68%,表明保险科技公司正在非洲地区快速发展。

信实健康(Reliance Health)是一家总部位于尼日利亚的健康保险科技的初创公司,成立于 2015 年,专注于远程医疗,2017 年成为一家单一收费的医疗保健提供商,该公司在尼日利亚、加纳、肯尼亚、卢旺达和埃及开展业务。信实健康公司提供的健康产品包括健康保险、医疗咨询、紧急救援等多种服务。2022 年 2 月 17 日,信实健康公司获得 4000万美元融资④,由美国泛大西洋投资集团(General Atlantic)领投,该公司的合作伙伴还包括腾讯(Tencent)、帕特奇(Partech)、皮库斯资本(Picus Capital)等。

第二节　非洲金融科技国际合作

非洲金融科技迅速发展,主要得益于智能手机的普及、移动支付的普

---

① Swiss Re Institute, "World Insurance Inflation Risks Front and Centre", https://www. swissre.com/institute/research/sigma-research/sigma-2022-04.html, 2023-03-30.

② Mckinsey & Company, "Africa's insurance market is set for takeoff", https://www. mckinsey.com/featured-insights/middle-east-and-africa/africas-insurance-market-is-set-for-takeoff#/, 2023-03-30.

③ Disrupt Africa, "The Africa Tech Startups Funding Report 2022", https://disrupt-africa. com/sdm_downloads/the-african-tech-startups-funding-report-2022/, 2023-03-30.

④ TechCrunch, "Nigerian healthtech startup Reliance Health raises $40M led by General Atlantic", https://techcrunch.com/2022/02/07/nigerian-healthtech-startup-reliance-health-raises-40m-led-by-general-atlantic/, 2023-03-30.

及、数字身份认证的发展以及政府政策的推动等多方面因素。同时也离不开国际组织和发达国家跨国公司为非洲金融科技公司提供资金支持，以扩大业务和提升技术能力，提供培训和技术支持，帮助非洲的金融科技公司提高技术能力和管理能力。

一、国际资本逐鹿非洲

近几年，新冠疫情下动荡的市场环境让投资者对金融科技公司的投资变得更加谨慎，美国、中国和欧洲等几个主要市场的交易活动都出现了明显降温。然而，非洲蓬勃发展的金融科技市场逆势上涨。首先，与传统行业相比，金融科技成本更低。在非洲开展实业的高成本劝退了许多外国投资者，非洲落后的基础设施进一步推高商业活动成本。但是，金融科技恰好可以消除基础设施障碍，加上该领域人才成熟，为投资创造了良好的条件。其次，就市场发展而言，2022 年非洲的人口增长率为全球最高，达 2.7%，联合国预测到 2030 年，15—24 岁的非洲人口将增长 42%。[①] 目前非洲人口平均年龄仅 20 岁，预计到 2050 年城市人口将翻一番，大量的年轻数字人口为金融科技提供用户基础。最后，对比欧美的估值，非洲金融初创公司较低的估值对国际资本，尤其是小型资本来说是另一大吸引力。一些规模较小的投资者发现，根据目前的估值，投资本国公司很难产生较好的回报，这导致他们将目光投向更远的海外新兴市场。

根据 2023 年 1 月金融科技伙伴（Financial Technology Partners，FT Partners）发布的一份报告，在 2022 年之前，以非洲为重点的私营金融科技公司的股权融资量一直在增长，尽管 2022 年全年融资金额相较于 2021 年有所下降（见图 3-3），但 2022 年是非洲已公布交易量的融资交易数量创纪录的一年（见图 3-4）。

---

① UN，"Population 2030：Demographic challenges and opportunities for sustainable development planning"，https://www.un.org/en/development/desa/population/publications/pdf/trends/Population2030.pdf，2023-03-30.

（单位：百万美元）

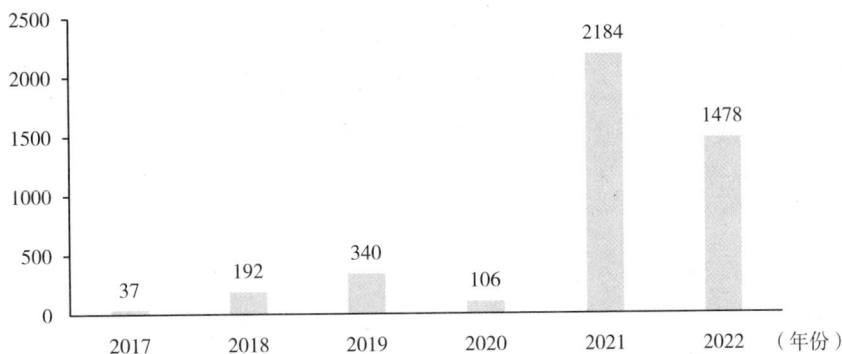

图 3-3　2017—2022 年非洲金融科技公司融资交易金额①

资料来源：FT Partners 金融科技行业研究报告：《金融科技在非洲：势头正在形成，世界正在关注》，第 93 页，网址：https://www.ftpartners.com/fintech-research/fintech-africa-momentum。

（单位：次）

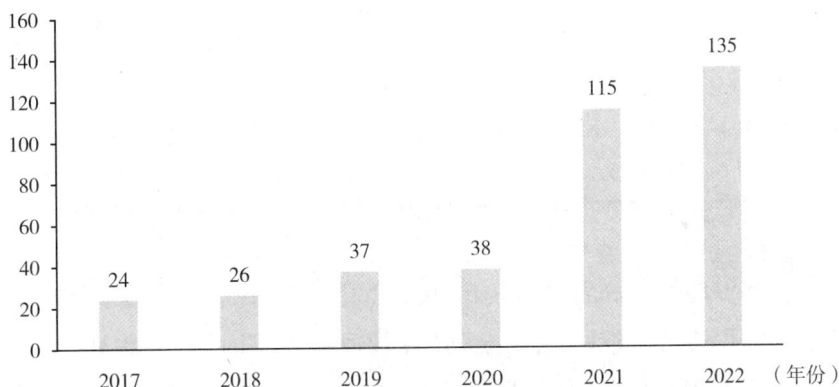

图 3-4　2017—2022 年非洲金融科技公司融资交易量②

资料来源：FT Partners 金融科技行业研究报告：《金融科技在非洲：势头正在形成，世界正在关注》，第 93 页，网址：https://www.ftpartners.com/fintech-research/fintech-africa-momentum。

---

①　FT Partners，"FinTech in Africa：Momentum is Building and the World is Taking Notice"，FT Partners' Proprietary Transaction Database，https://www.ftpartners.com/fintech-research/fintech-africa-momentum，2023-03-30.

②　FT Partners，"FinTech in Africa：Momentum is Building and the World is Taking Notice"，FT Partners' Proprietary Transaction Database，https://www.ftpartners.com/fintech-research/fintech-africa-momentum，2023-03-30.

2017 年以来,按行业来划分金融科技公司的融资交易,超过 50% 的金融科技融资交易发生在银行/贷款技术和支付领域,随后的是加密货币和区块链领域、保险科技领域、财务管理领域、财富与资本市场科技领域和医疗保健科技(见图 3—5)。融资额上银行/贷款技术和支付领域也遥遥领先(见图 3—6)。①

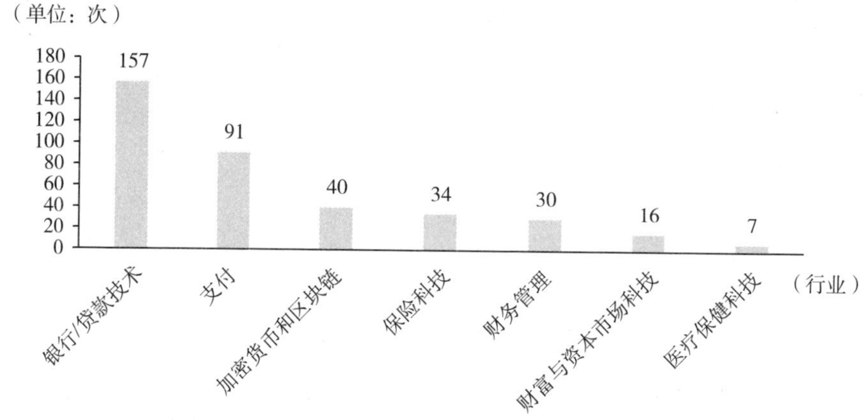

（单位：次）

图 3—5　2017—2022 年按行业划分非洲金融科技公司融资交易数量②

资料来源:FT Partners 金融科技行业研究报告:《金融科技在非洲:势头正在形成,世界正在关注》,第 93 页,网址:https://www.ftpartners.com/fintech-research/fintech-africa-momentum。

蓬勃发展的非洲金融科技市场蕴含着巨大的机会,也吸引了越来越多的国际投资者。近两年内老虎环球管理基金(Tiger Global Management Limited Liability Company,Tiger Global)、软银(Softbank)、目标全球(Target Global)、红杉(Sequoia)等全球投资者都在非洲的金融科技领域进行了投资。此外,一些非传统投资者也正在进军非洲,2021 年 10 月,

---

① FT Partners,"FinTech in Africa:Momentum is Building and the World is Taking Notice",FT Partners' Proprietary Transaction Database,https://www.ftpartners.com/fintech-research/fintech-africa-momentum,2023-03-30.

② FT Partners,"FinTech in Africa:Momentum is Building and the World is Taking Notice",FT Partners' Proprietary Transaction Database,https://www.ftpartners.com/fintech-research/fintech-africa-momentum,2023-03-30.

谷歌成立了一只专门用于投资非洲企业的基金,规模为 5000 万美元;①
脸书(Facebook)也在 2021 年开展了非洲的投资业务。

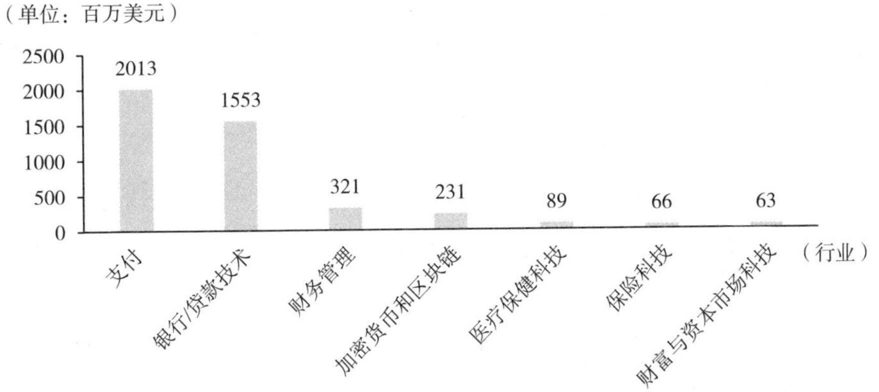

(单位:百万美元)

图 3-6　2017—2022 年按行业划分非洲金融科技公司融资交易金额②

资料来源:FT Partners 金融科技行业研究报告:《金融科技在非洲:势头正在形成,世界正在关注》,第
93 页,网址:https://www.ftpartners.com/fintech-research/fintech-africa-momentum。

　　其中,中国的腾讯公司在非洲金融科技市场投资了多家初创公司,涉
及医疗保健、支付、银行和贷款技术等多个行业。2018 年 8 月 28 日,支付
堆栈(Paystack)宣布获得了 800 万美元的 A 轮融资。③ 这轮融资由支付
行业领先的条纹支付公司(Stripe)领投,全球支付公司维萨卡(Visa)也加
入其中,腾讯和 Y 组合器公司(Y Combinator)则进行了后续投资。2020
年,尼日利亚电子病历公司氦健康(Helium Health)在 A 轮融资中获得了
1000 万美元的投资④,此次投资由全球风险投资(Global Ventures)和亚非

---

① TechCrunch,"Google sets up ＄50M fund to invest in African", startups, https://
techcrunch.com/2021/10/06/google-sets-up-50m-fund-to-invest-in-african-startups/, 2023-
03-31.

② FT Partners,"FinTech in Africa:Momentum is Building and the World is Taking Notice",
FT Partners' Proprietary Transaction Database, https://www.ftpartners.com/fintech-research/
fintech-africa-momentum,2023-03-30.

③ Paystack,"Announcing Paystack's ＄8 million Series A Round", https://paystack.
com/blog/company-news/paystack-seriesa,2023-03-31.

④ Techcabal,"UPDATE:Nigeria's Helium Health closes ＄10 million Series A from
Dubai-based firm and Tencent", https://techcabal.com/2020/05/05/helium-health-raises-ten-
million-dollars/,2023-03-31.

投资咨询公司（Asian-african Investment Consulting Company，AAIC）管理的非洲医疗保健综合基金（Africa Healthcare Masterfund）共同牵头，腾讯也参与了此轮融资。2021 年 11 月 17 日，据"科技博客"公司（Techcrunch）报道，金融技术供应商奥佐夫公司（OZOW）筹集了 4800 万美元的 B 轮融资①，该轮融资由腾讯领投。2021 年 12 月，泰姆银行（Tymebank）宣布获得由腾讯集团领投、疾病预防控制中心集团（CDC Group）参投的 1.8 亿美元的 B 轮融资，腾讯和疾病预防控制中心集团的投资预计将达到 7000 万美元。② 截至 2022 年 12 月，"泰姆银行"已成为全球增长最快的数字银行之一，拥有超 600 万用户。

"老虎环球管理基金"是一家总部位于美国纽约的投资管理公司，在非洲也投资了多家金融科技公司，涉及支付、银行/贷款技术、加密货币和区块链行业。2021 年 3 月 10 日，非洲支付公司福莱特（Flutterwave）宣布完成 1.7 亿美元融资③，公司估值超过 10 亿美元。总部位于纽约的私人投资公司富尔尼成长资本（Avenir Growth Capital）和"老虎环球管理基金"领投了 C 轮融资。2021 年 7 月 2 日，尼日利亚信贷银行"公平货币"（FairMoney）宣布"老虎环球管理基金"领投了本次 4200 万美元 B 轮融资④，该公司前几轮的现有投资者 DST 合作伙伴（DST Partners）、兴盛风险投资（Thrive Ventures）、新基金（Newfund）和极速投资（Speedinvest）也参与了此次投资。2022 年 2 月 9 日，埃及投资应用程序特恩德（Thndr）从"老虎环球管理基金"、普罗苏斯风险投资（Prosus Ventures）和其他公

① TechCrunch, "South African payments gateway Ozow raises $48M Series B led by Tencent", https://techcrunch.com/2021/11/17/south-african-payments-gateway-ozow-raises-48m-series-b-led-by-tencent/, 2023-03-31.

② TymeBnak, "Tyme completes US $180million capital raise with investments from Tencent and CDC Group", https://www.tymebank.co.za/press/tyme-completes-us-180million-capital-raise-with-investments-from-tencent-and-cdc-group/, 2023-03-31.

③ Techcrunch, "African payments company Flutterwave raises $170M, now valued at over $1B", https://techcrunch.com/2021/03/09/african-payments-company-flutterwave-raises-170m-now-valued-at-over-1b/, 2023-03-23.

④ Techcrunch, Tiger Global leads $42M Series B in Nigerian credit-led neobank FairMoney, https://techcrunch.com/2021/07/01/tiger-global-leads-42m-series-b-in-nigerian-credit-led-neobank-fairmoney/, 2023-03-23.

司获得 2000 万美元①,特恩德(Thndr)是埃及一家基于应用程序的投资平台开发商,旨在为投资者提供免佣金交易。该公司提供的功能包括无佣金,没有账户的最低要求,轻松的账户设置和访问实时新闻和市场数据。

帕特奇(Partech)是一家全球性的风险投资公司,成立于1982年,总部位于法国巴黎。"帕特奇"公司的业务涵盖早期、中期和成长期的投资。该公司的投资领域包括数字、人工智能、物联网、移动互联网、电子商务等多个领域。"帕特奇"公司的投资组合包括卡霍特(Kahoot)、乐檬德(Lemonade)、制造 com(Made.com)、马诺马诺(ManoMano)等知名企业。"帕特奇"在非洲投资了多家种子、初创以及成长型金融科技公司,涉及银行/贷款技术、医疗保健、支付多个行业。2021 年 9 月 6 日,红杉遗产(Sequoia Heritage)、"条纹"(Stripe)公司和"帕特奇"公司向非洲金融科技"浪潮"(Wave)投资 2 亿美元,公司估值 17 亿美元。② 浪潮(Wave)与欧佩(OPay)和福莱特(Flutterwave)一起成为 2021 年非洲新成立的独角兽公司,即估值超过 1 亿美元的初创公司,也是继"交换机间"(Interswitch)之后的第四家非洲独角兽。其他价值数十亿美元的公司包括公开交易的朱米亚(Jumia)和埃及金融科技公司福瑞(Fawry)。2022 年 7 月 22 日,信实健康(Reliance Health)宣布完成由全球领先的成长型股权投资者美国泛大西洋投资集团(General Atlantic)领投的 4000 万美元 B 轮融资,参与方包括阿万提斯社会基金会(Arvantis Social Foundation)、帕特奇(Partech)、皮库斯资本(Picus Capital)、腾讯探索等多家公司。凭借这笔资金,信实健康(Reliance Health)成功完成了迄今为止非洲健康科技行业最大的 B 轮融资。迄今为止,信实健康(Reliance Health)已经筹集

---

① Techcrunch, "Egyptian investment app Thndr nabs $20M from Tiger Global, Prosus Ventures and others", https://techcrunch.com/2022/02/08/egyptian-investment-app-thndr-nabs-20m-from-tiger-global-prosus-and-others/,2023-03-31.

② Techcrunch,Sequoia Heritage, "Stripe and others invest $200M in African fintech Wave at $1.7B valuation", https://techcrunch.com/2021/09/06/sequoia-heritage-stripe-and-others-invest-200m-in-african-fintech-wave-at-1-7b-valuation/,2023-03-23.

了 4800 万美元的总资金,其中包括 2020 年 1 月由帕特奇(Partech)领投的 600 万美元 A 轮融资。① 2018 年 9 月 6 日,总部位于南非的销售点支付提供商优可(Yoco)已经筹集了 1600 万美元的 B 轮融资②,由风险投资公司帕特奇(Partech)领投,参与方包括橙色风险投资(Orange Digital Ventures)、荷兰创业发展银行(Dutch Entrepreneurial Development Bank, FMO)和现有 A 轮投资者亚胜前沿包容基金(Accion Frontier Inclusion Fund)。优克(Yoco)将利用其 B 轮融资来发展其小型企业网络,投资于产品开发,运营可扩展性并吸引顶级金融科技人才。

二、中国、美国、欧洲在非洲金融科技成长中扮演的角色

随着非洲金融科技的不断发展以及非洲消费者对金融科技的需求增加,非洲和中国、欧洲以及美国的金融科技领域合作逐渐密切,中美欧成为推动非洲金融科技成长的主要动力来源地。

(一)中国成为非洲数字金融崛起的主要推动力量

作为国际金融科技的领导力量,中国资本与技术在非洲影响着这个新兴行业潜力市场的发展方向。综合考虑双方各自发展历史、背景和特点,结合中国 2035 年远景目标、联合国 2030 年可持续发展议程、非盟《2063 年议程》及非洲各国发展战略,中非双方共同制定《中非合作 2035 年愿景》,确立中长期合作方向和目标,推动构建更加紧密的中非命运共同体。内容包括数字合作驱动非洲加速转型。中非拓展在频谱管理、5G、卫星互联网、大数据、电子商务、智慧城市、航空航天、卫星遥感应用等领域合作,支持非洲建设新型基础设施,发展数字产业,弥合数字鸿沟。③ 2015 年 12 月 4 日,中国国家主席习近平在中非合作论坛约翰内斯

---

① Partech, "Reliance Health raises \$40M in Series B led by General Atlantic", https://partechpartners.com/press-room/reliance-health-raises-40m-series-b-led-general-atlantic/, 2023-03-23.

② Partech, "Yoco Secures Series B Raise of \$16M, Led by Partech", https://partechpartners.com/press-room/yoco-secures-series-b-raise-16m-led-partech/, 2023-03-23.

③ 《中非合作 2035 年愿景》,国家国际发展合作署,http://www.cidca.gov.cn/2021-12/09/c_1211480567.htm,访问时间:2023 年 3 月 31 日。

堡峰会开幕式上致辞时宣布,中方愿在未来 3 年同非方重点实施"十大合作计划",计划提出中国将加强与非洲国家在基础设施和金融等领域的合作,并支持非洲国家在数字化转型和信息化建设方面的努力,涵盖了金融科技等多个领域。① 2022 年 12 月 7 日,为落实中非合作论坛第八届部长级会议提出"减贫惠农工程"和"数字创新工程",助力非洲智慧农业发展,双方将在以往合作的基础上,发挥双方在智慧农业技术、非洲市场渠道等方面优势,探讨新模式,推动中国智慧农业技术、装备落地非洲,支持非洲农业数字化转型升级,培育壮大数字合作新引擎。②

1. 数字支付合作

中非合作重点涵盖数字支付、电子银行、移动支付等领域。中方支持非洲国家加强支付和结算基础设施建设,推广数字支付,促进电子商务和数字金融的发展。非洲和中国都处于世界数字革命的前沿,互联网市场的蓬勃发展为中非合作提供了更多机遇。自 2019 年冠状病毒(COVID-19)暴发以来,非洲一直在加速数字化转型,目前非洲大陆已成为移动支付、电子商务、远程办公和在线教育快速发展的热点地区。据南非领先的在线支付门户"快速支付"(PayFast)报告称,2020 年 3 月至 2021 年 2 月,通过二维码支付的交易激增了 412%③,因为数字支付对人们无论是亲自购物还是在线购物都很方便和安全。2021 年 6 月,中国电子商务巨头阿里巴巴集团旗下的物流子公司菜鸟智能物流网络开通了中国和尼日利亚之间的航空货运航线,这是其首个中非航空货运服务,预计将覆盖摩洛哥、埃及、肯尼亚等其他非洲国家。④

---

① 《中非合作论坛约翰内斯堡峰会暨第六届部长级会议"十大合作计划"经贸领域内容解读》,中华人民共和国商务部,http://www.mofcom.gov.cn/article/ae/ai/201512/20151201208518.shtml,访问时间:2023 年 3 月 31 日。

② 《中非数字经济合作赋能非洲智慧农业发展》,中非合作论坛,http://www.focac.org/chn/zfgx/jmhz/202212/t20221208_10987429.htm,访问时间:2023 年 3 月 31 日。

③ PayFast,"PayFast sees 412% growth in QR code payments",https://payfast.io/blog/payfast-sees-412-growth-in-qr-code-payments/,2023-03-31.

④ 《助力中非跨境电商物流提速,菜鸟首条中国—非洲跨境包裹专线正式启用》,搜狐网,https://www.sohu.com/a/473779731_115035,访问时间:2023 年 3 月 31 日。

2. 区块链技术合作

中非在区块链技术方面也有合作。比如,中国与埃及、肯尼亚等国家签署了区块链技术合作协议,共同探讨如何利用区块链技术解决金融领域的问题。区块链和数字货币发展被视为中国加强国际技术影响力的关键领域。中国在"一带一路"建设中看到了巨大机遇。中国为"一带一路"沿线国家和地区提供技术支持,成为"数字丝绸之路"建设的重要节点。2019 年 12 月 5 日,在海南省省会海口市举行的海南自由贸易港数字经济国际合作论坛和区块链上,印度尼西亚、乌兹别克斯坦和哈萨克斯坦等国与中国数字资产交易所火币网签署了协议。这些倡议旨在加强中国与"一带一路"沿线国家和地区之间的合作。新签署的协议正式确定了数字资产交易所火币网与"一带一路"国家之间的合作,以建设下一代基于区块链的金融基础设施。海南政府在 2019 年上半年发布了一系列措施,以加快区块链在住房、医疗、旅游和贸易等多个领域的发展,并设立了价值 10 亿元人民币的新基金,为区块链公司提供资金。① 中国工商银行与南非标准银行集团作为中非两地最大商业银行,依托湖南自贸区长沙片区对非洲经贸合作的产业优势,运用区块链技术,致力于打造中非经贸合作领域的第一个跨境贸易金融服务平台——中非跨境人民币中心。

3. 金融科技创新

中非合作也着重于金融科技创新,包括数字化金融、人工智能、大数据等技术的应用和创新。中方积极开展与非洲国家的技术交流,推进技术转移和技术合作。2018 年是中国工商银行和标准银行集团建立战略合作伙伴关系十周年。中国工商银行倾力支持中非金融科技创新合作,在产品创新方面,双方联合推出了"中非现金管理平台""中国—南非直连汇款""中国—肯尼亚直连汇款"等多项金融产品,为中资企业走进非洲提供了信贷融资、资金管理、投资银行等全方位金融服务;联合启动的工银信用卡"爱购南非""爱购肯尼亚"活动,也为持卡人在非洲的消费带

---

① Technode, "China strengthens blockchain cooperation with BRI countries", https://technode.com/2019/12/05/china-unveils-initiatives-to-strengthen-blockchain-cooperation-with-bri-countries/, 2023-03-31.

来了极大便利。此外,两行还签署了"工银融安 e 信"合作协议,标准银行成为首家选用工行这一大数据风控创新产品的非洲银行。[1]

4. 人才培养

为了推进金融科技合作,中非还加强了人才培养方面的合作。中方积极支持非洲国家开展金融科技人才培训和技能提升,提供必要的技术支持和帮助,促进人才交流和培养。人才培养也是中非金融科技合作不可或缺的一方面。2019 年,中国工程院与非洲联盟共同启动了中非数字经济人才培养计划。该计划旨在通过培训、交流和合作等方式,加强中非数字经济人才的培养和交流。2020 年,中国电子科技集团公司与非洲电信联盟共同启动了中非数字创新人才培养项目。该项目旨在为非洲国家提供数字技术领域的人才支持,加强中非在数字技术领域的合作和交流。2021 年,中国工商银行与塞内加尔银行共同开展了中非人才培训交流项目。该项目旨在为塞内加尔银行的员工提供培训和交流机会,增强银行业人才的国际化和专业化水平。

(二)欧洲逐步加入非洲数字金融竞争

欧洲和非洲的金融科技合作正逐渐增加,一些欧洲的支付公司已经开始进入非洲市场,提供便捷的数字支付解决方案。同时,非洲的金融科技公司也在寻求与欧洲的公司合作,以提高其技术水平和推广其产品。此外,欧洲和非洲的政府和监管机构也在努力推动跨境金融科技合作。他们鼓励金融科技公司通过合规和监管合作来促进金融服务的普及,并确保金融科技产品和服务符合国际标准和最佳实践。2015 年,欧洲投资银行(European Investment Bank,EIB)与非洲开发银行(African Development Bank,AfDB)签订合作协议,该协议旨在支持非洲金融科技行业的发展,包括提供融资支持、技术支持等方面的合作。2016 年,欧盟与非盟制定战略合作伙伴关系文件,该文件包括在数字经济领域合作的内容,其中包括金融科技领域。2017 年,欧盟和非洲联盟签署"非洲数字经济和社会计

---

[1]　《工商银行倾力支持中非金融合作》,中国金融思想战线,http://www.cfthinkingfront. cn/news/12175.html,访问时间:2023 年 3 月 31 日。

划",该计划旨在推动非洲数字经济的发展,包括金融科技领域。2018年,欧盟和非洲联盟签署"非洲—欧盟数字合作伙伴关系",该合作伙伴关系重点涵盖数字经济和数字化转型,其中包括金融科技合作。2019年,欧盟与非洲开发银行签订合作协议,该协议旨在支持非洲金融科技行业的发展,并为非洲金融科技初创企业提供融资支持。2020年,欧盟和非洲联盟签署的"非洲—欧盟数字经济和社会计划 2020—2025",该计划重点关注数字化和数字化转型,包括金融科技合作。该计划将促进数字化转型和数字经济的可持续发展,为非洲创造更多的就业机会。欧非金融科技合作主要包括以下四个方面。

1. 数字支付

欧盟与非洲在数字支付领域的合作主要涉及移动支付、电子钱包等领域。例如,欧洲投资银行在肯尼亚和马达加斯加等非洲国家提供贷款和融资支持,以促进移动支付和电子钱包的发展。数字支付是欧非金融科技合作的其中一个领域。2015 年,欧洲投资银行向肯尼亚股权银行有限公司(Equity Bank)提供了一笔超过 1100 万美元的贷款,用于支持该银行开展数字支付和电子银行服务。2016 年,欧盟委员会(European Commission,EC)与非洲联盟委员会签署了一份数字化经济和社会战略合作伙伴关系框架协议,该协议涉及数字支付和电子商务等领域的合作。2017 年,欧盟委员会资助了一项名为"数字非洲平台"的项目,该项目旨在帮助非洲国家推进数字支付、数字身份认证和其他数字化方案。2018 年,欧盟委员会与非洲联盟签署了一项合作协议,旨在推进数字支付和其他数字化方案在非洲的发展。2019 年,欧洲投资银行向马达加斯加的"米亚拉卡普"(Miarakap)提供了一笔超过 3500 万欧元的贷款,用于支持该公司开展数字支付和电子银行服务。

2. 金融包容性

欧盟和世界银行共同资助的数字金融服务项目将为非洲的农民、妇女和年轻人等提供更多的金融服务,以促进他们的经济发展。2016 年欧洲投资银行向乌干达的克瑞银行(Crane Bank)提供了一笔超过 2000 万美元的贷款,用于支持该银行向贫困和边缘化地区提供金融服务。2017

年,欧盟委员会资助了一项名为"金融包容性创新实验室"的项目,该项目旨在支持非洲国家开展金融创新和金融包容性方案。第三个项目,2018年,欧洲投资银行向埃及的米斯尔银行(Bank Misr)提供了一笔超过2600万欧元的贷款,用于支持该银行向小企业和农民提供金融服务。2019年,欧盟委员会与联合国开发计划署签署了一项合作协议,旨在支持非洲国家推进金融包容性和可持续发展。2020年,欧盟委员会资助了一项名为"金融包容性和数字金融创新"的项目,该项目旨在支持非洲国家开展数字金融和金融包容性方案。

3. 金融监管

欧盟与非洲在金融监管领域的合作主要涉及监管政策和实践的交流和分享。例如,欧盟与非盟签署的数字化合作伙伴关系协议将支持非洲国家在数字金融监管领域的创新和发展,包括数字身份认证、数据隐私保护等方面。2017年,欧洲证券与市场监管局(European Securities and Markets Authority,ESMA)与多个非洲国家的证券监管机构签署了合作协议,旨在提高非洲国家证券市场的监管水平。2018年欧盟委员会与南非签署了一项名为"金融稳定、可持续性和包容性伙伴关系"的协议,旨在加强双方在金融监管方面的合作。2019年,欧洲投资银行与东非共同体(East African Community,EAC)签署了一项合作协议,旨在提高东非共同体国家的金融监管能力,并支持当地的金融机构向小企业和农民提供贷款。2020年,欧盟委员会与塞内加尔签署了一项名为"金融包容性和可持续发展伙伴关系"的协议,旨在加强双方在金融监管方面的合作,并支持塞内加尔实现可持续发展目标。

4. 金融科技创新

欧盟与非洲在金融科技创新领域的合作涉及创新和发展金融科技产品和服务。例如,欧盟投资银行数字金融服务项目为非洲的金融科技企业提供贷款和融资支持,以推动非洲金融行业的数字化和创新。2018年,欧洲投资银行与突尼斯签署了一项名为"突尼斯中小企业和创新计划"的协议。该协议旨在提供1.2亿欧元的融资,支持突尼斯的中小企业和创新企业,包括金融科技企业。协议内容还包括提供技术支持、培训和咨询服务,帮助企业提高运营效率和市场竞争力。2019 年,欧洲投资银行与埃及签署了一项名为"埃及中小企业和创新计划"的协议。该协议旨在提供 2 亿欧元的融资,支持埃及的中小企业和创新企业,包括金融科技企业。协议内容还包括提供技术支持、培训和咨询服务。2020 年欧盟委员会与尼日利亚签署了一项名为"数字合作伙伴关系"的协议。该协议旨在加强双方在数字经济和金融科技方面的合作。具体内容包括支持数字支付和电子商务的发展,推广金融科技创新,提供数字技能培训和技术支持等。2021 年欧盟委员会与卢旺达签署了一项名为"数字转型伙伴关系"的协议。该协议旨在加强双方在数字经济和金融科技方面的合作。具体内容包括支持数字支付和电子商务的发展,推广金融科技创新,提供数字技能培训和技术支持等。

(三)美国重返非洲开启数字金融角逐

美国的金融科技发展在全球处于领先地位,美国和非洲的金融科技合作正变得越来越频繁,对于非洲金融科技行业发展越发重要。2018 年 7 月,由美国国务院(United States Department of State,USSD)和加纳通信部共同签署美国—加纳数字经济合作协议(U.S.—Ghana Digital Economy Cooperation Agreement),旨在促进双方在数字经济、金融科技和电子商务等领域的合作。2019 年 4 月,由美国国务院和尼日利亚联邦通信技术委员会共同签署美国—尼日利亚数字经济合作协议(U.S.—Nigeria Digital Economy Cooperation Agreement),旨在推动双方在数字经济和金融科技领域的合作。2020 年 1 月,由美国贸易代表办公室和肯尼亚贸易、工业化和合作部共同签署数字经济贸易协定(Digital Economy Agreement),旨在增强双方在数字经济和电子商务领域的合作。这项协定还涵盖了金融科技和移动支付等领域。2020 年,美国国际开发署(United States Agency for International Development,USAID)宣布启动了一个名为"数字金融扩展计划"(Digital Financial Inclusion)的项目,旨在加强非洲国家的数字金融能力,包括数字支付、移动银行和电子商务等领域。美非金融科技合作主要包括以下四个方面。

1. 跨境支付

美国的支付服务提供商贝宝(PayPal)和非洲的支付服务提供商马佩萨(M-Pesa)合作,让非洲用户可以通过手机发送和接收跨境支付。这对于非洲的商人和企业家来说非常方便,因为他们可以在国际贸易中更快地收到货款。2010年,贝宝(PayPal)和M—佩萨合作。贝宝(PayPal)与肯尼亚移动支付平台M—佩萨签订协议,允许非洲用户通过手机发送和接收跨境支付。这是全球首个实现跨境支付的移动支付平台之一。2015年,万事达卡(Mastercard)和MFS非洲(MFS Africa)合作。万事达卡与MFS非洲(MFS Africa)建立合作伙伴关系,将万事达卡支付网络与MFS非洲(MFS Africa)的跨境支付网络相结合,以提供可靠和安全的跨境支付服务。2017年,"福莱特"(Flutterwave)与阿里支付(Alipay)合作。福莱特是一家非洲支付技术公司,与阿里支付合作,使非洲商家可以通过阿里支付接受来自中国游客的支付。2018年,圆(Circle)与比特佩萨(BitPesa)合作。圆是美国的一家数字支付公司,与比特佩萨合作,为非洲企业提供了一个安全、快速、低成本的跨境支付解决方案。2019年,维萨卡(Visa)与帕加(Paga)合作。维萨与尼日利亚移动支付公司帕加合作,为尼日利亚的消费者和企业提供快速、便捷的支付解决方案。2020年,西联汇款(Western Union)和南非跨国电信集团(Mobile Telecommunication Network,MTN)合作,使非洲消费者可以使用南非跨国电信集团移动钱包通过西联汇款(Western Union)进行跨境汇款。

2. 移动银行

美国的银行巨头摩根大通(J.P.Morgan Chase,JPM)和美国电子支付公司史克威尔(Square)都在非洲开展了移动银行业务,为非洲人提供金融服务。这些服务包括存款、转账、信用评分等。2011年,维萨和丰达莫(Fundamo)合作。维萨收购了南非移动金融技术公司丰达莫,使其成为维萨的移动支付解决方案部门。该合作为非洲的移动银行业务带来了创新和投资。2013年,万事达卡(Mastercard)和泛非生态银行(Ecobank the Pan African Bank)合作。万事达卡与生态银行合作,推出了一个名为万事达通行证(Masterpass QR)的数字支付解决方案。该解决方案允许非洲用户通过手机进行支付。2016 年,巴克莱(Barclays)和南非跨国电信集团(MTN)合作,在乌干达推出了一个名为哈喽货币(Hello Money)的移动银行服务。该服务允许用户通过手机开立银行账户、转账、缴纳账单等。2018 年,世界汇(WorldRemit)和南非跨国电信集团合作,推出了一个名为莫莫(MoMo)的移动钱包服务,以提供更加便捷、低成本的跨境汇款服务。2020 年,谷歌(Google)和生态银行(Ecobank)合作,在尼日利亚推出了一个名为移动生态银行(Ecobank Mobile)的移动银行服务。该服务为尼日利亚消费者提供了一种快速、安全、方便的银行服务。

3. 数字货币

美国的数字支付公司圆(Circle)和非洲的数字货币服务提供商比特佩萨(BitPesa)合作,为非洲企业提供了一个安全、快速、低成本的跨境支付解决方案。此外,美国的加密货币交易所币库(Coinbase)也在非洲推出了其服务。2017 年,瑞波币(Ripple)与比特佩萨合作。瑞波币(Ripple)是一家区块链支付解决方案提供商,与比特佩萨合作,为非洲用户提供更加便捷的数字货币跨境支付服务。2018 年,IBM 公司与斯特尔(Stellar)合作,推出了一个名为电线世界(World Wire)的区块链支付网络。该网络为全球用户提供了快速、可靠、低成本的跨境支付服务。2020 年,帕克斯富尔(Paxful)是一家比特币交易平台,与币安(Binance)合作,使非洲用户可以通过币安交易平台进行数字货币交易。

4. 金融技术孵化器

美国的金融技术孵化器 Y 组合器(Y Combinator)已经在非洲开设了一个分支机构,为非洲的创业公司提供资金和支持。这个孵化器已经孵化了很多成功的非洲金融科技公司,比如金融科技初创公司福莱特(Flutterwave)。2016 年,巴克莱崛起与科技之星(Techstars)合作。巴克莱崛起(Barclays Rise)是一个孵化器,致力于推动金融科技创新,与科技之星(Techstars)合作,共同推出了一个名为科技之星加速器(Techstars Accelerator)的项目,旨在为非洲初创企业提供支持和资源。2018 年,谷歌启动板(Google Launchpad)与亚胜创业实验室(Accion Venture Lab)合作。谷歌启动板是一个全球性的孵化器,与亚胜创业实验室合作,旨在为非洲初创企业提供技术支持和资源,帮助它们实现快速发展。2020年,万事达卡与非洲融水创业技术学院(Meltwater Entrepreneurial School Technology Africa,MEST Africa)合作。万事达卡是一家全球性的支付解决方案提供商,与非洲融水创业技术学院合作,旨在支持非洲初创企业的发展,为其提供技术支持和资源。

第三节　非洲金融科技发展面临的挑战及应对之策

2022年8月,咨询公司麦肯锡(Mckinsey)发布《非洲金融科技:序幕拉开》报告。该报告概述了非洲金融科技发展现状,提出非洲金融科技正呈现指数级增长,但金融科技生态系统的发展仍处于早期阶段。要实现金融科技长期可持续性发展,需通过实施定制化发展路径、创新监管方式和理念、加大人才培养等措施保证非洲金融科技健康有序发展。

一、非洲金融科技发展面临的挑战

非洲国家仍面临电信基础设施落后、法律监管与安全问题、缺乏金融科技相关人才、复杂的政策权衡四个关键挑战。

(一)电信基础设施落后

非洲金融科技发展提升金融包容性的主要障碍是缺乏基础设施(特别是能源)和互联网连通性低。

一些金融科技应用需要大量能源,而能源在非洲是稀缺商品。根据相关数据,在撒哈拉以南地区非洲国家中,只有4/10的人有可靠的电力供应。国际能源机构进一步指出,超过6.4亿非洲人没有能源,非洲国家的通电率仅为40%多一点,为世界最低。撒哈拉以南非洲地区(不包括南非)的人均能源消耗为180千瓦时,而美国为人均13000千瓦时,欧洲为人均6500千瓦时。① 在互联网连接方面,作为金融科技运行的核心平台,非洲的互联网普及率是全球最低的。根据全球移动通信协会(GSMA)的数据得知,2020年,在撒哈拉以南非洲地区,1GB的数据成本占每月人均国内生产总值(GDP)的4%,5GB的数据成本占每月人均国内生产总值的10.2%,而最便宜的互联网设备费用占每月人均国内生产总值的26.5%。② 这些数字凸显了非洲的数字鸿沟,它将严重影响在线消费趋势以及数字业务在短期、中期流动性和可持续性,阻碍了数字减贫和金融普惠贡献。如果金融科技服务的成本过于昂贵,或者难以让所有人获得,那么设计不当的金融科技系统反而会加剧金融不平等。

5G等高性能网络在全球范围内持续取得进展,为提高效率和速度提供了重要机遇,但撒哈拉以南非洲地区在5G技术方面落后,预计到2025年撒哈拉以南非洲地区的5G技术采用率为3%,而中东和北非地区为7%、全球为21%、东亚和太平洋地区为53%。③ 肯尼亚、多哥、塞舌尔、马达加斯加和南非已经开始部署5G网络进行商业化,而马里、乌干达、赞比亚、尼日利亚和埃塞俄比亚仍处于5G网络部署的早期阶段。由于非洲电信设施铺设、维护成本较高,电信市场缺乏充分竞争,非洲电信消费资费普遍较高。根据国际电信联盟(International Telecommunication Union,ITU)报告显示,过去10年,全球移动通话价格下降了一半,发达国家与发展中国家通话价格可负担性差距也从9%缩小到2.9%,但非洲通话价格比全球平均价格高出200%。2020年,非洲用户平均通话支出占居民收入的12%,远高于美洲的3.2%和欧洲的0.9%。同时,联合国宽带委员会将可负担的互联网定义为1.5G的移动数据定价不超过平均收

① African Develpoment Bank Group,"Light Up and Power Africa-A New Deal on Energy for Africa",https://www.afdb.org/en/the-high-5/light-up-and-power-africa-%E2%80%93-a-new-deal-on-energy-for-africa,2023-03-31.

② GMSA,"Mobile Internet Connectivity 2021:Sub-Saharan Africa Key Trends",https://www.gsma.com/r/wp-content/uploads/2021/09/The-State-of-Mobile-Internet-Connectivity-2021-Sub-Saharan-Africa.pdf,2023-03-31.

③ Ndung'u N,Fintech in sub-Saharan Africa,World Institute for Development Economic Research(UNU-WIDER),2022.

入的2%,但根据国际电信联盟数据,非洲用户数据支出与居民收入占比是其他地区用户的三倍(见图3-7)。[①]

（地区/国家）

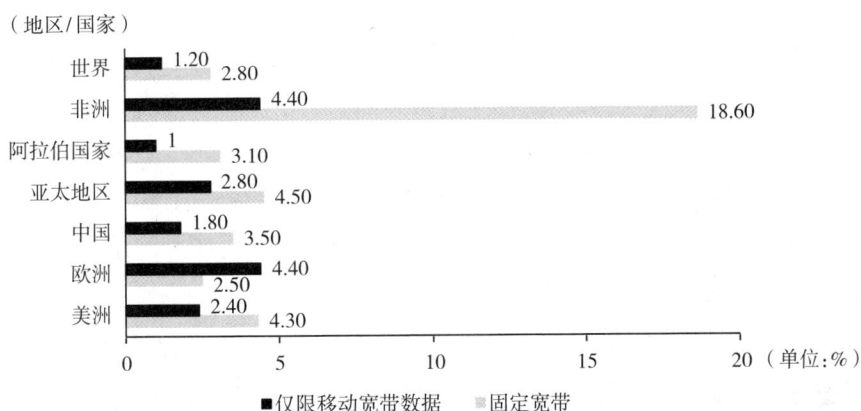

世界 1.20 2.80
非洲 4.40 18.60
阿拉伯国家 1 3.10
亚太地区 2.80 4.50
中国 1.80 3.50
欧洲 4.40 2.50
美洲 2.40 4.30

0　　　　5　　　　10　　　　15　　　　20 （单位:%）

■仅限移动宽带数据　□固定宽带

图3-7　2020年各国家(地区)固定宽带和移动数据一揽子价格占人均总国民收入的比重

资料来源:国际电信联盟:《2021年事实与数据》,第15页,网址:https://www.itu.int/en/ITU-D/Statistics/Documents/facts/FactsFigures2021.pdf。

(二)法律监管与安全面临挑战

相较传统银行,金融科技公司能够以合适的价格在最短时间内提供精准金融产品,但这些优势也带来了数据隐私、消费者保护和价格歧视等方面的挑战,需要进行监管。然而,金融科技公司在推进金融服务领域时,转向尚未制定具体监管规定的行业,引起了网络安全担忧。此外,某些应用容易导致贫困、弱势和金融文盲人口过度负债和福利损失,特别是数字借贷和数字赌博等风险高的活动。然而,一些监管者对这些问题并不关注,甚至受到政治压力,不愿实施监管,例如肯尼亚博彩业。数字金融解决方案也给各国央行监管带来挑战。各移动电话供应商提供的许多小额贷款没有记录在中央银行的信用登记册上。因此,随着越来越多的商业活动转移到移动渠道,欺诈、黑客攻击、数据泄露等网络漏洞的风险也就越大。各国央行在发展数字技术能力以监管数字金融服务生态系统

---

① ITU,"Facts and Figures 2021", https://www.itu.int/en/ITU-D/Statistics/Documents/facts/FactsFigures2021.pdf,2023-03-31.

方面相对滞后。

全球移动通信系统协会(GSMA)的研究表明,在有授权监管的市场中,移动货币交易总价值比没有授权监管的市场高5.4%。口令管理工具公司"密码经理"(Password Managers)发布的《网络安全暴露指数》报告显示,2019年非洲的安全暴露指数最高,每个国家平均为0.643分。[①]一方面,随着信息网络技术的发展,越来越多的非洲国家正在积极推出数据隐私保护相关措施,非洲区域组织也出台了《网络安全和个人数据保护公约》等一系列保护数据的多边法律规范,但是在打击网络犯罪和保障网络安全等方面许多非洲国家都存在资金、人员、技术、组织机构等保障不足的问题,监管机制并不完备。[②]当前非洲大量的个人数据库,包括敏感性和生物特征数据识别技术的开发与运用等基本都由外国公司提供,这不可避免地会出现隐私信息被滥用、相应索赔困难等风险。

因此,如何最大限度地提高金融科技的收益,同时最大限度地降低金融系统的风险,是金融监管机构必须应对的主要挑战。但引入更严格的监管来最大限度地减少金融科技带来的风险和脆弱性,可能会扼杀金融创新。因此,理想做法是通过监管不断发现新出现的风险和脆弱性,同时加强激励措施,促使特定细分市场的金融科技参与者谨慎从业。这样的监管需要一个稳定、高效和创新的金融体系。然而,撒哈拉以南非洲的政策制定者仍然难以取得适当的平衡。因此,金融科技在撒哈拉以南非洲的监管还处于初级阶段。其中,移动支付仍然需要使用电子签名或个人识别码(PIN)进行授权,但电子签名的合法性仍然受到旧的国家法律和条例的限制,这些法律通常要求验证个人的正式身份证件和实际地址。此外,国际反洗钱和打击资助恐怖主义的条例也需要客户给予足够的关注以检测可疑交易,但这在很大程度上依赖于旧的国家法律。然而,由于只有22%的非洲家庭拥有邮政地址,许多成年人没有正式身份证件,这

---

① 李康平、段威:《非洲数字经济发展态势与中非数字经济合作路径探析》,《当代世界》2021年第3期。

② 李康平、段威:《非洲数字经济发展态势与中非数字经济合作路径探析》,《当代世界》2021年第3期。

限制了基于技术的解决方案的应用范围。① 因此,必须修订限制金融技术发展的法律条款,并建立明确的监管框架,特别是在电子身份和合法性问题方面,以推动金融技术和其他基于技术的解决方案的发展。

(三)缺乏金融科技相关人才

数字人才是数字技术创新的核心和数字经济发展的重要驱动力。目前,非洲缺乏金融科技人才的现状非常严峻。金融科技的发展需要高技能和知识,包括软件开发、数据科学、人工智能等。但在非洲,这些技能和知识的教育和培训却相对匮乏。为确保数字人才的充足供应,非洲的大多数大学都推出了数字化课程,并建立了专业的信息学校。然而,由于非洲受传统政治、经济、文化、历史和社会等多种因素的影响,年轻人数量虽庞大,但受教育水平普遍较低,高等教育覆盖率不足,人才外流现象严重,导致年轻一代难以胜任数字经济中的重要职位。据联合国教科文组织统计,撒哈拉以南非洲地区是全球青少年失学率和教育排斥率最高的地区之一。2015—2017 年共有 22000 名学生获得了本科和研究生学位。然而,到 2018 年年底,撒哈拉以南非洲地区中学入学率不足 50%,高等教育入学率不足 7%,高技能人才职位(如教师、学者、金融从业人员、信息软件工程师等)仅占 6%,远低于全球平均水平的 24%。② 在新冠疫情之前,撒哈拉以南非洲地区中 98% 的小学入学儿童里,只有 9% 能进入高等教育,只有 6% 能毕业。③ 对许多非洲年轻人来说,优质的、传统的中等教育很难获得。

(四)复杂的政策权衡

"传统"金融稳定和扩大金融包容性之间存在冲突。撒哈拉以南非洲中央银行的传统作用是通过适当的监管和金融机构监督来保持金融体

---

① African Development Bank Group,"Financial Inclusion in Africa'.African Development Bank Group",https://www.afdb.org/fileadmin/uploads/afdb/Documents/Project-and-Operations/Financial_Inclusion_in_Africa.pdf,2023-03-23.

② 王珩、柳喆勐:《非洲数字经济发展与中非数字合作:机遇、挑战和应对》,《浙江师范大学学报(社会科学版)》2014 年第 6 期。

③ Brookings,"Improving Access to Quality Public Education in Africa",Improving Access to Quality Public Education in Africa(brookings.edu),2023-04-16.

系的稳定,中央银行在扩大金融包容性方面发挥主导作用可能会导致与促进金融稳定的传统目标发生冲突。但是,非洲的金融部门需要更大程度的市场准入,加强竞争能够使产品多样化和效率提高,从而为客户带来更好的体验。金融科技的进入也会导致多样化的产品或创新主导某个细分市场,如零售支付。

金融科技和其他基于技术的解决方案降低了成本和摩擦,提高了效率,缩小了信息不对称,并提供了更高的生产能力,但也存在潜在风险。例如,容易受到金融体系在流动性、信贷、市场准入和运营方面常见风险的影响,金融科技主导的创新还会使一些国家发生系统性风险。此外,金融科技服务的激增增加了数据隐私、数字剥削成本、数据滥用行为、欺诈等风险。因此,非洲政策制定者意识到,数据共享的限制可能会导致市场失灵和市场分割。自由和广泛的数据共享对于支持金融科技创新至关重要。例如,共享客户的金融交易数据(银行业务、支付、社交媒体活动)能使众多金融科技公司能够构建一个复杂全面的信用评分机制,从而为没有银行业务和服务不足的人群提供量身定制的信贷服务。但是,由于身份盗窃、声誉损害和消费者操纵等问题,数据隐私又将面临挑战。这就需要在政策上进行微妙的平衡,以保护消费者数据隐私,同时保障金融科技的安全推广。①

二、非洲数字金融的发展路径

金融科技可以帮助非洲地区解决传统金融体系在支付、借贷和保险等方面存在的不便利和不稳定性。但是,非洲地区的金融科技发展面临着许多挑战,例如基础设施建设、人才培养和监管等问题。为了尽快解决相关问题,非洲应采取相关措施,发挥自身的优势,以促进金融科技领域的发展。

(一)加强基础设施建设与技术保障

移动技术在确保金融科技的有效采用方面发挥着重要作用。这些技

---

① Ndung'u N., Fintech in sub-Saharan Africa, *World Institute for Development Economic Research*(UNU-WIDER),2022.

术可以快速实现撒哈拉以南非洲国家的数字化来提高政府和商业服务的自动化,包括电子和生物识别卡、应用程序编程接口(API)和云计算等技术。同时,金融科技还能提供更可靠和更快速的连接,增强国家行为体的监管能力,提高透明度和互操作性。例如,肯尼亚的移动电话交易产品已经方便了纳税和政府税收管理。为了有效采用金融科技,撒哈拉以南非洲政府和其他参与者应该首先确保用户可以获得负担得起的优质网络,包括提供高质量和负担得起的手机、资费、数据和服务。这需要加大基础设施的投资力度,增加基站、网线等方面的投资,加快数字化基础设施建设。非洲电信运营商已承诺在2019—2025年投资52亿美元用于基础设施建设,但这些资金相对于非洲国家庞大的通信基础设施投资需求来说仍然不够。因此,还需要运用外来资金援助数字基础设施建设,帮助本国数字库、数据中心、云链接等设施建设。

(二)健全完善的监管体系和法律

金融科技的采用需要政策制定者、移动技术参与者、电信运营商和其他利益相关者共同努力,确保用户数据和设备的安全和保障,解决数据隐私、盗窃、骚扰和欺诈等问题,建立用户的信任。创新和监管必须齐头并进,为创新和包容性增长提供安全环境。目前,金融科技监管的新兴做法是采用监管沙盒来促进市场进入,肯尼亚和南非已经采用了这种做法。监管沙盒为创新产品提供安全的测试环境,从而使监管机构能够支持金融科技企业的产品开发,最终促进颠覆性创新。肯尼亚马佩萨公司(M-Pesa)开发监管沙盒创造了"测试和学习"环境,允许在特殊监管环境下创新和推出金融产品。监管沙盒的做法也使马佩萨(M-Pesa)成为肯尼亚最成功的金融科技产品。

(三)重视人才培养

非洲金融科技领域的发展需要具备高素质的人才,因此在教育和人才培养方面需要采取相关发展措施,以确保非洲的金融科技发展能够具备长足动力。

首先,非洲各国政府应该加强对金融科技领域的教育和培训,将金融科技的基础知识和技能融入各级教育体系中,包括小学、中学和高等教育。此外,政府和企业可以合作开展培训课程和实践项目,以提高非洲学生和员工的金融科技技能和知识。这些培训课程和实践项目可以包括金融科技的基础知识、编程技能、金融管理、营销和市场营销等。

其次,在人才培养方面,非洲各国政府和企业需要积极推动并支持非洲人才走向金融科技领域,尤其是女性和贫困地区的年轻人。政府可以提供奖学金和助学金,资助学生接受金融科技领域的教育和培训,并鼓励企业提供实习机会和职业发展计划。此外,非洲的政府和企业可以推动金融科技领域的跨国合作,吸引全球顶尖的金融科技企业和专业人才,从而促进非洲金融科技领域的人才交流和知识共享。

最后,政府还可以推动金融科技行业与高校合作,培养更多的人才。例如,政府可以资助高校开设金融科技相关课程,为学生提供更好的学习资源和机会。政府还可以与企业合作,为学生提供实习和工作机会,让学生在实践中学习并掌握金融科技相关技能。此外,政府还可以建立金融科技人才库,定期评估和更新人才需求,帮助高校更好地培养符合市场需求的人才。

(四)加强国际合作

随着世界各国在金融科技领域的不断发展,非洲地区也开始逐渐关注和发展金融科技。因此,国际合作对促进非洲金融科技的发展至关重要。国际合作措施也可以推动非洲金融科技的发展。一是非洲地区的基础设施建设相对薄弱,国际社会可以提供资金和技术支持,协助非洲国家建设必要的基础设施。例如,为非洲地区提供更好的通信和互联网基础设施,以及推广智能手机和移动支付等技术。同时,国际社会可以帮助非洲国家建立更加完善的数据中心和云计算服务,以提高金融科技的效率和稳定性。二是非洲地区在金融科技领域的人才储备也相对不足。国际社会可以协助非洲国家建立培养金融科技人才的机制,例如提供资金和技术支持,建立金融科技学院或者提供奖学金等形式。同时,国际社会还可以为非洲国家提供技术咨询和指导,帮助他们更好地理解和应用金融科技。三是金融科技的监管也是非洲地区需要面对的一个难题。由于缺乏相应的法规和监管机构,非洲地区的金融科技发展容易受到不良因素的干扰,例如诈骗和洗钱等。国际社会可以协助非洲国家建立金融科技监管机构,并为其提供技术和法律支持。同时,国际社会还可以与非洲国家共同制定金融科技相关的法律法规,以确保金融科技的稳定发展环境。四是加大资金投入,支持初创企业。非洲的金融科技公司可以与中国、欧洲和美国的金融机构和科技公司建立合资企业,共同探索非洲市场。这些企业可以在金融科技领域开展业务,或是向非洲消费者提供其他相关服务。对于初创企业,政府和国际投资公司可以提供资金和技术支持,鼓励非洲的创业公司发展金融科技领域。这可以通过投资、孵化器、加速器等方式实现,促进创业公司的成长和创新。

(五)建立坚实的公司治理基础

有效的公司治理结构可以形成固定和有效的组织文化,即使在困难时期也能提供稳定和清晰的发展方向。由于金融科技公司可以迅速发展,因此拥有完善的合规基础以积极应对监管是非洲金融科技公司需要研究的重要课题。首先,制定有效的治理结构和流程。治理结构应该明确表明公司的组织结构和职责,并确保高层管理人员的责任与公司的整体成功相一致。此外,公司应该建立一套明确的流程,以确保决策的透明度和可追溯性,并避免重大决策的孤立。这些流程应该明确说明公司内部的职责和权限,以及在特定情况下需要经过哪些程序和流程来作出决策。其次,建立透明和开放的文化是建立坚实的公司治理基础的另一个关键。公司应该鼓励政策制定者和客户提出问题和建议,并确保这些问题和建议得到及时的解决和回应。此外,公司应该建立一个透明的沟通渠道,确保社会、员工和股东能够了解公司的运营情况和决策过程。透明和开放的文化也有助于建立公司与利益相关者之间的信任关系,并为公司未来的发展奠定基础。最后,拥有高质量的董事会和管理层是建立坚实的公司治理基础的必要条件之一。公司的董事会应该由独立的董事组成,并确保董事会的决策符合公司的长期利益。管理层应该有高质量的管理和领导技能,以确保公司的战略和运营能够实现长期成功。此外,公司应该建立有效的董事会和管理层的考核机制,以确保他们的表现符合公司的期望和要求。

第四章　数字技能与非洲数字化人才建设

数字化在全球范围内掀起了"第四次工业革命"浪潮,近年来,随着非洲国家数字化发展深入,数字化人才培养的议题得到更多关注。本章从人才培养与国际合作的视角出发,首先,分析非洲国家普遍面临的数字化人才短缺问题的根源;其次,以卢旺达和摩洛哥为例简要论述非洲国家在促进数字化人才培养方面的规划和举措;最后,总结西方国家对非洲开展数字化援助案例,以及近年来中国与非洲在数字化人才培养方面的合作与探索,为未来中非双方深化合作提供参考,这也是本章的落脚点。

第一节　数字技能及其在非洲的发展现状

随着数字领域技术创新步伐的加快,经济社会各领域对数字人才的需求急剧增长。非洲拥有大量年轻的人口,然而劳动力质量在未来的数字时代竞争中尤为重要。发展数字技能、培养高技能人才是社会经济发展的内在需求。

一、数字技能定义

联合国教科文组织(United Nations Educational, Scientific and Cultural Organization, UNESCO)将数字技能(Digital Skills)定义为"使用数字设备、通信应用程序、网络访问和管理信息的一系列能力",人们通过创造和分享数字内容进行交流合作,在生活、学习、工作和社会活动中有效并且创造性地实现自我。①

非洲拥有大量年轻人口,劳动力市场潜力巨大,但是数字化技能人才短缺使得经济数字化转型受到明显制约,这是非洲国家普遍面临的问题,此外,数字化人才在非洲的分布并不均衡。智慧非洲联盟(Smart Africa Alliance)②按照数字化人才分布水平将非洲国家分为 A—E 五类,南非、纳米比亚、埃及和肯尼亚等 9 个国家属于 A 类,互联网普及率高,学校信息和通信技术使用率较高,教育基础良好,工人数字化技能水平较高,市场和产业对先进数字技能需求不断增加。而马里、乍得、几内亚比绍等 E 类国家受资源短缺、地区冲突等影响严重,基础设施薄弱,数字技能人才发展严重滞后。③

二、数字技能的经济与社会影响

世界银行"非洲数字经济倡议"(Digital Economy for Africa Initiative)指出,数字经济可以为非洲的包容性经济增长、创新、就业、第三产业发展和减贫开辟新途径,数字技能是这一目标得以实现的重要基础。④ 数字科技的应用和创新都依赖于掌握先进数字技能的劳动力,大部分非洲企业已经意识到数字技能人才匮乏阻碍企业的生产力和创新能力,是造成非洲数字经济发展滞后的关键因素。

理解数字技术赋能经济发展的内在逻辑,掌握数字技术与产业结合带来的新的经济形态,有助于理解培养数字人才的必要性。数据成为新的关键生产要素,以现代信息网络为重要载体,数字技术与现有生产方式结合形成了数字经济,引发生产方式和经济结构根本性变革⑤。中国信

---

① LKDF Forum, 2021 Digital Skills for an Inclusive Future, Document of United Nations Industrial Development Organization, 2021, p.14.

② Smart Africa, "Smart Africa", https://smartafrica.org/, 2023-03-31.

③ "ICT Skills Capacity Building Blueprin", Document of Smart Africa, 2021, pp.16-32.

④ Digital Economy for Africa—Every African Individual Business and Government to be Digitally Enabled by 2030, World Bank Group, 2019-06-14, p.26.

⑤ 魏敏、李炜懿:《摩洛哥信息通信技术与工业产业融合发展的战略与实践》,《西亚非洲》2022 年第 3 期。

息通信研究院将数字经济的内涵概括为数字产业化、产业数字化、治理数字化和数据价值化四个方向。其中,产业数字化是数字经济发展的主引擎,包含工业互联网、智能制造装配、平台经济等方面,主要依靠产业融合实现。从技术进步提高全要素生产率进而促进经济增长的角度来看,信息通信技术与传统工业产业融合发展无疑是促进生产力提升、经济增长和社会发展的重要途径。[①] 目前学术界对数字技术对非洲经济发展的直接影响研究较少,不过可以借鉴其他国家经济发展中数字技术扮演的角色,思考包含物联网、人工智能、智能制造在内的新型技术对非洲经济未来发展起到的作用。新型技术逐渐应用于生产制造的过程,是对传统制造流程和生产方法改进的过程,依托信息技术进步,实现资源配置的优化与生产效率的提升。

以 5G 信息通信技术作为增长引擎是非洲数字化经济发展的重点领域。[②] 实际上,5G 技术迅猛发展带动的不仅是与之紧密相连的信息通信行业,它还使得实体经济与数字深度融合,农业、工业和服务业不同产业之间边界逐渐模糊。数字化深刻影响着生产、消费的各个环节,淘汰了传统制造流水线上重复劳动工作的同时为新型技术人才创造了岗位。

数字化对产业和社会发展的影响促使政府对教育系统、劳动力市场和数字经济治理进行重新思考。以非洲数字经济的积极倡导国卢旺达为例,其教育部 2013—2017 年战略规划中明确指出,劳动力质量与经济发展紧密相关,从更基础的层面上决定卢旺达是否能实现《2020 愿景》中所描绘的经济发展目标,而劳动力质量主要取决于两部分,除了基础读写能力外,还有契合劳动力市场需求的数字技术能力。[③] 2016 年世界经济论坛发布报告称,在移动互联网时代,数据成为关键生产要素,塑造了新的生产关系,产生了新的职业,劳动者需要掌握新的工具。在这样的环境

---

① 贾继元:《第四次工业革命视角下的非洲产业促进》,《中国投资(中英文)》2021 年第9 期。

② 牛东芳、沈昭利、黄梅波:《中非共建"数字非洲"的动力与发展路向》,《西亚非洲》2022 年第 3 期。

③ Republic of Rwanda (unesco. org), https://en. unesco. org/icted/sites/default/files/2019-04/education_sector_strategic_plan_2013_-_2018_small.pdf,2023-03-31.

下,精心规划新型人才战略,提高劳动力质量,推出适宜的产业人才政策,提高职业技能培训质量很有必要,以上是非洲实现数字化经济成功转型的保障。

三、非洲数字技能发展鸿沟:现状与根源

联合国工业发展组织学习发展论坛(Learning and Knowledge Development Facility, LKDF)2021年发布《面向包容性未来的数字技术》(Digital Skills for an Inclusive Future)报告指出,"世界各地都存在缺乏数字技能的情况,但非洲的情况更为严峻。非洲近65%的工人没有基本的数字技能,并且数字技能欠缺普遍存在于各个层次"[1],弥合数字技能是非洲国家社会经济发展面临的棘手问题,也是解决青年失业率高企的关键环节。

笔者认为,造成非洲数字技能鸿沟的原因至少有以下几个方面:

其一,数字基础设施差距拉大数字技能发展鸿沟。当前全球数字化发展进程极不均衡,在部分国家和地区,智能家居、智能交通、无人驾驶等技术逐渐成为现实,越来越多的新技术和数字工具被应用到工作中。在这一背景下,数字鸿沟已经从互联网接入鸿沟演变为技能鸿沟和使用鸿沟,即数字优势群体和缺乏数字化生存技能的弱势群体之间的鸿沟。这造成了发达国家与欠发达国家、城市与乡村以及不同人群之间的发展失衡。对于非洲,一些传统的挑战是我们熟知的,2019年,非洲的互联网普及率平均为39.6%,而世界其他地区为62.7%,此外,2017年,非洲仅使用了全球总国际互联网带宽的1%。非洲的移动宽带下载速度中值为2.7兆位/秒(Mbits/s),约为全球中值5.2兆位/秒的一半,固定宽带连接的月成本占国民总收入的36.6%,而全球为14.5%。[2] 这些因素使得非

---

① LKDF Forum, 2021 Digital Skills for an Inclusive Future, Document of United Nations Industrial Development Organization,2021,p.14.

② F.M.Frankie, Private Sector Key in Addressing Africa's ICT Skill Shortage, The Star, 2020-12-18, available at:https://www.the-star.co.ke/sasa/technology/2020-12-18-private-sector-key-in-addressing-africas-ict-skill-shortage/,2023-03-31.

洲弥合数字化技能发展鸿沟面临更大的挑战。

其二,数字化人才培养体系有待完善。一方面,数字技能培养不同于传统技能人才培养方式,为人才培养带来新挑战,由于新职业发展时间普遍较短,职业技能院校未能及时形成完善的人才培养方法和框架,使得数字化人才供给速度远远跟不上市场对数字技能人才的需求增速,人才链和产业链出现脱节。此外,教育机构普遍面临类似数字技能教师资源紧缺、课程缺乏系统理论支撑和人才沉淀、教学设备要求高、市场信任度低等问题,政府部门也亟须建立起新的人才培养体系,制定能够被社会各界认可的数字技能人才培养标准。另一方面,提供数字化人才培养的主体比较单一,长期以来,学校和公共部门几乎承担了全部培养新型人才的工作,然而,数字化经济发展中,企业是数量最多、最活跃的主体。作为用人单位,企业对工人应该掌握何种技能、现有技能是否满足发展需求这类情况非常敏感。可以说,企业的反馈是检验数字化人才培养效果的重要指标。因此,将企业纳入数字化技能培养的主体,激发企业培养数字化人才的意愿,鼓励企业提供岗位培训,将企业的培训作为劳动力就业技能持续提高的重要渠道,才能更好地解决现在非洲国家普遍面临的数字化人才短缺问题。

第二节　非洲数字化人才培养的本土努力

本书以卢旺达和摩洛哥两个着力发展数字经济的非洲国家为例,综述非洲国家在培养数字化人才方面作出的本土化努力——既包括各个国家围绕数字化人才建设制定的发展战略、政策和法规,也包括非洲国家之间在人才共建方面的合作与交流。

一、非洲国家数字化人才培养战略及相关政策

卢旺达政府通过国家信息系统一体化进程将信息和通信技术作为社会经济发展的关键驱动力,以促进卢旺达的经济转型。国家信息和通信技术战略与计划(National ICT Strategy and Plan)包含四个连续性的"五年

规划",统筹数字化经济发展进程。第一个"五年规划"(2000—2005年)的工作重点是为信息和通信技术的发展创造有利环境,完善法律法规框架,降低信息和通信技术进入市场的门槛,并确保信息和通信技术市场的协同性和有效性。在充分吸纳前两个五年规划实施成果的基础上,自2011年"五年规划"进入第三个实施阶段。培养数字化技能人才成为国家信息化发展战略中的首要任务[①],以此为基础,提高政府数字化治理能力和数字安全也被提上发展议程。由此可见,高质量的数字化人才培养是国家发展和长治久安的基石,是实现经济繁荣与安全发展的重要保障。

2017年,卢旺达信息通信部门发布《数字技术领域发展规划(2018—2024)》,指出更多数字化人才培养途径,设立激励制度,例如重视公私部门合作、借助国际合作伙伴的力量,"在吸引外商对卢投资和培养本国数字技能人才之间建立起正向循环,双管齐下,提高本国技能培训水平,同时大力引进卢侨和外国新型技能人才"[②]。

除卢旺达外,摩洛哥在数字化人才培养方面也有诸多尝试。《数字摩洛哥2013》(Maroc Numeric 2013)和《数字摩洛哥2020》(Maroc Digital 2020)是两项数字经济全面转型的指导战略。在此基础上,2017年9月成立的摩洛哥数字化发展署(The Agency of Digital Development,ADD)[③],隶属于工业、贸易与绿色和数字经济部,主要负责执行国家在数字化领域的发展战略,为传统产业向数字化转型提供支持,推动数字化技术在全社会范围内普及。2019年12月,发展署第三届理事会上,成立数字化培训学院的倡议受到重视,该倡议计划每年培训3000名数字化人才,支持摩洛哥数字化发展生态系统。2019年7月,摩洛哥国家教育、职业培训、高等教育和科学研究部(the Ministry of National Education, Vocational Training, Higher Education and Scientific Research)颁布"国家认证框架"(The National

---

①　"Accelerating Service Development", Rwanda ICT Strategic and Action Plan(NICI III-2015),Document of Ministry in Charge of ICT,2015,p.17.

②　ICT Sector Strategic Plan(2018-2024): Towards Digital Enabled World, Document of Ministry of Information Technology and Communications,2017-11,p.16.

③　摩洛哥数字化发展署,https://www.add.gov.ma/,访问时间:2023年3月31日。

Frame of Certification, CNC)确立了职业教育发展原则,确立"以人为本"的培训体系,允许灵活调整技能培训课程设置,以及在培训活动和市场需求之间建立起及时有效的反馈机制等。摩洛哥国王穆罕默德六世将提供高质量职业教育看作提升青年就业率的关键,设立国家就业与竞争力发展署(Morocco's National Agency for the Promotion of Employment and Competencies, ANAPEC),与比利时发展署(Wehubit)、摩洛哥教育就业基金会(Fondation Marocaine de l'Éducation pour l'Emploi)、埃森哲西班牙办公室和戴尔科技公司一同,以线上线下混合教学方式向青年提供数字化技能培训。

考虑到现有教育体制无法满足数字化发展的需要,摩洛哥政府部门采取"双管齐下"的方式,一方面推出教育系统改革《2015—2030 规划》,从小学、中学到成人各个教育阶段推出有针对性的数字化技能培养方案——比如,教育信息及通信技术项目(Generalization of Information and Communication Technologies in Education, GENIE)为初等教育机构赋能,加强网络等基础设施建设,让学习者更早接触网络教学平台。[①] 另一方面,公共部门和私营企业合作提高人才培养质量逐渐成为共识,合作形式日益多元化。2022 年 1 月 14 日,摩洛哥数字转型和行政改革部主办的MoroccoTech 启动,开幕式以博览会形式呈现,这种"政府搭台、企业唱戏"的合作方式让摩洛哥企业以更加整合的优势得到外界关注。[②]

笔者在调研非洲国家数字化人才培养方案时,发现了一些共性特征。大多数国家将技能培训课程纳入现有的教育体系中,但是课程和学习评价不完善、课程质量褒贬不一、培养主体单一、形式不能与时俱进、教师数字化意识不足。这些问题从根本上说是由资源欠缺导致的,是发展中呈现出的阶段性问题。与此同时,也暴露出数字技能人才培养政策制定缺乏全面考量。例如,尽管摩洛哥"国家认证框架"已经被纳入广泛的教育

---

① Bridging the Gap: Matching Digital Skills and The Employability Pipeline in Morocco, Document of UNESCO-ICHEI, p.24.

② The Launch of MoroccoTech Seeks to Establish Morocco as One of the Best, African Media Agency(AMA).

和培训立法体系,但非正式学习并没有被纳入认证体系,也没有评估非正式教育的学分系统。这在未来必然会限制学习形式多样性发展,也将对数字技能培训和教育主体发展带来束缚。

二、非洲国家间数字化人才发展合作

非洲联盟在《2063 年议程》(2063 Agenda)框架下发布的《非洲数字化转型战略(2020—2030)》是推进非洲国家数字化转型一体化发展的关键文件,取得了非洲国家间最广泛的共识,是未来指导数字化进程中协同发展的纲领。该战略建立在 2012 年通过的《非洲基础设施发展计划》(Program for Infrastructure Development in Africa)基础上[1],然而两者相较而言,战略侧重数字经济发展,深入各细分领域,除了建设数字基础设施外,还特别强调发展数字化人才的重要性,建立非洲大陆通行的教育机构认证体系,开展数字技能需求合作研究,推动学分互认、技能认证。

2013 年,基加利变革非洲峰会上,卢旺达、肯尼亚、乌干达、南苏丹、马里、加蓬和布基纳法索七国元首宣告成立智慧非(Smart Africa Alliance)——旨在促进数字经济发展的政府间国际组织,通过培养数字技能人才,将非洲带入知识型社会,加速数字化经济转型。区别于过往直接采用欧美等发达国家的报告和政策建议,智慧非洲对数字化人才培养进行自主研究,深入探究数字化人才地区分布不均衡的现状,提出更本土、更具针对性、更有实践性的建议,这些似乎展现了非洲数字化人才培养在近年间逐步走向自主、自觉。

第三节　非洲数字化人才培养的国际合作

近年来,西方国家实施数字化对外援助战略使得数字化逐渐成为国际援助和国际贸易新的角力场[2],非洲国家数字化战略蕴藏着发展与合

---

[1]　The Digital Transformation Strategy for Africa,Document of Africa Union,2020,pp.16-18.

[2]　王永洁:《数字化领域国际发展合作与中国路径研究》,《国际经济评论》2022 年第 3 期。

作的巨大机遇,不论西方发达国家还是新兴经济体,在数字基础设施建设、网络安全治理和数字能力建设等方面均展现出合作意愿。本节简要回顾西方国家与非洲开展数字人才建设的历史,归纳主要合作方式及特点,并且介绍中国与非洲数字人才合作培养现状;最后,将西方国家和中国与非洲开展数字人才培养的合作方式进行对比,为中非深入推进数字合作提供参考。

一、西方发达国家与非洲数字人才发展合作:现状和特点

按照参与主体的性质,西方国家援助非洲数字基础设施建设与人才发展可以分为官方援助、公私合作以及私营部门之间的合作。

(一)官方援助

传统意义上的西方发达国家主导的发展援助兴起于 20 世纪中叶,官方发展援助(Official Development Aid,ODA)曾在相当长的时间里作为发达国家对外援助合作的最主要形式,其特征是把握援助中议题设置和规则设置的话语权[①],数字能力建设的援助是其原有援助体系的延伸。值得一提的是,除了数字基础设施需求,国际社会同样重视数字使用能力、营商氛围、法律法规等配套软性支持,在加强网络安全、提高数字化治理能力的道路上,美日为代表的西方国家更倾向于投入后者。[②]

欧盟委员会曾提出颇具雄心的设想,在非洲和欧盟之间建立全面、创新的伙伴关系,形成"新非洲—欧洲可持续投资和就业联盟",2018 年成立的欧盟和非盟数字经济工作小组(The European Union–African Union Digital Economy Task Force,EU–AU DETF)被视作一个主要成果,支持欧盟与非洲国家之间拟议的"就业与增长契约"的实施。[③] 2020 年 3 月,欧盟委员会发布《对非洲全面战略》(Towards a Comprehensive Strategy with

---

① 姜璐、吴泽涛:《国际发展合作 PPP——更有效的发展合作新模式?》,《国际展望》2019 年第 6 期。

② 陈小宁、贾子涵:《国际发展合作视角下的数字援助形势和建议》,《国际经济合作》2022 年第 4 期。

③ The EU–AU Digital Economy Task Force(DETF)Available at:https://ec.europa.eu/futurium/en/eu-au-digital-economy-task-force.html.

Africa），距离上一次欧盟发表对非洲官方政策文件，过去了整整 15 年[①]，尽管文件提倡发展青年数字化技能，但大量强调人权保护的项目透露出欧盟利用人道主义、地区发展项目作为意识形态输出工具的意图。2022年 2 月第六届欧盟—非盟峰会上发布了《2030 联合愿景》，宣布启动 1500亿欧元的一揽子投资计划支持实现《2030 联合愿景》以及非盟《2063 年议程》，其中包括培养数字化人才，加强技能人才区域间流动等倡议。[②]

　　从 2015 年开始，在瑞典国际发展合作署（The Swedish International Development Cooperation Agency，SIDA）的资助下，瑞典发展中地区信息和通信技术项目（The Swedish Program for ICT in Developing Regions，SPIDER）与瑞典邮政和电信管理局（The Swedish Post and Telecom Authority，PTS）面向近 20 个非洲国家，开展了数字化技能发展项目。该项目包含两部分内容：一是为数字化技术管理部门提供培训，提高数字人才发展政策制定的科学性；二是为非洲地区多边组织的代表提供培训，重点关注如何支持受援国执行发展战略、在区域内设立协调机制、加强区域内国家间的沟通和经验分享等。事实证明，与地区性多边组织的合作取得了理想的效果。这些组织的意见对项目设计和执行也提出了宝贵建议，比如，邀请哪些国家参与培训、在利益攸关者之间设立何种沟通机制，最重要的是为项目的权威性和可信度提供背书支持。除此以外，地区性多边组织还承担了智库角色，提供了非洲地区社会历史等多方面研究，并为项目可持续性发展作出了贡献。[③] 瑞典发展中地区信息和通信技术项目实施的援助项目具有典型性，凸显多边协调机制在国际合作中如何发挥作用——瑞典国际发展合作署为项目提供资金，SPIDER 和 PTS 负责运营，私营企业爱立信提供必要支持，政府间国际机构提供背书和项目建议，受援国国家机构将制定出的战略项目纳入国家政策。它延续了西方国家开展国际援助时注

---

① 向文洁：《欧非数字合作：合作模式与政治动机》，《人工智能资讯周报》2021 年。

② 6th European Union – African Union Summit: A Joint Vision for 2030, https://www.consilium.europa.eu/media/54412/final_declaration-en.pdf, p.5.

③ Reflections on an ICT Capacity Building Programme in Sub-Saharan Africa, Swedish Post and Telecom Authority, 2018-08-27, pp.1-2.

重政策、条例和规则制定的做法,然而,大部分非洲国家仍处于数字化转型的初期阶段,因此,西方"从上至下"的援助方式是否符合非洲国家数字化进程当下的情况,还有待验证。

(二)公私合作

除了传统的官方发展援助,私营部门也可以在国际发展合作领域发挥更重要的作用,通过共担风险等方式调动私营部门力量,公私伙伴关系(Public-Private-Partn-ership,PPP)已经在美国、日本、澳大利亚、荷兰、瑞典、丹麦等北方国家以及包括联合国、世界银行等在内的国际组织开展的援助合作中得到了应用。[①] 为了实现《2063年议程》中关于增强非洲青年权能的目标,2018年6月,非洲开发银行与合作伙伴洛克菲勒基金会、微软和脸书,在卢旺达基加利举行的非洲创新峰会上启动了"就业编码"数字培训计划(Coding for Employment)。该项目面向科特迪瓦、肯尼亚、尼日利亚或塞内加尔的青年,提供为期3个月的密集在线课程。除了对青年进行数字化技能培训,毕业生和数字化企业建立更密切的联系,解决非洲国家普遍面临的高居不下的失业问题,并发掘非洲大陆新一代数字创新者,增强年轻人成为数字经济创新参与者的能力。"就业编码"计划是非洲开发银行"非洲青年就业计划"的核心。截至2022年2月,该项目已经设立了14个卓越中心,并在数字化技术领域培训了9万多名非洲青年,其中47%为女性。预计到2025年,"非洲青年就业计划"将为5000万青年提供就业技能,并在非洲各地的农业、信息通信和技术等关键行业创造2500万个就业岗位。[②]

非洲代码周(African Code Week,ACW)是面向非洲儿童和青年的一项编码竞赛和培训活动,由爱尔兰援助署(Irish Aid)联合德国思爱普公司(Systems Applications and Products in Data Processing,SAP)和教科文组织作为活动主要支持者。自2015年以来,非洲代码周已经为900万名青

---

① 姜璐、吴泽涛:《国际发展合作PPP——更有效的发展合作新模式?》,《国际展望》2019年第6期。

② Oliva Ndong Obiang, African Development Bank Launches Coding for Employment Program: Unleashing Africa's Next Generation of Digital Innovators, African Development Bank Group,2018.

年提供技术支持,学生和老师获得免费的机会学习市场急需的技能,通过普及编码教学、提升编码能力及建设教学能力,推动非洲大陆经济数字化转型。非洲代码周目前已经成为非洲最大规模的数字技能计划活动。[①]

美国贸易发展署于2019年6月启动"联通非洲"计划,与非洲政府机构和企业加强在数据中心、智慧城市、网络安全等领域的合作,大力扶持数字创新创业企业,美国大型数字企业随之深化在非洲的战略布局。

(三)私营部门发展合作

在数字化国际援助开展过程中,非官方的身份往往具有更多优势,大型基金会和企业拥有更灵活、更容易被接受的身份以及更富有弹性的活动空间。

2017年,微软公司在非洲建立首批数据中心,改变了以往非洲国家依赖在欧洲运营的数据中心的局面。2022年3月,微软宣布将通过其最新成立的非洲转型中心(Africa Transformation Center,ATC)在未来五年内帮助非洲10000家初创企业成长。非洲转型中心将作为一个为初创企业提供广泛资源的加速服务中心,帮助创业团队获得资金、导师、Azure开发工具和业务上的支持。2022年3月24日,微软在尼日利亚拉各斯和肯尼亚内罗毕两市成立了非洲发展中心(Africa Development Center),肯尼亚总统乌呼鲁·肯雅塔(Uhuru Kenyatta)出席了落成仪式并大加赞赏,期待微软在将来招聘更多本地员工、培养青年数字化人才,提高青年就业能力。[②]

(四)西方国家数字化援助的特点

综上,西方发达国家数字化对外援助呈现以下几个方面特点:首先,西方发达国家实施数字化对外援助项目起步较早,经过数年探索之后从国家战略层面上推出了数字化援助战略规划或行动计划,这也表现为西方国家对外援助重视顶层设计。其次,西方发达国家实施数字对外援助之初,便重视公共部门和私营部门配合,合作模式多样。除了政府充当合

---

① Africa Code Week:Technology Initiative Aims to Bridge Africa's Digital Divide,Association for the Development of Education in Africa,2021.

② Microsoft4Afrika,https://www.microsoft.com/africa/ato#skilling-for-jobs,2023-03-31.

作主体以外,企业、基金会和非政府组织也在援助活动开展中扮演重要角色,这些机构在执行项目落实合作内容时,有着不可替代的优势。民间智库、大型企业、投资机构注重对非洲产业经济和社会的研究,贴近经济发展和社会的需求,比如法国风险投资机构帕泰(Partech)和英国研究机构布瑞特布里奇斯(Briter Bridges)长期跟踪研究非洲数字创新创业领域。①富有影响力的西方企业通过成立基金会,借助多样化主体与非洲政府、社会组织和国际组织开展合作,在政府、企业和非洲国家之间形成"三方关系",借助非洲国家政府机构、社会组织的力量提升企业社会活动的有效性。再次,西方发达国家与非洲共同发展数字化人才,对外援助中有较强的意识形态色彩,往往从制定政策的层面入手,对非洲国家数字化发展战略有较多干涉。最后,西方发达国家在开展数字化援助时,有一批先进技术企业支持落实战略,例如微软、亚马逊早在 10 年前便开始布局非洲数字经济,成为当地屈指可数的大规模云计算服务商。同时这些企业注重本土化战略,招聘、培训了大量当地数字化人才,增强了企业的社会影响力,长远来讲,人才培养除了赋能先进的数字化技能以外,还输出了技术执行和评价标准,对企业未来在本地发展具有重大战略意义。比如,微软公司为新落成的非洲发展中心配备了 Microsoft Garage,这是一种微软内部技能培训、人才培养的战略。吸纳本地人才进入企业,加强了企业与本地发展之间的关联。西方大型企业往往具有比较成熟的技能评价标准和体系,在培养非洲数字化人才时,参照既有的评价体系,在技能考评、资格认证和证书管理等方面,通常已经有了较成熟的做法。

二、中国与非洲数字化人才共建

数字化人才建设是中国与非洲开展合作的新领域,随着中国与非洲国家在数字基础设施建设、网络安全和政府能力建设等多个领域深入展开合作,数字化人才培养的重要意义变得更加突出。

---

① 张泰伦、林小暖、李璠琢:《全球多国竞相布局非洲数字经济》,《世界知识》2022 年第 7 期。

2015 年"一带一路"和"海上丝绸之路"概念提出以后,我国职业院校逐步加强与非洲院校和企业的联系,共建"鲁班工坊",共同培养非洲数字化人才。2021 年国家主席习近平出席中非合作论坛第八届部长级会议开幕式并表示,实施"未来非洲——中非职业教育合作计划",开展"非洲留学生就业直通车",鼓励在非洲的中国企业为当地提供不少于 80 万个就业岗位。[①]

2022 年 5 月 11 日,"未来非洲——中非职业教育合作计划"工作推进会暨中非职业教育联合会(China—Africa Technical Cooperation Conference,CATCC)正式成立,会议宣布中非职业教育联合会正式成立,选定首批 14 所中方院校作为合作试点(见表 4-1),与非洲院校开展专业共建、共建鲁班工坊、师资培训、标准研制输出等 10 项合作内容,涵盖未来非洲计划涉及的中非应用型人才联合培养、非洲职业院校能力建设和中非职业技能等级证书等领域。

表 4-1　中非职业教育联合会首批 14 所中方院校

浙江师范大学非洲研究院	金华职业技术学院
成都航空职业技术学院	杭州职业技术学院
重庆工程职业技术学院	深圳职业技术学院
无锡职业技术学院	四川建筑职业技术学院
江苏建筑职业技术学院	潍坊职业学院
浙江机电职业技术学院	日照职业技术学院
宁波职业技术学院	天津轻工职业技术学院

2022 年 8 月,世界职业技术教育发展联盟在京成立,联盟倡议得到了 36 个国家 148 家职业院校响应,未来将成为联通中国与非洲数字化技术教育的重要载体。

数字经济在中国与非洲援助合作中的重要地位逐渐凸显,然而,共同培养数字技能人才的事业仍处于起步的阶段,官方发展援助中系统性开

---

① 张文剑、余锋:《"一带一路"视域下鲁班工作坊建设策略分析》,《创新创业理论研究与实践》2021 年第 1 期。

展的项目比较单一,目前仍然以企业的自主行为为主。例如,近几年,以华为、中兴和阿里巴巴为代表的少数企业与非洲国家政府、信息技术通信领域龙头企业、创新企业及学校开展密切合作,开设数字化技能课程、开展技能评级、开放学分互认。

2015 年,华为在南部非洲地区首次启动信息与通信技术技能大赛(简称华为 ICT 大赛),目前已经成为撒哈拉以南非洲地区最具影响力的信息与通信技术技能大赛之一。在过去的几年中,有 8 万名非洲大学生报名参加了比赛,有 20 多支队伍进入了全球总决赛。2022 年,来自撒哈拉以南非洲地区 200 多所高校的 1.5 万多名学生参加了 2021—2022 年华为信息与通信技术技能赛事。"未来种子"项目是华为企业社会责任关系全球旗舰项目,选拔在校大学生和政府官员赴华学习,分享信息与通信技术技能领域专业知识和跨文化企业管理经验,培养新型技能人才,推动非洲信息与通信技术技能产业长久发展。2016 年华为与科特迪瓦政府签订"未来种子"项目,预计在 2016—2020 年培养约 1000 名科特迪瓦青年专业人才。2018 年,华为在开普敦举办的非洲国际通信展(Africacom)上宣布启动非洲数字化人才生态项目,面向信息与通信技术技能专业学生和行业从业者,推出多个由华为信息与通信技术技能学院和华为授权合作伙伴(Huawei Authorized Learning Partner,HALP)认证的技能培训项目,例如已得到行业认可的华为认证 ICT 工程师(Huawei Certified ICT Associate,HCNA)、华为认证 ICT 高级工程师(Huawei Certified ICT Professional)、华为认证网络专家(Huawei Certified ICT Expert)项目和其他广泛的信息与通信技术技能培训项目,包括路由与交换、存储、云计算、网络安全等。① 2018 年,赞比亚内阁副秘书长马丁·姆通加(Mr.Martine G.Mtonga)为赞比亚六所院校授予"华为 ICT 学院"牌匾,通过校企合作模式共同管理华为信息与通信技术技能学院,推动赞比亚信息与通信技术技能人才培养,建设信息与通信技术技能产业人才生

---

① 《华为如何以 ICT 技能培训帮助南部非洲改变面貌?》,载 C114 通信网,https://www.c114.com.cn/news/126/a1193084.htmlhttps://www.c114.com.cn/news/126/a1193084.html,访问时间:2023 年 3 月 29 日。

态链。目前华为已经和来自 14 个非洲国家的 250 所院校达成合作①，由超过 1200 名教师为 3000 个信息与通信技术技能课程提供指导，并且建设培训中心、硬件安装基地、创新中心和镜像实验室。2022 年 4 月，华为启动数字技能发展计划项目"领导力、就业能力，进步和可能性项目（Leadership，Employability，Advancement and Possibility，LEAP），提供信息与通信技术技能培训和认证课程、提高政府数字能力建设，赞助信息与通信技术技能竞赛等一系列广泛活动，目标是在三年内帮助撒哈拉以南非洲地区超过 10 万人提高信息与通信技术技能。

由阿里巴巴集团与联合国贸发会议（UNCTAD）共同发起"创始人奖学金计划"（eFounders Fellowship program）曾受到尼日尔总统的赞赏，该倡议承诺培养 200 位非洲数字经济领域的小企业家和创业者。此外，阿里巴巴商学院还面向政策制定者及个体提供不同数字技能培训项目，在未来的五年中，阿里云计划还将与沙特阿拉伯共建培训和创新中心。②2018 年"马云非洲青年创业基金"正式启动，未来 10 年间将提供 1000 万美元资金支持数字领域的创业者，鼓励草根阶层、女性和年轻人积极参与。③

---

① Pc Tech Magazine, "5 Universities Selected For The Huawei ICT Competition in South Africa", https://pctechmag. com/2023/01/universities – selected – for – the – huawei – ict – competition – in – south – africa/#: ~ : text = Over% 20the% 20years% 20on% 20the% 20African% 20region%2C% 20Huawei, 14% 20Sub – Saharan% 20countries% 20on% 20establishing% 20Huawei% 20ICT%20academies, 2023 – 03 – 31.

② China Daily, Riyadh, Saudi Arabia to cooperate with Chinese Firms over Digital Transformation, http://www.xinhuanet.com/english/2021 – 08/26/c_1310150110.htm, 2023 – 04 – 01.

③《马云非洲青年创业基金启动：将在 10 年内拿出 1000 万美元奖励创业者》,钛媒体, https://www.tmtpost.com/nictation/3770088.html,访问时间：2023 年 4 月 1 日。

第二篇

中非数字经济合作及其效应

第五章　中国对非洲数字基础设施援助的减贫合作效应[①]

在全球数字化进程中,充分发挥数字基础设施的减贫效应已经成为国际减贫合作的重要路径。本章根据目前学报的 2000—2017 年中国对非洲援助等相关数据,实证检验了中国数字基础设施援助与非洲国家贫困缓解之间的因果关系和内在机制。研究结果表明:(1)中国数字基础设施援助能够显著缓解非洲国家的贫困,在使用了更换核心变量、工具变量法的稳健性检验后,这一结论依然成立。(2)中国数字基础设施援助能够通过缩小"数字鸿沟"、创造更多的就业机会,推动非洲贫困缓解。(3)中国数字基础设施援助改善了非洲国家的国内安全形势,抑制了国内武装冲突的发生,有助于打破"冲突—贫困"陷阱。(4)中国数字基础设施援助对西部非洲的贫困缓解更为显著,并且良好的制度环境更有助于减贫效应的发挥。

第一节　非洲的贫困状况及中非数字基础设施合作

当前,发展中国家在减贫领域取得了不同程度进展,世界贫困的重心正从南亚向非洲大陆转移(安春英,2019)[②],预计到 2050 年仍会延续这种趋势(李宇恒等,2021)[③]。如表 5-1 所示,2003—2019 年南亚、东亚及太

[①]　本章为国家社科基金项目(22BGJ044)的阶段性研究成果。

[②]　安春英:《中国对非减贫合作:理念演变与实践特点》,《国际问题研究》2019 年第 3 期。

[③]　Li Y.,Wu W.,Wang Y.,"Global Poverty Dynamics and Resilience Building for Sustainable Poverty Reduction",*Journal of Geographical Sciences*,Vol.31,No.8,2021,pp.1159-1170.

平洋地区 2.15 美元标准下贫困发生率分别从 38.7%、29.9% 降为 8.5%、1.1%,而撒哈拉以南非洲地区虽然也从 52.9% 降为 35.1%,但仍远高于其他地区以及世界平均水平(8.4%)。① 并且,撒哈拉以南非洲地区高于本地区平均贫困发生率的国家有 16 个,如图 5-1 所示,其中,马达加斯加、索马里、马拉维的贫困发生率分别高达 80.7%、70.7%、70.1%。② 目前,受全球新冠疫情影响,非洲新增 2900 万贫困人口,③导致 2021 年贫困人口比例出现上升。因此,非洲作为贫困人口最为集中的地区,仍处于持续贫困且致贫原因多元状态(如非洲经济的增长放缓与脆弱性、通货膨胀、极端天气、粮食危机以及债务风险上升等),加上新冠疫情冲击与俄乌冲突的影响,其减贫工作的长期性与复杂性凸显。这使得探寻如何有效摆脱贫困,实现联合国 2030 年可持续发展目标,仍是非洲国家乃至全球面临重要难题。

表 5-1　2003—2019 年世界银行 2.15 美元标准下主要地区贫困发生率

(单位:%)

年份	南亚	东亚及太平洋	中东北非	拉丁美洲和加勒比	撒哈拉以南非洲	低收入国家	世界
2003	38.7	29.9	3.2	12.1	52.9	56.9	25.5
2004	36.9	26.2	2.9	11.0	50.4	54.1	23.6
2005	35.1	21.6	2.7	10.5	48.7	52.5	21.7
2006	33.6	21.0	2.6	8.5	47.3	51.8	20.9
2007	31.8	18.8	2.5	8.1	46.0	50.5	19.6
2008	30.4	17.6	2.4	7.6	44.5	48.7	18.8
2009	29.4	15.5	2.2	7.1	44.0	49.0	17.9
2010	26.2	13.3	1.8	6.4	42.1	47.2	16.3
2011	21.5	10.4	2.1	6.0	40.9	46.0	14.2
2012	19.7	8.8	2.1	5.1	40.3	45.6	13.3

① 资料来源:世界银行数据库,World Development Indicators | DataBank(worldbank.org),访问时间:2023 年 2 月 9 日。

② 资料来源:世界银行数据库,World Development Indicators | DataBank(worldbank.org),访问时间:2023 年 2 月 9 日。

③ 中国商务新闻网:非洲开发银行认为 2021 年非洲人口贫困比例有所增加,https://www.comnews.cn/content/2022-06/04/content_9831.html,访问时间:2023 年 2 月 10 日。

续表

年份	南亚	东亚及太平洋	中东北非	拉丁美洲和加勒比	撒哈拉以南非洲	低收入国家	世界
2013	18.9	4.5	2.2	4.5	39.2	44.6	11.7
2014	18.0	3.6	2.6	4.3	38.1	43.7	11.2
2015	16.7	2.7	4.8	4.2	38.0	45.1	10.8
2016	15.8	2.2	5.4	4.4	37.5	44.6	10.5
2017	12.6	1.9	6.0	4.4	36.7	44.1	9.6
2018	10.0	1.5	7.5	4.3	35.7	43.9	8.9
2019	8.5	1.1	——	4.3	35.1	——	8.4

资料来源:世界银行数据库,World Development Indicators | DataBank(worldbank.org),访问时间:2023年2月9日。

（单位:%）

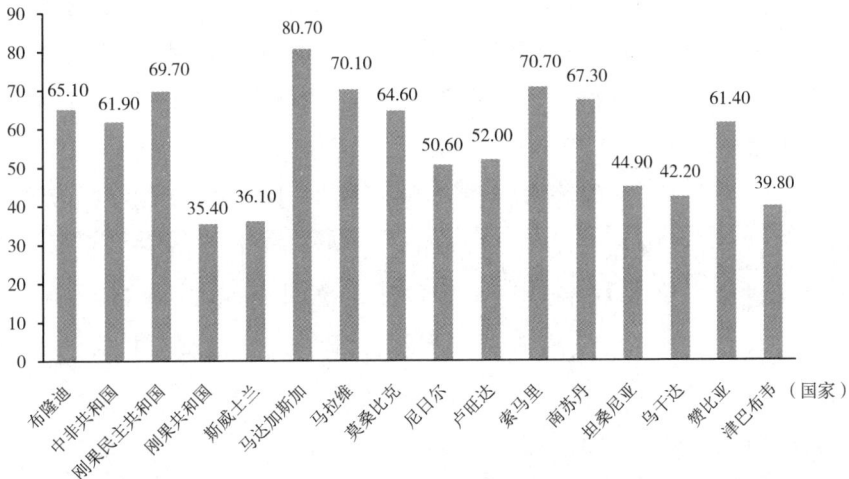

图 5-1　2019 年 2.15 美元标准下高于撒哈拉以南地区平均贫困发生率的国家

资料来源:世界银行数据库,World Development Indicators | DataBank(worldbank.org),访问时间:2023年2月9日。

随着数字技术的迅猛发展,数字经济正以前所未有的增长速度和发展韧性改变着世界的生产生活方式和全球治理体系(李康平、段威,2021)[1],为缓

---

　　① 李康平、段威:《非洲数字经济发展态势与中非数字经济合作路径探析》,《当代世界》2021 年第 3 期。

解全球经济增长放缓、贫富差距等一系列问题提供新的可能方案。对于一直在探寻经济可持续发展新出路的非洲而言,数字经济为他们改变经济发展模式、加快经济转型与减贫提供了新机遇。世界银行估计非洲的数字转型可使其经济增长每年提高近2%,并使非洲国家贫困发生率每年降低1%。① 非盟《2063年议程》将数字化转型列为首要任务,"数字非洲"建设也已成为非洲各国的发展共识。与此同时,在经济全球化和数字全球化趋势带动下,非洲数字经济发展迅猛。全球移动通信系统协会(GSMA)发布的《2020撒哈拉以南非洲移动经济》报告指出,2019年移动技术和服务业占撒哈拉以南非洲地区GDP的9%,贡献超过1550亿美元。移动生态系统还支持了近380万个直接和间接就业机会。② 然而,非洲地区依然面临巨大的数字鸿沟,数字基础设施建设不足。据世界银行统计,2021年非洲有6.5亿互联网用户,互联网普及率为46.1%,低于全球互联网普及率67.6%。③ 因而,消除日益扩大的数字鸿沟,共享数字红利,助力非洲消除贫困,成为非洲经济社会可持续发展的现实需要。

近年来,中国已成为非洲缩小数字鸿沟,助力非洲数字转型的重要合作伙伴,双方在数字领域合作已经进入数字经济方方面面。数字基础设施是中非数字经济合作的重要领域,而数字基础设施则面临着建设难度大、建设成本高、资金缺口巨大等挑战(牛东芳、沈昭利、黄梅波,2022)④,援助则成为数字基础设施合作的重要方式。作为重要的新兴对外援助国家,中国对外援助规模稳步增长,并更多向非洲地区最不发达国家,以及基础设施领域倾斜。2013—2018年中国对外

---

① Africa's Industrial Development, Turning Challenges into Opportunities, September 23, 2019, https://www.proquest.com/wire-feeds/africa-s-industrialdevelopmentturning/docview/2295659551/se-2? accountid=13625,访问时间:2023年2月10日。

② 人民网:《非洲数字经济发展的挑战与机遇 中非合作带来新动力》,https://m.gmw.cn/baijia/2020-10/09/1301648898.html,访问时间:2023年2月10日。

③ 世界银行数据库,World Development Indicators | DataBank(worldbank.org),访问时间:2023年2月9日。

④ 牛东芳、沈昭利、黄梅波:《中非共建"数字非洲"的动力与发展路向》,《西亚非洲》2022年第3期。

援助金额为 2702 亿元人民币,其中流向非洲地区 53 国的占比为 44.65%,如图 5-2 所示。2013—2018 年中国对外援建成套项目 423 个,其中社会公共设施项目数为 306 个、经济基础设施项目数为 80 个。① 通信基础设施是中国对外援助的重要领域之一,中国对非洲通信基础设施援助项目数占中国对外通信援助的占比为 56%。具体来看,如图 5-3 所示,2000—2014 年中国对非洲通信基础设施援助总体上呈波动上升的趋势;从分地区来看,中国对非洲通信基础设施援助项目最多的地区为西部非洲地区(68 个),其次是南部非洲地区(48 个),再次是东部非洲地区(30 个),最少的是北部非洲地区(9 个);从受援国分布来看,如表 5-2 所示,中国对非洲通信基础设施援助项目数最多的国家为尼日利亚(14 个),其次是安哥拉和津巴布韦(均为 11 个),最少的为坦桑尼亚(9 个)。

(单位:%)

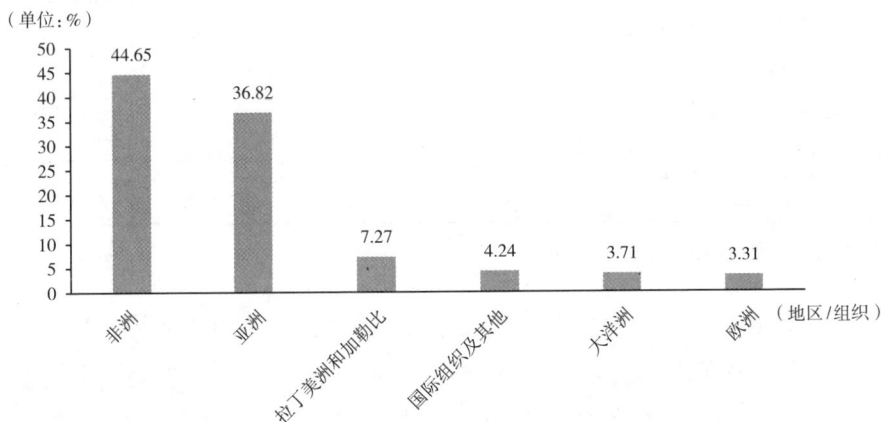

图 5-2　2013—2018 年中国对外援助资金地区或组织分布

资料来源:《新时代的中国国际发展合作白皮书(2021 年)》,http://www.cidca.gov.cn/2021-01/10/c_1210973082.htm,访问时间:2023 年 2 月 10 日。

---

①　资料来源:《新时代的中国国际发展合作白皮书(2021 年)》,http://www.cidca.gov.cn/2021-01/10/c_1210973082.htm,访问时间:2023 年 2 月 10 日。

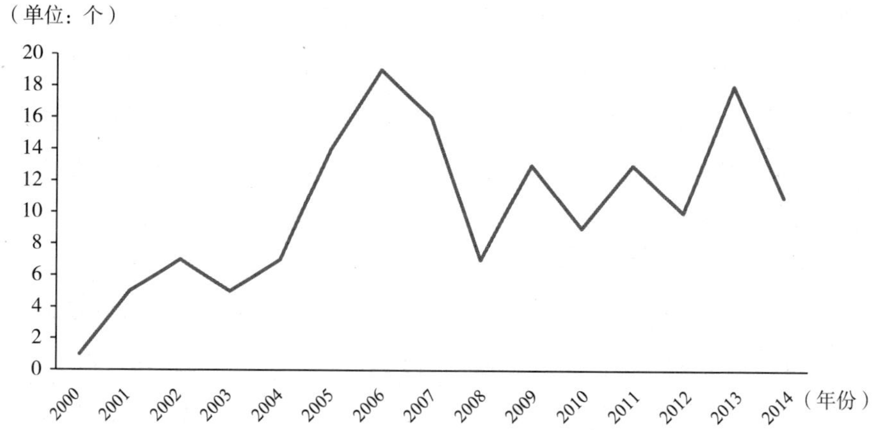

（单位：个）

图 5-3　2000—2014 年中国对非洲国家通信基础设施援助项目

资料来源：笔者根据相关数据整理所得。

表 5-2　2000—2014 年中国对非洲国家通信基础设施援助项目数前列国家

（单位：个）

国家	项目数	国家	项目数	国家	项目数
尼日利亚	14	安哥拉	11	津巴布韦	11
坦桑尼亚	9	赞比亚	8	肯尼亚	7
利比里亚	7	乌干达	7	喀麦隆	6
中非共和国	6	加纳	6	几内亚	6

资料来源：笔者根据相关数据整理所得。

　　现有研究已关注到数字基础设施的减贫效果，梅德罗斯等（Medeiros 等，2021）[1]基于巴西的家庭数据，指出电信和网络基础设施对缓解家庭陷入贫困的概率具有积极的作用。赵浩鑫等（2019）[2]认为，农村互联网的发展有利于农村减贫。李成明等（2022）[3]基于中国家庭追踪调查（CFPS）2014—2018 年的面板数据，亦发现数字基础设施建设显著降低

　　① Medeiros，V．，R.Ribeiro，and PVMD Amaral，"Infrastructure and Household Poverty in Brazil：A Regional Approach Using Multilevel Models"，*World Development*，Vol.137，2021，pp.105–118.

　　② 赵浩鑫、唐根年、洪晨翔：《农村互联网发展的减贫效应分析》，《统计与决策》2019 年第 19 期。

　　③ 李成明、李大铭、张泽宇昕：《数字基础设施，家庭多维减贫与共同富裕》，《河北经贸大学学报》2022 年第 6 期。

了家庭陷入贫困的概率,有助于实现共同富裕。也有部分研究探讨了数字基础设施的减贫机制,如艾哈迈德等(Ahmed 等,2013)研究指出信息通信技术为国家赋权可以通过提高生产率、传播信息等渠道降低贫困。[1]卡皮奥等(Carpio 等,2022)[2]提出数字基础设施的减贫成效源于其创造了就业机会。李成明等(2022)则指出弥合数字鸿沟和促进非农就业是数字基础设施缓解贫困的重要渠道。那么,中国数字基础设施援助是否有助于缓解非洲的贫困?具体的减贫机制是什么?对于这些问题的探讨,有助于在理论层面为数字基础设施的减贫效应提供经验支撑,在实践层面为中非数字减贫合作指明路径。

第二节 数字基础设施援助与减贫: 理论与实证分析

在全球数字化进程中,数字经济是全球减贫合作的重要方向。然而,发达国家与不发达国家之间、各国城乡之间、不同收入群体之间因数字基础设施、数字技术创新能力等的差异,所产生的数字鸿沟日益成为数字技术发展红利惠及低收入群体的关键性制约。数字基础设施援助则成为消除日益扩大的数字鸿沟,推进全球减贫治理嵌入和依托于数字经济发展的重要渠道。中国作为新兴对外援助国,更加注重对外援助的发展有效性与惠及民生。本节主要探讨数字基础设施援助对减贫影响的理论基础与内在机制,并通过构建计量模型进行实证检验,验证中国对非洲地区数字基础设施援助的减贫效应与影响渠道。

一、理论分析与研究假说

随着数字经济的蓬勃发展,数字经济对贫困缓解的影响日益引起

---

[1] Ahmed A., AL Roubaie A., "Poverty Reduction in Arab World: The Use of ICTs", *World Journal of Science, Technology and Sustainable Development*, Vol.3, 2013, pp.195–211.

[2] Carpio X., Cuesta J.A., Kugler M.D., What Effects Could Global Value Chain and Digital Infrastructure Development Policies Have on Poverty and Inequality after Covid – 19, *Financial Management*, Vol.15, No.2, 2022, p.43.

学界的关注。部分学者基于包容性增长的内涵探讨数字经济与减贫的关系。作为数字经济发展的关键性支撑之一,数字基础设施援助对减贫的影响主要渠道来源于弥合数字鸿沟、增加就业、降低"冲突—贫困"陷阱。

(一)数字基础设施援助与减贫

数字经济比传统经济具有更强的普惠性和分享性,其强大的技术、资本、数据聚集效应和资源配置功能(孙晋,2021)[①],能够兼顾公平与效率,并通过优化生产与社会环境,促进收入包容性增长(方福前、田鸽,2021)[②]。包容性增长理念和思路最早由亚洲开发银行提出,认为有利于社会发展的包容性增长可以更有效地减少贫困,其核心内涵包括平等机会、生产性就业和可持续发展三个方面,即包容性发展三角。平等机会指个人能力与努力程度决定其福利,而不受其所处环境的影响。生产性就业意味着在较高生产率水平下形成的就业。可持续发展指的是可持续的经济增长,需要优化结构、保护环境、节约资源等方面形成良性循环的相互作用机制才可以实现(刘成杰、冯婷、李勇,2022)[③]。

数字基础设施建设是数字经济发展能否惠及不同阶层,实现包容性增长的重要基础保障。国际援助是弥补发展中国家数字基础设施投资缺口的重要渠道。数字基础设施援助对受援国贫困的影响主要源于:一方面,数字基础设施援助直接促进了受援国基础设施的投资,有利于缓解受援国数字鸿沟,从而有助于打破基本公共服务在时间和空间上的限制,提升公共服务供给水平和保证民众拥有提升能力的均等机会(唐任伍、孟娜、叶天希,2022)[④]。另一方面,数字基础设施援助会加快推进受援国网络基础设施等的建设,充分发挥数字基础设施的外部性(刘生龙、胡鞍

---

① 孙晋:《数字平台的反垄断监管》,《中国社会科学》2021 年第 5 期。

② 方福前、田鸽:《数字经济促进了包容性增长吗——基于"宽带中国"的准自然实验》,《学术界》2021 年第 10 期。

③ 刘成杰、冯婷、李勇:《网络基础设施建设、数字普惠金融与数字鸿沟——基于"宽带中国"示范城市创建的政策效应分析》,《经济经纬》2022 年第 11 期。

④ 唐任伍、孟娜、叶天希:《共同富裕思想演进、现实价值与实现路径》,《改革》2022 年第 1 期。

钢,2010)①,促进数字经济快速发展,改善收入分配与信息不对称(谢申祥等,2018)②,增加就业与创业机会(王亚飞、冉渝融,2021)③,助力实现数字红利与包容性增长,进而缓解家庭贫困。另外,科利尔等(Collier 等,2002)④指出一国的经济增长与武装冲突负相关,数字基础设施援助对促进经济增长的作用,将有益于受援国武装冲突的降低,从而打破"冲突—贫困"陷阱。

(二)数字基础设施援助缓解贫困的机制

1. 数字基础设施援助可以缩小数字鸿沟

数字基础设施发展滞后导致的接入性差异是数字鸿沟形成的重要因素,并且随着数字经济的迅猛发展,数字鸿沟将进一步扩大不同地区、不同阶层信息化水平与收入水平的差距。对发展中国家数字基础设施援助,有助于推动受援国数字基础设施建设,减少家庭信息接入成本,降低互联网使用门槛,打破基本公共服务在时间和空间上的限制。具体表现为:一是数字教育,"互联网+教育"提升了人们获取知识与教育资源的便捷性,有助于贫困群体人力资本的积累。二是数字医疗,"互联网+医疗"改变了医疗资源的时空限制,"云问诊"不但降低了人们就医的时间和金钱成本,也让人们享受到了便捷的医疗健康服务。三是数字普惠金融,数字普惠金融的方便与快捷性,缓解了贫困人群的流动性约束,提升了人们的抗风险能力与实现收入增值的可能性。四是数字支付,在线支付提高了人们购买商品和服务的便捷性,有益于人们生活质量与自身素质的发展,这有益于贫困的缓解。

---

①　刘生龙、胡鞍钢:《基础设施的外部性在中国的检验:1988—2007》,《经济研究》2010年第 3 期。

②　谢申祥、刘生龙、李强:《基础设施的可获得性与农村减贫——来自中国微观数据的经验分析》,《中国农村经济》2018 年第 5 期。

③　王亚飞、冉渝融:《中国数字经济发展与农村贫困缓解:作用机理与经验证据》,《重庆师范大学学报(社会科学版)》2021 年第 4 期。

④　Collier P.,Hoeffler A.,"Aid,Policy and Peace:Reducing the Risks of Civil Confflict", *Defenceand Peace Economics*,Vol.13,No.6,2002,pp.435-450.

2.数字基础设施援助可以增加就业

在全球数字经济蓬勃发展的浪潮中,数字基础设施的建设能力是影响一国能否搭上数字红利时代的重要基础。数字基础设施援助有助于发展中国家数字经济的发展,推动企业的劳动力需求,增加就业机会。一方面,数字化的发展,有助于改善劳动力市场信息不对称,缓解劳动力市场就业岗位匹配摩擦,降低摩擦性失业,从而提升就业水平。数字技术打破了就业的时空限制,提高了就业的灵活性,扩展了劳动力市场的深度,也增加了家庭通过零工就业增加收入的机会。另一方面,数字基础设施完善,加速产业数字化与数字化产业的发展,创造了众多新行业和新岗位,使得普通劳动者获取更多的就业机会。

3.数字基础设施援助有益于降低冲突

数字基础设施援助是低收入国家通过外部力量打通数字经济发展基础、实现经济包容性增长的重要路径,其对"冲突—贫困"陷阱的影响主要表现为:一是数字基础设施援助直接促进了受援国基础设施投资,有利于受援国经济增长,增加受援国财政收入,这有助于政府增加对偏远地区共同服务的财政投入,提高民众对政府的支持,相应减少对反政府武装的支持,从而有助于缓解国内紧张局势。二是数字基础设施援助推动了受援国数字经济的发展,增加了就业机会以及提升人力资本的渠道,使得民众加入武装反抗的机会成本上升。三是数字基础设施的援助,也有助于提升政府的监督能力,并提高军事活动的效率。

二、模型设定与数据说明

基于前文数字基础设施援助与减贫内在关系的理论分析,本部分构建了实证分析的基础模型,并对相关变量定义与变量数据来源进行说明。

(一)模型构建

本书参照内森·纳恩和南希·钱(Nunn 和 Qian,2014)[①]、杨攻研等(2021)[②]

---

① Nunn N., Qian N., "US Food Aid and Civil Conflict", *American Economic Review*, Vol.104, No.6, 2014, pp.1630-1666.
② 杨攻研、刘小玄、刘洪钟:《中国对外援助在中低收入国家的减贫效应研究》,《亚太经济》2021 年第 10 期。

的研究,建立面板模型,以探究中国数字基础设施援助对受援国贫困缓解的影响,具体模型如下:

$$Poverty_{it} = \alpha + \beta Aid_{it} + \delta Control_{it} + \gamma_t + \varepsilon_{it} \qquad (5-1)$$

其中,i 表示受援国,t 表示年份。γ_t 表示与国家有关的不可观测的因素,ε_{it} 为随机扰动项。

(二)指标设定

1. 因变量

$Poverty_{it}$ 表示受援国贫困水平。基于数据的完整性与可获得性,本书参照哈默德·加尼特(Ganic,2019)[①]等研究的做法,采用人类发展指数来衡量受援国的贫困水平。

2. 核心解释变量

Aid_{it} 表示各受援国接受中国数字基础设施援助的项目数或项目金额,出于援助影响滞后性的考虑,解释变量做滞后一期处理。

3. 控制变量

参考已有研究,本书选取了其他可能影响受援国贫困状况的变量作为控制变量,具体包括农业发展水平($Aggdp$)、消费者物价指数(CPI)、国际直接投资净流入($FDInet$)、资本积累(Gcf)、自然资源禀赋($Tnrr$)、制度质量($Institu$)、贸易开放水平($Open$)、人力资本水平(Edu),详见变量定义与说明。

表5-3 变量定义与说明

变量名称	变量衡量	变量来源
受援国贫困水平(Pov_HDI)	以人类发展指数来衡量受援国的贫困水平	联合国数据库
中国数字基础设施援助(Aid)	各受援国接受中国通信基础设施援助的项目数或项目金额	全球中国官方援助数据库
农业发展水平($Aggdp$)	农业增加值占 GDP 比重	世界银行数据库

---

① Ganic, M., "Does Foreign Direct Investment (FDI) Contribute to Poverty Reduction? Empirical Evidence from Central European and Western Balkan Countries", *Scientific Annals of Economics and Business*, Vol.66, No.1, 2019, pp.15-27.

续表

变量名称	变量衡量	变量来源
消费者物价指数（*CPI*）	消费者物价指数	世界银行数据库
国际直接投资净流入（*FDInet*）	国际直接投资流入与流出差值	世界银行数据库
资本积累（*Gcf*）	资本形成额占 GDP 比重	世界银行数据库
自然资源禀赋（*Tnrr*）	自然资源租金占 GDP 比重	世界银行数据库
制度质量（*Institu*）	各受援国腐败程度估计	全球治理数据库
贸易开放水平（*Open*）	进出口贸易总额占 GDP 比重	世界银行数据库
人力资本积累（*Edu*）	受教育年限	世界银行数据库

（三）数据来源

笔者根据目前掌握的 2000—2017 年中国对全球所有国家和地区提供的中国官方援助项目，提取与中国通信援助项目有关的数据，并对相关数据做进一步处理。本书均以 2014 年美元衡量的不变价格进行重新计算，剔除考察期内由于价格和汇率变动所导致的援助金额的变化。被解释变量与控制变量主要来源于联合国数据库与世界银行数据库。各主要变量的描述性统计见表 5-4。

表 5-4　主要变量的描述性统计　　　（单位：美元、个、%）

变量	样本	均值	标准差	最小值	最大值
人类发展指数	627	0.508	0.112	0.293	0.800
实际人均收入（取对数）	620	7.221	0.999	5.601	9.707
数字基础设施援助项目数	635	0.315	0.696	0.000	6.000
数字基础设施援助项目金额	605	2.229	4.900	0.000	15.983
农业发展水平	605	19.936	14.433	0.893	79.042
消费者物价指数	605	108.428	195.934	2.909	4583.705
国际直接投资净流入	632	4.319	8.572	-10.725	103.337
资本积累	555	22.321	9.547	-3.946	56.874
人力资本积累	550	8.138	1.734	4.000	12.000
贸易开放水平	572	69.348	34.422	20.723	347.997
自然资源禀赋	630	12.931	12.498	0.193	67.890
制度质量	600	-0.606	0.622	-1.816	1.217

三、实证分析

利用前文构建的实证分析模型,本部分运用中国对非洲国家通信基础设施援助的数据,以及非洲国家贫困与经济发展的相关数据进行实证检验与结果分析。

(一)基准回归

表5-5列出了中国数字基础设施援助对受援国贫困缓解影响的基准回归结果。鉴于不可观测因素可能对受援国贫困发生的影响,我们运用固定面板模型,以控制国家固定效应,并采用聚类稳健标准误差以控制潜在的截面相关问题。基本回归结果中,列(1)为未引入控制变量的回归结果,列(2)—列(9)为逐步引入控制变量的回归结果。列(1)显示,中国数字基础设施援助项目数的回归系数为0.0067,在5%的统计水平上显著,这意味着,中国对非洲数字基础设施援助产生了显著的减贫效应。列(2)—列(9)显示中国数字基础设施援助仍然对受援国贫困降低具有正向作用,印证了中国数字基础设施援助规模的增加有益于受援国贫困缓解这一结论的稳健性。其中,列(9)中国数字基础设施援助项目数的回归系数为0.0024,在10%统计水平上显著。这表明,在其他条件不变的前提下,中国对非洲国家数字基础设施援助项目增加一个,受援国的贫困将降低0.0024。

表5-5　基本回归结果

变量	(1) Pov_HDI	(2) Pov_HDI	(3) Pov_HDI	(4) Pov_HDI	(5) Pov_HDI	(6) Pov_HDI	(7) Pov_HDI	(8) Pov_HDI	(9) Pov_HDI
援助项目数	0.0067** (0.0033)	0.0053* (0.0031)	0.0054* (0.0031)	0.0056* (0.0029)	0.0046* (0.0026)	0.0026** (0.0012)	0.0023* (0.0012)	0.0024* (0.0014)	0.0024* (0.0014)
农业发展水平		-0.0033** (0.0012)	-0.0032** (0.0012)	-0.0032** (0.0012)	-0.0040*** (0.0014)	-0.0009 (0.0007)	-0.0010 (0.0007)	-0.0010 (0.0008)	-0.0006 (0.0007)
国际净投资			0.0000 (0.0004)	0.0001 (0.0004)	-0.0005 (0.0011)	-0.0003 (0.0003)	-0.0005 (0.0003)	-0.0003 (0.0004)	-0.0001 (0.0004)
资源禀赋				-0.0003 (0.0007)	-0.0006 (0.0008)	0.0003 (0.0003)	0.0000 (0.0003)	0.0001 (0.0003)	0.0001 (0.0003)

续表

变量	(1)	(2)	(3)	(4)	(5)	(6)	(7)	(8)	(9)
	Pov_HDI	Pov_HDI	Pov_HDI	Pov_HDI	Pov_HDI	Pov_HDI	Pov_HDI	Pov_HDI	Pov_HDI
资本积累					0.0021*** (0.0007)	0.0007** (0.0003)	0.0005 (0.0003)	0.0007** (0.0003)	0.0005 (0.0003)
价格水平					0.0008*** (0.0001)	0.0008*** (0.0001)	0.0008*** (0.0001)	0.0007*** (0.0001)
贸易开放度							0.0003 (0.0002)	0.0003 (0.0002)	0.0002 (0.0002)
人力资本								0.0059** (0.0022)	0.0056** (0.0022)
制度质量									0.0216 (0.0156)
常数项	0.5093*** (0.0010)	0.5772*** (0.0246)	0.5771*** (0.0247)	0.5808*** (0.0273)	0.5549*** (0.0310)	0.4348*** (0.0155)	0.4223*** (0.0204)	0.3879*** (0.0280)	0.4035*** (0.0290)
国家固定效应	有	有	有	有	有	有	有	有	有
观察值	593	567	565	565	510	486	486	426	411
调整的R^2	0.0115	0.1222	0.1209	0.121	0.1953	0.6737	0.682	0.6456	0.6402

注：* $p<0.10$，** $p<0.05$，*** $p<0.01$，括号内为企业聚类稳健标准误差。

（二）稳健性分析

为保证上述结果的可靠性，本书从以下几个方面进行稳健性检验。

1. 指标替换检验

为进一步检验结果的可靠性，本书分别对被解释变量和解释变量的指标进行替换，采用非洲受援国实际人均收入、中国对非洲国家数字基础设施援助项目金额分别进行估计。表5-6中，列（1）是替换解释变量的回归结果，结果显示，中国数字基础设施援助项目金额的回归系数在10%的统计水平上显著为正。列（2）是替换被解释变量的回归结果，结果显示，中国数字基础设施援助项目回归系数在5%的统计水平上显著为正，表明中国数字基础设施的援助降低了受援国的贫困水平，这与基准回归结果相一致。

2. 工具变量法

一方面，伴随中国援助规模的增加，受援国的贫困人口可能随之下降;另一方面,根据《中国的对外援助(2014)》白皮书,中国坚持在南南合作框架下向其他发展中国家提供力所能及的援助,支持和帮助发展中国家特别是最不发达国家减少贫困、改善民生,因而贫困率越高的国家获得中国援助的可能性越大。对此,本书采用工具变量法进行内生性处理。参考德雷尔等(Dreheret 等,2017)的做法,将中国年钢铁产量、中国外汇储备与各个受援国获得中国援助项目的频率两个变量的交互项作为中国援助的工具变量。本书选取中国通信发展水平、中国外汇储备与各个受援国获得中国通信援助项目的频率的交互项作为工具变量,其中中国通信发展水平以互联网普及率(互联网网民占总人口的比重)与手机用户(每100人手机用户)来衡量。稳健性检验中列(5)—列(6)报告了采用工具变量进行回归的结果,核心解释变量的回归结果系数都为正,说明中国数字基础设施援助缓解了非洲受援国的贫困,基准模型的结论稳健。

表 5-6 稳健性检验

变量	(1)	(2)	(3)	(4)	(5)
	替换解释变量	替换被解释变量	工具变量法		
	Pov_HDI	Pov_lnGDPPC	Pov_HDI	Pov_HDI	Pov_HDI
援助项目金额	0.0004 * (0.0002)				
援助项目数		0.0169 ** (0.0068)			
中国互联网普及率×援助频率			0.0037 *** (0.0008)		
中国手机用户×援助频率				0.0023 *** (0.0005)	
中国外汇储备×援助频率					0.0000 *** (0.0000)
常数项	0.4046 *** (0.0292)	7.0349 *** (0.1244)	0.4281 *** (0.0333)	0.4236 *** (0.0327)	0.4239 *** (0.0317)
控制变量	有	有	有	有	有
观察值	407	414	426	426	426
调整的 R^2	0.6408	0.4965	0.7261	0.7317	0.7168

注:* p<0.10, ** p<0.05, *** p<0.01,括号内为企业聚类稳健标准误差。

四、机制检验

基础检验的结果表明,中国对非洲数字基础设施援助具有减贫效应,本部分根据数字基础设施对减贫影响的内在机制的理论分析,进一步检验中国对非洲数字基础设施援助减贫效应的经济与政治根源。

(一)中国对非洲数字基础设施援助减贫效应的经济根源

经济的繁荣和民众财富的增长是消除贫困的基础性条件。中国数字基础设施能够通过缩小受援国"数字鸿沟",促进数字经济发展,为民众创造更多的就业机会,推动发展中国家的工业化进程,产生经济增长的内生动力,进而实现受援国贫困人口的下降。参考以往的研究,本书用互联网网民占总人口的比重来衡量受援国的"数字鸿沟"(lnuseinter),利用失业率的减少来衡量就业增加情况(uneme)。上述数据均来源于世界银行。

表5-7中列(1)为中国数字基础设施援助对受援国"数字鸿沟"影响的实证结果,估计结果显示,核心解释变量的估计系数显著为正,这意味着中国数字基础设施援助显著地降低了受援国的"数字鸿沟",即中国通信援助项目的落地,改善了受援国数字基础设施发展滞后的状况,这有助于提升数字基础设施对受援国数字经济发展的保障能力,促进比传统经济具有更强的普惠性和分享性的数字经济的发展,从而有利于缓解非洲受援国贫困问题。

表5-7 中国对外数字基础设施援助减贫效应的经济与政治根源

变量	(1) 数字鸿沟 (lnuseinter)	(2) 就业增加 (uneme)	(3) 冲突降低 (Pviolence)
援助项目数	0.0752* (0.0369)	-0.1265* (0.0719)	-0.0078 (0.0126)
常数项	-2.1863* (1.1305)	8.6512*** (1.6516)	1.0499** (0.3934)
控制变量	有	有	有

续表

变量	(1) 数字鸿沟 (*lnuseinter*)	(2) 就业增加 (*uneme*)	(3) 冲突降低 (*Pviolence*)
国家固定效应	有	有	有
观察值	412	414	414
调整的 R^2	0.6362	0.0471	0.074

注：* $p<0.10$，** $p<0.05$，*** $p<0.01$，括号内为企业聚类稳健标准误差。

随后，我们进一步检验中国数字基础设施援助对受援国就业增加的影响。估计结果如表5-7中列（2）所示，即中国数字基础设施援助与受援国失业率呈显著负相关关系，这意味着伴随中国数字基础设施援助项目的实现，为受援国创造了新的就业机会，显著地降低了受援国的失业人数，这有助于增加家庭的收入，进而有利于降低贫困水平。

（二）中国对非洲数字基础设施援助减贫效应的政治根源

长期以来撒哈拉以南非洲地区持续的贫困和冲突让不少学者和政策制定者对传统援助的意义产生强烈的质疑，甚至认为国际援助是非洲部分地区冲突的根源。但中国的发展正带来全球援助体系的深刻变革，新兴援助在受援国所产生的影响日渐凸显，中国对外援助正成为重塑受援国安全形势的一股重要力量（杨攻研等，2021）[1]。鉴于此，本书进一步验证中国数字基础设施援助是否通过降低受援国的国内冲突进而打破"冲突—贫困"陷阱。国内武装冲突数据来源于全球主要政治暴力数据库（Major Episodes of Political Violence），指特定群体有组织地持续使用暴力并直接造成500人以上的死亡，冲突的类型既包括内战，也包括族群冲突，由低到高共11级（0—10级），0级代表该国家该年度没有发生任何冲突事件，10级为武装冲突的最高级别。

表5-7中列（3）为中国数字基础设施援助对受援国冲突的规模与激励程度的影响，估计结果显示，中国数字基础设施援助项目的系数为

---

①　杨攻研、刘小玄、刘洪钟：《中国对外援助在中低收入国家的减贫效应研究》，《亚太经济》2021年第10期。

-0.0078。这表明伴随中国数字基础设施援助与受援国国内整体的冲突规模和等级下降具有负相关关系,这有助于打破受援国长期存在的"冲突—贫困"陷阱。但鉴于相对非洲国家存在巨大的数字鸿沟,中国数字基础设施援助项目总体规模有限,这一影响程度目前并不显著。

五、异质性分析

前文的实证检验表明中国对非洲数字基础设施援助对受援国具有减贫效应,但由于受援国具有异质性,本部分进一步从受援国区位特征与质量制度差异的视角,考察中国对非洲数字基础设施援助减贫效应的异质性。

(一)区位特征视角

为区分受援国所在地区对估计结果的影响差异,本书接下来将对非洲东部地区、西部地区、南部地区、北部地区进行分组,并分别研究中国对非洲不同地区数字基础设施援助减贫效应的异质性。由表5-8列(1)—列(4)可见,中国对非洲数字基础设施援助存在显著的区位差异,其中,对西部地区的贫困降低具有显著的积极作用,对北部和东部非洲的减贫影响有正向作用,但对北部、东部、南部非洲地区的影响并不显著。这主要可能是因为非洲不同地区数字经济与经济发展水平的差异以及中国对非洲不同地区数字基础设施援助规模的差异,从而导致减贫成效出现显著的区位差异。

表5-8 中国数字基础设施援助减贫效应的区位与国家异质性

变量	(1) 西部非洲 *Pov_HDI*	(2) 北部非洲 *Pov_HDI*	(3) 东部非洲 *Pov_HDI*	(4) 南部非洲 *Pov_HDI*	(5) 腐败程度高 *Pov_HDI*	(6) 腐败程度低 *Pov_HDI*
援助项目数	0.0033 * (0.0018)	0.0114 (0.0082)	0.0007 (0.0013)	-0.0011 (0.0024)	0.0009 (0.0028)	0.0028 * (0.0015)
常数项	0.3449 *** (0.0321)	0.5169 *** (0.0626)	0.4121 *** (0.0119)	0.4123 *** (0.0561)	0.3627 *** (0.0324)	0.4102 *** (0.0150)
控制变量	有	有	有	有	有	有
国家固定效应	有	有	有	有	有	有

续表

| 变量 | （1） | （2） | （3） | （4） | （5） | （6） |
| | 西部非洲 | 北部非洲 | 东部非洲 | 南部非洲 | 腐败程度高 | 腐败程度低 |
	Pov_HDI	*Pov_HDI*	*Pov_HDI*	*Pov_HDI*	*Pov_HDI*	*Pov_HDI*
观察值	211	65	62	73	241	255
调整的 R^2	0.567	0.456	0.935	0.806	0.073	0.697

注：* $p < 0.10$，** $p < 0.05$，*** $p < 0.01$，括号内为企业聚类稳健标准误差。

（二）制度质量视角

已有的研究表明，受援国的制度质量是国际援助有效性的强有力约束，为此本书进一步考察制度差异对中国数字基础设施援助减贫效应的影响。我们利用世界银行构建的腐败控制指标，对样本进行均值分组，高于均值的分为腐败程度高的组，低于均值的分为腐败程度低的组，以识别中国对非洲数字基础设施援助减贫效应在不同制度环境下的差异。结果如表5-8所示。这意味着非洲受援国治理水平的差异对中国数字减贫效应具有异质性影响，即中国数字援助的减贫效应亦需要良好的制度环境。

第三节　研究结论与政策启示

全球新冠疫情逐步消散，但疫情对经济的冲击，引发全球极端贫困人口的新增，威胁着全球可持续发展目标的实现。而数字经济的蓬勃发展，让实现惠及不同阶层的包容性增长成为可能。但非洲等发展中国家数字基础设施与数字技术发展严重滞后，所产生的数字鸿沟，制约了数字红利的共享，这需要国际社会的援助与合作，在2030年前努力挽救可持续发展目标。作为负责任的数字经济大国，中国在南南合作框架下不断扩大对欠发达国家或地区援助的规模，拓深与发展中国家数字经济发展合作，并为全球减贫治理不断贡献中国力量。

一、研究结论

本书运用2000—2017年中国对非洲通信援助的面板数据，考察数字基础设施援助与非洲国家贫困缓解之间的因果关系和作用机制。研究结果表明:(1)中国数字基础设施援助能够显著缓解非洲国家的贫困,在使用了更换变量测量方式、工具变量法的稳健性检验后,核心结论依然成立。(2)中国数字基础设施援助能够通过缩小"数字鸿沟"、创造更多的就业机会,推动非洲贫困缓解。(3)中国数字基础设施援助对改善非洲国家的国内安全形势,抑制国内武装冲突的发生具有重要作用,这有助于打破"冲突—贫困"陷阱,产生缓解贫困的成效。(4)中国对非洲数字基础设施援助的减贫作用具有区位效应,对西部非洲的贫困缓解更为显著,并且良好的制度环境更有助于减贫效应的发挥。

二、政策建议

根据上述研究结论,本书的政策启示主要分为政府层面和企业层面。

(一)政府层面

第一,顺应全球数字时代的发展潮流,营造中非数字基础设施合作良好环境。完善中非数字经济领域多双边交流合作机制,发挥中非合作论坛的作用,加强与非洲国家数字经济发展战略对接和政策沟通,推进中非数字基础设施合作的进程,并积极鼓励更多中方企业参与"数字非洲"建设,包括大数据中心、人工智能、光纤骨干网、新一代移动通信网等数字基建的投资与建设,帮助打通非洲偏远地区信息联通"最后一公里",并通过打破就业、教育、医疗、金融等服务的时间和空间限制,更好地发挥数字基础设施的减贫效应。

第二,加强中非国家治理能力提升的交流与对话。非洲国家的制度环境是中非数字减贫合作的重要约束。在推进中非数字基础设施援助的过程中,可以利用数字技术加强国家治理合作,鼓励中方企业参与非洲电子政务等公共服务平台建设以及"智慧城市"建设,帮助推动非洲低收入国家利用数字技术提升治理与公共服务的能力与治理,从而扩展数字基础设施普惠的深度与广度。

第三,优化中非数字基础设施与减贫合作的布局。在推进中非数字基础设施发展与减贫合作的过程中,注重不同地区的协调性,确保非洲欠发达地区和低收入国家分享全球数字经济增长"红利"。目前,与中国数字经济发展全球第二大规模相比,中国对外数字经济合作尚处于起步发展的阶段,总体规模偏小。为此,中国政府可以通过数字基础设施援助,带动中方企业参与数字经济国际合作,扩展与非洲乃至全球不同地区低收入国家的数字经济发展合作,并与减贫合作相结合,为联合国2030年可持续发展目标的实现贡献中国力量。

(二)企业层面

第一,积极参与中非数字基础设施援助与投资合作。中国数字基础设施龙头企业应积极主动融入和服务中非合作战略,把握"数字非洲"建设机遇,努力畅通中非数字经济社会合作基础"大动脉"。一方面,中国数字经济企业应积极参与非洲东道国市政、交通、能源、电力、水利等传统基础设施数字化、网络化、智能化升级改造。另一方面,中国移动、华为等企业应加快布局、参与非洲5G网络、大数据中心、陆海光缆、人工智能、宽带网络等的建设合作,帮助非洲偏远地区实现信息联通,缩小数字鸿沟,为实现数字经济普惠共享贡献力量。

第二,加快布局中非数字惠民合作领域。中国数字企业应积极参与中非数字减贫合作的项目,加强新业态新模式合作益贫。一方面,具有国际竞争力的数字经济企业应积极布局非洲欠发达地区共享经济、电子支付、远程医疗、普惠金融、智能物流等惠民生领域合作。另一方面,中国龙头平台型企业应加快走出去的步伐,积极进入非洲市场开展本土化经营,支持非洲欠发达地区电子商务、零工经济、跨境电商等数字经济行业的发展,为中非减贫合作注入新动能。

第六章　中非数字金融合作的
进展与挑战

2020 年 5 月，非洲联盟提出"非洲数字转型战略"（2020—2030 年），将建设数字化社会作为非洲的战略目标，提出到 2030 年建成非洲数字化市场、普及互联网、创造投资和金融环境以缩小数字基础设施差距、发展数字经济、建设数字化法律制度、提升数字技能和加强人力资本。非洲《2063 年议程》中 15 项旗舰项目，也有三项与数字化直接相关，包括"泛非洲数字网络""建设非洲网络虚拟大学""网络安全建设"。这意味着至少在未来 10 年，数字化将是非洲与其他国家合作的重要领域之一。《中非合作论坛——北京行动计划（2019—2021 年）》提出，中非双方应"分享信息通信发展经验，共同把握数字经济发展机遇，鼓励企业在信息通信基础设施、互联网、数字经济等领域开展合作"。2021 年中非合作论坛第八届部分会议在塞内加尔首都达喀尔举行，作为《中非合作 2035 年愿景》首个三年规划，中国将同非洲国家密切配合，共同实施"九项工程"。其中，中国将向非洲金融机构提供 100 亿美元授信额度，扶持非洲中小企业发展，数字创新工程。中国将同非洲国家携手拓展"丝路电商"合作，电商的成功推广顺利进展，电子支付是基础。电子支付依赖于数字金融的发展。发展数字金融既是非洲大陆自身的需求也是中非数字经济合作的重要领域。

撒哈拉以南非洲的非银行机构引领非洲数字金融的发展，由移动运营商主导的"移动钱包"提供的服务种类多样化，数字金融平台成为融资的重要渠道，同期，传统银行机构也在加大对数字化的投入，加快各种数字应用，但提供的数字服务类型和占比仍较低。非洲数字金融的发展补充了现有的金融服务,促进了非洲特别是东非、西非普惠性金融的发展。中国企业从数字金融基础设施建设到智能手机终端的提供,为非洲数字金融奠定了基础,同时中国企业积极参与非洲数字金融企业的投资,中国头部金融科技公司均已进入非洲市场。但非洲数字金融市场仍面临数字金融基础设施缺乏、网络不安全、数字金融监管环境不稳定、数字金融人才较缺乏的挑战。中非数字金融的进一步合作可以围绕上述方面开展。

第一节　非洲数字金融的发展现状

数字金融指通过互联网及信息技术手段与传统金融服务业态相结合的新一代金融服务,包括互联网支付、移动支付、网上银行、金融服务外包及网上贷款、网上保险、网上基金等金融服务。当前,非洲数字金融受智能手机持有量的增加、互联网成本下降、网络覆盖范围扩大以及年轻、快速增长和迅速城市化的人口和新冠流行等多重因素的推动,成为非洲增长最快的初创行业。

一、非银行机构引领非洲金融数字化

非洲数字金融发展得最快的部分为非银行机构提供的移动钱包服务,移动钱包服务为用户提供与其电话号码相关的电子账户,通过账户存储、发送并收钱,即使没有银行卡,也可以享受金融服务。[①]

（一）由移动运营商主导的“移动钱包”率先提供数字金融服务

2015 年以来,非洲各国提供移动钱包服务的机构增幅巨大,截至 2021 年,移动钱包机构数增幅超过 20 倍的国家包括西非的几内亚—比绍、几内亚、尼日利亚,增幅 10 倍的国家包括南部非洲的赞比亚、安哥拉,西非的塞内加尔、多哥、贝宁。图 6-1 所示的所有国家,移动钱包的机构终端数增幅平均达 8.6 倍。

根据国际货币基金组织（IMF）的数据,非洲商业银行机构的增长基

---

① 文中非洲指撒哈拉以南非洲。

本停滞,甚至某些非洲国家,如:尼日尔、马拉维、乌干达等的商业银行机构数还有所减少。① 相较之下,非洲各国,特别是东非和西非各国移动钱包服务机构的增速远远超过商业银行机构的增速。2021年贝宁等19个国家的每10万人拥有的移动电子支付机构超过商业银行的100倍,其中,倍数最高的为贝宁,高达830倍,最低为尼日利亚,达120倍(见图6-1)。② 移动钱包支付机构之所以增速如此飞速,原因在于非洲银行网点的数量远少于移动运营商的网点数,移动钱包运营商多为移动运营商,移动运营商通过和各类的金融技术公司或银行合作,提供广泛的数字金融服务,填补了未被满足的需求。例如,肯尼亚是非洲数字金融渗透率最高的国家,肯尼亚的移动运营商萨法利通信公司(Safaricom)通过与小商铺乃至银行的合作推出手机移动钱包马佩萨(M-PESA),由于其方便、快捷,覆盖范围迅速扩大。作为非洲发展移动支付起步较晚的埃塞俄比亚,在2013年监管移动和代理银行业务政策生效后,马比尔(M-BIRR)与当地五家小额信贷机构合作提供手机移动钱包服务,该服务与马佩萨提供的服务类似。他们的客户能够在账户之间转移资金,并在合作的代理机构(通常是小型零售网点,如:药店、超市和加油站)提取和存入资金,对于许多肯尼亚和埃塞俄比亚的用户来说,马佩萨与马比尔是他们对银行服务的第一次体验,迅速弥补了人民对银行服务的需求。③

由于移动钱包服务更容易获得,非洲各国移动钱包用户数和交易额均有较大增长。2021年,非洲每10万人中活跃的移动钱包账户网点是商业银行分支机构的109倍。东非每1000人拥有移动钱包账户数远高于每1000人拥有的商业银行账户数。此外,非洲各国活跃移动钱包账面

---

① 商业银行机构数减少的余下18个国家为:几内亚、赞比亚、布基纳法索、卢旺达、贝宁、莱索托、莫桑比克、马里、尼日利亚、肯尼亚、科特迪瓦、冈比亚、南非、安哥拉、纳米比亚、毛里求斯、塞舌尔、博茨瓦纳。

② 增长超过100倍的19个国家分别为:贝宁、赞比亚、乌干达、塞内加尔、几内亚、马里、利比亚、卢旺达、科特迪瓦、几内亚比绍、莱索托、布基纳法索、加纳、肯尼亚、尼日尔、马达加斯加、莫桑比克、多哥、尼日利亚。

③ 马佩萨和马比尔是一种无须传统银行账户或互联网接入的手机转账方式,M的含义是移动,PESA的含义为班图语中的钱,BIRR为埃塞俄比亚的货币单位。

（单位：家）

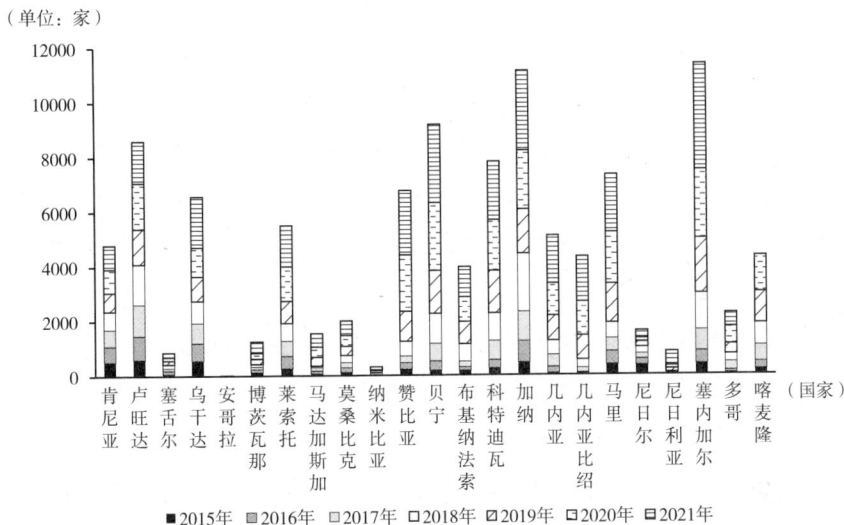

■2015年　■2016年　□2017年　□2018年　□2019年　□2020年　□2021年

图 6-1　2015—2021 年非洲各国每 10 万成人的移动钱包机构终端数

资料来源：IMF，"IMF Financial Access Survey"，https://data.imf.org/? sk = E5DCAB7E－A－5CA－4892-A6EA-598B5463A34C，2023-03-30。

余额占 GDP 的比重也在逐年升高，2021 年非洲各国中，加纳占比重最高达 180%，较 2012 年增加了 70 倍。同时在西非和东非移动交易的占 GDP 比重远高于网上银行交易占 GDP 比重，西非的加纳移动交易金额占 GDP 比重最高达 180%，而网上银行交易仅占不到 5%。①

（二）非洲移动钱包提供的服务多样化，存在巨大的空间

截至 2019 年，移动钱包主要用于货币转账（收款和汇款），由收款者通过代理商兑现。近年来，这些成长型运营商与传统银行展开了激烈竞争，迫使银行扩大自身的数字业务。为了应对竞争，特别是面临监管限制了双方可提供的服务范围时，金融科技公司也与传统银行合作。移动钱包运营商越来越多地寻求与银行、政府机构、公用事业公司和商家的合作，以增加他们的服务范围，并确保各种服务之间的相互操作性，如：存款、取款、转账、缴费、购物、分期等。移动钱包服务范围已经超出当初设计的初衷——给人们提供生活在国内其他地方的朋友和家人汇款。2021

---

① 根据 IMF Financial Access Survey 的数据计算而得。

年,3/4 的移动账户持有者至少进行了一次非个人对个人的支付,15%的成年人用移动钱包账户进行储蓄(IMF,2020)。①

非洲至今仍有 90%的交易使用现金,还有 6500 万无账户人口的农产品付款将从现金支付转为数字支付,随着手机拥有量逐渐提高(据估计,预计到 2025 年,非洲的移动手机普及率和移动互联网使用率将提高到 50%和 39%),移动支付和其他金融科技解决方案仍有很大的增长潜力(麦肯锡咨询公司,2022)。②

(三)数字融资渠道是信贷重要的渠道,主要服务于家庭用户

在一些非洲经济体贷款平台和移动钱包提供商提供的信贷解决方案正变得越来越重要。2018 年非洲国家的数字渠道的信贷占国内信贷总额的比例居前的四位分别为:坦桑尼亚为 6.2%,肯尼亚为 3%,加纳为 2.6%,乌干达为 2.5%(科尔内利,2020)。③ 2019 年,非洲国家由大数据公司和金融公司提供了 40.43 亿美元的信贷(不包括众筹),其中,肯尼亚(51%)、加纳(24%)和坦桑尼亚(15%)占了大部分(克劳迪奥等,2022)。④ 数字融资渠道主要服务于家庭用户,大约只有 32%服务于企业。其他数字金融渠道包括捐赠和众筹的小额信贷、P2P 贷款和房地产投资(Ziegler,2018)。⑤

二、非洲银行类金融机构加快数字化

2019 新冠大流行以及为应对疫情而实施的封锁措施,刺激了非洲银行业向数字化转型。根据欧洲投资银行《2021 年非洲金融报告》⑥,大多

---

① International Monetary Fund, *Financial Access Survey*, 2020 *Trends and Developments*, 2020.

② McKinsey & Company, *Fintech in Africa:The End of the Beginning*, 2022.

③ Cornell, G., Frost, J., Gambacorta, L., Rau, R., *Fintech and Big Tech Credit:A New Database*, BIS Working Paper, No.887, 2020.

④ Claudio et al., *Finance in Africa Survey:For Green, Smart and Inclusive Private Sector Development*, European Investment Bank, 2022.

⑤ Ziegler, et al., *The 2ⁿᵈ Annual Middle East & Africa Alternative Finance Report*, Cambridge Centre for Alternative Finance, 2018.

⑥ European Investment Bank, *Finance in Africa for Green, Smart and Inclusive Private Sector Development*, 2021.

数受访银行报告称,疫情导致银行向数字化永久性转型。银行认识到数字化的重要性,并计划抓住数字化带来的机遇。非洲银行报告称,计划在2021年未来12个月平均投入500万美元(相当于报告资产的1.26%)用于数字化,西非和中非银行预计的投资将超过这一平均水平。一些银行还表示希望获得国际金融机构的支持,以进一步实现产品和流程的数字化。据非洲金融报告中的调查,非洲银行进行数据化的驱动力依次为:提高现有客户的客户体验、吸引新客户、降低运营成本、促进法规的遵守。超过70%的受访银行向其私人和商业客户提供有关数字服务的信息,或就如何使用所提供的数字服务提供建议和培训。

根据欧洲投资银行发布的非洲金融报告,2021年,在西非,87%的银行至少提供一种数字应用程序,最常见的是互联网银行或移动银行。南部非洲的银行在金融数字化整体较为领先,大约有4/5的南部非洲银行提供数字应用程序,比例最高,非洲总体的比例约为3/5。南部非洲银行的非接触式服务比例为64.3%,非洲整体比例为54.8%;移动应用占比为85.7%,非洲整体比例为77.8%;移动钱包占比为64.3%,非洲整体比例为56.5%。而东非国家银行在提供手机银行应用程序上较为突出,近90%的东非银行提供该程序,较大幅度地高于69.4%的整体平均水平。

根据欧洲投资银行报告,2021年,非洲各银行向客户提供的常见数字服务类型按数量排序依次为:国内转账、向供应商支付费用和账单,从客户那里收到付款、跨境转账、远距离开立账户、申请或重组贷款、申请信用卡。而其中,提供跨境转账,申请信用卡服务的银行不超过50%。实体交易仍占资金流动的大部分,但接受调查的银行大约30%的交易使用数字渠道。各类交易中零售业占数字交易的比重最大(占37%的被调查银行数字交易的40%以上)。银行提供的数字服务在国家和地区也存在差异,数字交易在中等收入国家比在低收入国家更为普遍。例如,南部非洲超过1/3的中小企业,40%的交易通过数字方式进行,而同样西非比例的中小企业,只有25%的交易通过数字方式进行。

第二节　非洲数字金融的作用

数字金融的发展可以提高银行产品种类、节约成本和提升国际竞争力,数字金融利用现代通信渠道,新技术可以缩短金融机构的响应时间,通过数字技术开发在线消费模式,向客户提供实时信息,提供了与客户互动的新手段,并提供高度个性化、高效、综合的体验。

一、移动和数字技术极大地促进了非洲地区特别是东非和西非的金融普惠性

与传统银行相比,移动钱包业务不需要大量基础设施投资,不需要智能手机,只需功能手机,依赖蜂窝网络就可实现,其代理银行服务于人密度低的地区,成本明显较低。根据全球移动通信系统协会《2022年移动货币行业状况报告》[①],全球范围内一共有316种实时移动钱包服务,其中173种在非洲,161种在撒哈拉以南非洲地区。从地理分布上看,拥有最多实时移动服务的非洲地区是西非,占69个,其次是东非,有59个。

2015—2021年,非洲传统金融的普惠性几乎保持不变,而数字金融的普惠性大幅提升。金融科技和电信运营商提供移动支付服务正在日益填补传统银行从未解决过的空白。2021年,非洲有6.21亿注册移动账户,其中活跃账户占全球活跃账户的53%。非洲各国每1000人拥有移动钱包注册账户的成年人比例从2014年平均的37.3%上升到2021年平均的128.6%,每1000人拥有活跃移动钱包账户的成年人比例从2014年的10%上升到2021年的60.6%。东非和西非无论是从移动钱包的注册账户数还是移动钱包的交易金额都远大于非洲其他地区。东非的移动钱包注册账户在2021年达2.96亿户,同比增长15%,而西非移动注册账户增长更快,达20%,注册账户达2.37亿户。中非有大约6000万个注册账

---

① GSMA, *State of the Industry Report on Mobile Money*, 2022.

户,全年增长19%;北非注册账户增长13%,达到1500万户;南部非洲排在最后,为1300万用户,同比增长8%。2021年,非洲移动钱包的交易金额为7014亿美元,占全球移动交易总额的70%(GSMA,2022年)。① 移动钱包的交易金额从大到小依次为东非、西非、中非、北非和南部非洲,从图6-2可以看出,东非的肯尼亚、卢旺达、乌干达、西非的加纳、几内亚移动钱包交易金额占比都较高。

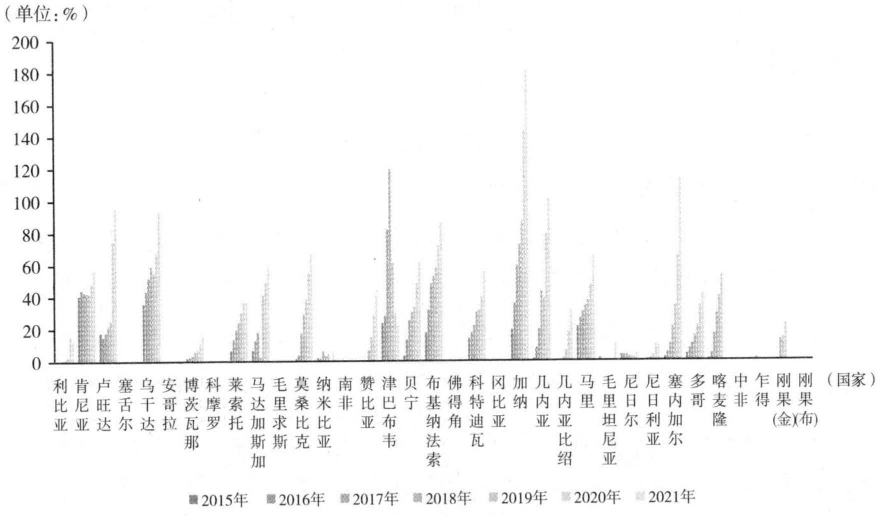

（单位：%）

图 6-2　2015—2021 年尼日利亚移动钱包交易额占 GDP 的比重

资料来源:IMF,"IMF Financial Access Survey",https://data.imf.org/? sk = E5DCAB7E - A - 5CA - 4892-A6EA-598B5463A34C,2023-03-30。

虽然非洲各国金融普惠程度有所提高,但仍存在性别差别,在非洲男性和女性金融服务的方式存在显著差异,男性比女性更多使用数字金融服务,男性使用移动钱包、汇款和购买通话时间的频率高于女性②,尼日利亚80%的数字金融代理商是男性。为提升女性享有金融的普惠性,非洲开发银行已与MTN尼日利亚的金融科技子公司——Y'ello数字金融

① GSMA,*State of the Industry Report on Mobile Money*,2022.

② Chamboko,Richard H. Soren Van Der W.,Women and Digital Financial Services in Sub-Saharan Africa:Understanding the Challenges and Harnessing the Opportunities,Worldbank,Working Paper 134167,2019.

服务公司(Y'ello Digital Financial Services YDFS)①签署了一项50万美元的赠款协议,用于研究阻碍尼日利亚北部妇女获得融资的经济、宗教和社会因素,以促进尼日利亚北部被排斥的妇女群体享受数字金融的普惠性。非洲开发银行向西非货币机构提供320535美元的赠款,用于将性别纳入西非国家经济共同体(Economic Community of West African States,ECOWAS)核心数字金融服务(Digital Financial Services,DFS)监管框架。②

二、移动支付在非洲数字金融服务的发展中发挥着关键补充作用

在西非,移动钱包服务似乎正在弥补传统融资渠道的不足。这些区域的特点是移动钱包交易总量相对较大(见图6-2),且与传统金融服务提供商的账户联系相对薄弱。对比可获得的19个国家数据,其中14个国家的活跃移动账户数远大于商业存款账户数。其中9个为西非国家。在类似西非塞内加尔、布基纳法索和科特迪瓦这样的国家,相对较差的商业银行服务推动了移动钱包的强劲增长。在南部非洲国家较高比例的人口能够获得传统金融服务,这导致南部非洲较低的移动钱包交易额,如:博茨瓦纳、科摩罗、毛里求斯,这也部分解释了南部非洲国家的移动钱包的使用较为有限。③

第三节　中非数字金融合作进展

中国数字金融发展的起始点从2004年支付宝账户体系上线开始,短短十几年时间,数字金融的各种业务模式(第三支付、网络贷款、数字货

---

① 南非跨国电信网络公司(尼日利亚)是南非跨境电信有限责任公司集团的一部分。Y'ello为MTN尼日利亚旗下子公司的名称。

② "African Development Bank Provides ＄320000 in Grant Funding to Mainstream Gender in ECOWS' Digital Financial Operations", May 2021, https://www.afdb.org/en/news－and－events/african-development-bank-provides-320-000-grant-funding-mainstream-gender-ecowas-digital-financial-operations-42444,2022-10-03.

③ IMF Financial Access Survey.

币等业务)在国内得到迅速发展与普及,加速国内资金流通、提升国内金融服务效率。在国际上,中国数字金融机构与数字金融业务的规模均遥遥领先,已经成为引领全球数字金融发展的一面旗帜。而非洲数字金融正处于蓬勃发展的阶段,中非数字金融合作大有可为。

一、中国企业为非洲数字金融的发展奠定了基础

截至 2021 年,非洲还存在大量的 2G 网络,3G/4G 已是主流,5G 仅有一个中国企业华为与南非企业合作建成的首个独立组网商用网络[1],华为、中兴、中国电信等中国企业与非洲当地主要的通信运营商建立了合作关系,进行移动网络和 3G/4G 的建设,华为安装了非洲 70% 的 4G 网络,华为等其他中国企业建设了非洲 50% 以上无线站点及高速移动宽带网络,累计铺设超过 20 万千米光纤,为非洲数字金融的发展奠定了网络基础。[2][3]

2007 年,肯尼亚当地最大的移动运营商开发测试马佩萨系统,技术后台不堪重负,2012 年华为公司应邀参与项目合作,先后派出上百人的技术团队,与当地移动运营商开发测试,系统容量从以往可支持 1500 万用户,提升到能支持 2000 万以上,使得新版"移动钱包"更加稳定快捷。在中非企业共同努力下,马佩萨服务已成为肯尼亚国内使用最广泛的移动支付平台,拥有超过 2831 万活跃客户。该项目还拓展到坦桑尼亚、莫桑比克、莱索托、刚果(金)、加纳等 10 多个国家,成为非洲知名品牌。中国企业的参与和支持,加速了非洲科技生态系统的建设。除此之外,智能手机在非洲逐渐成为主流,普及率达 55%,中国手机占非洲市场的 50%,其中传音手机占比 80%,为非洲数字金融奠定终端基础。[4]

---

① 《中非数字合作前景广阔》,人民网,http://world.people.com.cn/n1/2021/0927/c1002-32237623.html,访问时间:2022 年 10 月 3 日。

② "China's Digital Currency: Next Stop, Africa?", https://www.lowyinstitute.org/the-interpreter/china-s-digital-currency-next-stop-africa,2022-10-05.

③ 《非洲数字经济驶入"快车道"》,中国国家英文新闻周刊,http://www.beijingreview.com.cn/chinafrica/202207/t20220706_800299983.html,访问时间:2022 年 7 月 6 日。

④ 《中非企业加强移动支付合作》,中国侨网,http://www.chinaqw.com/jjkj/2021/11-16/313786.shtml,访问时间:2022 年 10 月 3 日。

二、中国企业积极参与非洲数字金融的投资

源于非洲本土的数字融资主要用于类似移动钱包支付的当地基础设施或者专注于对中小企业的融资(迪西等,2020)。[1] 非洲的大多数(88%)数字金融的融资是从非洲大陆以外的平台筹集的。近六年来,非洲初创公司投资增长 18.5 倍,其中,45%投向金融科技(Fintech)公司,2021 年是非洲金融科技公司融资最亮眼的一年,吸纳了非洲总融资额的62%,而金融科技领域融资额最多的是支付类产品。从资金来源看,欧美是绝对主力,但中国的投资机构腾讯、红杉中国等也参与投资。非洲前10 名融资的数字金融公司,有两家由中国企业主导投资,分别是欧佩(Opay)(大部分来自中国投资者,北京昆仑万维公司)、澎贝支付(Palmpay)(在中国手机制造商传音的牵头下筹资 4000 万美元)。[2]

三、中国头部金融科技公司已进入非洲数字金融市场

中国多家金融科技企业进入非洲市场。微信早在 2015 年 11 月就在南非上线"微信钱包"。南非标准银行与微信合作,用户可以进行转账、支付等操作。通过与生态银行(EcoBank)和股权银行(Equity Bank)等非洲公司合作,中国的银联国际、中国的微信支付、蚂蚁金服的支付宝支付与客户及银行已实现本土化,支持金融科技和普惠金融的兴起。华为于2017 年与相关跨境汇款平台达成合作协议,为非洲的华为手机用户提供国际转账服务。2021 年,移动运营商沃达丰南非子公司沃达康与阿里巴巴集团合作推出一款名为"沃达付"(VodaPay)的超级应用,可以用来绑定来自任何一家银行的账户,为客户提供移动支付、在线购物和贷款等服务。[3] 中国在肯尼亚最大的电商平台齐力商城(Kilimall)自主研发的利

---

① Disse et al.,*Digitalization and its Impact on SME Finance in Sub-Saharan Africa*:*Reviewing the Hype and Actual Developments*,Discussion Paper No.4,2020.

② Briter Bridges Africa Investment Report 2021,https://briterbridges.com/africainvestmentreport 2021,2022-10-21.

③ 《中非企业加强移动支付合作》,中非合作论坛,http://www.focac.org/zfgx/jmhz/ 202111/t20211116_10449088.htm,访问时间:2022 年 10 月 3 日。

派付(LipaPay)在线支付系统,可以支持多渠道多国货币交易,与非洲近二十家手机钱包和主流银行对接,提供在线支付、分期付款等多种金融服务。

第四节　中非数字金融合作面临的挑战与合作路径

中国企业积极开拓非洲市场,中非数字金融在硬件支持、软件配套和风险投资等方面进行深入合作,但受制于非洲数字金融发展仍处于初期阶段,非洲各国自身仍存在一系列的不利因素,对双方数字金融合作形成挑战。未来,中国企业应致力于解决这些不利因素,推进双方数字金融合作。

一、中非金融合作面临的挑战

中非合作的主要挑战源自非洲发展的自限性,非洲数字金融基础设施落后,金融监管缺位、网络安全频受威胁以及数字人才匮乏等严重制约中非数字金融合作。

(一)非洲各国数字金融基础设施仍处于早期发展阶段

整个非洲大陆数字金融增长机会巨大,但非洲只有三个国家拥有实时支付和必要支付基础设施。非洲各国发展数字金融整体受到基础设施的限制,如市场的移动互联网渗透率低、光纤渗透率低以及数据中心的缺乏。2020 年,4G 仅占非洲大陆移动电话的 12%,低于全球 57%的平均水平。只有不到 1/3 的非洲人拥有宽带连接。在世界上网络最少的 25 个国家中,有 21 个位于非洲。非洲的互联网普及率仅为 36%,与全球平均 62.5%相比有很大的差距;光纤网络在非洲还没完全渗透,尤其非洲大陆的内陆国家,非洲光纤宽带家庭普及率低于 2%,3 亿非洲人的生活距离光纤或电缆宽带连接超过 50 千米;当前非洲各国的数据中心容量小,尽管大多数非洲国家目前在个人数据方面相对不受限制,延迟问题和对数据主权的担忧正在推动非洲的数据中心本地化。非洲仅占全球数据中心容量的 1%,其中的 2/3 容量位于南非。假如非洲大陆的其他地区达到与南非相似的密度,将需要大约 700 个容量为 1000 兆瓦的新数据中心(GSMA,2021)。[1]

（二）非洲大部分地区数字金融监管缓慢且监管环境不稳定

首先,根据非洲战略研究中心的数据,只有 15 个非洲国家完成了威胁监测和响应的国家网络安全战略。[2] 如,喀麦隆没有正式的网络安全战略或统一的网络政策文件,没有明确的方式可以报告网络犯罪,没有关于数据隐私和相关保护的具体法律或法规。其次,非洲的数字金融公司必须应对分散的金融监管框架,各国复杂和多变的法规,监管程度以及执法程度有时会迅速变化,包括许可审流程。这些监管分散、多变的监管措施使数字金融公司难以确保跨市场的业务连续性与合规性,企业难以适应当地市场,无法跟上监管的步伐。例如,加纳金融监管机构繁多,银行对银行和所有其他金融机构拥有监督和监管权力,通过与金融服务相关的各种议会法案监督他们的许可和运营。加纳银行监管部负责监管银行,而其他金融机构监管部则负责监管非银行金融机构。支付系统部负责监督金融活动,尤其是电信公司的移动钱包业务。该部门还为参与支付系统的电信公司提供准入许可、监管。金融科技和创新办公室负责监督支付和金融技术服务提供商。尼日利亚的移动支付牌照种类较多,包括移动钱包牌照、针对移动运营商的移动钱包牌照、支付网关牌照等,数字金融公司可能因牌照申请原因,使经营范围受限。除此之外,数字金融公司可能还面临严格的外汇管制,如:尼日利亚外汇储备紧缺,企业几乎不可能把外汇汇出,这使企业的投资行动变得更加困难。

总体来说,虽然部分非洲国家的监管机构致力于创造良好环境,但仍存在不足。如:塞拉利昂、肯尼亚、卢旺达和莫桑比克在早期采用了金融

---

[1] GSMA, *The Mobile Money Economy*, 2021.

[2] Sana Louahidi, "Rise of Digital Banks in Africa: Challenges and Opportunities", https://www.theasianbanker.com/updates-and-articles/rise-of-digital-banks-in-africa:-challenges-and-opportunities, 2022-10-06.

监管沙盒(sandbox)①(让企业在起步阶段证明其金融科技解决方案及内部监控系统的可行性,从而维护市场稳定加强对投资者的保护),加纳在2022年也启动了沙盒试点,尼日利亚引入监管框架。② 但这些非洲国家推出的沙盒一直处于国家层面,建立起来缓慢且昂贵。非洲的沙盒在资格标准和优先金融创新方面也存在很大差异,使得一个国家沙盒的金融创新在另一个国家不适用。

(三)网络安全面临持续威胁

非洲数字金融服务面临的网络安全问题通常包括欺诈、洗钱、敲诈勒索、人口贩卖、非法野生动物贸易、枪支供应、毒品贸易、被盗机动车贸易和恐怖主义融资。这主要源于三方面原因:首先,企业网络安全建设经费有限,从前文可知,非洲金融科技初创企业的融资创历史新高。然而进入非洲大陆的资金仅集中在7个国家,其中,尼日利亚、肯尼亚和南非占投资的87.9%。由于获得投资的机会有限,大部分没有吸引到资金的国家其金融科技初创企业可能并不关注网络安全。③ 其次,非洲各国间网络安全合作缺乏有效的执行保障,非洲目前已设立非洲网络安全资源中心(African Cyber Security Resource Center,ACSRC),该中心是一个由非洲数字金融普惠性基金(Africa Digital Financial Inclusion Fund,ADFI)和非洲开发银行(African Development Bank,AfDB)共同支持的非营利集团,旨在促进整个非洲金融部门的合作,包括中央银行、银行、金融科技、小额信贷机构和小额保险公司,但该合作缺乏强制性。最后,非洲各国国内网络安全法规执行能力不到位,以反洗钱为例,非洲各国虽有更新许可要求和实施数字身份认证(KYC)法规(对账户持有人的强化审查,反洗钱用于预防腐败的制度基础),但总的来说,各国普遍缺乏数字身份认证措施和强

---

① 沙盒在计算机安全领域,是一种用于安全的运行程度的机制。

② "Pan-African regulatory platform needed to boost financial inclusion", https://www.theafricareport. com/184160/pan-african-regulatory-platform-needed-to-boost-financial-inclusion/,2022-10-03.

③ Elizabeth Kolade, "Cybersecurity in Nigeria's Financial Industry: Enhancing Consumer Trust and Security", https://carnegieendowment. org/2022/05/13/cybersecurity-in-nigeria-s-financial-industry-enhancing-consumer-trust-and-security-pub-87123,2022-10-04.

大的身份检查来验证用户,导致金融系统容易受到犯罪渗透。尼日利亚在非洲各国网络建设中处于较领先位置,通过发布一系列的法规《其他金融机构基于风险的网络安全框架和指南》《网络犯罪(禁止、预防等)法案》努力创建一个安全、富有弹性且受境内外个人用户和企业信任的在线环境,但是即使如此,其金融机构网络安全团队能力不足,导致尼日利亚多次未能报告网络安全事件。

(四)人才缺乏且员工忠诚度不高

据估计,大约50%的非洲软件开发人员分布在5个国家(南非、尼日利亚、摩洛哥、肯尼亚和埃及)。[①] 每年低收入和中等收入国家的信息和通信技术专业人员都会出现大量"人才外流",因为他们可在数字部门更发达的国家寻求更好的就业机会和更高工资。成功的数字金融公司需要留住最优秀人才,但非洲员工的忠诚度普遍不高。

二、中非数字金融合作路径

中非数字金融合作的主要路径可以从中国企业继续积极参与数字金融基础设施建设、丰富数字金融类别、分享网络安全治理经验、人才文化培养几个方面着手。

(一)完善数字金融基础设施

数字金融基础设施包括支付连接的移动和宽带网络等基本技术组件;实现交易和保护隐私所需的数字身份、数据标准和协议。中国企业可以利用自身数字基础设施建设的优势,高质量推动非洲数字基础设施的全面普及和高质量建设,为非洲数字经济发展提供基础动力。中非数字金融基础设施合作应积极推动非洲"5G"、光纤宽带、大数据中心等新一代网络的高质量发展,提升非洲数字金融基础设施质量。

(二)扩大金融服务类别

非洲各国当前数字金融产品主要仍集中于账户交易、中国企业可以

---

① 《数据报告|虽然互联网经济蓬勃发展但非洲市场需要更多本土开发人员》,白鲸出海网,https://www.baijing.cn/article/31291,2022-10-15,访问时间:2022年10月5日。

在合规的情况下,利用中国数字金融发展的经验,拓展数字金融产品服务。提供例如:信用、储蓄产品和保险等金融产品,在具体操作上可以参考中国二维码系统,使消费者扫描、支付、购买变得简单且低成本、高效率且可以带来丰富的数据集和最低限度的欺诈。同时设计针对少数群体和社会弱势群体(包括贫困人口和妇女)的产品,帮助他们拥有收付款、储蓄、获得信贷、保险等业务。

(三)分享中国网络安全治理经验

一方面,中非官方机构可以利用中非合作论坛的机制,分享中国网络安全治理经验,帮助非洲完善数据交换生态系统,加强跨境合作和信息共享,强化客户端、应用端数据安全保护意识,协同合作开发各种数字金融治理环境和治理工具,共同维护和平、安全、开放、合作、有序的数字金融网络空间。另一方面,随着数据中心云化,中国的云厂商内嵌云安全产品,比如:阿里云和腾讯云几乎可以提供云上所需的所有安全产品种类,中国的互联网企业可以为当地企业数字金融公司提供适合的网络安全产品。以网络安全所需的身份认证为例,在非洲提供移动货币服务的运营商和其他参与者需要投资适当的身份认证系统,尤其是在跨境合规方面,因为有许多国际移动钱包交易通道将非洲国家与世界连接起来,此类交易使犯罪收入能够从产生资金的地区转移到另一个司法管辖区兑现,构成额外的洗钱和恐怖主义融资风险。非洲的移动钱包行业面临跨境合规、监管环境不一致,中国企业可以利用自身的技术优势,为非洲数字金融行业提供全面的合规解决方案一站式服务,这些解决方案结合起来构成了遵循全球和当地法规的完整身份认证流程。帮助各数字金融企业适应监管变化。

(四)联合培养人才,加强跨文化管理

中国数字金融公司利用自己的技术优势,加大对非洲当地员工的培训力度,提升当地员工的素质与能力。根据企业的需求精细化研究培训需求,加大优秀数字课程开发力度。同时加强对本地员工的考核,对表现优异的员工,及时给予提拔,充分调动本地员工的工作积极性。对工作表现突出的员工,进行宣传和奖励,形成积极引领示范作用。加强跨文化管

理,促进中非双方员工的有效融合。鼓励中方员工学习当地文化,主动与非洲员工进行沟通交流,引导当地员工对企业的价值观、企业文化的认同与理解,提升员工忠诚度。

第七章 数字支付与中非数字普惠金融合作[①]

进入新时代,世界范围内数字经济发展迅速。非洲国家作为拥有贫困人口最多的地区,当前还面临着金融危机,但是数字普惠金融带给了非洲新的希望。数字支付是数字金融的基础功能,其在金融生活服务方面将生活与数字金融联结起来,提高了移动货币的可获得性,进一步降低了中低收入人群获得金融服务的门槛,最终使得中低收入人群能够获得数字普惠金融服务,减少了消费不平等。中国在与非洲数字经济合作达成共识之后,也助力非洲数字普惠金融的建设。其中,数字支付在中非数字普惠金融合作中具有广阔前景,也为非洲数字普惠金融提供了支持。

第一节 非洲数字普惠金融的发展背景

2022年,党的二十大报告提出加快数字经济发展,数字经济成为疫情后经济复苏的关键所在。在疫情期间与疫情之后的全球范围内,美欧等国纷纷出台数字经济发展政策,数字经济的战略地位不断提高。[②] 同时,由于疫情带来的全球性停工停产,部分贫困地区的贫困人口进一步提高,仅2020年全球就新增9300万极端贫困人口。[③] 而非洲作为很多贫困

① 本章为:教育部高校国别研究课题(项目编号:2021-N43)及中央高校科研业务专项(项目编号:B220207035和B210207018)研究成果。
② 中国信息通信研究院:《全球数字经济白皮书(2022)》,2022年12月,第2页。
③ 联合国等:《2022年可持续发展报告(Sustainable Development Report(2022)》,2022年,第8页。

国家的所在地,面临摆脱贫困的迫切需求。非洲内部存在专门领域的实用型人才缺乏、人均收入低、人均国内生产总值低等问题;外部存在外债严重、大宗商品市场价格波动大等问题。在非洲内外形势严峻的背景下,传统产业无法满足非洲快速振兴的愿望,但是数字经济可以帮助非洲达成愿景。数字普惠金融既满足了非洲实现经济包容性增长的要求,又能够快速将数字产品与服务带给贫困地区人群,最大限度上缓解地区贫困。而数字普惠金融需要借助于数字化或电子化技术进行交易,对于以现金交易为主的非洲人民,数字化技术需要更加灵活与包容的载体。数字支付既可以作为数字普惠金融的基础载体,又能沟通数字产品与服务。数字支付的高覆盖性与低成本性也是中低收入群体愿意获得数字支付的重要原因之一。数字支付这类数字技术的发展可以促进非洲数字普惠金融发展,而国家对于基础设施的建设程度与对教育的重视程度也在一定程度上促进了数字普惠金融的发展①,进而缓解贫困与地区不平等。

一、非洲普惠金融基础分析

近年来,美、欧、日、俄等国部署了数条促进数字经济发展的战略计划。"十四五"时期,我国也提出了"数字经济发展规划"。数字经济的快捷性与高渗透性促进了三大产业的互相交融,也推动了经济的飞速增长。尽管在世界范围内,有60%的人使用互联网(2020),局部地区高达100%(例如阿联酋、巴林、卡塔尔)。但是,在撒哈拉以南非洲只有30%的人使用互联网(2020)②,仅为世界水平的一半。基于大多数得益于数字经济的发展,传统产业已经不适于经济高速发展目标,寻求数字经济在不同领域的创新发展显得尤其重要。非洲的外债严重、人均国内生产总值低、人均收入低……这些困难迫使非洲寻求经济增速提高的方法,传统产业已

---

① Kouladoum J.C., Wirajing M.A.K., Nchofoung T.N., "Digital Technologies and Financial Inclusion in Sub-Saharan Africa", *Telecommunications Policy*, Vol.46, No.9, 2022.

② 世界公开银行数据(WB), https://data.worldbank.org/indicator/IT.NET.USER.ZS? locations=ZG。

经无法满足非洲经济快速增长的需求,数字经济的自我膨胀使得非洲经济的高质量快速发展成为可能。非盟在近几年连续制定了《2063 年议程》《非洲数字化转型战略》等文件,旨在寻求经济发展之道。这些文件指出希望通过发展数字经济达到非洲数字化转型的效果,从而振兴目前低迷的经济形势。中非双方也共同制定了《中非合作 2035 年愿景》。在 2018 年中国提出了"八大行动"的目标,在 2021 年提出了"九项工程"的目标,文件中重点提及了中国将大力支持非洲数字创新工程。

非盟提出的《2063 年议程》旨在解决非洲发展问题,文件提出了七大愿景,首位就是实现非洲经济包容性增长。近几年非洲国家逐渐意识到经济包容性增长的重要性,2022 年,厄立特里亚、埃塞俄比亚、南苏丹、马诺河联盟等非洲国家或组织以不同形式实现经济包容性增长。非洲经济包容性增长要求经济可持续发展惠及全体人民,特别是非洲大部分的贫困人群,以此来缩小消费不平等。而数字普惠金融满足了非洲包容性增长的需求,并且极好地惠及全体人民。二十国集团峰会上,《G20 数字普惠金融高级原则》首次明确定义了数字普惠金融:"泛指一切通过使用数字金融服务以促进普惠金融的行动,通过数字化或电子化技术进行交易,如电子货币(通过线上或者移动电话发起)、支付卡和常规银行账户。"[1] 数字支付指通过数字渠道处理的非现金交易。[2] 从数字普惠金融的定义中可以看到,数字支付是其进行的基础条件。

根据世界银行最新数据,以 2021 年国家人均 GNI 低于 1045 美元为低收入国家的标准,非洲有 23 个国家为低收入国家。如图 7-1 所示,从图中可以看出,有 23 个国家的人均 GNI 低于 1045 美元,分别为赞比亚、几内亚、多哥、埃塞俄比亚、卢旺达、布基纳法索、马里、乌干达、几内亚比绍、冈比亚、苏丹、乍得、利比里亚、马拉维、厄立特里亚、尼日尔、刚果(金)、塞拉利昂、马达加斯加、莫桑比亚、中非、索马里、布隆迪,并且低收

---

　　① 二十国集团:《G20 数字普惠金融高级原则》,2016 年,第 3 页。

　　② Agur I.,Peria S.M.,Rochon C.,"Digital Financial Services and the Pandemic:Opportunities and Risks for Emerging and Developing Economies",*International Monetary Fund Special Series on COVID-19*,*Transactions*,2020,p.1.

入国家的人均 GNI 差别巨大。其中最低的为布隆迪,人均 GNI 仅有 220 美元,倒数第二个国家索马里的人均 GNI 是布隆迪的近两倍,赞比亚与布隆迪的人均 GNI 也相差近 800 美元。可见,非洲的贫困并不是部分人口贫困,而是全方位、多维度、普遍式的人口贫困。

大部分地区的人口贫困使得非洲的金融发展遇阻,因为传统金融业主要通过银行进行借贷与结算活动,但是非洲城乡发展的巨大差异性使得非洲的银行无法服务到最需要的人群。银行由于设立服务站点的成本过大,直接放弃在偏远地区开设服务站点。偏远地区的居民大多为中低收入人群,没有可触及的金融服务站点使得他们与金融服务完全断绝。他们因为没有身份证或者银行卡及其他金融机构的账户,使其失去了得到基本金融服务的可能,数字支付作为数字金融的基础功能,具有高覆盖性与低成本性,可以很好地被中低收入人群获得。这是发展数字普惠金融可以改善的一点,即可以扩大未拥有账户人群的拥有账户比例,尤其是中低收入人群。当数字金融与生活服务联系起来,并且数字金融服务与用户生活需求完全贴合时,数字支付的便利性将推动移动货币的流动,以此增加未拥有账户人群的账户拥有率,从而推进数字普惠金融进程。

(单位:美元)

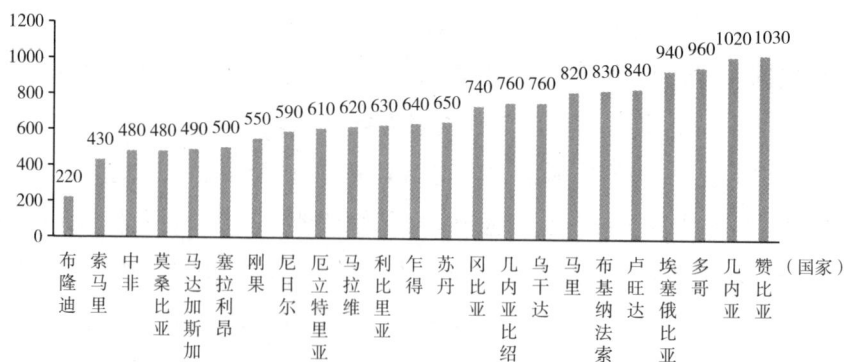

图 7-1 2021 年撒哈拉以南非洲低收入国家人均 GNI

资料来源:https://data.worldbank.org/indicator/NY.GNP.PCAP.CD? locations = ZG,访问时间:2023 年 2 月 25 日。

二、非洲普惠金融多维研究

非洲在最近几年出台的政策中强调了非洲经济包容性发展,而数字普惠金融既符合经济包容性发展需求,也有利于缓解地区不平等程度。数字支付作为数字普惠金融的基础条件,在一定程度上增强了数字普惠金融的广度与深度,将数字产品与金融服务带给偏远地区的中低收入人群。在数字支付、数字经济与数字普惠金融领域,国内外学者进行了不同的研究,下面从数字普惠金融、数字支付、数字支付在数字普惠金融方面的研究角度出发,总结了学者们的不同研究成果。

(一)数字普惠金融方面的研究

在数字经济进一步发展的背景下,非洲越来越提倡互联网与移动电话的使用。有证据证明,互联网和移动电话的普及能进一步提高非洲数字普惠金融的发展,而数字普惠金融也能提高互联网和移动电话的使用率。穆古梅(Mugume,2022)证明了数字技术的发展与数字普惠金融的发展程度呈正相关,例如人工智能的发展帮助中小企业、老人、穷人、妇人等人群融入数字普惠金融[1],并且国家对于教育的重视程度和对于技术部门的基础设施的投资情况有利于数字技术的发展[2]。斯里瓦斯塔瓦·阿努什里(Srivastava Anushree,2022)[3]调查了金融与数字素养在实现数字普惠金融中的作用,得出适当的金融培训可以解决金融文盲问题的结论。(Evans,2018)[4]。

数字普惠金融有望解决普惠金融存在的一系列问题,姆波夫(Mpofu

---

① Mugume R., Bulime E.W.N., "Post-COVID-19 Recovery for African Economies: Lessons for Digital Financial Inclusion from Kenya and Uganda", *African Development Review*, Vol.34,2022, pp.161-176.

② Kouladoum J.C., Wirajing M.A.K., Nchofoung T.N., "Digital Technologies and Financial Inclusion in Sub-Saharan Africa", *Telecommunications Policy*, Vol.46, No.9,2022.

③ Srivastava Anushree., "Digital Financial Inclusion: A Study to Find the Role of Financial and Digital Literacy in Achieving It", *International Journal of Innovation in the Digital Economy*, No.17,2022, pp.92-98.

④ Evans O., "Connecting the Poor: The Internet, Mobile Phones and Financial Inclusion in Africa", *Digital Policy, Regulation and Governance*, Vol.20, No.6,2018, pp.568-581.

Favourate,2022)等认为,数字金融的包容正在推动非洲大陆的金融包容。[1] 戈帕兰·萨西达兰(Gopalan Sasidaran,2022)等以银行集中度低的国家为背景,通过数据测算发现金融科技带来的经济持续包容性增长加剧了产出波动。[2]

黄倩等(2019)通过假设与构建模型得出数字普惠金融具有缓减贫困的效果。[3] 凯利库梅(Kelikume,2021)认为发达的非正规经济促进数字普惠金融的发展,移动电话、互联网的使用率与减贫之间具有正相关关系,而更高程度的数字普惠金融与更高程度的非正规经济和移动电话、互联网的高使用率有关,从而高程度的数字普惠金融有利于国家与地区缓解人口贫困。[4] 疫情及国家为应对疫情的措施使撒哈拉以南非洲的经济约萎缩3.6%,在政府鼓励无接触支付背景下,数字支付为保持人们正常且便利的生活提供了保障。小企业和低收入家庭可以直接受益于移动货币服务、网上银行和其他金融技术创新等数字解决方案。有证据表明,在适当的监管框架下,数字普惠金融可以显著减少贫困和缩小收入不平等,并且不一定会对金融稳定产生不利影响(Machasio,2020)[5]。

穆古梅和布利姆(Mugume,Bulime,2022)通过研究肯尼亚和乌干达的数字普惠金融体系,认为信任移动货币代理的用户可能会使用比其他人更多的数字金融平台,建议政府应保障消费者权益,从而增加消费者对数字普惠金融服务的信任。[6]

---

[1]　Mpofu Favourate Y., Mhlanga David., "Digital Financial Inclusion, Digital Financial Services Tax and Financial Inclusion in the Fourth Industrial Revolution Era in Africa", *Economies*, Vol.10,No.8,2022.

[2]　Gopalan Sasidaran, Rajan Ramkishen S., "Does Digital Financial Inclusion Moderate or Exacerbate Output Volatility?", *Applied Economics Letters*, Vol.29,No.19,2022.

[3]　黄倩、李政、熊德平:《数字普惠金融的减贫效应及其传导机制》,《改革》2019 年第 11 期。

[4]　Kelikume I., "Digital Financial Inclusion, Informal Economy and Poverty Reduction in Africa", *Journal of Enterprising Communities：People and Places in the Global Economy*,2021.

[5]　Machasio I.N., "COVID-19 and Digital Financial Inclusion in Africa",2020.

[6]　Mugume R., Bulime E.W.N., "Post-COVID-19 Recovery for African Economies：Lessons for Digital Financial Inclusion from Kenya and Uganda", *African Development Review*, Vol.34,2022, pp.161-176.

通过非洲数字普惠金融的现状及其发展原因分析,例如肯尼亚数字普惠金融的成功经验(马丽春,2019)①可以被中国数字普惠金融发展所借鉴(王振宇,2019)②。"一带一路"沿线国家和地区的普惠金融分为四大类型,其发展路径也可为中国及"一带一路"其他国家发展数字普惠金融提供经验(宗民,2019)③。

(二)数字支付方面的研究

更加快捷的数字支付满足了用户需求,点对点的支付体系得以实现,国家或机构与大型支付代理商合作,推进创新型支付模式的实现(钟学进,2019)④。在跨境支付方面,支付体系转变成由"支付牵引",未来的货币将在各大跨境企业间自由流动(贺力平等,2021)⑤。在疫情期间,非洲政府意识到了无接触支付的重要性,而银行与非银行的参与者也在改变其运营模式,降低移动支付的障碍,让更多人进入无现金经济时代(Ahmed,等,2022)⑥。同时,汇款数量在疫情期间也遭受大幅度降低,这导致高度依赖汇款的个人、企业、国家面临巨大打击,所以数字普惠金融的发展势在必行。更加便捷的数字汇款不仅是为了应对疫情的封锁措施,而且有利于恢复期的经济复苏(De Girancourt 等,2021)⑦。

新时代数字支付具有三个特点,分别为货币的电子化、支付成本不断降低、支付安全问题显现(王方方,2022)⑧。在农业方面,数字支付显著

---

① 马丽春:《数字普惠金融发展的国际经验及对我国的启示》,云南财经大学 2019 年硕士学位论文。

② 王振宇:《非洲数字普惠金融分析》,《新金融》2019 年第 3 期。

③ 宗民:《"一带一路"沿线国家的普惠金融发展:模式与经验》,《西南金融》2019 年第 10 期。

④ 钟学进:《数字经济时代在线知识付费系统数字支付体系的技术变革》,《图书与情报》2019 年第 2 期。

⑤ 贺力平、赵鹍:《跨境支付:从"货币牵引"到"支付牵引"的转变?》,《金融评论》2021 年第 13 期。

⑥ Ahmed J.U., Talukdar A., Khan M.M., et al., "Flutterwave—A Digital Payment Solution in Nigeria", *Journal of Information Technology Teaching Cases*, Vol.20438869211063210, 2022.

⑦ De Girancourt F.J., Kuyoro M., Ofosu-Amaah N.A., et al., "How the COVID19 Crisis May Affect Electronic Payments in Africa", *McKinsey & Company*, *Retrieved*, Vol.8, 2021.

⑧ 王方方:《数字时代的支付变革》,《群言》2022 年第 4 期。

影响了撒哈拉以南非洲地区农业生产力,有利于非洲粮食安全以及减少极端饥饿与贫困现象[阿德格博耶·福拉萨德(Adegboye Folasade,2020)]。① 在服务业方面,数字支付有利于产业结构的升级(高天天,2021)②;数字支付给企业增值税税源管理带来不利影响,但得到了解决措施(邬小霞等,2021)③。

数字支付在非洲不同国家经济发展中具有不同特点,弗格森(Ferguson,2019)等认为,为了跟上创新的金融环境,数字支付系统需要不断更新,并且肯尼亚的监管创新的方法较南非的银行主导与尼日利亚的先发制人更具优势。尼日利亚的通信技术部门的兴起导致了选择在线支付与移动支付的人数激增,确保无银行账户的人群顺利完成远程支付是一个关注点。④

(三)数字支付在数字普惠金融方面的研究

部分学者的研究中提及了数字支付对数字普惠金融的影响。数字支付有利于降低中小企业的支付成本和门槛(欧阳日辉,2021)⑤。这在一定程度上促进了中小企业的发展,在非洲社会,中小企业提供了超九成的就业岗位,特别是对于中低收入人群来说,中小企业的存在是其就业的保障。数字支付的高覆盖性为全社会消费提供了一个良好环境,而数字支付的深度使得数字金融服务可以惠及各个阶层,从而缓解不平等消费(张海洋等,2022)⑥。在疫情后数字支付加快采用的现象下,赫拉普尔瓦

---

① Adegboye Folasade, "Digitalization in the Agribusiness Value Chain and Payment Systems: Evidence from Sub-Saharan Africa", *Journal of African Development*, Vol.21, No.1, 2020.

② 高天天、滕子丰:《数字普惠金融与产业结构优化升级》,《经济研究参考》2021年第24期。

③ 邬小霞、冯炳纯:《数字支付时代下现代服务业的增值税税源管理改进思路探究》,《中小企业管理与科技(中旬刊)》2021年第8期。

④ Ferguson K. K., Soutter L., Neubert M., "Digital Payments in Africa – how Demand, Technology, and Regulation Disrupt Digital Payment Systems", *International Journal of Teaching and Case Studies*, Vol.10, No.4, 2019, pp.319-340.

⑤ 欧阳日辉:《数字技术、数字支付与美好数字生活》,《群言》2021年第10期。

⑥ 张海洋、韩晓:《数字金融能缓和社会主要矛盾吗? ——消费不平等的视角》,《经济科学》2022年第2期。

（Khera Purva，2022）等提出通过政策来弥合数字鸿沟，以确保在数字普惠金融方面继续取得进展。[1] 刘运国等（2022）提出通过数字支付平台与数字金融科技平台共享数据，以此来获得更高的效益，并且在数字生活服务方面可以通过普惠金融来吸引大量客户。[2]

帕扎巴西奥格鲁（Pazarbasioglu，2020）认为，金融体系更深入、更发达的国家，经济增长更快，贫穷和收入不平等的减少幅度更大，由金融科技驱动的数字金融服务，有可能通过最大化规模经济来降低成本，提高交易的速度、安全性和透明度，并允许为穷人提供更有针对性的金融服务。[3] 数字金融本身的可用性、准确性、方便性对移动银行有积极影响，低的服务费和准确的时间，对移动钱包有显著影响。虽然非洲的市场以现金交易为主，但是金融普惠正在弥合现金支付和数字支付之间的差距。杜莱（Durai，2019）、[4]拉德克利夫（Radcliffe，2012）等证明了将穷人与数字金融联系起来，将产生可观的福利，并且认为各国不会在一个巨大的飞跃中弥合现金与数字支付的鸿沟，相反会经历 4 个不同发展阶段才能达到数字惠普目的。[5] 阿纳（Arner，2020）等认为金融科技是金融普惠的关键驱动力，而金融普惠又是可持续发展的基础。[6] 斯鲁吉（Srouji，2020）认为以现金为代价扩大数字支付的计划，可能不能很好地适应高度社会经济不平等的国家，即在这些国家现金和数字支付发挥着替代作用，但对于新

---

① Khera Purva, Ng Stephanie, Ogawa Sumiko, Sahay Ratna, "Measuring Digital Financial Inclusion in Emerging Market and Developing Economies: A New Index", *Asian Economic Policy Review*, Vol.17, No.2, 2022.

② 刘运国、梁瑞欣、黄璐：《互联网金融企业价值评估研究——以蚂蚁集团为例》，《财会通讯》2022 年第 16 期。

③ Pazarbasioglu C., Mora A.G., Uttamchandani M., et al., "Digital Financial Services", *World Bank*, 2020, p.54.

④ Durai T., Stella G., "Digital Finance and its Impact on Financial Inclusion", *Journal of Emerging Technologies and Innovative Research*, Vol.6, No.1, 2019, pp.122–127.

⑤ Radcliffe D., Voorhies R., "A Digital Pathway to Financial Inclusion", *Available at SSRN* 2186926, 2012.

⑥ Arner D.W., Buckley R.P., Zetzsche D.A., et al., "Sustainability, FinTech and Financial Inclusion", *European Business Organization Law Review*, Vol.21, 2020, pp.7–35.

兴经济体来说,现金和数字支付很可能发挥着互补作用。①

从以上学者的研究成果中可以总结出各国发展数字普惠金融的经验和数字支付促进数字普惠金融发展的优点。数字普惠金融很好地完善了普惠金融带来的问题,其具有缓减贫困、有利于经济可持续发展、保障了金融资金可流动性的特点。移动电话和互联网的使用率、非正规经济、人工智能的发展、政府对教育的重视程度、基础设施投资建设情况都对数字普惠金融的发展有一定影响。而数字支付具有的降低支付成本与门槛、高覆盖性、利于缓解消费不平等的特点可以更好地服务社会。但数字支付系统的更新、政府对数字支付的鼓励、疫情导致的汇款问题等都是推进数字支付发展的重要因素。基于以上学者的研究以及中非数字普惠金融合作的积极开展背景下,本书从数字支付的角度阐述其在中非数字普惠金融合作中的前景、困难及路径。

第二节　数字支付在中非数字普惠金融合作中的前景和困难

此前的研究大多是通过分析非洲数字普惠金融发展特点,从而为我国数字普惠金融建设服务,或者在研究国内数字支付领域时提及其利于数字普惠金融建设,但是并没有深入研究。国外一些学者则将数字金融与数字普惠金融联系起来,关于数字支付促进数字普惠金融的篇幅较少。数字支付作为非洲中低收入人群获得金融服务的基础功能,在更好地服务社会的基础上助力了非洲数字普惠金融的发展。在发展前景上,非洲具有以下几点优势:第一,青少年群体基数大,数字支付潜在用户量巨大;第二,非洲成年用户的数字账户拥有率在疫情之后增长迅速,表现为数字支付潜力强;第三,世界各大企业对于非洲市场的青睐程度提高,初创企业获得投资机会变多;第四,非洲居民的数字生活服务需求推动数字支付

---

① Srouji, "Digital Payments, the Cashless Economy, and Financial Inclusion in the United Arab Emirates: Why is Everyone Still Transacting in Cash?", *Journal of Risk and Financial Management*, Vol.13, No.11, 2020, p.260.

的发展。尽管数字支付具有优越的内外部发展优势,但是也具有极其艰巨的发展困境。数字支付的发展困难表现为以下几点:第一,非洲中小学净入学率远低于世界平均水平与高水平人才流失等因素不利于数字普惠金融领域的实用型人才培养;第二,非洲手机与互联网普及率都低于世界平均水平,其中互联网普及率仅处于 3G 普遍的程度,远远不能满足数字普惠金融快速发展的要求;第三,非洲市场主要以现金交易为主,但现金交易不利于消费者的财富管理与便利性支付。下面将具体探讨数字支付在中非数字普惠金融合作中的前景与困难。

一、数字支付在中非数字普惠金融合作中的前景

数字支付不仅是一种支付手段,更是联系各个平台形成消费圈的媒介。中非合作从 20 世纪就已经开始,合作经验丰富,其中不乏许多成功案例。非洲在数字支付方面略有不足,表现为低覆盖性、现金与数字支付具有鸿沟,这在一定程度上阻碍了数字普惠金融的发展。中国在数字支付方面具有优势,可以通过技术培训、企业投资、创作者平台合作等方面推动非洲数字支付进步,从而进一步缓解非洲贫困及收入平等问题,达到普惠目的。

(一)中非合作拉动非洲数字账户拥有量增长

数字账户是数字支付的前提条件。数字账户可以指用户拥有的银行、金融机构或移动货币运营商的账户。尽管非洲的数字账户拥有比例在逐年提升,与世界平均水平相比仍有较大差距。如图 7-2 所示,到 2021 年为止,全球十五岁以上的人群拥有账户的比例为 79.05%,与前两次调查数据相比有了进一步提高。与此同时,在撒哈拉以南非洲十五岁以上拥有数字账户的比例为 55.07%。其中,男性这一比例为 61.36%,女性比例远远小于男性比例,为 49.04%,女性显然比男性更难接触到数字账户。撒哈拉以南非洲人口中最富有的一部分人拥有数字账户的比例为 62.71%,最贫穷的一部分人比例为 43.56%,穷人显然更难接触到数字账户。在数字账户流通于各种商品交易的背景下,非洲国家依然是以现金交易为主,未拥有账户人数缺口巨大,并且有很大一部分成年人是在疫情

之后才初次尝试数字支付方式。①

（单位：%）

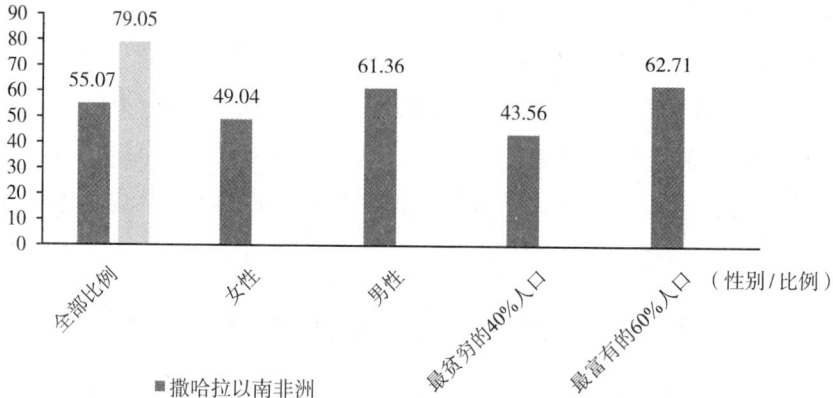

图 7-2　2021 年撒哈拉以南非洲金融机构或移动货币服务提供商的
账户所有权占人口年龄 15 岁及以上的百分比

注：灰色图标为全世界平均水平。

资料来源：https://data.worldbank.org/indicator/FX.OWN.TOTL.ZS？locations＝ZG，访问时间：2023 年 2
月 25 日。

　　疫情加速推进了数字支付的进程，肯尼亚 12% 的成年人疫情之后初
次使用数字支付，约占全部成年人数字支付的 1/3。相较于肯尼亚，尼日
利亚这一比例为 4%，约占 1/2。在南非，这一比例为 20%，约占 1/3。②
在数字支付使用量提高的同时，非洲未使用数字支付的人口远远超过使
用人口，未使用数字支付人群是一片巨大的"空白地带"，如果能被充分
利用，数字账户拥有量将得以倍增，可触及的数字普惠金融也将充分为
"空白地带"人群提供服务。非洲政府如果将原本用现金支付的工资或
政府福利等转变成通过数字账户支付，可以大大增加账户拥有量。

　　中国在非洲企业可在非洲拓宽工资与福利发放渠道，在非洲商家也
可以积极响应中非数字经济合作，拓宽收费渠道。此外，手机是数字账户
拥有的前提条件，中非在增加非洲账户拥有量上面的合作可以通过扩大

---

①　财经编辑部：《新冠疫情推动全球数字支付迅猛发展》，《财经界》2022 年第 22 期。

②　World Bank，"The Global Findex Database 2021 Survey Headline Findings on Financial
Wellbeing"，*The World Bank*，June 29，2022.

对非洲手机出口量。中国手机制造商也可以与非洲的数字支付软件合作，在售卖的手机上绑定数字支付系统，加强数字支付的宣传，以此来增加数字账户拥有量。

（二）中方通过技术输出促进非洲先买后付发展

收入与支出的时间差导致了消费的出现，先买后付（Buy Now, Pay Later, BNPL）则扩大了收入与支出的时间差，从而进一步扩大了消费，这也抓住了非洲中青年消费者的消费心态。先买后付其实是一种数字支付的后置过程，消费者在先买后付行为下根据付钱时间的长短需要负担一定的利息，有些提供先买后付的软件甚至不需要支付利息。自 2022 年年初以来，先买后付的消费模式在非洲得到了快速发展，特别是在年轻群体中。如图 7-3 所示，2021 年非洲 0—14 岁人口占总人口的比例为42.11%，而世界 0—14 岁人口占总人口比例仅为 25.48%，这不仅意味着非洲人口具有年轻化且劳动力充足的特征，而且意味着年青一代更易于开拓创新思维。虽然非洲与世界一样，0—14 岁人口比例逐年下降，但是全非洲有接近 5 亿的青年人口，占世界青年人口的 24.72%，这意味着在未来的消费领域，消费者将呈现年轻化趋势，市场将处于活跃状态，新的想法将不断涌出。

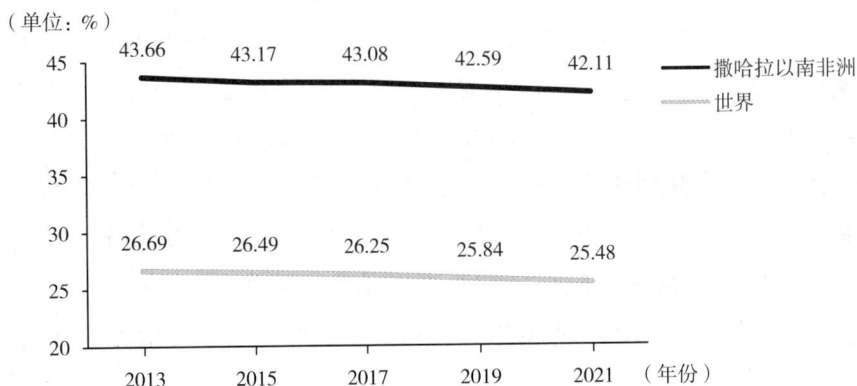

图 7-3　2013—2021 年撒哈拉以南非洲 0—14 岁人口占总人口的百分比

资料来源：https://data.worldbank.org/indicator/SP.POP.0014.TO? locations=ZG，访问时间：2023 年 2 月 25 日。

在部分国家货币通货膨胀的宏观环境下,先买后付的支付即时性特点有力地拉动了消费。中国的先买后付软件典型代表是"花呗""借呗",其技术已经成熟,在中国也有了庞大的消费群体。中国的这些企业可以通过与非洲企业合作或者投资,从而研发独属于非洲的先买后付软件,中方也可以通过技术输出的方式,在非洲先买后付模式中拓展它们的运营管理模式以及与数字生活服务关联的创新点。双方特别要关注非洲偏远地区的中低收入人群,在数字支付系统中拓宽先买后付模式的信用机制,让中低收入人群也能享受先买后付的支付优势,带动中低收入人群的消费。拓宽消费群体的核心就是抓住未饱和地区的潜在用户量,进一步推动移动货币流动,在乘数效应的影响下,增加国民收入,改善人民生活水平,达到数字普惠目的。

(三)中非合作助力数字生活服务的创新与落实

数字支付是数字生活服务的最基础环节,在生活中具有普遍性。数字生活服务存在于消费者生活的各个方面,具有高覆盖性以及便利性。数字生活服务将本来的单一服务综合成一个整体,让消费者通过一个途径就可以获得所有生活服务,而这个途径在数字时代主要指某个软件或嵌入某个软件的应用程序。当数字生活服务的创新点进一步增加,应用于每一个消费者可触及且有需求的方面,就可以吸引大量的用户拥有数字账户,从而扩大数字支付的规模。现阶段在非洲发展较好的领域有数字支付与交通出行领域结合以及与零售行业结合,但是有研究表明客运运输中的数字支付取决于在移动过程中使用移动设备上网的程度以及通过电子银行服务提供的金融包容性水平。① 所以,在做好交通运输行业的数字支付需要关注合作银行的服务覆盖度与深度,以及合作移动运营商的设施完备情况。在满足消费者需求的基础上,非洲数字支付在未来一定能寻找到新的创新点,进一步扩大市场份额,增加消费者黏性。

---

① Frączek B., Urbanek A., "Financial Inclusion as an Important Factor Influencing Digital Payments in Passenger Transport: A Case Study of EU Countries", *Research in Transportation Business & Management*, Vol.41, 2021.

与非洲相比,中国的数字支付在数字生活服务方面更为成熟,例如腾讯与阿里,它们旗下的业务几乎涵盖了消费者的生活。数字生活服务不仅需要有创新点,还需要可落实的方案,所以中非合作可以将好的创新点变成好的金融服务。例如非洲的海鲜产业,商家在与国外消费者互动时,快捷方便的数字支付具有吸引顾客快速购买的商机,一定程度上可以促进非洲旅游业的发展。此外,中国企业还可以增加投资范围,多考虑具有活力的中小企业。

中方在扩大与非洲合作范围时,落后的农村地区势必要纳入数字普惠金融范畴,传统的金融服务将穷人排除在外,以前的农村地区接触不到金融服务,也就达不到全面惠及的目的,所以对数字支付而言,农村地区既是一个吸引点,又存在诸多考虑。农村地区潜在客户数量巨大,但又有思想保守、不相信金融服务、拥有银行账户人数少的特点。基础的、传统的金融服务不够便捷,一定程度上是因为银行网点在农村地区不够普及。但在数字经济的发展下,数字支付不单是一种支付手段,还沟通了各个平台形成一种消费圈。当农村地区的消费者感受到了数字支付带来的各种利好时,非洲数字金融的重心将从大城市等较发达地区转移到农村等偏远地区,数字支付的使用深度使得中低收入人群也能够受到数字金融服务的惠及,从而提高消费水平,缩小消费不平等,促进数字普惠金融的发展。

(四)中非合力扶持非洲创作者经济发展

在非洲数字经济高速发展的背景下,创作者经济作为新兴事物,也具有广阔的市场。创作者经济包括创作者、提供创造的平台、使得创作者直接获得收益的支付工具等。其中,好的支付工具是创作者经济的基本保障,有利于维持创作者积极性与忠诚性,在数字化程度提高的今天,数字支付成为年轻人支付的首选。尽管非洲移动数据成本较高,但是短视频软件数量与短视频用户在近几年呈增长趋势,仅仅非洲本土短视频软件维斯基特(Vskit)的用户数量就突破千万。可见,娱乐型消费普及度高,与较高的数据成本相比,消费者更愿意追求视听的享受。非洲在线娱乐平台用户数量在快速增长,创作者平台也在寻求增加用户黏性的方法,其中一个方法就是吸引更多的优质创作者。创作者经济的发展给了非洲中低收入人群一个新的获取收入的途径,而且更加便捷化的作品创作与素材获取降低了创作者的门槛,这无疑符合非洲中低收入青年运用空余时间通过互联网获得收入的需求。创作者平台依托稳定的数字支付提高创作者的忠诚度,数字支付又带给创作者充分的便利性与收入获取的透明度。由于视频创作的可获得性,非洲中低收入人群能够以较低成本进入创作者经济市场,依托数字支付获得收入。

中国为创作者提供的平台众多,多种多样的生活方式与文化习俗可能会带来巨大的流量市场,非洲市场并未完全开拓,中非双方可以寻求合作,一方提供平台,另一方提供创造内容。中国的抖音与快手早已进入非洲市场并且获得了大量的用户,中国其他科技企业也可以通过降低创作者市场准入门槛,从而获得大量非洲中低端市场用户与创作者,这不仅使市场更加充满活力,也向非洲以外的国家展现了非洲各个阶层的真实现状。数字支付使中低收入创作者即时获取收入,减少的支付成本增加了用户的黏性,可以为后续的金融服务开展打下基础,从而达到数字普惠金融的目的。

综上,第一,由于非洲国家市场交易以现金交易为主,所以未使用数字支付的潜在客户量远超已使用数字支付人数,非洲政府可通过以数字账户发放社会福利和工资的途径大大扩大数字账户拥有量,双方在手机售卖时可通过自动绑定数字账户的方式增加账户拥有量。第二,青少年群体易于接受先买后付的消费模式,而非洲拥有近5亿的青少年消费群体,先买后付模式在非洲发展前景可观,而中方可协助非洲企业扩大先买后付的商业运营,创新先买后付的应用点。第三,贫困人口占非洲总人口比例大,非洲低收入国家数量多,整体呈现出收入不平等、地区发展水平差异大的特点。传统金融体系难以扩展到贫困地区,但是数字普惠金融的高覆盖性与便利性将使非洲数字金融的重心从大城市转移到农村,使得中低收入人群也能享受数字金融服务。如何将消费者生活服务与数字支付联系并发展起来,非洲具有后发优势,中非可将生活服务领域与数字支付结合形成独特的产业链,根据非洲当地消费者的实际需求实现项目落地。第四,尽管非洲各地数据流量成本较高,但是以短视频为代表的创作者经济得到繁荣发展,数字支付为创作者经济提供了便捷渠道,好的数字支付系统更是保障创作者收入安全的有效途径。中非可从创作者平台合作角度发展创作者经济,中国的科技企业也可以降低创作者市场准入门槛,从而使更多人获得即时收入。

二、数字支付在中非数字普惠金融合作中的困难

目前中非数字普惠金融的合作模式倾向于中国为非洲提供资源,非洲再将这些资源用于自身数字普惠金融发展。在这种模式中,中非数字普惠金融发展有其自身不足:非洲数字普惠金融领域的实用型人才缺乏,非洲手机及互联网普及率不高,数字支付在非洲主要使用现金交易的模式下对发展不利。

(一)非洲数字普惠金融领域的实用型人才缺乏

实用型人才的基本条件是接受高等教育,并将理论知识运用到实践当中创造利益价值。如图7-4所示,2018年非洲调整后的小学净入学率(School enrollment)为78%,其中女性为76%,男性为81%。2018年中学净入学率只有36%,其中女性为34%,男性为37%。近年来非洲小学和中学入学率都在增加,据世界银行数据,2021年非洲中学净入学率在36%左右,而世界水平上小学净入学率为90%左右,中学净入学率为67%左右。因此,非洲的小学和中学净入学率虽然在稳步增长,但是与世界平均水平相比还是有不少差距。另外,从数据中还能发现非洲的男女入学率相差较大,特别是小学的男女入学率相差5%,反映了非洲家庭对性别的歧视,尤其是在农村地区。

部分非洲国家已经普及九年制义务教育,大多数国家能保证国民的小学教育,教会国民基本的认字和写字,但这些还远远不能满足国家对人才的需求。在数字普惠金融领域,撒哈拉以南非洲的数字普惠随着数字金融的发展而提高,金融和技术人才是发展数字普惠金融的必要条件。但是非洲金融服务的不断创新以及企业面临的高风险导致金融风险控制人才的稀缺;不同消费群体具有需求差异性,定制性金融产品的推出需要

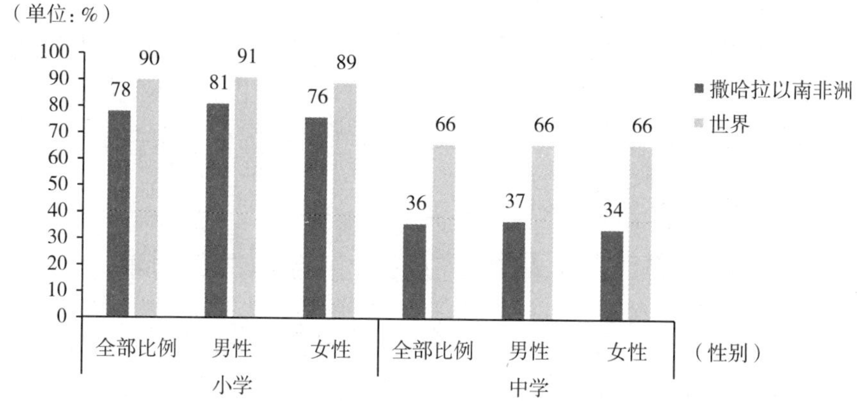

（单位：%）

图 7-4　2018 年撒哈拉以南非洲调整后的入学率占对应年龄段儿童百分比

资料来源：https://data.worldbank.org/indicator/SE.PRM.TENR？locations=ZG，访问时间：2023 年 2 月 25 日。

高级产品研发人员；数字普惠金融相较于传统金融，侧重于为中低收入人群服务，所以需要农村金融人才。非洲实用型人才的缺乏不仅在于培养的数字普惠金融人才缺乏，无法满足市场对数字普惠金融人才的需求，还在于从事学术研究的人才居多，实用型人才数量处于劣势。

（二）手机及互联网普及率不足

手机的普及率作为数字支付的基础条件在很大程度上反映了地区的数字支付可获得性。非洲的智能手机使用率以及网络覆盖率低于世界水平。据全球移动通信系统协会（Global System for Mobile communications Association，GSMA）估计，2018 年非洲智能手机普及率为 39%，预计到 2025 年为 66%，非洲智能手机普及率虽然低，但是其增长迅速，预计很快将与世界水平相持甚至超过。如图 7-5 所示，2020 年，非洲每一百个人的移动电话订阅数是 83，2000 年后，非洲的移动电话订阅人数呈快速增长态势，但是从 2015 年后，呈曲折上升趋势。与此同时，世界平均水平为每一百人订阅移动电话数为 107。可见，非洲经济体基础设施的质量未达到世界平均水平。对于居民来说，手机的必要性在上升，其可获得性也在提高，所以手机的普及率会逐年增加。在数字支付与数字生活服务相结合的消费环境中，随着数字生活服务对消费者的生活提供越来越多的切实便利以及节约的时间成本，消费者对手机的需求会不断上升。而且在电信领域,新技术的运用使得信息传递与通话的成本降低,所以非洲通信服务的覆盖面会更广,提供的服务也会更多。

（单位：每百人份数）

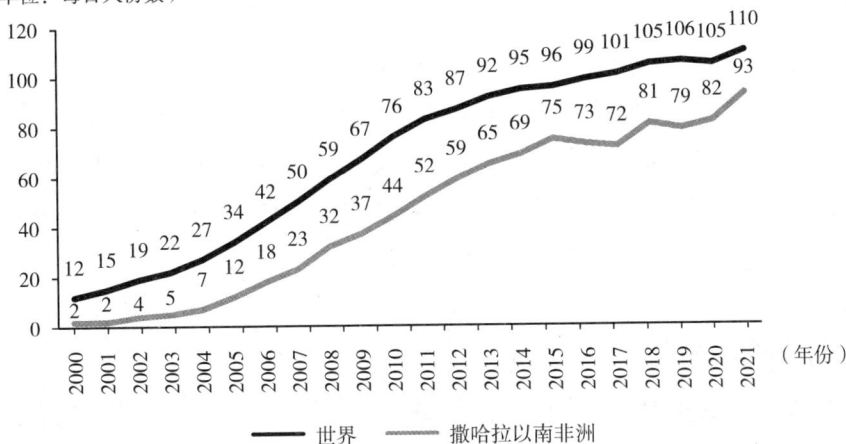

图 7-5 2000—2021 年撒哈拉以南非洲移动蜂窝订阅

资料来源：https://data.worldbank.org/indicator/IT.CEL.SETS.P2? locations＝ZG,访问时间：2023 年 2 月 25 日。

在互联网普及率方面,根据全球移动通信系统协会预测,撒哈拉以南非洲的 3G 普及率在未来几年将呈上升趋势,从 46% 上升到 58%,而 4G 普及率也会有一定程度的提升,从 10% 上升到 27%。从整体来看,非洲的互联网普及率虽然在上升,但是依旧没有达到全民普及的程度,只是进入了 3G 开始普遍的时代。所以对于非洲来说,互联网的普及率还没有达到全民数字化的地步,想要为偏远地区的中低收入人群提供可触及的金融服务,3G 互联网的全覆盖是一个基础因素。

(三)数字支付在非洲主要使用现金交易模式下发展不利

现金的一个优势是流动性强,交易不产生任何费用。但是现金还具有储存成本与运输成本高、总是面临被盗窃的风险。非洲的现金交易模式具有普遍性,历史久远且不易更改,有以下几点原因:首先,非洲的银行业市场占有率低,银行卡普及率低,所以存储与支付等金融服务的可获得性低,消费者无法接触到这些金融服务,只能使用现金消费。其次,消费者对金融服务的可接受程度低,倾向于选择被认为更加安全的现金支付。

另外,非洲的基础设施不完善,导致银行卡的支付失败率高,所以消费者以现金交易为主。

如图 7-6 所示,2021 年撒哈拉以南非洲金融机构或移动货币服务提供商拥有账户的人数比例为 55.07%,与 2017 年的 42.63% 相比,增长幅度比较大。但是在最富裕的 60% 人群中,其比例为 62.71%,而在最贫穷的 40% 人群中,其比例为 43.56%,两者相差了 19.15%,这反映了贫富差距在金融服务的可获得性方面具有巨大差异性。然而前几次数据显示,2011 年最富有的 60% 人群比例比最贫穷的 40% 人群比例高 16.53%,2014 年此比例差为 17.93%,2017 年此比例差为 17.84%。从总体上来看,该比例差呈上升趋势,贫富差距在逐年扩大。这意味着数字普惠金融发展以及金融机构或移动货币服务提供商的账户普及的必要性。数字账户是数字支付的基础,所以数字支付的普及率也取决于数字账户的普及,但是在以现金为主要交易模式的非洲市场以及金融服务账户的低普及率下,数字支付的发展面临巨大挑战。

（单位：%）

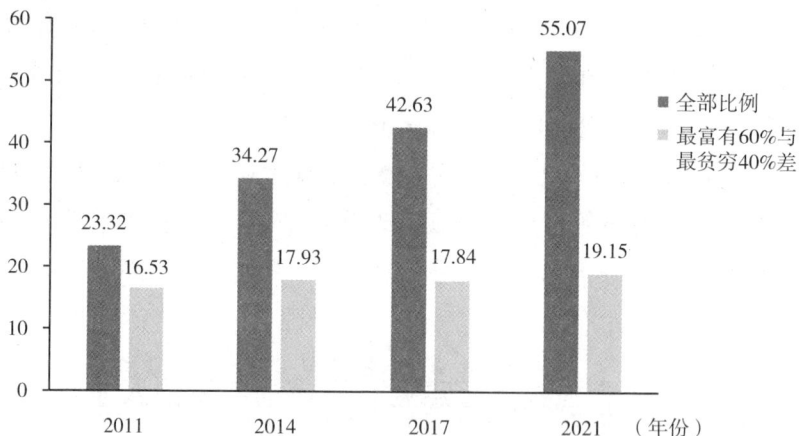

图 7-6 2011—2021 年撒哈拉以南非洲金融机构或移动货币服务提供商的
账户所有权占人口年龄 15 岁及以上的百分比

资料来源：https://data.worldbank.org/indicator/FX.OWN.TOTL.ZS? locations＝ZG,访问时间:2023 年 2 月 25 日。

综上,数字支付对数字普惠金融具有显著的积极影响,金融知识在促进非洲金融稳定和数字普惠金融方面发挥重要作用,所以政府应该在促进金融和技术基础设施以及人力资本部门方面进行更多投资。但是非洲的小学与中学入学率远远低于世界水平,这种长期积累下的教育问题较难得到解决,国家对于人才的需求无法得到满足。其次,手机作为数字支付的依托之一,普及率较低。此外,非洲互联网普及率也较低。解决数字支付依托体的问题对于实现偏远地区数字支付全方位覆盖的目标尤为重要。最后,尽管现金具有流动性强的优点,但是银行卡的普及率低、交易安全性问题、交易成功率低等问题都造成了非洲消费者倾向于选择现金。非洲贫富差距的拉大使得数字普惠金融的发展成为必要,在这些问题的阻碍下,非洲迫切需要一个促进数字经济发展的可行路径。

第三节　数字支付在中非数字普惠金融合作中的发展路径

2020 年,中国对非洲直接投资流量占中国对外直接投资总流量的比重为 2.8%,主要分布在南非,刚果(金)、肯尼亚、埃塞俄比亚、尼日利亚、刚果(布)等国,从趋势来看,中国对非洲的投资在不断增长①。在 2021 年的统计中,中国对外投资的 65%资金中的一部分流入了金融服务业②。宏观上,中非合作依旧在稳步进行,中方也会在非洲最需要的领域伸出援助之手。但是中非数字普惠金融合作中有其自身不足,数字支付在中非数字普惠金融合作中也有其困难。在这些困难下,中非双方应加大合作力度,共同构建互惠互利的合作平台。

一、中非加强数字普惠金融领域的实用型人才培养合作

根据世界银行的数据,非洲男女小学净入学率和中学净入学率严重

---

① 中华人民共和国商务部等:《2020 年度中国对外直接投资统计公报》,中国商务出版社 2021 年版,第 16 页。
② 杨挺、陈兆源、李彦彬:《展望 2022 年中国对外直接投资趋势》,《国际经济合作》2022 年第 1 期。

不平衡,侧面反映了非洲男女不平等现象,这种现象不利于女性金融人才的培养。但是在近几年,陆续有组织资助管理或拥有小企业的女企业家获得融资速度,并为她们担保,例如"非洲妇女平权融资行动计划"(Affirmative Finance Action for Women in Africa, AFAWA)、"妇女创业融资计划"。① 中国也积极开展与非洲的教育合作,例如:中南(非)职业教育联盟、未来非洲—中非职业教育合作计划。基于数字普惠金融领域的互惠互利,中非双方可互派技术人员或者成功企业家进行深度交流学习。例如:蚂蚁集团在 2018 年与世界银行成员国际金融公司(International Finance Corporation, IFC)共同宣布启动了非营利公益项目"10×1000 科技普惠计划",到 2022 年为止已经吸引包括非洲部分国家在内的 66 个国家和地区。高层次的人才需求日益加大,更要求非洲国家注重本国人才培养,而不是依靠国外技术进口,例如:中国的阿里巴巴在非洲推进三项人才培养计划,旨在培养当地的人才,第一个是互联网创业者计划、第二个是全球电商人才计划、第三个则是在卢旺达建立培训中心,为非洲培养教授和老师。

二、中方按需帮扶非洲智能手机及网络普及率的提高

从非洲内部看,非洲通信技术发展速度快,潜力巨大,但是还存在关键技术缺乏以及深度不够的问题。非洲的一些区域经济体也意识到了这个问题并作出了具体部署。例如:东部和南部非洲共同市场(Common Market for Eastern and Southern Africa, COMESA)提出加强成员信息和通信技术建设。在数字化日益重要的国际形势下,该项目建设完成后,将极大助力非洲的经济增长。中国单独对非洲移动电话研发与普及的投资较少,大多参与国际合作助力对非洲的援助,例如中国移动国际有限公司(China Mobile International Limited, CMI)联合其他全球知名电信运营商共同构建 2Africa 海底电缆,使非洲的联系更加紧密。随着数字经济时代

---

① African Development Bank Group, "African Development Bank and African Guarantee Fund Sign \$110 Million Agreement with Tanzania's CRDB Bank to Boost Access to Finance by Women's SMEs", *African Development Bank*, 2022-07-28.

的到来,中国也更加注重非洲的移动通信基础设施建设,将中国智造与非洲需求紧密联系,为非洲数字普惠金融发展打下坚实基础。中国既可以将手机出口给非洲,也可以与非洲企业合作,通过技术输出的方式将技术赋能给非洲企业,从而达到提升非洲智能手机普及率的目的。例如中国的很多智能手机制造较为成熟的企业,都与非洲企业有合作关系,其中传音公司更是专为非洲人群考虑。传音将产品本土化以达到消费者的预期,通过降低手机价格来扩张消费者市场,增加市场份额。与此同时,非洲中低收入人群也以较低价格获得了智能手机,这极大地助力了智能手机普及率的提升。

三、中非合力推进数字支付以改善现金交易为主的市场模式

在非洲人口最大的三个市场,埃及、尼日利亚以及埃塞俄比亚的数字支付发展的一个重要障碍来自政府的严格监管。近几年,数字金融实现了高速增长,政府预测到数字支付的发展前景才逐步放松对数字金融市场的监管。在2018年,埃及政府通过发放支付服务银行许可证(PSB)牌照来限制数字金融对银行业的冲击,到2020年才放松该项政策。尼日利亚也在2018年发放支付服务银行许可证牌照。在此之前,尼日利亚只有40%人口可以接触到银行服务,并且日常交易以现金为主。在政府的大力改革下,埃及的数字支付领域,尤其是先买后付行业受到了外国投资者的青睐。尼日利亚也有了自己的数字支付服务,在尼日利亚的支付服务银行许可证牌照发布之后,运营商得以向更偏远地区的人群提供数字支付服务。2020年,中国企业对外投资并购十大目的地前十位中,尼日利亚为第九位[1],这既体现了非洲新兴市场对我国企业的吸引力,也体现了现在尼日利亚对外商投资态度友好。尼日利亚虽然是非洲第一大经济体,但是贫富差距巨大,身为人口大国的尼日利亚,在数字普惠金融方面

---

[1] 中华人民共和国商务部等:《2020年度中国对外直接投资统计公报》,中国商务出版社2021年版,第16页。

有着广泛的市场优势。

综上,中非合作依旧在稳步进行。首先在数字普惠金融领域,由于非洲具有男女教育不平等的现象,越来越多的组织与机构资助女企业家获得融资并为她们担保。中非也成功开展许多职业教育合作,中方企业也为非洲数字普惠提供人才培养与技术培训。其次,非洲的手机和互联网普及率低,针对这个问题,非洲国家与部分组织加强通信技术建设,逐步建立起区域间的通信信息网络,而中国也积极参与对非洲的援助,通过技术输出方式赋能给非洲企业。最后,政府的严格监管是非洲部分国家数字支付无法兴起的重要原因。近年来非洲部分国家放松监管后,中非企业可以合作将数字支付联系消费者的日常生活,从生活中寻找创新点,从而将数字支付惠及更偏远的地区,达到数字普惠的目的。

综上所述,数字支付的发展既有外部宏观环境的利好,也有自身的优点,其高覆盖性为偏远地区的中低收入人群提供了数字金融服务。数字支付的低成本与低门槛性扩大了用户的年龄层,降低了用户使用数字支付必需的文化水平程度,更大程度上覆盖需要金融服务的人群。数字支付与数字生活服务的合作将金融覆盖到各个层次的消费者,特别是偏远地区的消费者,从而吸引了大量的用户。企业通过数字生活服务的不断创新,增强用户的黏性,得以长期为消费者提供可触及的金融服务。非洲发展数字普惠金融是新时代包容性经济增长的需求,数字普惠金融或许可以帮助非洲金融行业的顺利前进。在上述数字生活服务以及数字支付领域中,中非数字普惠金融合作还将继续深入,不仅体现在通过技术溢出满足非洲"长尾"客户需求,而且体现在以因地制宜的思想将对非洲援助本土化。在此背景下,数字支付作为数字普惠金融的基础功能发展前景广阔,也将惠及各个阶层的人群,尤其是中低收入人群,从而缩小非洲消费不平等的现象,达到普惠的目的。

第三篇

非洲主要国家数字经济发展及其与中国的合作

第八章　南非数字经济竞争力
与中南合作

随着移动互联网逐步普及,数字经济的诸多形态逐渐被非洲政府和民众所接受。[①] 南非自 2013 年以来保持着非洲第二大经济体的地位,其坚实的经济基础为数字经济的产生和发展提供了沃土,并在数字基础设施、数字平台、数字金融服务等方面取得显著成果,但数字技能有待提升、数字创业有待激励。因此,南非政府需要在数字化和可持续发展中寻找平衡点。中国数字经济实力雄厚,拥有技术、资金和人才优势,与南非开展了广泛的数字经济合作。面对南非数字经济发展的突出问题,中南数字合作应当分清主次、逐个击破,助力共建中非数字命运共同体。

第一节　南非数字经济的发展现状

近年来,数字经济不断为世界经济发展增添新动能。从整体看,2021年,全球 47 个国家数字经济增加值规模为 38.1 万亿美元,同比名义增长15.6%,占国内生产总值的比重为 45.0%。[②] 数字技术的革新不仅创造了巨大的经济价值,更有着十分重要的社会价值,例如,增加就业岗位,便捷人民生活,提高政府服务水平。随着数字经济浪潮席卷全球,各国政府逐渐意识到数字技术对一国经济社会的带动作用,逐步推进传统经济的

[①]　黄玉沛:《中非共建"数字丝绸之路":机遇、挑战与路径选择》,《国际问题研究》2019年第 4 期。

[②]　"中国信通院院长余晓晖解读《全球数字经济白皮书(2022 年)》",中国信通院:https://mp.weixin.qq.com/s/RhukYoL1i0kWydZ9VxNiTQ,访问时间:2022 年 8 月 19 日。

数字化进程,提升数字经济的国际竞争力。然而,为发挥数字技术对经济社会的驱动力,一国政府、企业、公民需要合力创造适合数字经济发展的优越环境,世界银行的一项研究指明了五个重要方向,即数字基础设施、数字平台、数字金融服务、数字创业和数字技能。[①] 根据这五个因素,发达国家能够在评估本国数字经济现状上进行改进,包括非洲国家在内的发展中国家可以提前锁定努力方向,达到事半功倍的建设效果。

南非在数字化转型上走在非洲前列,在数字基础设施、数字平台、数字金融服务、数字创业和数字技能等方面取得一定的成果,但同时也暴露出不少问题。根据瑞士洛桑国际管理发展学院(International Institute for Management Development, IMD)发布的全球数字竞争力排行榜,2022 年南非数字竞争力在全部参评 63 个国家中位列第 58 名,相比于 2021 年上升 2 个名次,但仍低于 2017 年时的最好排名(48/63),国际管理发展学院将原因总结为居高不下的失业率、持续的电力短缺和未能贯彻落实的政府决策。[②] 因此,通过分析南非数字经济发展现状,总结经验并弥补不足,将会更加便捷、高效、低成本地完成数字化转型。

一、数字基础设施

数字基础设施旨在提供可负担的高质量网络,帮助更多居民和企业联网上网。信息和通信技术(Information and Communication Technology, ICT)是数字经济的核心组成部分,改善信息和通信技术基础设施对整体经济活动至关重要。这是因为作为广泛生产过程的投入,信息和通信技术将会通过乘数效应创造更多价值,解决许多结构性经济问题。2021 年,南非信息和通信技术行业创造了 2436 亿兰特的价值,约占国内生产总值的 5.43%。[③] 根据世界经济论坛(World Economic Forum, WEF)的网

---

① World Bank, "South Africa Digital Economy Diagnostic", https://openknowledge.worldbank. org/handle/10986/33786, 2022-08-19.

② IMD, "South Africa", https://worldcompetitiveness.imd.org/countryprofile/overview/ZA, 2023-03-17.

③ Statistics, "South Africa", https://www.statssa.gov.za/, 2022-08-20.

络就绪指标(Networked Readiness Index,NRI),2022年南非在131个国家中排名第68位,相比2021年提高两个位次,同时在参评的30个非洲国家中继续排名第1[①],这说明南非的数字基础设施已经取得一定成果,目前处于发展完善、奋起直追的过程中。

(一)国际互联互通

长期以来,国际互联互通是南非通信基础设施发展的主要瓶颈。直到2009年,最大的固定电信经营商南非电信特尔康有限责任公司(Telkom Ltd.)一直垄断着连接南非和世界其他地方的海底电缆,当地互联网服务提供商的输入价格也很高。截至2021年12月,在南非东西海岸有5个海底电缆系统[②],未来几年还计划有更多的海底电缆系统上线,推动南非与世界其他地区的互联互通。根据南非独立通信局(Independent Communications Authority of South Africa,ICASA)的运营商调查,2015—2021年,南非国际互联网总带宽容量由60000兆比特每秒(Million bits per second,Mbps)增长到1400000兆比特每秒,增长率高达2233%。

(二)国内光纤连接

南非拥有非洲大陆最广泛的骨干基础设施。自2005年以来,南非国内光纤网络市场已经放开,基础设施提供商也在不断扩大。截至2021年,南非总共部署了大约30万千米的光纤,其中10万多千米用于远程传输。根据南非信息和通信技术行业状况报告,2015—2021年每年光纤到户数(Fiber To The Home,FTTH)增长了4300%。[③] 2020年新冠疫情暴发后,越来越多的人居家学习工作,对快速可靠的连接需求大幅增长。为弥补光纤连接在城市和农村之间的巨大差距,南非主要的网络运营商正逐渐将网络铺设到城市郊区和大的乡镇,使光纤连通范围持续扩大。

---

① Portulans Institute,"Countries Benchmarking the Future of the Network Economy",https://networkreadinessindex.org/countries/,2023-04-17.

② 目前,南非通过5条海底电缆与世界其他地区相连,这5条海底电缆分别是西非电缆系统(WACS)、东南非洲海底光缆系统(Seacom)、卫星3号(SAT-3)海底电缆、SAFE海底电缆和东非海底电缆系统(Eassy)。

③ ICASA,"The State of the ICT Sector Report of South Africa March 2022",https://www.icasa.org.za/uploads/files/State-of-ICT-Sector-Report-March-2022.pdf,2023-03-17.

（三）5G 网络

南非是非洲第一个 5G 商用的国家,2020 年南非电信运营商沃达康有限责任公司(Vodacom Ltd.)在三座城市(约翰内斯堡、比勒陀利亚和开普敦)启用了非洲首个 5G 网络,拥有 13 亿人的非洲大陆正式开启 5G 时代。① 2022 年 3 月,南非独立通信局(ICASA)完成了 700 兆、800 兆、2600 兆和 3500 兆赫频段频率的频谱拍卖,并获得了超过 144 亿兰特的收益②,这将加快南非 5G 通信基础设施建设。2022 年 6 月,南非本土跨国移动电信公司,也是非洲最大的移动网络运营商——移动电话网络有限责任公司(Mobile Telephone Networks Ltd., MTN)宣布要提升 5G 覆盖计划的预期进度,目标是到 2025 年 5G 覆盖到南非 25% 的人口,同时将在主要购物中心推出 5G 体验区,让民众切身体会 5G 的便捷与智能,进而提高社会对 5G 技术的接受度和使用偏好。③ 南非 5G 建设已经取得良好效果,见图 8-1,2021 年南非 3G 人口覆盖率为 99.9%,4G/LTE 人口覆盖率为 97.7%,5G 人口覆盖率由 2020 年的 0.7% 增长到 7.5%。④ 此外,南非智能终端用户比例在上升,见图 8-2。2021 年移动终端用户为 1.03 亿户,同比增长 8.65%;同年智能手机终端用户为 6531 万户,同比增加 8.33%,占到移动终端总数的 63%,全球移动通信系统协会(Global System for Mobile Communications Association, GSMA)预计 2025 年这一比例将上升到 76%。⑤

---

① 《沃达康在约翰内斯堡、比勒陀利亚和开普敦推出 5G》,中华人民共和国驻南非共和国大使馆经济商务处, http://www.mofcom.gov.cn/article/i/jyjl/k/202005/20200502961414. shtml,访问时间:2023 年 4 月 17 日。

② ICASA, "ICASA Concludes Successful Spectrum Auction and Collects More Than R14. 4 Billion Proceeds", https://www.icasa.org.za/news/2022/icasa - concludes - successful - spectrum - auction-and-collects-more-than-r14-4-billion-proceeds, 2023-03-17.

③ GSMA, "The Mobile Economy Sub-Saharan Africa 2022", https://data.gsmaintelligence. com/api-web/v2/research-file-download? id = 74383586&file = 241022 - Mobile - Economy - Sub - Saharan-Africa-2022. pdf, 2023-03-17.

④ ICASA, "The State of the ICT Sector Report of South Africa March 2022", https://www. icasa.org.za/uploads/files/State-of-ICT-Sector-Report-March-2022. pdf, 2023-03-17.

⑤ GSMA, "The Mobile Economy Sub-Saharan Africa 2022", https://data.gsmaintelligence. com/api-web/v2/research-file-download? id = 74383586&file = 241022 - Mobile - Economy - Sub - Saharan-Africa-2022. pdf, 2023-03-17.

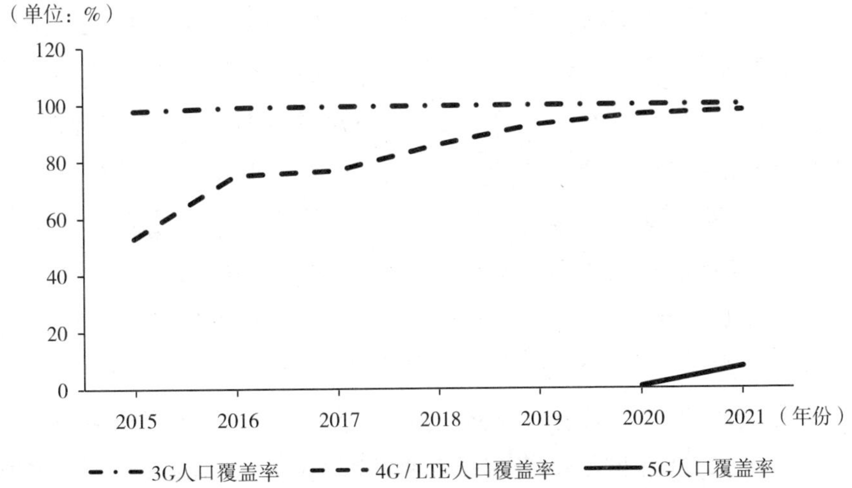

（单位：%）

图 8-1 2015—2021 年南非 3G、4G 和 5G 覆盖率变化

资料来源：ICASA，"The State of the ICT Sector Report of South Africa March 2022"，https://www.icasa.
org.za/uploads/files/State-of-ICT-Sector-Report-March-2022.pdf，2023-03-17。

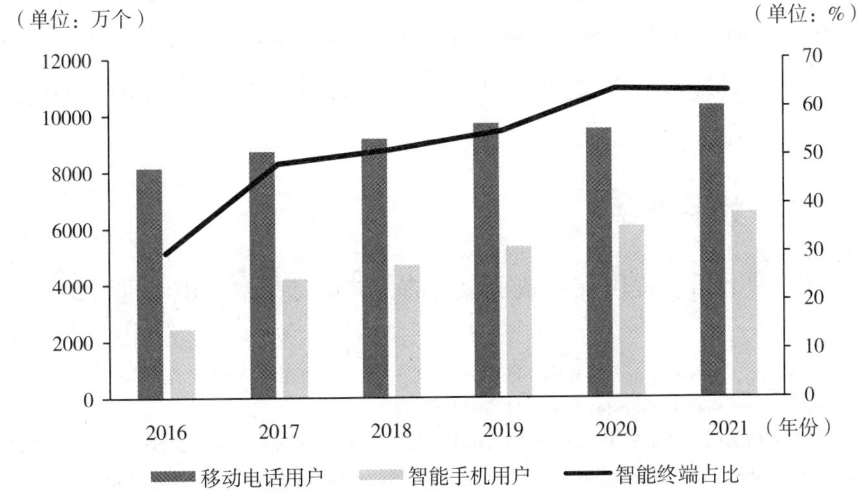

图 8-2 2016—2021 年南非移动终端变化

资料来源：ICASA，"The State of the ICT Sector Report of South Africa March 2022"，https://www.icasa.
org.za/uploads/files/State-of-ICT-Sector-Report-March-2022.pdf，2023-03-17。

尽管南非在 5G 覆盖率上属于非洲的"佼佼者",但放眼全球,发展速度滞后于菲律宾(13.3%)和泰国(17.6%)[①]等发展中国家,更远远落后于韩国、中国和荷兰等 5G 大国,主要原因可能是电信行业投资不断下降,见图 8-3。2017—2021 年南非电信投资总额由 476 亿兰特下降到 330亿兰特,这使得 2015—2021 年电信投资仅增长了 6.2%,并且在 2017—2021 年电信投资逐年下降,远远满足不了电信行业日益增长的资金需求,这反映出国际投资者对南非电信行业持消极态度。此外,2022 年全球经济增长放缓和高通胀对电信科技行业影响深重,南非电信公司股价大幅下滑,例如特尔康有限责任公司的股价在 2022 年暴跌 43.9%[②],电信行业投资波动将会影响国内通信基础设施建设进度,数字化转型或将减慢。此外,2021 年网络就绪指标表明,南非在信息和通信技术对国家促进作用上表现较弱,位列第 103[③],其原因是南非的移动数据价格昂贵,低收入群体难以负担。根据 2021 年全球移动数据定价报告,撒哈拉以南非洲拥有世界上最昂贵的移动数据价格,而南非每千兆字节(GigaByte,GB)的数据价格更是高达 85 兰特(5.29 美元),这是南非人民最低工资的四倍,这使得相当一部分低收入群体负担不起流量数据。相比之下,伊奇科维茨(Ichikowitz)家庭基金会慈善机构的研究显示,在北非每 GB 约 1.53 美元,在西欧约 2.47 美元。[④]

二、数字平台

数字平台旨在提供支持数字交易的公共服务平台。电子商务通过提

---

① Ookla,"Growing and Slowing:The State of 5G Worldwide in 2021",https://www.ookla.com/articles/state-of-worldwide-5g-2021,2023-03-17.

② MyBroadband,"If You Invested R10,000 in these South African Telecoms Companies in 2022,here is How Much you Would Have",https://mybroadband.co.za/news/telecoms/476089-if-you-invested-r10000-in-these-south-african-telecoms-companies-in-2022-here-is-how-much-you-would-have.html,2023-03-17.

③ World Economic Forum:Network Readiness Index 2021 South Africa,https://networkreadinessindex.org/country/south-africa/,2022-08-20.

④ WEF,Worldwide Mobile Data Pricing 2022,https://www.cable.co.uk/mobiles/worldwide-data-pricing/,2022-08-23.

（单位：亿兰特）　　　　　　　　　　　　　　　　　　（单位：%）

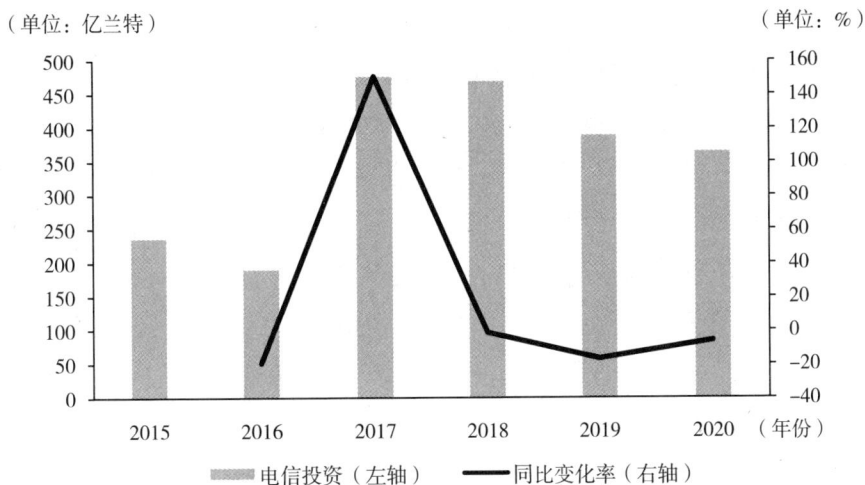

图 8-3　2015—2021 年南非电信投资金额及变化率

资料来源：ICASA，"The State of the ICT Sector Report of South Africa March 2022"，https://www.icasa. org.za/uploads/files/State-of-ICT-Sector-Report-March-2022.pdf，2023-03-17。

高交易效率、降低交易成本、推进物流业发展、推动中小微企业融入全球经济、提高民众特别是青年群体的就业，来对一国经济发展产生正向效应，成为对外贸易新的增长点。[①] 在新冠疫情大流行的背景下，南非消费者逐渐认识到在线购买产品和服务的便捷性，南非市场正慢慢转向电子商务，新冠疫情期间网上购物以创纪录的速度增长。[②] 南非第一国民银行（First National Bank of South Africa，FNB）商业服务数据显示，南非电子商务市场增长迅速，目前估计每年略低于 2000 亿兰特，购多多（Takealot）、伍尔沃斯（Woolworths）和查克（Checkers）等企业都在适应新的消费者习惯，2020 年南非在线总销售额增长 55%，2021 年继续增长 42%，在每年超过 10 亿笔交易的支持下，预计 2025 年南非电子商务市场将会超过 4000 亿兰特。[③] 电

[①]　黄梅波、段秋韵：《"数字丝路"背景下的中非电子商务合作》，《西亚非洲》2021 年第 1 期。

[②]　《南非网上购物持续增长》，中华人民共和国驻南非共和国大使馆经济商务处，http://www.mofcom.gov.cn/article/zwjg/zwxw/zwxwxyf/202103/20210303042897.shtml，访问时间：2023 年 4 月 17 日。

[③]　《南非电子商务市场呈现爆炸式增长》，中华人民共和国驻南非共和国大使馆经济商务处，http://za.mofcom.gov.cn/article/jmxw/202203/20220303287488.shtml，访问时间：2022 年 8 月 19 日。

子商务市场的繁荣让众多初创公司和跨国科技企业嗅到了巨大商机,纷纷入驻南非市场,各类电商平台应运而生。

(一)南非的电商平台种类多、各具特点

南非本土最大、最领先的电商平台是购多多,该在线销售平台提供各种电子商务产品,客户在其购物时还可以享受礼券和优惠券。澳大利亚连锁零售商伍尔沃斯是南非最大的在线零售商之一,同时拥有700多家线下门店。阿曼波股份责任公司(Amanbo Co.Ltd.)南非站是中国的企业根据南非现状开发的电商平台,为商家拓展本地业务,提供从数字营销、交易平台、业务管理、金融支持、售后保障等全套解决方案。1971年,荷兰零售巨头万客隆有限责任公司(Makro Ltd.)在南非开设分店,并在后续开展线上业务。全球电子商务巨头——亚马逊股份有限公司(Amazon Inc.)也于2023年扩展到包括南非和尼日利亚在内的非洲国家。此外见表8-1,南非还有销售时尚服装和美容产品的"赞多"有限责任公司(Zando Ltd.),购买电子产品的首选"行动齿轮"股份有限公司(Action Gear, Inc.),销售创新的厨房工具的"雅皮士"有限责任公司(YuppieChef Ltd.),C2C零售平台"比多买"有限责任公司(Bidorbuy Ltd.)和被称为南非"58同城"的"橡胶树"有限责任公司(Gumtree Ltd.)。

表8-1 南非主要电商平台

电商平台	所属国家	主营业务
购多多有限责任公司(takealot Ltd.)	南非	在线零售,主要销售书籍、电子产品、园艺用品、母婴等产品
橡胶树有限责任公司(Gumtree Ltd.)	英国	分类信息网站,网站内容包括租房、找工作、汽车买卖等
万客隆有限责任公司(Makro Ltd.)	荷兰	线上零售,经营现购自运仓储业务
亚马逊股份有限公司(Amazon Inc.)	美国	线上零售
伍尔沃斯有限责任公司(WoolWorths Ltd.)	澳大利亚	食品零售
赞多有限责任公司(Zando Ltd.)	德国	在线时尚购物
行动齿轮股份有限公司(Action Gear, Inc.)		电子商品零售

续表

电商平台	所属国家	主营业务
雅皮士有限责任公司（YuppieChef Ltd.）	南非	厨房和家居用品零售
比多买有限责任公司（Bidorbuy Ltd.）	南非	拍卖，二手交易

注：前五个电商平台是网站排名分析的平台"相似网络"（Similarweb）统计的2023年2月南非热门电子商务和网络购物网站，后四个是南非较有特点的电商平台。

资料来源：各官网网站和维基百科。

（二）南非政府出台政策和监管法规以扶持并规范电子商务发展

为鼓励电子商务行业发展，南非于2016年9月发布了《国家综合ICT政策白皮书》，旨在加快政府数字化转型、为公民提供普遍的数字接入、利用数字包容性确保公民从数字经济和知识社会中受益，从而从电子邮政服务、电子金融服务、安全的电子政府服务和电子商务服务等方面驱动社会数字化。[①] 随着电子商务发展迅速，南非出台了相关法规，规范电子商业行为，明确电商平台义务，保护消费者合法权益，从而填补电子商务行业法律空白。在南非，电子商务交易受到2002年的《电子通信与交易法案》（Electronic Communications and Transactions Act，ECTA）和2008年的《消费者保护法》（Consumer Protection Act，CPA）的共同监管，两部法律在部分内容上有重叠，两者相互作用、互为补充。[②] 此外，2013年南非还出台了《个人信息保护法》，用于保护公共和私人机构处理的个人信息，保障数据主体的相关权利；2018年南非通过了《网络犯罪与网络安全法》，旨在让南非与其他国家的网络法律接轨，应对不断增长的网络犯罪趋势。[③]

---

① SAIIA，"E-commerce Country Case Study"，https://saiia.org.za/wp-content/uploads/2017/08/GA_Th3_DP_Budhree_20170901.pdf，2023-03-18.

② Dentons，"E-commerce transactions under the Electronic Communications and Transactions Act and Consumer Protection Act"，https://www.dentons.com/en/insights/articles/2022/august/26/e-commerce-transactions-under-the-electronic-communications，2023-03-18.

③ 《南非正式通过〈网络犯罪和网络安全法案〉》，人民网，http://world.people.com.cn/n1/2018/1114/c1002-30398994.html，访问时间：2023年4月17日。

三、数字金融

数字金融旨在运用数字手段进行货币交易,支持普惠金融,扩大电商市场。数字金融为个人和企业提供了便捷且负担得起的支付、储蓄和借贷渠道。企业可以利用数字金融更方便地与客户和供应商进行交易、建立数字信用记录和寻求融资;政府可以利用数字金融提高财政支出效率,更快、更安全地支付社会转移支付和收缴税款。数字金融发展需要前瞻性的法律和监管框架、强大的金融基础设施和低成本交付渠道。南非的金融部门已经广泛采用数字化的金融服务,包括支付、储蓄、贷款、保险和资本市场。

(一)金融科技

南非有着非洲大陆最先进的金融服务生态系统,其首都和第一大城市——约翰内斯堡拥有南非最发达的商业基础设施,其金融成熟度也得到了业界普遍认可,是标准银行集团(Standard Bank)、南非联合银行(Amalgamated Banks of South Africa,ABSA)、第一兰德银行(First Rand)、天达银行(Investec)和莱利银行(Nedbank)等非洲一些领先银行和金融机构的所在地。同时,开普敦的金融业也表现不俗,在吸纳就业、资产管理和人寿保险等方面比较有优势。[1] 两座城市在金融行业相互补充、共同进步,使得南非逐渐成为非洲的金融中心。2022 年 3 月第 31 期全球金融中心指数(Global Financial Centers Index,GFCI31)显示,开普敦在100 个金融中心中位列第 55 位,得分和 2021 年 9 月发布的第 30 期全球金融中心指数相比增加了 15 分,约翰内斯堡位列第 56 位,得分增加了18 分。[2]

南非拥有优良的金融生态,其金融科技发展也不失所望。截至 2022年,在开普敦的 500 多家科技创业公司中,约有 15% 从事金融科技,电子

---

[1] 李亚敏、王浩:《非洲重要国际金融中心的发展现状及展望》,《银行家》2022 年第5 期。

[2] Z/Yen,"The Global Financial Centres Index 31",https://www.longfinance.net/publications/long-finance-reports/global-financial-centres-index-31/,2023-03-19.

商务和软件服务占比20%。就南非的金融科技子部门而言,电子支付以28%的占比遥遥领先,其次是网上贷款(21%)、投资科技(19%)、保险科技(10%)和区块链(10%)。① 从融资角度,南非金融科技得到了投资者的认可。从2015年1月到2022年5月,共有357家南非金融科技初创公司筹集了总计近10亿美元的资金,这一数字仅次于尼日利亚②,南非也随之涌现出一些竞争力较强的金融科技公司,见表8-2。

表8-2　南非部分金融科技企业

名称	成立年份	地点	融资规模(亿美元)	主营业务
亲和健康有限责任公司(Affinity Health Ltd.)	2009	约翰内斯堡	6.67	健康保险
久茂股份有限公司(Jumo Co.Ltd.)	2015	开普敦	3.05	商业贷款
优可有限责任公司(Yoco Ltd.)	2015	开普敦	1.07	支付处理解决方案
维拉有限责任公司(VALR Ltd.)	2018	约翰内斯堡	0.55	加密货币交易
奥佐夫有限责任公司(Ozow Ltd.)	2005	约翰内斯堡	0.48	支付处理解决方案
凯派克斯有限责任公司(Capex Ltd.)	2016	乌姆兰加	0.42	资本市场资产交易平台
缝纫有限责任公司(Stitch Ltd.)	2019	开普敦	0.27	开放银行应用编程接口解决方案
阿杜莫有限责任公司(Adumo Ltd.)	2009	桑顿	0.26	企业支付处理服务
雄鹿有限责任公司(GetBucks Ltd.)	2003	比勒陀利亚	0.25	发薪日贷款
开普敦证券交易所(Cape Town Stock Exchange)	2016	开普敦	0.16	中小企业证券交易

资料来源:Tracxn, "FinTech Startups in South Africa", https://tracxn.com/explore/FinTech - Startups - in-South-Africa,2023-03-19。

---

① The Fintech Times, "Fintech Landscape of South Africa 2022", https://thefintechtimes. com/fintech-landscape-of-south-africa-2022/,2022-08-21.

② The Fintech Times, "Fintech Landscape of South Africa 2022", https://thefintechtimes. com/fintech-landscape-of-south-africa-2022/,2022-08-21.

值得注意的是,南非绝大多数金融科技公司涉及的服务与银行等传统金融服务机构类似,然而金融科技的目标是更迅速、更便宜地提供这些服务,特别是要服务于过去被排除在传统金融体系之外的低收入消费者。除了金融科技,一些银行使用零售商店来便捷交易,这些零售商提供的服务主要包括国内转账、从银行账户返还现金、第三方账单支付以及销售联名接入型账户。

(二)数字支付

金融科技加快了金融服务创新,数字支付等新业态正在通过提高金融产品的可得性和灵活性,为消费者带来高效便捷的金融服务。虽然南非的支付环境整体相对传统,但也在朝着新兴支付方式迈进。截至 2022年,现金支付仅占国内支付水平的 9%,银行卡支付高达 43%,银行转账和电子钱包支付分别占到 18% 和 20%。[①] 在信用卡支付中,维萨卡股份有限公司(Visa Inc.)和万事达卡股份有限公司(MasterCard Inc.)的市场份额分别为 51% 和 47%;在电子支付中,南非以支付超级钱包有限责任公司(Hyperwallet Ltd.)、贝宝有限责任公司(Paypal Ltd.)和佩塞拉有限责任公司(Paysera Ltd.)等平台为主。[②]

新冠疫情促使部分南非公民开始接触电子支付,从成年人使用数字支付的频率来看,2021 年有 50% 以上的成年人(15 岁以上)进行了数字支付,约20% 的成年人在疫情后首次使用了数字支付,这也使得南非成年人使用数字支付的比例显著高于撒哈拉以南非洲地区的其他国家,与中等收入国家持平。[③] 数字支付覆盖率的提升将为南非带来巨大的经济价值,2022—2027年,南非数字支付的价值预计将从 140 亿美元增长到 250 亿美元。[④]

① International Trade Administration,"The Rise of eCommerce in Africa",https://www.trade.gov/rise-ecommerce-africa,2022-08-21.

② PPRO,"Payments and e-commerce in the South Africa",https://www.ppro.com/countries/south-africa/,2023-03-18.

③ World Bank,"The Global Findex Database 2021",https://www.worldbank.org/en/publication/globalfindex/Report,2022-08-21.

④ PPRO,"Payments and e-commerce in the South Africa",https://www.ppro.com/countries/south-africa/,2023-03-18.

(三)南非政府支持金融科技的行动

2016年,南非国家财政部、金融情报中心、金融部门行为监管局和南非储备银行(South African Reserve Bank,SARB)共同成立了政府间金融科技工作组(Intergovernmental Fintech Working Group,IFWG),旨在了解金融科技在金融领域日益重要的作用,探索监管机构如何更合理地评估市场风险和机遇。政府间金融科技工作组在成立后主要从监管指导、监管沙盒和创新加速器三方面入手工作。首先,设立监管咨询指导入口,创业者可以直接提交与金融科技、创新导向政策有关的问题,由相关人员整合监管机构的观点,为咨询者提供正式的法律建议。其次,监管沙盒负责测试金融科技初创企业是否符合现有的法律和监管规定,并每月定期报告测试进度,有助于创业者调整产品内容,提高创业成功率。最后,为了方便金融监管部门互相学习、交流探索,政府间金融科技工作组推出了创新加速器计划;在此计划下,其和其他监管部门在2019年推出了《南非金融科技范围界定报告》,还实施了若干项目(见表8-3),与同人交换了在开放金融、加密资产、数字平台、非传统数据、大型科技公司的金融创新等方面的监管意见。

表8-3 南非政府间金融科技工作组监管创新加速器的具体举措

计划名称	年份	具体内容
开放金融倡议	2017	让政府间金融科技工作组成员就开放金融整合意见,成立开放金融一体化工作组,研究南非开放金融的监管影响
霍卡计划(Project Khokha)	2017	霍卡计划第一期探索了数字金融服务创新的监管影响,尤其是分布式账本技术;霍卡计划第二期探索了金融市场的代币化,通过分布式账本技术上的债券交易、清算结算的监管准则
加密资产	2021	制定加密资产监管框架,加密资产将分阶段和结构化地纳入南非监管范围
大型科技(BigTech)	2021	更深入地了解BigTech在国内和全球市场的活动,评估对金融体系的影响,并审查现有的监管框架
数字平台	2021	总结金融服务中的数字平台实践活动,为南非制定基于数字平台的金融服务监管框架提供信息

计划名称	年份	具体内容
监管技术和监督技术（Regtech and Suptech）	2021	了解 Regtech 和 Suptech，并起草建议在南非实施领先的 Regtech 和 Suptech 做法
非传统数据	2021	了解在提供金融服务时使用非传统数据的主要做法，制定并实施相应指导标准

资料来源：IFWG，"Innovation Accelerator"，https://www.ifwg.co.za/Pages/Innovation-Accelerator.aspx#，2023-03-19。

除了参与筹建 IFWG，还采取了其他措施指导金融科技发展。2017年，南非储备银行（SARB）成立了金融科技部门，开启了结构化、组织化、积极主动探索科技创新对南非金融服务的可行路径。南非金融科技部门的职责是通过评估技术驱动的金融服务如何影响政策法规，适当调整政策法规以与技术进步保持一致，进而更加敏捷灵活地应对飞速变化的环境。南非储备银行金融科技部门自成立以来，推出了关于加密资产、数字货币的跨境影响和稳定货币等主题的研究报告，用于和监管部门进行讨论；还负责举办了金融科技加速计划（Hackcelerator）和霍卡计划的南部非洲项目，这丰富了南非政府的金融科技实践。[1] 2018年3月，南非储备银行发布了《国家支付系统框架和 2025 年战略愿景》，为南非支付行业制定了目标和战略，旨在建立一个服务于南非民众和国内经济的世界级国家支付系统（National Payment System，NPS）。2025 年战略愿景提出了以下九个目标：清晰的监管和治理框架、透明的公共问责制、金融稳定和安全、促进支付行业竞争和创新、成本高效益、互操作性、灵活性和适应性、区域一体化和金融包容性。根据战略规划，到 2025 年，南非国家支付系统将更加安全、高效、可靠，支付服务竞争日益激烈，从而提高支付系统效率，改善终端用户的服务质量。[2]

尽管南非政府十分支持金融科技发展，但却缺乏必要的监管措施，南

---

[1] SARB，"Fintech"，https://www.resbank.co.za/en/home/quick-links/fintech，2023-03-19.

[2] Payments Association of South Africa，"National Payment System Framework and Strategy Vision 2025"，http://www.pasa.org.za/docs/default-source/default-document-library/the-national-payment-system-framework-and-strategy-vision-2025.pdf?sfvrsn=4，2022-08-21.

非数字支付存在服务费高、回款慢、多种电子支付系统相互间缺乏兼容性、民众对数字支付仍有担忧等问题[1]，其中民众的顾虑是数字支付乃至金融科技发展的最大阻碍。2022年万事达卡发起的"新支付指数调查"表明，安全是南非人民在决定使用何种支付方式时的首要考虑因素，传统支付方式依然被认为比新兴数字方式更安全，79%的南非消费者表示刷卡、借记卡和信用卡是最安全的支付方式。[2] 若想在南非推广金融科技，政府和企业需要积极合作，以创造安全稳定的支付环境。

四、数字创业

数字创业通常指的是创造新颖的互联网业务、产品或服务的过程，包括推出新的数字企业、提供新的商业模式和创造新的数字平台等创新性数字经济活动。充满活力的数字创业企业是数字经济的关键支柱，也是新的产品、服务、商业模式和市场的强大来源。因此，追求数字化转型的国家应当创造一个支持企业家、初创公司和大型公司利用新技术和商业模式进行创新的生态系统，以助于将创新转化为生产要素，激发数字创业企业的经济活力，最终提升国家财富水平。

南非是非洲数字创业的关键参与者，也是全球跨国数字企业在非洲的投资中心，谷歌、亚马逊和美国国际商用机器公司均在南非设有分公司或研究实验室，这也直接带动本土创业公司和平台的涌现，本国居民持股比例也在增加。在2021年全球创新指数中，南非以32.7分在132个国家中排名第61位，在撒哈拉以南非洲地区排名第2位，仅次于毛里求斯；其中，南非的市场成熟度分项指标得分最高，排名第23位。[3] 根据颠覆

---

① 《疫情加速南非电子支付发展 但仍存在服务费高、回款慢等问题》，移动支付网，https://m.mpaypass.com.cn/news/202108/16182945.html，访问时间：2023年4月17日。

② Mastercard, "South Africa's Appetite for Digital Payments Continues to Grow-Mastercard New Payments Index 2022", https://newsroom.mastercard.com/mea/press-releases/south-africas-appetite-for-digital-payments-continues-to-grow-mastercard-new-payments-index-2022/, 2023-03-18.

③ World Intellectual Property Organization, "Global Innovation Index 2021", https://www.wipo.int/edocs/pubdocs/en/wipo_pub_2000-section3.pdf, 2022-08-21.

非洲(Disrupt Africa)①的发布的《2022 年南非初创企业生态系统报告》,截至 2022 年 5 月,南非至少有 490 家科技初创公司在运营,雇佣了超过11000 人;就赛道的布局而言,高达 30%的科技初创公司选择了金融科技领域,远高于排名第二、第三位的电商/零售科技(10.2%)和数字医疗(9%)赛道。② 南非的数字创业活力,源自其创业孵化机构的多年耕耘和浓厚的、性别差异较小的创业氛围。

（一）数字创业的扶持机构

南非有大量支持性组织,通过创业加速器或专项融资辅助的方式来帮助创新型企业发展,这些组织包括创新区、孵化器、加速器、创新中心、联合办公空间和创业基金会。根据颠覆非洲的研究,南非全国有 340 个创新中心和联合办公空间,200 个孵化器和加速器项目,这些项目主要集中在开普敦和约翰内斯堡。③ 有 10%—15%的项目专门服务于数字企业家,数字经济行业的动态集群正在发展,一些企业吸引了大量的国内外投资,创业成功案例越来越多,如金融科技领域的优可有限责任公司(Yoco Ltd.),健康领域的聆听有限责任公司(HearX Ltd.)、教育科技领域的智慧家有限责任公司(GetSmarter Ltd.)以及农业科技领域的生命航空有限责任公司(Aerobotics Ltd.)。④

（二）数字创业文化浓厚

由于数字企业经营状况良好,南非整体对数字创业持积极态度,创业社区经常举办社交活动、讲座和研讨会,以激励和培训新的创业者。尽管数字创业领域仍以白人、男性和中产阶级为主,但《振兴国民经济法》

① Disrupt Africa 是一家提供与非洲大陆科技创业和投资生态系统相关新闻、信息和评论的媒体。

② Disrupt Africa, "South Africa Startup Ecosystem Report 2022" Startip Ecosystem Report 2022, https://disrupt-africa.com/south-african-startup-ecosystem-report-2022/#prettyPhoto, 2022-08-22.

③ Roselake 非洲创投,"南非初创生态报告(四):创业梦想开始的地方——孵化器及创新中心", https://mp.weixin.qq.com/s/At8mpznlRIwdrbtrbImQVg,访问时间:2022 年 8 月 22 日。

④ World Bank, "South Africa Digital Economy Diagnostic", https://openknowledge.worldbank.org/handle/10986/33786, 2022-08-19.

（Broad-Based Black Economic Empowerment，B-BBEE）等法律规定和女性牵头的天使投资网络，正在减小数字创业的种族差距和性别差距。女性是数字创业中不可忽视的中坚力量，南非女性创业率在非洲大陆最高，14.3%（70 家）的南非科技初创公司由女性企业家创办，这是因为失业率、贫困率和社会不平等率高等社会现实，使得大量南非女性从事小规模的街头贸易和企业经营活动，进而激发了女性创业活动。①

　　数字初创企业起步时总会遇到诸多困难。对于南非初创企业来说，创业资金不足是其面临的核心问题，许多企业由于资金不足、无法产生稳定现金流而以失败告终。南非的数字企业在其生命周期的大部分时间都面临着融资难的问题，数字企业家的融资可得性较低，2021 年排名为第73 名（共 190 名），显著低于肯尼亚（第 8 名）和尼日利亚（第 12 名）。②从政府扶持力度来看，南非在援助数字初创企业上比非洲其他国家更积极，实施了青年挑战基金（Youth Challenge Fund，YCF）、乡镇和农村创业计划（Township and Rural Entrepreneurship Programme，TREP）、设计种子创业基金（Design Innovation Seed Fund，DISF）、豪登省企业推进器（Gauteng Enterprise Propeller，GEP）等举措来调动数字创新积极性，但是这些计划中的一些必要条件并不适用于数字初创企业，例如最低交易要求、成本分担和抵押品要求。同时，截至 2022 年，以创业法指导委员为核心的政府部门尚未出台专门的数字创业法来规范资金使用，这妨碍了创业资金的合理配置，甚至导致资金被小部分人中饱私囊。此外，缺乏技术知识和移动社交媒体用户数量较少也是影响南非数字创业发展的重要因素。③

---

① Roselake 非洲创投，"南非初创生态报告（一）：9 大关键数字速读南非创业生态"，https://mp.weixin.qq.com/s/iEsBb8ARCigtb9fQz7x53g，访问时间：2022 年 8 月 22 日。

② Roselake 非洲创投，"南非初创生态报告（一）：9 大关键数字速读南非创业生态"，https://mp.weixin.qq.com/s/iEsBb8ARCigtb9fQz7x53g，访问时间：2022 年 8 月 22 日。

③ Arvid Muzanenhamo & Edward Rankhumise，2022."Literature review on digital entrepreneurship in South Africa：a human capital perspective"，Entrepreneurship and Sustainability Issues，VsI Entrepreneurship and Sustainability Center，Vol.10(2)，pages 464-472，December.

五、数字技能

数字技能在于培养具备先进数字技术的雇佣劳动力,促进数字技术创新。数字经济的繁荣离不开具备数字能力的劳动力和具备数字素养的公民,对一国而言,他们不仅可以促进数字经济发展,更能享受数字社会带来的好处,提高生活质量。联合国贸发会议推出的数字技能金字塔将数字技能分为以下三个层次:数字素养、专业数字技能和电子商务技能。数字素养指让所有公民都有机会发展数字技能,学到使用数字平台、软件和设备所必需的知识,进而在现代数字社会中生活、工作。专业数字技能指劳动力要具备生产数字软件和硬件、设计和维护系统以及进行数字技术研究所需的技能。电子商务技能指劳动者要具备与创新商业模式、数字产品和服务营销相关的技能。

一方面,南非有大量待开发的人力资本。根据全球人力资本指数,南非在 174 个国家中排名第 135 位,远远低于与其人均收入水平相匹配的期望值,这可以归因于教育质量差和基于种族的教育不平等。[1] 此外,南非"啃老族"(Not in Education, Employment, or Training, NEET)比例超过30%,劳动力市场参与率低(55%),年轻人几乎占失业人口的 50% 以上,劳动力素质不合格(只有 20% 的人有高等教育资格,32% 的人有中等教育资格)。[2] 因此,南非有很多未被开发的劳动力。另一方面,南非数字技能的劳动力供应严重不足。在国际管理发展学院发布的《2022 年全球数字竞争力报告》对劳动力数字技能的评估中,南非在 63 个国家中排名第57 位[3],造成这一现象的因素包括使用数字设备或互联网的机会有限、信息和通信技术毕业生的产出较低、更新信息和通信技术课程的速度滞后于数字经济的迅速发展。例如,在私营部门,许多短期训练营培养了大量

---

[1] World Bank, "Human Capital Project", https://www.worldbank.org/en/publication/human-capital#Index, 2022-08-22.

[2] World Bank, "South Africa Digital Economy Diagnostic", https://openknowledge.worldbank.org/handle/10986/33786, 2022-08-19.

[3] IMD, "World Digital Competitiveness Ranking 2022", https://www.imd.org/centers/world-competitiveness-center/rankings/world-digital-competitiveness/, 2023-03-19.

具备资格证书的员工，但学生仅接受了三个月到四个月的编程培训，知识储备和实践经验都严重缺乏。[1]

（一）数字素养

南非基础教育质量较低，制约了教育培训系统和劳动力市场的全面健康发展，这也是南非数字素养不足的核心问题所在。由于缺乏基础设施和专业教师，很少有在校生能从 10 年级开始选修信息通信技术课程，这延后了学生初次接触数字技术的时间，进而导致南非庞大的人力资本潜力没有得到充分利用。此外，不具备或没有充分具备数字素养的劳动力进入工作时无法快速适应，增加了私营部门的培训成本，这原本是一笔在学校教育中可以节省的费用。南非教育特别是数字教育质量在国际基本不具备竞争力。在世界经济论坛发布的《2018 年全球竞争力报告》对数学教育质量的评估中，南非在 137 个国家中排名第 128 位。[2] 因此，南非亟须完善基础教育来提升国民数字素养。

（二）专业数字技能

2021 年信息和通信技术技能调查评估了新冠疫情大流行对南非专业数字技能供需的影响，尽管南非的失业率处于创纪录水平，但在信息和通信技术行业有近 10000 个难以填补的职位，最难填补的职位空缺包括软件开发人员（超过 2400 名）、计算机网络技术人员（超过 1900 人）和开发程序员（超过 800 名）[3]，这说明高等教育机构培养的毕业生数量和质量无法满足行业需求。在国家层面上，提升专业数字技能需求的步伐十分缓慢。自 2002 年南非政府首次将重点放在发展数字技能上以来，已经制定和实施了若干政策、战略、计划和举措，但由于各个部门之间缺乏连贯、统一的政策步调，错过了数字技能发展的大好时机，直到 2018 年左右才重新出现对数字技能重要性的集体认识。

---

[1]　WEF, "The Global Competitiveness Report 2018", https://www3. weforum. org/docs/GCR2018/05FullReport/TheGlobalCompetitivenessReport2018. pdf, 2022-08-21.

[2]　WEF, "The Global Competitiveness Report 2018", https://www3. weforum. org/docs/GCR2018/05FullReport/TheGlobalCompetitivenessReport2018. pdf, 2022-08-21.

[3]　Fin24, "Thousands of jobs vacant in SA's IT sector", https://www. news24. com/fin24/economy/thousands-of-jobs-vacant-in-sas-it-sector-20210930, 2022-08-22.

从世界银行提出的五个基本要素来看,南非在非洲地区处于领先地位,但也面临一些棘手问题,特别是网络安全性较差。南非乃至非洲最大的网络威胁包括在线诈骗、数据勒索、商业电子邮件泄露、勒索软件和僵尸网络[1],而网络犯罪每年给南非大约造成 5.7 亿美元的损失。网络安全公司卡巴斯基(Kasper Sky)的数据显示,南非的安卓手机是仅次于俄罗斯的全球银行恶意软件的第二大目标,居民上网安全受到严重威胁。

第二节　中南数字经济合作

中南合作由来已久,南非是中国重要的贸易和投资伙伴,中南双边贸易额约占中非贸易总额的五分之一[2],南非更是 2001—2020 年中国对非洲的投资存量最高的国家,中南具有高度且密切的经济联系。2021 年,中国数字经济规模为 7.1 万亿美元,位居世界第二[3],中国具有强大的数字经济发展的技术实力、资金实力和人才实力,数字经济大国的国际地位逐渐稳固。中国和南非同为新兴发展中国家、金砖国家成员、二十国集团成员和区域经济大国,经济互补性强[4],数字经济发展合作潜力巨大。2021 年 10 月 29 日,中国国家主席习近平在中非合作论坛第八届部长会议的开幕致辞中,将"数字创新工程"列为中非共同实施的"九项工程"之一。[5] 新冠疫情更是促进了南非数字经济的发展,南非拥有后发

---

① INTERPOL,"INTERPOL report identifies top cyberthreats in Africa",https://www.interpol.int/en/News-and-Events/News/2021/INTERPOL-report-identifies-top-cyberthreats-in-Africa,2023-04-17.

② 《中非贸易疫情下再创新高凸显中非经贸合作韧性》,新华网,http://news.cn/world/2022-03/01/c_1128425904.htm,访问时间:2023 年 4 月 18 日。

③ 《全球数字经济白皮书(2022)》,中国信通院,http://www.caict.ac.cn/kxyj/qwfb/bps/202212/P020221207397428021671.pdf,访问时间:2023 年 1 月 12 日。

④ 《中国将继续扩大对南非投资》,中非合作论坛,http://www.focac.org/zjfz/jmzx/201805/t20180531_7922469.htm,访问时间:2023 年 4 月 17 日。

⑤ 《习近平:〈同舟共济,继往开来,携手构建新时代中非命运共同体——在中非合作论坛第八届部长级会议开幕式上的主旨演讲〉》,《人民日报》,访问时间:2022 年 8 月 21 日。

优势。因此两国开展数字经济方面的合作,有利于实现互惠共赢、弥合"数字鸿沟"。

一、中南数字经济合作拥有坚实的政策基础

2022年6月,金砖国家领导人第十四次会晤达成了《金砖国家数字经济伙伴关系框架》,这是金砖经贸领域的第一份数字经济合作专门文件,这说明就深化数字经济合作,金砖国家已然达成重要共识,开启了金砖国家数字经济合作新进程。[①] 值得注意的是,这份框架将弥合数字鸿沟作为重点之一,鼓励金砖国家开展能力建设和政策实践分享,这符合中南数字经济合作的初衷和本质,为缩小双方数字基础设施、数字技术、数字服务和数字技能发展方面的差距提供了国家级政策支持。其次,中非合作为中南数字经济战略积极搭建平台。南非是非洲的经济大国,也是中非合作的重点国家,中非顶层战略部署会密切中南友好往来。2021年8月,在"中非互联网发展与合作论坛"上,中国宣布了"中非数字创新伙伴计划"有关设想,表明了同非洲拓展在数字基建、数字技术、数字教育、数字包容性、数字安全和数字交流平台等方面合作的积极意愿。[②] 在2021年11月的第八届中非合作论坛上,中非双方决定制定并实施"中非数字创新伙伴计划",同时将数字经济合作纳入《中非合作论坛—达喀尔行动计划(2022—2024)》,共同把握数字经济发展机遇,鼓励企业在信息通信基础设施、互联网、数字经济等领域开展合作。[③] 尽管中国和南非并未单独签署有关数字经济的国家战略,但《金砖国家数字经济伙伴关系框架》和"中非数字创新伙伴计划"是双方开展合作的战略支持,指明了合作的重点领域,提供了强有力的政策导向。

---

① 《金砖国家数字经济伙伴关系框架开启金砖国家数字经济合作新进程》,中国政府网, http://www.gov.cn/xinwen/2022-06/28/content_5698066.htm,访问时间:2023年4月14日。

② 《中国将同非洲制定实施"中非数字创新伙伴计划"》,外交部,http://www1.fmprc.gov.cn/web/wjbxw_new/202201/t20220113_10491976.shtml,访问时间:2023年4月13日。

③ 《中非合作论坛——达喀尔行动计划(2022—2024)》,外交部,https://www.mfa.gov.cn/ziliao_674904/1179_674909/202112/t20211202_10461174.shtml,访问时间:2023年4月14日。

二、中南合作推动南非的数字经济基础设施建设

在中国政府的指引和补贴支持下,中国电信股份有限公司、中国联合网络通信股份有限公司(中国联通)、中国移动通信集团有限公司、华为有限责任公司和中兴通讯股份有限公司等公司积极投资于南非,与南非各大电信运营商开展了广泛合作,帮助当地建设通信基础设施,作为先行者的华为于1998年进入南非市场,在2012年率先将全球领先的4G技术引入南非,目前已经是南非各主要电信运营商和国家电信基础设施发展的重要合作伙伴,其产品和服务已经惠及该国2/3的人口。[①] 2020年7月,华为在南非参建非洲首个5G独立组网商用网络,这将促进南非的信息通信技术发展创新、助力走进数字时代。[②] 截至2020年,中国电信在10个非洲国家打造了光纤骨干网项目,在近30个非洲国家拥有技术、工程及服务团队,已为南非等国提供了10多个智慧应用项目,其中包括南非多个社区的光纤入户建设项目。[③]

三、中南合作为南非培养更多数字化人才

中国企业在投资与合作过程中,通过转让先进技术和对当地员工进行技能培训,为南非储备了一批高技术人才。中国电信致力于支持当地教育事业,主动捐款资助南非贫困学生完成在国际计算机学院的学业。中兴南非子公司与55所高中合作共建信息通信技术培训学习中心,定期培训理工类专业技能学生。2016年华为与南非邮电部联合实施"未来种子"项目,每年选拔10名优秀南非信息通信技术专业学生赴中国学习,该项目在2021年通过线上线下相结合的方式对选拔的12名优秀学生进行

---

① 《中国帮助南非电信行业跨越式发展》,新华网:http://m.xinhuanet.com/2019-04/16/c_1124373565.htm,访问时间:2022年8月22日。

② 《南非:华为在南非参建非洲首个5G独立组网商用网络》,环球网:https://oversea.huanqiu.com/article/3zFdb2ZYJTe,访问时间:2022年8月20日。

③ 《助力"智慧非洲"打造"信息丝路"》,中国日报网:https://cn.chinadaily.com.cn/a/201906/29/WS5d174be6a3108375f8f2d35b.html,访问时间:2022年8月22日。

培训,在过去五年,该项目已为南非数字化发展培育了 90 余名人才;①
2008 年,华为还成立了"华为南非培训中心",为华为南非本地员工和南
非五大运营商的员工提供培训机会,截至 2022 年,已经累计培训近两万
名南非本地信息通信技术人才;②2018 年,华为与南非大学校长组织签署
了一份谅解备忘录,计划在南非所有 50 所职业技术教育机构共建信息通
信技术学院。③ 新冠疫情暴发后,中国和南非两国在"数字人才"培养领
域有了更长足的合作。自 2020 年以来,中国企业已经和南非多所院校联
合成立了信息通信技术学院,帮助当地师生构建信息通信技术人才生态
系统,让南非的学生能够学习与实际工作场景密切相关的理论知识和技
能,通过让年轻人接触全球商业环境中的信息通信技术专业知识和经验,
培养本地人才。④

四、中南合作拓展南非数字经济应用领域,发展数字服务

据统计,智能手机在南非最常使用的功能是拨打、接听电话和上
网⑤,电子商务、远程办公和线上课程等使用频率在疫情期间才得以提
升。中国在远程通信领域已具备相对成熟的技术,双方的数字经济合作
有利于开发智能手机等通信设备在南非的使用潜力,同时中国在大数据、
云计算、物联网、区块链和人工智能等方面也积累了较为丰富的技术经

---

① 《驻南非大使陈晓东出席华为"未来种子"项目启动仪式并致辞》,中国驻南非共和国
大使馆经济商务处:http://za.mofcom.gov.cn/article/ztdy/202111/20211103218382.shtml,访问时
间:2022 年 8 月 21 日。
② 《中国帮助南非电信行业跨越式发展》,新华网:http://m.xinhuanet.com/2019-04/
16/c_1124373565.htm,访问时间:2022 年 8 月 22 日。
③ 《非洲搭上数字经济"顺风车",中国的机会来了》,直通非洲,https://rmh.pdnews.
cn/Pc/ArtInfoApi/article? id=24166561,访问时间:2022 年 8 月 21 日。
④ 《中非数字合作助力非洲经济发展|中国企业与南非高校联合培养"数字人才"》,中
国日报,https://cn.chinadaily.com.cn/a/202207/08/WS62c7ed73a3101c3ee7ade659.html,访问时
间:2022 年 8 月 21 日。
⑤ 《低价、全功能　海信成南非最受欢迎智能手机品牌》,环球网:https://tech.huanqiu.
com/article/9CaKrnKlL8y,访问时间:2022 年 2 月 11 日。

验,有利于推动南非在相关领域的发展。近年来,中国多家金融科技企业进入非洲市场。2015 年 11 月,微信在南非上线"微信钱包";2016 年,南非标准银行与微信合作,用户可以进行转账、支付等操作;2017 年,华为与相关跨境汇款平台达成合作协议,为非洲的华为手机用户提供国际转账服务;[①]2020 年,移动运营商沃达丰南非子公司沃达康与中国的阿里巴巴集团合作开发,推出一款名为"沃达付"(VodaPay)的超级应用,可以用来绑定来自任何一家银行的账户,为客户提供移动支付、在线购物和贷款等服务。[②]

五、中南合作促进南非发展数字技术,占据数字经济发展的关键制胜点

南非拥有非洲最多的数据中心和云服务平台。截至 2020 年,中国已成为非洲信息通信技术最大的投资国。[③] 2018 年,华为云作为全球首个在非洲设立本地数据中心提供服务的公有云服务提供商,在南非约翰内斯堡本地数据中心部署大区,向南非及周边国家提供更低时延、安全可靠的云服务;[④]2020 年 10 月,设立"华为—Rain—金山大学 5G 实验室",这是中南两国科技和数字经济领域合作突出成果,是中南通信基础设施合作向产业链上游延伸的成功例证。[⑤] 作为仅次于华为的中国第二大电信设备制造商,中兴通讯已与南非移动通信公司区域跨国运营商及非洲各国运营商建立了全方位的战略合作伙伴关系,提供全系列产品及方案

---

① 《中非企业加强移动支付合作》,人民网,http://world.people.com.cn/n1/2021/1116/c1002-32283031.html,访问时间:2023 年 4 月 17 日。

② 《中非企业加强移动支付合作》,人民网,http://world.people.com.cn/n1/2021/1116/c1002-32283031.html,访问时间:2022 年 8 月 23 日。

③ Amy T,"China's ICT Engagement in Africa:A Comparative Analysis",The Yale Review of International Studies,Vol.2,No.3,2021,pp.4-18.

④ 《华为云南非大区开服,构建万物互联的智能非洲》,华为官网,https://www.huawei.com/cn/news/2018/11/huawei-cloud-south-africa-connected-intelligent,访问时间:2023 年 4 月 17 日。

⑤ 《陈晓东大使在"华为—Rain—金山大学 5G 实验室"揭牌仪式上发表视频致辞》,中国驻南非共和国大使馆经济商务处:http://www.mofcom.gov.cn/article/i/dxfw/gzzd/202011/20201103017172.shtml,访问时间:2022 年 8 月 23 日。

（包括无线、核心网、传输、微波等），同时也展开物联网（Internet of Things，IoT）、人工智能（Artificial Intelligence，AI）运行维护方面的多项项目合作；①在"5G"方面，中兴已和南非电信公司签署了"5G"商用合同，努力推进"5G"规模部署和垂直应用，赋能非洲产业数字化发展。② 其他中国企业也顺势而为，积极拓展南非业务。在2022年11月举行的非洲科技节上，中国移动国际有限公司与南非迈斯特派尔科技有限公司签署合作备忘录，双方将协作为电信、金融服务等企业构建互联网数据中心，提供解决方案。③

第三节　推进中南数字经济合作的政策建议

在数字经济领域，南非已经取得一定成就，是非洲大陆在电信基础设施、电子商务和数字金融领域最先进的非洲国家之一。尽管新冠疫情给南非经济带来沉重打击，但也在一定程度上激发了南非发展数字经济的雄心壮志，顺势而上为数字经济注入新鲜血液。拉马萨福政府在2021年宣布投资40亿兰特推动数字基础设施建设；2022年4月，南非通信与数字技术部提交了一份加快数字与云技术发展的议案，计划建立国家数字信息技术经济特区，吸引本地和外国企业在数据和云技术基础设施及服务领域投资，进而增强国家数字服务能力，提高政府数据分析研判水平，保障南非数据主权与安全；2022年8月，南非政府计划出台政策，鼓励经济特区企业进行技能培训和技术交流，促进南非大数据产业发展。④

作为南非的友好合作伙伴国，中国要在"一带一路"倡议的政策背景

---

① 《非洲数字经济发展的挑战与机遇，中非合作带来新动力》，人民网，http://world. people.com.cn/n1/2020/1009/c1002-31885264.html，访问时间：2023年4月17日。

② 牛东芳、沈昭利、黄梅波：《中非共建"数字非洲"的动力与发展路向》，《西亚非洲》2022年第3期。

③ 《中国与南非企业签署合作备忘录助推非洲数字化升级》，国务院新闻办公室，http://www.scio.gov.cn/31773/35507/35513/35521/Document/1733108/1733108.htm，访问时间：2023年4月13日。

④ 《南非加快数字产业发展》，人民日报，http://world. people. com.cn/n1/2021/0415/c1002-32078227.html，访问时间：2022年8月21日。

下,抓住南非在疫情后数字化转型的机遇,积极开展数字经济方面的合作,促进中南合作的数字化、普惠化和可持续化。降低南非移动数据价格、弥补数字初创企业资金不足、满足数字人才需求,应成为未来中南合作的关键目标,结合中国在跨境电商的丰富经验,双方应当积极探索数字治理规则,维护核心经济利益。

一、建设更加快速、优质、实惠的宽带网络

南非与中国开展数字基础设施合作,在南非各地共同建设价格合理的宽带连接。南非虽然拥有非洲大陆上最广泛的光纤网络,但与发达国家相比,通信技术仍处于落后地位,通信基础设施投资缺口大,并且数据价格很难被中低收入群体所接受。从长远来看,南非未来的数字基础设施建设应当注重普及互联网接入,塑造竞争性的宽带市场,提高网络安全性能,更要促进农村和城镇地区采用网络连接和固定电话。为达成这一目标,一是南非政府应当制定一个与时俱进的国家宽带连接政策,旨在未来 10 年实现更普遍快速的互联网接入,这一政策可以与非洲数字经济倡议①保持一致,同时要为来南非投资的企业提供税收减免等优惠措施。二是中南数字经济基础设施的合作重点要转移到移动 5G 基础设施、连接非洲与亚洲的海底电缆、共享卫星应用技术和南非数据中心上来,确保基础设施建设地区的选择具有包容性,确保基础设施建设资金的分配具有公平性,最大限度地降低数据成本和漫游费用,解决日益扩大的"数字鸿沟"问题。

二、营造更加普遍的数字创业氛围,促进教育资源合理分配

南非应持续与中国联合培养数字人才,激发自身的数字创新活力。打铁还需自身硬,南非政府应当促进教育高质量发展,对教师进行正规培

---

① 非洲数字经济倡议旨在确保到 2030 年,非洲的个人、企业和政府都将实现数字化,以支持非洲联盟的"非洲数字化转型战略"。

训,使其具备基础的专业数字技术知识;设置与数字技能相关的资格证书课程,从而加快满足数字经济的劳动力市场需求;此外,可以尝试将信息通信技术科目纳入商学院或将商务科目纳入通信学院,培养复合型数字经济人才。在未来,中国和南非可以在现有的数字技能学院、微型实验室(mLabs)①等政府和社会资本合作项目之上,通过设立数字创业基金、增加对数字技术的研究经费支持和建设中南数字经济创业孵化中心等合作形式,弥合南非的数字人才缺口。2022年12月,由中国常州信息职业技术学院牵头建设的南非"鲁班工坊"在南非工业制造业中心艾库鲁莱尼市西艾库鲁莱尼职业技术学院揭牌成立②,鲁班工坊将采用学历教育与职业培训相结合的方式,培养中南合作急需的技术技能人才。目前成立的鲁班工坊大多聚焦技术传授,如果加入数字技能培训相关课程,将会为培养出更符合劳动市场需求的复合型人才。此外,南非政府可以尝试放开对中国的技术签证,促进中国高技能的数字企业家入境,实地指导南非数字创业;同时南非大学应加快中国研究人员的交流来访,开展数字技术研发和创新合作。

三、加快中南跨境电商合作,促进贸易方式数字化

新冠疫情对国际物流造成一定冲击,但随着全球供应链的重构和南非经济的逐渐恢复,中南贸易迎来新的发展阶段,南非应当借电子商务蓬勃兴盛的东风,将高端、高质量产品通过跨境电商的形式带到中国市场。一是中国和南非的地方政府要通过激励性政策,促进国内外贸企业,特别是中小微外贸企业运用跨境电商平台销售产品,帮助企业对接跨境物流公司,形成从销售到运输的一条龙服务体系;二是南非本土电商和中国在南非的电商应当指导企业上线本地产品,提高第三方监管服务水平,保障

---

① mLabs 是南非的一个科创社会项目,目标在于通过社区、代码、精益创新和初创实验室建立非洲最具活力的科技创新生态系统。

② 《常州信息职业技术学院南非"鲁班工坊"隆重揭牌》,中国文化和国际教育交流中心,http://ccieec.com/index.php? m=home&c=View&a=index&aid=143,访问时间:2023年4月17日。

消费者的切身利益;三是中南双方要加强跨境结算和数字监管合作,建立跨境结算的国家级平台,探索人民币和兰特直接汇兑的交易形式,设立专有部门,监管与其他国家的数字贸易往来。

四、加强数字治理合作,提升数字安全

首先,《金砖国家数字经济伙伴关系框架》纳入了数字认证、电子支付、电子交易单据、数据隐私和安全、网上争端解决等当前数字经济前沿领域,中南双方可在此实践基础上探索电子支付、电子发票、数据跨境流动、数据本地储存等方面的具体规则。其次,"中非数字创新伙伴计划"提出,欢迎非洲国家参与《携手构建网络空间命运共同体行动倡议》和《全球数据安全倡议》,南非可以适时加入这两项倡议,从而加强同中国在提升网络安全、完善互联网法律法规、保护数据安全等方面的对话沟通,共同探讨并制定全球数字治理规则,这对于确保信息技术产品和服务的供应链安全具有重要意义。[①] 最后,针对南非网络治理环境较差、网络犯罪频发等问题,中南双方要加强立法实践、网络安全监测系统和执法规范化等方面的学习交流。2017 年 6 月,《中华人民共和国网络安全法》开始实施,对保护个人信息、治理网络诈骗、保护关键性信息基础设施、网络实名制等方面作出明确规定;此外,《国家网络安全事件应急预案》有效提升了中国网络安全应急响应和事件处置能力,《网络安全审查办法》和《云计算服务安全评估办法》为中国建立了网络安全审查制度和云计算服务安全评估制度,《数据出境安全评估办法》则提升了中国数据出境安全管理水平。[②] 中国网络安全实践十分丰富,南非政府可以利用中非数字经济合作,增强本国网络安全治理能力,为人民提供可信赖的网络环境。

---

① 《外交部部长助理邓励在中非互联网发展与合作论坛上的致辞》,中国外交部,https://www.fmprc.gov.cn/wjbxw_673019/202108/t20210824_9138397.shtml,访问时间:2023 年 4 月 17 日。

② 《筑牢全民网络安全"防火墙"——我国网络安全工作成就综述》,国家互联网信息办公室,http://www.cac.gov.cn/2022-09/05/c_1664000188765042.htm,访问时间:2023 年 4 月 14 日。

第九章　尼日利亚数字经济
竞争力分析

当前,随着科技革命和产业变革深入发展,数字经济已成为第四次工业革命最重要的特征。中国信通院发布的《全球数字经济白皮书(2022)》中指出,2021年,全球47个①主要数字经济体的规模达到38.1万亿美元,占国内生产总值的比重为45%。其中,发展中国家数字经济增长速度较快,2021年增速达到22.3%。② 越来越多的国家将数字经济作为提升其经济竞争力、实现经济转型的关键要素。作为发展中国家最集中的非洲,也积极探寻数字经济发展,将数字经济发展作为提升其经济竞争力,实现经济转型的关键点。③

近年来,尼日利亚政府十分重视数字经济发展,积极出台数字经济规划方案。受新冠疫情的影响,数字经济更展现出强大的韧性,相应的封锁和管制措施也激发了尼日利亚电子商务、数字金融、数字物流、数字教育和数字医疗等数字经济新业态爆发式发展,与数字经济有关的初创公司兴起,尼日利亚的数字经济已加速融入各个行业。尼日利亚已逐渐发展成为非洲第一大数字经济体,2022年尼日利亚数字经济规模达到5.43

---

① 全球47个主要数字经济体为美国、中国、德国、日本、英国、法国、韩国、印度、加拿大、意大利、墨西哥、巴西、澳大利亚、俄罗斯、西班牙、爱尔兰、瑞士、新加坡、瑞典、印度尼西亚、荷兰、波兰、比利时、芬兰、丹麦、挪威、马来西亚、泰国、南非、土耳其、罗马尼亚、捷克、奥地利、匈牙利、越南、葡萄牙、新西兰、希腊、卢森堡、保加利亚、斯洛伐克、克罗地亚、立陶宛、斯洛文尼亚、爱沙尼亚、拉脱维亚、塞浦路斯。

② 中国信息通信研究院:《全球数字经济白皮书(2022)》,http://www.caict.ac.cn/kxyj/qwfb/bps/202212/P020221207397428021671.pdf,访问时间:2023年5月16日。

③ 牛东芳、沈昭利、黄梅波:《中非共建"数字非洲"的动力与发展路向》,《西亚非洲》2022年第3期。

亿美元①,还成为首个启用央行数字货币的非洲国家,并在数字金融、电子商务等领域取得了巨大成就。但尼日利亚数字经济发展仍存在较多的问题,而中国作为世界上最大的发展中国家,其数字经济蓬勃发展的经验可以帮助尼日利亚克服目前发展困难,更大程度上释放数字经济的增长潜力。中尼双方要把握住机遇与挑战,努力打造高水平的经济体,切实加强合作,建立跨区域合作平台,助力数字经济高质量发展。

第一节　尼日利亚数字经济规划和数字经济治理

随着数字经济的快速发展,全球数字经济占 GDP 的比重不断增加,数字经济对全球经济的贡献也持续增强。但是,数字经济不同于传统经济,发展数字经济所具备的基础条件较高。目前,尼日利亚数字经济发展面临基础设施不完备、网络人才缺乏、网络安全缺乏保障和数字鸿沟等挑战,这些挑战也是尼日利亚实现数字经济发展必须要解决的难题。因此,近年来尼日利亚政府为促进发展数字经济,正加快对数字经济的规划与治理,努力解决发展中面临的问题。

一、数字经济规划

为促进数字经济发展,尼日利亚政府不断出台政策措施完善其数字经济规划方案。2019 年,尼日利亚将负责信息通信技术的最高行政机构命名为"通信和数字经济部",反映出数字经济已成为国家发展的重点。2019 年 11 月,尼日利亚政府公布了《2020—2030 年国家数字经济政策和战略》,从国家层面明确未来发展目标,形成了较为完整的数字经济规划方案。尼日利亚《2021—2025 年国家发展计划:第一卷》中也对数字经济发展作出具体规划,指出到 2025 年将把数字经济对 GDP 的贡献率从

---

① 《尼日利亚数字经济正在高速发展》,中华人民共和国驻尼日利亚联邦共和国大使馆经济商务处,http://nigeria.mofcom.gov.cn/article/jmxw/202006/20200602976090.shtml,访问时间:2023 年 3 月 16 日。

10.68%提高到12.54%（见表9-1）。①

表9-1　尼日利亚《2021—2025年国家发展计划》中数字经济发展目标

层面	关键性指标	基线	目标
发展数字经济	信息与通信技术（ICT）对GDP的贡献	10.68%	12.54%
改进电子政务	电子政务发展指数（EGDI）②	141/193③	100/193
提高数字素养	国家数字身份占总人口比重	≤20%	100%
	电子参与指数	141/193	100/193
改进数字基础设施	ICT基础设施（NRI,2018）④	113/139	100/139
	宽带渗透率	40%	60%
	ICT的社会影响度（NRI,2018）	123/139	100/139
增强数字平台建设	宽带竞争力与资产利用	IPV4⑤为5%,同比增长38%	IPV4为50%,同比增长150%
	个人ICT使用情况（NRI,2018）	112/139	60/139
	政府ICT使用情况（NRI,2018）	112/139	60/139
改进数字金融服务	数字金融包容度	≤2%	25%
鼓励数字创新创业	私募股权和风险资本融资占GDP的比重	待确定	1%
增强数字技能	年入学率	待确定	每年有50万名毕业生报名参加高级数字技能课程

资料来源：Nigerian Ministry of Finance and Budget,http://www.nationalplanning.gov.ng/,2022-11-23。

---

① Nigerian Ministry of Finance and Budget,2022-11-23,http://www.nationalplanning.gov.ng/.

② 电子政务发展指数，英文全称E-government Development Index（EGDI），主要由电信基础设施指数（TII）、人力资本指数（HCI）、在线服务指数（OSI）三个标准化指数加权平均计算得出。

③ 141/193表明，共有193个国家参与评估，尼日利亚排名为第141名。

④ NRI（Networked Readiness Index）为网络准备度指数，2018即为年份。NRI指标体系主要有：环境——政治与治理环境、营商与创新环境；准备度——基础设施、可支付能力、能力；应用——个人使用、商业使用、政府使用；影响——经济影响、社会影响。

⑤ IPV4（Internet Protocol Version 4）也称为网际协议版本4，是国际协议开发过程中的第四个修订版本，也是此协议第一个被广泛部署的版本。IPV4是互联网的核心，也是目前使用最广泛的网际协议版本。

为实现国家数字经济政策和战略,尼日利亚政府 2021 年 6 月还宣布建设国家新兴技术中心、国家数字创新创业中心、人工智能和机器人中心,以促进数字技术作为增长和创新的关键驱动力。[①] 此外,尼日利亚制定了国家区块链应用战略,积极准备利用区块链技术促进数字经济发展。2022 年 1 月 25 日尼日利亚又正式发布 5G 数字经济国家计划,充分利用 5G 技术维护国家经济安全,并指示所有安全机构利用 5G 技术加强国家安全,切实有效发展数字经济。

二、数字经济治理

尼日利亚在数字经济发展中面临诸多问题,如何促进数字经济的治理是关键。特别是在网络安全层面,数字技术的快速发展,加剧了尼日利亚在数字经济监管方面的挑战。口令安全管理公司(Password Managers)发布的《网络安全暴露指数》(《Global Cybersecurity Index》)报告中显示,2020 年在全球五大区域 108 个国家的网络安全暴露指数(Cybersecurity Exposure Index,CEI)[②]中,非洲的 CEI 最高,每个国家的平均分为 0.643,其中尼日利亚排名第 58 位,得分 0.614。[③] 在网络攻击层面,据尼日利亚银行间结算计划(Nigeria Inter-Bank Settlement Scheme,NIDSS)的报告显示,到 2020 年,移动欺诈案件超过自动取款机的案件,网络钓鱼和商业电子邮件骗局(Business Email Compromise,BEC)案件急剧上升。

当前,尼日利亚大量的个人数据库由外国公司提供,并且尼日利亚数字经济治理规制仍不完善,数字经济发展的制度保障不足,这都可能加剧隐私信息被滥用的风险,也会增加企业、投资者和消费者在决策中的不确定性风险,成为数字经济发展的重大障碍。[④] 2022 年尼日利亚数字领域

---

① 《尼日利亚将建设国家新兴技术中心》,中华人民共和国驻尼日利亚联邦共和国大使馆经济商务处,http://nigeria.mofcom.gov.cn/,访问时间:2022 年 10 月 5 日。

② 网络安全暴露指数成分包括恶意软件、勒索软件、加密货币挖矿、网站恶意代码、云安全风险、安全责任。

③ PasswordManagers. co, https://passwordmanagers. co/cybersecurity - exposure - index/, 2022-11-20.

④ 朴英姬:《非洲产业数字化转型的特点、问题与战略选择》,《西亚非洲》2022 年第 3 期。

的专家和企业家也呼吁对尼日利亚数字经济法规进行批判性审查,包括区块链、加密货币和金融科技创新。

面对目前存在的问题,尼日利亚积极出台了有关法律法规,如2019年出台《尼日利亚数据保护条例》、2021年颁布《2021年财政法案》、2022年发布《数字资产发行、发行平台和托管新规则》等,形成了较为成熟的规则体系,保障了数字经济发展。其中,2019年出台的《尼日利亚数据保护条例》是尼日利亚的主要数据保护法规,规定了数据主体的权利、数据控制者和数据处理者的义务,以及向外国领土转移数据的条件。此外,2022年年初尼日利亚政府发布的5G国家数字经济计划,也将对尼日利亚改善网络安全局势发挥至关重要的作用。通过5G网络平台,安全机构将利用人工智能(Artificial Intelligence, AI)、增强现实(Augmented Reality, AR)、虚拟现实(Virtual Reality, VR)、机器人等数字技术探索实时信息以实现最大效率,从而解决困扰尼日利亚的安全难题。[①] 该计划还将实现包括生态系统安全和数据保护在内的众多目标,确保全球公认的标准和规范充分应用到尼日利亚的生态系统中。

第二节　尼日利亚数字经济发展现状

尼日利亚作为非洲第一人口大国,积极发展数字经济,以期改变对石油开采的高度依赖,努力摆脱低收入国家地位,实现经济增长、产业转型与可持续发展。根据尼日利亚统计局数据,信息和通信技术行业是尼日利亚2020年全年增长最快的行业,2021年第二季度该行业对尼日利亚GDP的贡献已高达17.92%,仅次于农业对该国GDP的贡献率,且这一比重仍在增长。[②] 目前,尼日利亚已发展成为非洲最大的数字经济体,形成以拉各斯为核心的产业聚集区,在数字基础设施、数字平台、数字金融、数字创业、数字技能等方面发展较全面。《尼日利亚数据中心市场投资

---

① Segun Adewole, "Nigeria'll Take Advantage of 5G to Address Security Challenges, Says Buhari", https://punchng.com/, 2022-10-06.

② Nigeria National Bureau of Statistics, https://www.nigerianstat.gov.ng/, 2023-05-16.

分析报告(2021—2026)》显示,其数据中心市场是非洲增长最快的市场之一,2021—2026 年尼日利亚数据中心市场将以 17% 的年复合增长率增长①,可见,尼日利亚数字经济竞争力较强,未来发展空间巨大,是投资的一片"蓝海"。

一、数字基础设施

数字基础设施指以数据创新为驱动、以通信网络为基础、以数据计算力设施为核心的基础设施体系。作为新型基础设施建设的关键组成部分,数字基础设施是推进数字经济发展的关键点。尼日利亚近年来大力推进数字基础设施建设,2020 年 3 月,出台了《国家宽带计划》,该计划通过大力建设 4G/5G 网络,将宽带互联网渗透率提高到 70%。② 在《2021—2025 年国家发展计划》中,尼日利亚政府更计划对数字基础设施进行 400 亿美元的私人资本投资。③

首先,尼日利亚光纤网络建设取得大幅进展。国家信息通信技术基础设施主干网(National ICT Infrastructure Backbone,NICTIB)一期工程约 1400 千米,其中 98% 已完工,并在 11 个州投入运行。在 2018 年中非合作论坛举行期间,华为与尼日利亚银行主干有限公司还签署了尼日利亚国家信息通信技术基础设施项目第二期(NICTIB II)合作协议。2020 年,尼日利亚在国家信息通信技术基础设施项目第二期的第二阶段,向六个行政区域内铺设了超过 3250 千米的光纤。光纤大范围铺设使所覆盖行政区域的民众有更多机会使用网络,不仅增加了网络普及率,还为数字经济新业态的发展增添更多潜在客户。根据"尼日利亚国家宽带计划(2020—2025)",尼日利亚 3G 和 4G 普及率已从 2018 年 3 月的 20.28% 增加到 2022 年 6 月的 44.32%,超过 8460 万的用户可以使用 3G 和 4G 宽

---

① Nigeria Data Center Market - Investment Analysis & Growth Opportunities 2021 - 2026, https://www.researchandmarkets.com/,2022-10-06.

② Nigerian Communications Commission, "Industry Statistics", http://www.ncc.gov.ng/, 2022-11-30.

③ Nigerian Ministry of Finance and Budget, http://www.nationalplanning.gov.ng/, 2023-05-16.

带网络。① 2022 年,尼日利亚宽带普及率达到近 45%,见图 9-1。

（单位：万人）　　　　　　　　　　　　　　　　　　　　　　（单位：%）

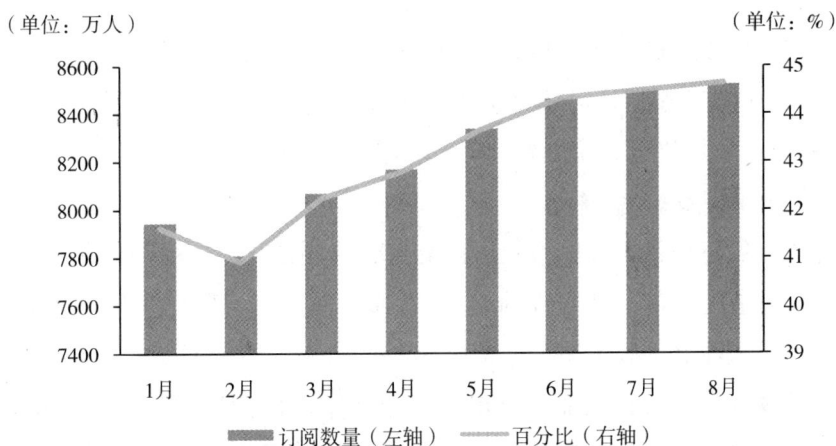

图 9-1　2022 年 1—8 月尼日利亚宽带订阅及普及率

资料来源：Nigerian Communications Commission, Industry Statistics, https://www.ncc.gov.ng/statistics-reports/,2022-10-06。

此外,随着数字基础设施日益完善,尼日利亚互联网用户规模稳步增长。根据尼日利亚通信委员会（Nigerian Communications Commission, NCC）公布的数据,截至 2022 年 6 月,尼日利亚的互联网用户达到 1.51 亿人,互联网普及率达近 70%（2022 年 6 月,尼日利亚人口数量为 2.17 亿人）。② 尼日利亚互联网用户数量在 2021 年 6 月至 2022 年 6 月增加了 1084 万人,尼日利亚通信委员会还预测,尼日利亚至少每月一次通过电子设备使用互联网的民众比例预计到 2026 年将增长约 60%。③ 尼日利亚互联网用户规模的扩大,也有利于数字金融、电子商务等的发展,带来了大量潜在客户。

---

①　《尼日利亚计划 5 年内提升宽带普及率至 70%》,中华人民共和国驻尼日利亚联邦共和国大使馆经济商务处,http://nigeria.mofcom.gov.cn/article/jmxw/201912/20191202923487.shtml,访问时间:2022 年 10 月 6 日。

②　Nigerian Communications Commission, Industry Statistics, https://www.ncc.gov.ng/, 2022-10-06.

③　Nigerian Communications Commission, Industry Statistics, https://www.ncc.gov.ng/, 2022-10-06.

二、数字平台

数字平台通过数字媒体,如移动设备、计算机等,为消费者提供产品和服务,使参与者能够相互交流并创造价值。尼日利亚的数字平台主要分为两种:一是政府数字平台;二是商业数字平台。

(一)政府数字平台

政府数字平台是政府科技层面的重要一环,通过建设政府数字平台,推动公民参与改善公共服务的质量,并通过使用门户网站来提高公共行政效率。这种电子政务服务还能使全程监督和实时监督成为可能,大大减少腐败行为。尼日利亚就推出政府服务中心门户网站(www.Services.gov.ng),旨在反映政府各部门、机构之间根据联邦政府行政命令开展业务的便利性。该网站主要提供政府对公民服务、对外国人服务、对企业服务以及其他电子政务服务。例如,在电子政务服务层面,尼日利亚几乎70%的地区引入了综合财务管理系统,该系统利用数字技术进行预算编制和支出管理,大大改善了现金管理的缺陷,减少银行账户中的闲置资金,使财务管理更加现代化。[1] 但是在信息技术安全层面,该财务系统容易被篡改,安全系数不高。

(二)商业数字平台

电子商务作为主要的商业数字平台,通过互联网进行各种商贸活动,促进消费者实现网上购物、商户之间实现网上交易。近年来,非洲电子商务发展所需的基础条件显著改善。2014—2017 年,非洲大陆在线支付或购买增长了 240.4%,同期,亚洲地区增长了 97.6%、美洲地区增长了69.2%、欧洲地区增长了 42.2%,非洲大陆增速为世界各地区之首。[2] 而尼日利亚作为非洲的电子商务中心,发展更为迅猛。2022 年,尼日利亚

---

[1] World Bank, "Nigeria Digital Economy Diagnostic Report", https://openknowledge. worldbank.org/server/api/core/bitstreams/2e3576ec – be91 – 53a9 – b4bb – 68027ed49c16/content, 2023 – 03 – 18.

[2] WTO, Adapting to the Digital Trade Era: Challenges and Opportunities, https://www.wto. org/english/res_e/publications_e/adtera_e.htm, pp.118 – 121, 2022 – 10 – 09.

电子商务市场收入达到 85.2 亿美元,预计到 2025 年,尼日利亚电子商务市场年收入可达 125.8 亿美元。① 此外,尼日利亚电商用户数量已达到1.225 亿美元,位居非洲第一。②

朱米亚集团(Jumia)是尼日利亚乃至非洲的电商巨头之一。2012年,朱米亚集团在拉各斯成立。2016 年,在获得美国高盛有限责任公司(Goldman Sachs)、法国安盛有限责任公司(AXA Group)和南非跨国电信有限责任公司(Mobile Telecommunication Network,MTN)的投资后,朱米亚集团以超过 10 亿美元的估值成为非洲大陆第一家独角兽企业。2019年朱米亚集团成功在纽约证券交易所上市,并成为第一家在全球大型交易所上市的非洲科技创业公司。③ 拥有"非洲阿里巴巴"或者"非洲亚马逊"之称的朱米亚集团拥有多个线上垂直运营平台,提供的业务已覆盖11 个非洲国家④,其主要业务包括在线外卖服务(Jumia Food)、旅游订票服务(Jumia Flights)和广告分类网站(Jumia Deals)等,还有由支付系统(Jumia Pay)和送货服务组成的电商物流服务(Jumia Logistics)。

此外,康加(Konga)也是尼日利亚最大的网上商店之一,提供涵盖手机、电脑、服装、鞋类、家用电器、书籍、医疗保健、婴儿用品、个人护理等多个类别的产品。康加采取线上与线下相结合的发展模式,拥有线上商店(Konga Online)和线下商铺(Konga Retail)。据统计,2019 年,朱米亚集团和康加的电子商务平台访客总体数量已超过 2.5 亿人⑤,预测未来会持续增长,发展态势良好。

---

① Statista Database,"The rise of e-commerce across Africa",https://www.statista.com/study/105869/the-rise-of-e-commerce-across-africa/,2022-10-09.

② Statista Database,"The rise of e-commerce across Africa",https://www.statista.com/study/105869/the-rise-of-e-commerce-across-africa/,2022-10-09.

③ 《尼日利亚电商巨头 Jumia 在纽交所上市》,中华人民共和国驻非盟使团经济商务处,http://africanunion.mofcom.gov.cn/article/ddfg/201904/20190402853257.shtml,访问时间:2022年 10 月 10 日。

④ 朱米亚集团主要覆盖阿尔及利亚、埃及、加纳、科特迪瓦共和国、肯尼亚、摩洛哥、尼日利亚、塞内加尔、南非、突尼斯、乌干达这 11 个非洲国家。

⑤ 朴英姬:《非洲产业数字化转型的特点、问题与战略选择》,《西亚非洲》2022 年第 3 期。

三、数字金融

数字金融指将数字技术与传统金融服务业态深度融合发展的新型金融服务。[①] 作为金融以及数字经济新业态，数字金融更能提升金融服务的速度，并为不同的收入群体提供不同的金融服务，不仅能提升中高收入家庭的收益，在更大程度上还能使低收入家庭直接获益，进一步提高了金融服务的普惠性，为经济发展增添活力和动力，实现包容性经济增长。

（一）金融科技

尼日利亚的最大城市与最大港市拉各斯已跻身全球金融科技生态百强城市之列，并涌现出大量金融科技企业。其中，尼日利亚本土数字银行卡本（Carbon）创立之初是一家向工薪阶层提供线下免抵押信用贷款的金融企业，到 2016 年，为适应数字化发展，卡本全面转型提供线上服务，推出"稍后付款"（Paylater）手机软件，向用户提供快速便捷并且全天在线的消费金融服务，从发出申请到完成放款最快仅需几分钟，这在尼日利亚属于首创。2019 年，该公司又将旗下的多种金融服务统一整合到卡本手机软件中，成为一家综合性线上移动金融服务提供商。目前卡本已经成为一家业务覆盖尼日利亚、加纳和肯尼亚的跨国企业，其移动支付总金额在 2020 年达到 2.4 亿美元，被尼日利亚新闻网站评选为 2020 年尼日利亚最佳数字银行。[②] 卡本所提供的金融服务，面向更多工薪阶层和低收入群体，使其也能从中获得金融收益，大大增强了尼日利亚金融服务的普惠性。

（二）数字货币

尼日利亚数字货币的发展位于非洲前列，见表 9-2。近年来，关于中央银行数字货币（Central Bank Digital Currencies，CBDC）的研究在全球范围内激增，截至 2022 年 7 月，已有近 100 个国家的中央银行数字货币处于研究

[①] 封思贤、郭仁静：《数字金融、银行竞争与银行效率》，《改革》2019 年第 11 期。

[②] Pulse Digital Picks：Carbon is Our Top Online Bank，https://www.pulse.ng/business/，2022-10-07.

和开发阶段。① 尼日利亚也在积极研究和开发数字货币,2021年10月25日,正式推出央行数字货币e奈拉(e-Naira),成为首个正式启用数字货币的非洲国家,同时成为全球发行数字货币的国家或地区之一。② 通过推行"e奈拉"可以助力跨境贸易发展,提升金融服务的普惠性并提高金融政策的执行效率,维护支付系统的完整性和稳定性,推动尼日利亚经济发展。尼日利亚中央银行(Central Bank of Nigeria,CBN)还计划将数字货币"e奈拉"制定为"关键国家基础设施",以保护其免受运营和网络安全风险的影响。

表9-2 部分国家中央银行数字货币(CBDC)进展

国家/地区	发行/试点	名称	备注
瑞典	2020年2月试点	e-Krona	首个推行零售型央行数字货币试点的国家③
中国	2020年4月试点	e-CHY	—
巴哈马	2020年10月发行	Sand Dollar	全球首个全国性的央行数字货币
东加勒比地区	2021年3月发行	DCash④	由东加勒比央行推出,是首次推出央行数字货币的货币联盟
尼日利亚	2021年10月发行	e-Naira	非洲首个发行央行数字货币的国家
牙买加	2022年6月发行	Jam-Dex	首个将央行数字货币定为法定货币的国家

资料来源:笔者根据周有容⑤及相关资料总结制作而成。

(三)移动支付

尼日利亚移动支付渗透率和移动支付速度处于全球前列。2018年,北京昆仑万维科技股份有限公司旗下信息资讯平台"欧佩尔"(Opera)在

---

① Andarew Stanley," The Ascent of CBDCS ",https://www.imf.org/zh/Publications/fandd/issues/2022/09/Picture-this-The-ascent-of-CBDCs,2022-10-11.

② 彭俞超、包宏:《全球央行数字货币发展:回顾与展望》,《海外投资与出口信贷》2022年第1期。

③ 中央银行数字货币主要分为零售型和批发型。零售型的本质是数字现金,批发型的本质是创新型支付清算模式。

④ 目前仅在东加勒比地区的圣基茨和尼维斯、安提瓜和巴布达、格林纳达以及圣卢西亚四国使用。

⑤ 周有容:《国际央行数字货币研发进展综述》,《西南金融》2022年第2期。

收购尼日利亚一家本土金融服务企业后,成功孵化了"欧佩"(OPay)。依托中国技术、经验和本土化运营模式,欧佩现已迅速成长为尼日利亚最大的移动支付网络之一。2022年欧佩的活跃用户数量已增长至1500万人,平均每天处理数百万笔交易,覆盖非洲10个国家市场。在尼日利亚,欧佩电子钱包注册用户达到1550万,服务商户达到55万。[1] 由于欧佩提供的金融服务能覆盖到一些暂无银行网点和自助取款机的市场,在新冠疫情暴发之后,欧佩平台的支付交易单量迅速增长,月均增长速率约为10%。[2] 由传音控股和网易公司共同孵化的"澎贝支付"(PalmPay)也于2020年年初在尼日利亚正式运营,主要开展移动支付业务。澎贝支付用户相互之间转账不收取费用,让民众享受到了更便捷的金融服务。目前,澎贝支付是非洲用户规模增长最快的移动支付应用产品之一。从2021年年初至今,澎贝支付位于非洲相关财经类手机应用程序下载量首位,是安装量最大的手机支付应用产品。此外,尼日利亚本土移动支付平台也不断发展,"福莱特公司"(Flutterwave Company Limited)成为尼日利亚乃至非洲成长最快的独角兽,其主要业务见表9-3。2022年,福莱特获得尼日利亚中央银行的转换和处理许可证,能为其客户提供更好的支付体验,促进商家、客户和其他利益相关者之间的交易,更推动其发展。

表9-3 Flutterwave 的主要产品

名称	平台	作用
Rave	供集成的支付的软件开发工具包(SDK)[3]	通过提供一个统一的应用程序接口,使客户能在非洲多个国家使用多种支付方式
Barter	个人小额支付工具软件	通过绑定借记卡、银行卡或创建虚拟卡,使用户可以点对点支付、支付各类账单、汇款转额

---

① Cable News Network,2022 The Mobile Economy Sub-Saharan Africa,https://www.gsma.com/mobileeconomy/sub-saharan-africa/,2023-05-16.

② Cable News Network,2022 The Mobile Economy Sub-Saharan Africa,https://www.gsma.com/mobileeconomy/sub-saharan-africa/,2023-05-16.

③ 软件开发工具包,英文全称 Software Development Kit(SDK),主要指辅助开发某一类软件的相关文档、范例和工具的集合。

续表

名称	平台	作用
Flatterwave Store	在线开网店的工具软件	使商家快速开店收单（针对新冠疫情封锁限制推出的产品）

资料来源：根据 Fluttertwave 官网总结制作而成，https://flutterwave.com/us，2022-10-20。

四、数字创业

数字创业是基于数字技术对企业进行数字化赋能。许多初创企业通过数字技术打破了时间和空间的限制，突破了以往传统商业模式的束缚，凭借新型的商业模式实现快速发展。尼日利亚政府也出台一系列政策以支持数字创业，2023 年 3 月还提出"数字和创意企业投资计划"（Investment in Digital and Creative Enterprises，i-DICE），旨在促进对数字和创意产业的投资，并为大量年轻人创造可持续的就业机会。该计划还将通过创新中心、加速器、风险投资和私募股权公司，为企业家提供支持。

尼日利亚的数字初创企业主要集中在拉各斯和阿布贾两大城市。"风投公园"（Venture Capital Park）就是位于首都阿布贾的一个创业孵化园，也是尼日利亚最知名和规模最大的创业社群，吸引众多初创企业进驻，通过数字技术对各行各业进行数字化挖掘。随着服务业的发展，也有越来越多的数字初创企业开始从事服务业，包括医疗层面，涌现出如"氦健康公司"（Helium Health Company Limited）、"韦尔维斯公司"（Wellvis Company Limited）的健康科技初创企业。

总部位于尼日利亚拉各斯的电子医疗初创公司"氦健康"，通过其旗舰产品电子病历/医院管理信息系统（Electronic Medical Record/Hospital Management Information System，EMR / HMIS）产品使医院和诊所实现数字化，努力将数字化医疗数据管理带给尼日利亚乃至非洲的小医院，为患者生成可视化的费用和医疗报告记录。氦健康数字化发展还从电子病例切入，为尼日利亚的医疗保健系统启用远程医疗。

韦尔维斯也是一个在线提供卫生信息和服务的平台，主要服务于新冠。该应用程序让在线用户回答一系列问题，涉及个人接触史和出现的各种症状等,从而帮助用户匿名评估自己的感染风险。根据用户的回答,该应用程序会建议用户是否应该进行自我隔离,或通过医疗热线寻求进一步帮助,以更有效地预防和控制新冠。此外,通过韦尔维斯在线用户还可以付费预约专科医生,由其进行远程评估并提供有效治疗。

尽管尼日利亚数字创业生态系统充满活力,但仍存在不足,包括商业环境不完善、数字技能匮乏、除拉各斯和阿布贾以外的城市发展机会有限等。尤其是尼日利亚的商业环境,即使政府大力支持初创企业,但企业申请流程依然混乱,且缺乏透明度。另外,创业者也没有充分利用现有的政策激励,这都导致很多初创企业后期发展困难。

五、数字技能

数字技能提高离不开数字教育发展。数字教育通过互联网、云计算等技术提升教育系统研发效率,能让更多的社会资源进入教育产业,更多适龄儿童接受良好教育、更多成人接受继续教育。

尼日利亚 2021 年人口总数达到 2.13 亿人,其中 15—64 岁人口占总人口的比重达到 54%[①],劳动力众多,但是尼日利亚数字技术人才缺乏,而人才储备匮乏以及教育水平有限正是长期制约尼日利亚数字化发展的重要因素。近年来,尼日利亚政府也认识到教育在经济发展中的重要地位,积极解决教学设施落后、教师数量少且能力弱和教育难以与产业需求相结合等问题,努力提升青年人群的数字技能。

在教育设施层面,2019 年中国网龙公司与尼日利亚分别签署"尼日利亚智慧教室合作备忘录"及"尼日利亚数字化教育合作框架协议"。尼日利亚向网龙采购 1 万间智慧教室,以解决本国教室不足的问题,进一步提升本国儿童、少年及青年的科技知识和技能,以惠及 50 万学生。[②] 在学校教

---

① World Bank Database, https://data.worldbank.org.cn/indicator/SP.POP.1564.TO.ZS? view=chart,2023-03-18.

② 《尼日利亚计划向网龙采购 1 万间智慧教室将惠及 50 万学生》,载网龙普天教育, http://www.ndptvr.com/news/05202019/001123688.shtml,访问时间:2022 年 10 月 10 日。

师层面,非营利性技术教育提供商"教学与探索STEM①学院"(TechQuest STEM Academy)与尼日利亚共享电信基础设施开发商"尼日利亚电信公司"(IHS Nigeria Limited)合作,致力于提高尼日利亚各中学的数字能力,提高各地教师的知识和技能,提升其数字素养,再通过教育教学帮助其学生提升数字技术专业能力。在产学合作层面,尼日利亚高校也积极探索如何将优秀的ICT企业引入到教学之中。位于尼日利亚扎里亚的艾哈迈杜·贝洛大学(Ahmadu Bello University)启动了与中国华为公司的合作——在校内共建ICT学院,为教师和学生提供与时俱进的行业知识、在线课程、行业标准认证以及学习效果评估,并建立一个长期互惠互利的信息通信人才生态系统。

此外,受疫情封控政策影响,尼日利亚也出现了线上网络课程平台,使当地学生足不出户就能在线学习。2019年u课程(uLesson)创立,提供一系列的教育科技学习产品,如课程视频库、视频直播课程和个性化家庭作业直播辅导等,适合尼日利亚不同中小学学习者的个人需求。2021年,u课程更获得由猫头鹰投资(Owl Ventures)领投的750万美元的"A轮"融资②,加快了其发展,更有效地服务于尼日利亚的教育科技市场。

六、数字产业

除了上述五个维度,尼日利亚数字经济在发展中也涌现出很多数字经济新业态,如在数字农业、数字物流层面发展较为迅速。

(一)数字农业

数字农业指充分利用现代信息技术,对农业对象、环境和全过程进行可视化表达、数字化设计、信息化管理的现代农业。这可以使信息技术与农业各个环节实现有效融合,合理利用农业资源,降低生产成本,改善生态环境,迅速提升农业部门的生产率,同时对改造传统农业、实现农业转型具有重要意义。

尼日利亚是农业大国,但近年来其谷类产量却呈现出下降趋势,见图

---

① STEM是科学(Science)、技术(Technology)、工程(Engineering)、数学(Mathematics)四门学科英文首字母的缩写,STEM教育也重点在于这四方面的培养。

② Rachel Ren,"Nigerian Edtech Start up U lesson Secures $ 7.5 Million Series A Funding Led by Owl Ventures",https://en.jmdedu.com/Article/626,2022-10-11.

9-2。2019 年,尼日利亚约 70% 的人口从事农业生产,农业在国内生产总值中所占比重为 28.2% 左右,木薯年产量达 4000 万吨,位居世界第一,但大米、面粉等粮食却不能自给。① 如何提升农业生产率水平,满足尼日利亚人口日益增长的需求并确保粮食安全,成为尼日利亚政府目前面临的关键问题。"克劳迪农场"(Farmcrowdy)是尼日利亚第一个数字农业平台,为小型农户提供优质种子、带来资金投入、提供现代农业技术培训以及农产品销售市场,从开始种植到销售全过程服务,为农民提供全方位的支持。该平台还负责处理给农民的资金,提高农民种植技术,为农民提供市场,也参与农作物的运输,致力于链接农民和资源。2022 年 8 月,尼日利亚埃多州还启动了一个以农业为重点的数字创新中心,旨在创建一个生态系统,以促进该州的数字转型、创新和气候智能型农业发展,其中包括初创公司"嗨拖拉机公司"(Hello Tractor Company Limited)、"萨特朔尔公司"(Satsure Company Limited)、克劳迪农场和"生态图公司"(Ecotutu Company Limited)等。该项目的长期前景是将业务扩展到尼日利亚的其他地区和非洲其他国家,促进数字农业发展。

（单位：千克每公顷）

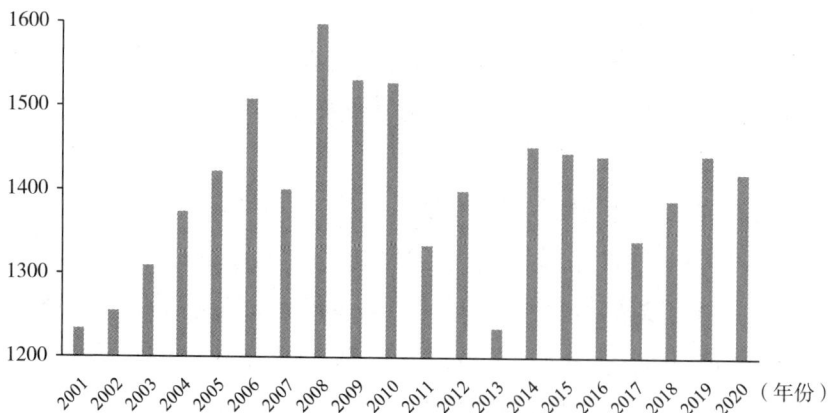

图 9-2　2001—2020 年尼日利亚谷类产量

资料来源：World Bank Database，https://data.worldbank.org.cn/，2022-10-10。

---

① 《尼日利亚国家概况》,中国领事服务网, http://cs.mfa.gov.cn/zggmcg/ljmdd/fz_648564/nrly_651233/,访问时间：2022 年 10 月 11 日。

（二）数字物流

数字物流指可以在物流过程中将各方物流过程自动化,并提供一个集成的供应链管理服务系统。随着数字化技术在物流行业的应用,物流信息实现了交流和共享,打造了透明的环境,有关人员可以随时掌握运输的情况,使整体的运输效率得到大幅度提升,推动物流业更好发展。尼日利亚物流初创公司解决的主要问题集中在以下三个方面:第一,整合农村和城市市场,缩小城乡差距;第二,提供高效且具有成本效益的数字物流平台;第三,提供 B2B(Business-to-Business)服务,助力企业发展。

其中,代表性公司是科博 360 公司(Kobo360 Company Limited)。2018 年,尼日利亚的"非洲版货拉拉"——科博 360 公司推出了数字物流平台,联结卡车司机和货运公司间的业务,实现货物交付数字化。通过使用该数字物流平台,并利用大数据技术结合供应链网络,可以减少供应链风险、低周转和货物损失等问题,用户平均可以节约 7% 的物流成本。①

此外,电子商务的兴起也助推尼日利亚物流业数字化发展。例如,尼日利亚的朱米亚电商平台开发了基于全球定位系统的配送客户端"朱米亚物流"(Jumia Logistics),有稳定可靠的专线物流负责清关和"最后一公里"派送,进一步完善物流网络,提高配送服务的效率,有效解决物流难、清关难等问题。康加也自建物流"康加送货"(KOS Deliveries),拥有由大篷车、卡车、摩托组成的车队,总数超 200 辆。公司在尼日利亚各个区域有收货点,供应商可以付费使用仓储。旺季时也可能与第三方物流合作,配送时间 1—14 天,拉各斯附近可低至 5 天。

通过上述分析发现,尼日利亚数字经济发展态势良好,在非洲处于领先地位,也涌现出很多数字经济新业态。数字经济为尼日利亚提供了发展新机遇,并成为经济发展新支柱,但在发展中也存在一些问题,例如,数字创业环境不完善、数字技能人才匮乏、数字监管措施不健全等。本章将在第四节深入分析尼日利亚数字经济发展中存在的问题,并提出有关政策建议。

---

① KOBO360,https://kobo360. com/,2022-10-10.

第三节　中国与尼日利亚数字经济合作现状

近年来,中国在数字经济领域实现的跨越式大发展,让尼日利亚看到促进经济发展和产业转型的新方向。截至2022年5月底,中国已建成全球规模最大、技术领先的网络基础设施,所有地级市全面建成光网城市,千兆用户数突破5000万,5G基站数达到170万个,5G移动电话用户数超过4.2亿户。[①] 2012年至2021年,中国数字经济规模从11万亿元增长到超过45万亿元,数字经济占国内生产总值比重由21.6%提升至39.8%。[②] 2021年,中国实物商品网上零售额首次超过10万亿元,同比增长12.0%;移动支付业务1512.28亿笔,同比增长22.73%。[③] 以上各项数据都表明,数字经济已成为拉动中国经济增长的重要动力。中国强劲的数字经济竞争力可在一定程度上弥补尼日利亚数字建设的短板。而中国与尼日利亚同为地区人口最多的发展中国家,两国在行业、资金、人才、技术、市场、资源等多领域具有互补优势。中尼两国合作不断深入,数字经济合作发展潜力巨大。[④]

一、中尼合作以数字基础设施建设为主

中国积极帮助尼日利亚建设升级网络及通信基础设施,为当地的数字经济发展奠定基础。在通信层面,华为公司为尼日利亚设计、建造了"银河骨干网",初步形成了以骨干网为基础的网络通信格局。未来由华为公司承担建设的5G网络,将进一步改善尼日利亚网络基础设施,提高互联网普及率及网络速度。在移动设备层面,智能手机是数字经济的核

---

①　《中国数字经济发展报告（2022年）》,中国信通院,http://www.caict.ac.cn/kxyj/qwfb/bps/202207/t20220708_405627.htm,访问时间:2022年10月11日。

②　《中国数字经济发展报告（2022年）》,中国信通院,http://www.caict.ac.cn/kxyj/qwfb/bps/202207/t20220708_405627.htm,访问时间:2022年10月11日。

③　《中国数字经济发展报告（2022年）》,中国信通院,http://www.caict.ac.cn/kxyj/qwfb/bps/202207/t20220708_405627.htm,访问时间:2022年10月11日。

④　《中尼经贸合作50年硕果累累》,《中国对外贸易》2021年第3期。

心组成部分,也承担了大量互联网接入任务。据尼日利亚官方估计,该国2022 年智能手机出货量约为 800 万部,市场份额排名靠前的均为中国品牌。其中,传音的 2022 年市场占比约为 60%,其他中国品牌如小米、欧普(OPPO)、维沃(vivo)等总体市场份额约为 20%。① 在电力层面,中国援助承建的尼日利亚最大水电站——宗格鲁水电站(Zungeru Hydroelectric Power Station)建设完成,并于 2022 年 3 月 28 日正式发电,该水库总库容为 114 亿立方米,兼具发电、防洪、灌溉、养殖、航运等功能,建成后将有效缓解尼日利亚电力紧张,并积极供应于互联网,提高互联网利用率。

二、中尼合作围绕数字化教育逐步展开

由于尼日利亚的人口结构非常年轻,通过扶智赋能,更能充分鼓励大量青年民众参与数字化建设。因此中国为尼日利亚提供了更多数字教育培训,并努力提升尼日利亚数字人才的技能水平。例如,中国华为公司积极与尼日利亚政府合作,已在非洲成立了 630 所华为 ICT 学院,每年培养学生超过 4 万人。② 2022 年 4 月,华为还在尼日利亚首都阿布贾启动了与尼日利亚联邦通信和数字经济部为期三年的“ICT 人才发展合作”谅解备忘录,计划为 3 万名尼日利亚人提供 ICT 培训,确保更多学生通过华为培训并获得证书,提升其数字技能水平,为尼日利亚云计算、人工智能、移动网络和大数据等领域发展培养人才。中国网龙也积极参与尼日利亚智慧教育发展。2018 年网龙与尼日利亚政府共同发表了“非洲数字教育倡议”,协助建设尼日利亚国家教育资源公共服务平台、国家教学社区网络平台、国家数字人才培养平台及国家未来教育体验中心(三平台一中心),通过因地制宜的资源整合,促进尼日利亚数字教育均衡发展。

---

① Cable News Network,2022 The Mobile Economy Sub-Saharan Africa,https://www.gsma.com/mobileeconomy/sub-saharan-africa/,2023-05-16.

② 《中非职业教育联合会成立　华为分享非洲 ICT 人才培养实践》,华为 ICT 学院,https://mp.weixin.qq.com/s?__biz=MjM5OTkzMjM1Mw==&mid=2650121142&idx=1&sn=07cdfb0f9c038a1d48a889f80157a639&chksm=bf32fb188845720eff1898ff6467a66fd1572024523d733da15b179a82032c7bbc68460a268&scene=27,访问时间:2022 年 10 月 13 日。

三、中尼合作呈现出多角度、全方位发展的特点

不仅在数字基础设施建设层面,中国企业还积极参与投资互联网金融、信息阅读、数字支付、本地生活服务、电影音乐等领域发展。中国企业的进驻还推动尼日利亚的最大城市拉各斯成为非洲投资规模最大的初创市场,促进尼日利亚数字经济繁荣发展。例如,在数字支付领域,欧佩就是北京欧佩尔公司在收购尼日利亚一家本土金融服务企业后成功孵化的移动支付网络。在数字电视领域,中国四达时代集团积极投资尼日利亚数字电视传播和广播电视传播平台,参与举办中尼电影节,并在尼日利亚国家电视台、四达时代有线电视频道上播放《长津湖》《金刚川》《悬崖之上》《独行月球》等多部中国影片①,有力推动了中尼数字艺术的发展。

数字经济在当今以技术为主导的世界经济发展中具有重要地位。而数字经济的支柱是超级链接,只有在建设数字基础设施和提升教育产业方面投入巨资,才能实现超级链接。② 因此,中国与尼日利亚数字经济合作聚焦建设数字基础设施和提升教育产业,并呈现出多角度、全方位发展的特点。

第四节　尼日利亚数字经济发展前景以及中尼合作展望

尼日利亚数字经济的竞争优势明显,中尼在数字经济领域内也存在较大的合作空间:首先,中国数字经济市场竞争激烈且已趋向饱和,而尼日利亚刚刚步入数字经济时代,不仅政府出台政策给予大力支持,而且还拥有巨大的人口红利,中国与尼日利亚在数字经济上的合作能够促进中

---

① 《2022 中国电影节在阿布贾隆重开幕》,中华人民共和国驻尼日利亚联邦共和国大使馆,http://ng.china-embassy.gov.cn/chn/zngx/znwl/202211/t20221129_10982655.htm,访问时间:2023 年 1 月 28 日。

② 阿卜杜拉泰夫·萨拉乌、王晓波:《尼日利亚数字经济借鉴中国经验》,《中国投资(中英文)》2019 年第 22 期。

国加快转移过剩生产力;其次,尼日利亚数字经济发展的安全保障不足,数字市场环境也存在问题,网络安全成为制约尼日利亚数字化发展的重要因素,中国在应对网络安全层面的对策与相关研究能推动尼日利亚数字经济发展;再次,尼日利亚缺乏发展数字经济发展所需的资金、技术,而中国发展数字经济的丰富经验和解决方案,可以帮助尼日利亚克服目前发展困难,更大程度上释放数字经济的增长潜力。[①] 本节首先总结尼日利亚数字经济发展前景;其次针对现存问题,提出有关政策建议,积极探寻中尼合作新机会与新路径,推动中尼数字经济合作迈上新台阶。

一、尼日利亚数字经济发展前景

数字经济有多种方式以提高生产力促进经济发展。首先,数字经济可以改变实现规模经济的方式,特别是在线支付,可以提供很多小额产品。其次,数字经济可以在竞争激烈的市场中更好匹配买家与卖家,解决信息不对称的问题。最后,数字经济能通过一些形式,如区块链,来增强民众对政府和企业的信任度,更有利于政策施行与企业发展。总体上看,尼日利亚数字经济发展前景十分广阔。

第一,尼日利亚政府大力支持。通过第一节分析尼日利亚的数字经济规划可以发现,尼日利亚政府正积极支持数字经济发展,并把数字经济视作经济增长的重要动力。不仅颁布具体的数字经济发展计划,还出台相应法律以维护数字经济发展。尼日利亚已利用数字技术,将个人、市场和政府相连接,探索出发展新模式,未来也将继续挖掘数字经济潜力,推动尼日利亚经济转型发展。

第二,尼日利亚数字经济发展迅速。尼日利亚近十年经济发展迅速,2013 年超越南非,成为非洲第一大经济体。从图 9-3 中可以看出,尼日利亚 GDP 总额由 2010 年的 3858 亿美元增长至 2019 年的 5093 亿美元,尽管 2016 年出现小幅下滑,但仍迅速回升;ICT 行业占 GDP 的比重也稳

---

① 张春宇:《数字经济为中非共建"一带一路"带来新机遇》,《中国远洋海运》2020 年第 11 期。

步上升,由 2010 年的 6%增长至 2019 年的 13.8%,增长超 2 倍。而且尼日利亚数字经济发展迅速,并且增长态势明显,在政府政策支持下,预计未来尼日利亚数字经济也将逐步增长。

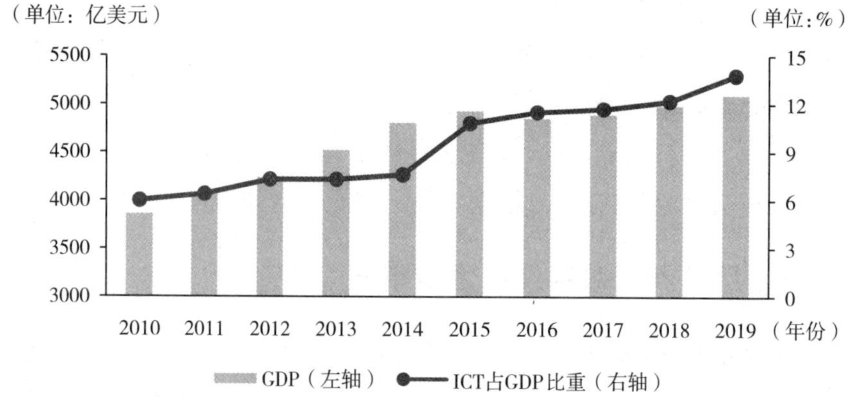

图 9-3 2010—2019 年尼日利亚 GDP 与 ICT 行业占 GDP 的比重

资料来源:根据 Nigeria Digital Economy Diagnostic Report[1]与 World Bank[2]数据综合整理而成。

第三,尼日利亚年轻人口众多。从图 9-4 中可以看出,尼日利亚人口结构保持稳定,15—64 岁人口比重长期保持在 53%左右,表明当前具有劳动能力的人口众多,能够大量服务于数字经济;0—14 岁人口比重长期保持在 44%左右,表明未来也具有众多年轻劳动力,若加大教育投入力度,将拥有更多数字技能人才,更有利于发展数字经济,并成为经济转型的引擎。

二、尼日利亚数字经济发展存在的问题

尽管尼日利亚数字经济发展前景广阔,但是也存在一些问题。

第一,政府层面规划不完善。例如,在数字金融层面,仍缺乏配套法

---

① World Bank, "Nigeria Digital Economy Diagnostic Report", https://openknowledge. worldbank. org/server/api/core/bitstreams/2e3576ec‐be91‐53a9‐b4bb‐68027ed49c16/content, 2023‐03‐18.

② World Bank, https://data. worldbank. org. cn/indicator/NY. GDP. MKTP. KD? end = 2022&locations = NG&start = 2000&view = chart, 2023‐03‐18.

（单位：％）

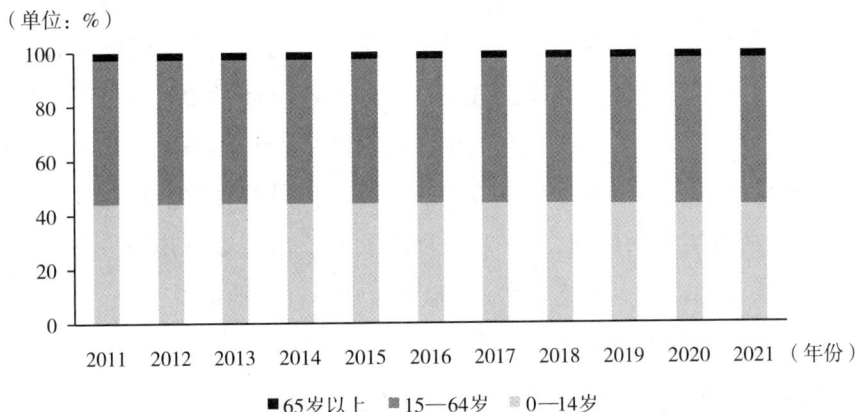

图 9-4　2011—2021 年尼日利亚人口年龄结构占比

资料来源：World Bank，https://data.worldbank.org.cn/indicator/SP.POP.65UP.TO.ZS? end = 2022&locations = NG&start = 2000&view = chart，2023-03-18。

律法规，面临着监管的不确定性。虽然尼日利亚政府出台相关金融监管法律，例如 2020 年颁布了《银行和其他金融机构法》(The Banking and Other Financial Institutions Act，BOFIA)，但是金融科技公司受市场影响变化速度太快，相应监管措施无法跟上。而在审批流程层面，金融科技公司也很难确保跨国、跨市场的业务连续性和合规性。如，在教育层面，尽管近年来尼日利亚扩大受教育机会，但地区差异仍明显，主要存在于尼日利亚北部和农村地区。

第二，数字基础设施不完备。尼日利亚数字基础设施仍低于世界平均水平。全球信用评级机构穆迪公司报告披露，尼日利亚的基础设施水平落后于其他新兴市场国家，在 30 年内需要约 3 万亿美元来弥合差距。[①] 基础设施融资不足也是数字经济增长的一个制约因素，发展中国家中小微企业的总体信贷缺口估计为 5.2 万亿美元，占 GDP 的 19％，其中撒哈拉以南非洲地区的中小微企业未得到满足的融资需求约为 3310

---

① 《尼日利亚基础设施缺口达 3 万亿美元》，中华人民共和国驻尼日利亚联邦共和国大使馆经济商务处，http://nigeria.mofcom.gov.cn/article/jmxw/202011/20201103018589.shtml，访问时间：2023 年 3 月 18 日。

亿美元,占该地区中小微企业潜在信贷需求的18%。① 尼日利亚联邦政府预计每年需要投入1000亿美元以解决基础设施资金短缺问题。②

第三,网络安全缺乏保障。数字技术的快速发展,加剧了尼日利亚在数字经济监管方面的挑战,如在数字税收、数字货币、网络安全等领域,增加了企业、投资者和消费者在决策中的不确定性风险,成为数字经济的重大障碍。在数字货币层面,尼日利亚私人加密货币正威胁其经济安全,挑战传统银行业务,滋生网络金融诈骗,更加剧尼日利亚通货膨胀。尽管尼日利亚政府在2021年2月颁布私人加密货币交易禁令,但2021年7月该国通过交易购买的私人加密货币总价值仍超过24亿美元。③

三、中尼数字经济合作的机会及政策建议

总体上看,数字经济在中国与尼日利亚两国经济中都发挥着愈加重要的作用。在信息化时代,全球经济发展更将以数字技术创新为中心,数字经济的关键地位愈加凸显,中尼双方更应加强合作,在数字经济这一新领域拓展合作空间,建立高质量合作平台,促进双方共同发展。

第一,加强顶层设计与合作,从全局角度进行统筹规划。一方面,中国政府要加强与尼日利亚政府的沟通,制定切实可行的数字经济合作战略,积极开办中尼数字经济合作论坛,构建更高层次、更高水平的数字经济合作平台,进一步完善顶层设计,并积极统筹各部门政策体系,打通服务链,加强风险预判和风险防范体系建设,加快中国企业"走出去",有力保护中国企业的相关权益。另一方面,尼日利亚政府也要积极完善投资环境,建立良好的营商环境,重点关注税收优惠、政策监管等,多角度、多

---

① 《基础设施融资不足制约尼日利亚经济增长》,中华人民共和国驻尼日利亚联邦共和国大使馆经济商务处,http://nigeria. mofcom. gov. cn/article/jmxw/202109/20210903203876. shtml,访问时间:2023年3月18日。

② 《基础设施融资不足制约尼日利亚经济增长》,中华人民共和国驻尼日利亚联邦共和国大使馆经济商务处,http://nigeria. mofcom. gov. cn/article/jmxw/202109/20210903203876. shtml,访问时间:2023年3月18日。

③ 《央行数字货币能解尼日利亚于倒悬吗?》,北京大学区域与国别研究院,https://m. thepaper.cn/baijiahao_15616294,访问时间:2023年3月18日。

方位吸引中国企业参与中尼数字经济合作,这不仅能为更多的中国中小企业提供发展空间、深入投资尼日利亚数字经济相关新业态、深入挖掘尼日利亚市场潜力,还能弥补尼日利亚在数字经济发展中存在的资金不足等缺陷。

第二,进一步提升数字基础设施服务能力,积极探索融资新模式。一方面,中国企业要充分利用中尼合作契机,转移数字基础设施建设过剩的生产能力,带动产业结构优化升级,加快产能输出,包括在物流层面积极投资建设运输系统,在通信网络层面投资建设 4G、5G 基站,在通信设备层面加快引入智能移动设备,在互联网层面加快投资建设数据中心等,全方位提升尼日利亚在数字产业、数字平台、数字供应链等方面的核心竞争力。另一方面,中国可以向尼日利亚分享数字经济基础设施建设的丰富经验,积极探索与运用融资新方法,并借助"一带一路"的合作规划,帮助完善尼日利亚的数字基础设施建设规划。其中,中国投资援建的莱基深水港项目(Lekki Deep Seaport)就采用了公私伙伴关系(Public-Private-Partn-ership,PPP)的模式,弥补了该港口项目的巨大资金缺口。未来更要加大研究探索尼日利亚政府和社会资本合作的新路径,拓展融资新方法。

第三,加强网络安全合作,强化数字治理,提高数字治理能力。网络安全建设能为数字经济的健康发展提供支撑保障。在国家层面,一方面,中国应积极支持尼日利亚建立信息安全法律体系,利用中方自身经验,帮助其建立信息安全法律体系,完善网络安全生态系统。另一方面,中国可通过对尼日利亚网络执法人员进行技术培训,提高其侦查水平,减少尼日利亚网络诈骗、偷税漏税、数据泄露等事件的发生,维护尼日利亚网络安全。在社会层面,中尼双方应加强数字治理研究。如在税收层面,分析有关涉税政策和风险,探索研究涉税风险预警机制等。在企业层面,中国企业要加强对尼日利亚的技术支持,例如华为在尼日利亚已推出"海洋保护"(Ocean Protect)数据保护系列方案产品,以解决尼日利亚面对网络攻击后的数据恢复问题。

第十章　埃及数字经济发展及评价

根据"埃及 2030 愿景",加速数字化转型是其实现经济增长、提高生产率、促进人力资本发展和生活质量的核心,新冠疫情也进一步凸显了数字技术在促进经济活动中的重要作用。2021 年,拥有高附加值的信息和通信技术被确定为推动埃及中期出口导向型经济增长的优先部门,其对经济活动的关键贡献有望使埃及成为中东和非洲领先的数字经济国家。同时,埃及积极寻求稳定、谋求发展的渴望与"一带一路"建设相契合,为中埃的进一步合作创造了更多的机遇。

第一节　数字埃及战略及埃及数字经济治理

数字经济作为宏观经济重要的一部分,通过投入新的生产要素,重新配置资源以及创新新的全要素生产率来促进经济高质量发展。同时,普惠金融与共享金融得到发展,从而实现分配结构的优化和产业结构的调整。埃及紧跟时代的发展,推出数字埃及战略,在数字转型、就业以及技能等多方面进行革新,希望搭乘数字化转型的列车,改善经济发展短板、实现经济的可持续发展。

一、数字埃及战略提出背景

埃及是阿拉伯国家中人口最多的国家,其人口将从 2015 年的 9380 万人预计增长至 2030 年的 12260 万人,涨幅约达 24%。其中,15 岁以下的青少年将占据人口的 30%,15—64 岁的劳动人口占据总人口的 60%以上,为经济持续注入活力,有效减少埃及贫困并扩大中产阶级,使经济增长预计维持在每年5%—6%。[①] 然而,埃及在就业、教育等方面的固有问题仍有待解决。

第一,失业率居高不下,非正规就业部门的规模持续扩大。埃及的劳动力市场传统上由公共部门主导,但无法吸收不断增长的高校毕业生,导致青年失业率维持在较高水平。同时,市场环境对中小企业较不友好,比如反垄断法偏袒大公司和有政治关系的公司,而未能保护中小公司,导致市场出现大规模非正规就业,对经济生产力和政府创收都构成了重大障碍。第二,劳动力参与水平低,教育程度落后。2030年,埃及平均受教育年限将达到8.5年,但女性群体的表现仍低于平均水平(8年)。第三,公共服务的提供和质量难以满足日益壮大的中产阶级需求。埃及政府透明度持续改进但效果甚微,同时政府收入占GDP的比重预计在29%左右,仍将是该地区最低的国家之一。[②] 较低的治理能力、治理效力同社会的实际发展相脱节,可能成为社会紧张的潜在因素,阻碍持续健康的经济发展。

埃及希望通过数字化转型打破发展困境。一方面,数字化转型赋能人口就业、促进人力资本升级。平台经济、零工经济、共享经济等新服务业经济形态在大数据、人工智能等数字技术与服务业的深度融合下不断涌现,有效推动经济资源的整合和产业分工的优化,促进创业质量的提升,从而创造更多的就业岗位和就业形态。同时,数字技术的广泛应用扩大了企业对高等教育人群和技术人员的需求,加速了高技能劳动力对低技能劳动力的替代,有利于企业人力资本的升级。[③]

---

① United Nations Development Programme, Sustainable Development Goals Report: Egypt 2030, https://www. undp. org/sites/g/files/zskgke326/files/migration/eg/Sustainable - Development - Goals-Report.-Egypt-2030.pdf, 2022-10-17.

② United Nations Development Programme, Sustainable Development Goals Report: Egypt 2030, https://www. undp. org/sites/g/files/zskgke326/files/migration/eg/Sustainable - Development - Goals-Report.-Egypt-2030.pdf, 2022-10-17.

③ 孙伟增、郭冬梅:《信息基础设施建设对企业劳动力需求的影响:需求规模、结构变化及影响路径》,《中国工业经济》2021年第11期。

另一方面,数字化转型引导政府提供"智能化服务"。在云计算、大数据等技术载体所支撑的整体性政府模式下,通过横向和纵向协调能够有效弥补不同部门、不同利益群体"分而治之"的现状,推动同一个政策领域下跨部门、跨领域、跨层级管理和服务协同,为公民提供一体化、无缝隙的服务。[①] 然而,在执行过程中,由于协同主要体现在政府之间,往往忽视了企业、个人等社会主体的需求,未能形成面向公众需求的精准化供给。除此之外,信息技术与社会经济发展的广泛融合引发了全球范围内数据资源的爆炸性增长,政府也面临从"数据集中"向"数据联结"的角色转变难题。5G、大数据、人工智能、物联网等创新技术应用,将实现政府、企业、公众间的多元协同治理,并以"政府+技术"为核心,通过数据和技术赋能,实现主体间、平台间、业务间的智能连接,公共服务主体与客体间智能交互,政府端立体感知、精确判断的智慧决策,以及全域协同、泛在智能的应用,形成智能连接、智能应用、智能决策、智能交互的公共服务创新四要素。[②]

二、数字埃及战略的发展

为响应联合国号召的 2030 年可持续发展目标、配合埃及的数字化转型战略,2016 年埃及围绕经济、社会及环境三大方面制定了"埃及 2030愿景",明确了埃及国家的规划和 2030 年的总体目标。根据"埃及 2030年愿景",通信和信息技术部门于 2017 年启动了全国信通技术战略《数字埃及》(Digital Egypt),从数字转型、数字技能和就业、数字创新三个方面,通过普遍、公平和负担得起的信息和通信技术工具和应用程序,使埃及受益于数字经济,并发展有竞争力、创新和灵活的信息通信技术产业。

(一)推动埃及现有的政府服务和社区生态系统实现数字驱动

为实现互联网的更好接入以及乡村现代化,埃及通信信息技术部门从提升固定宽带普及率和质量两方面入手。在固定宽带普及项目的实施

---

① 胡税根、杨竞楠:《发达国家数字政府建设的探索与经验借鉴》,《探索》2021 年第 1 期。
② 王建冬、窦悦、任军霞等:《从"整体性服务"到"智能体服务":数字化转型背景下政府公共服务模式创新研究》,《电子政务》2023 年第 1 期。

中,埃及三年内将固定互联网速度中位数提高了八倍,实现了非洲最高的平均速度,增强了基础设施应对数据流量激增的能力。该项目的第二阶段主要围绕光纤对铜缆的替换。该项目由城市向农村地区逐步深入,率先完成城市地区的光缆安装。同时,通过光纤网络连接全国 33000 座政府大楼,以促进通信并保持更有弹性的服务提供。整个过程将完成 4500个村庄光纤电缆的安装,为埃及 58% 的人口提供服务。截至 2022 年 1月,埃及固定宽带速度在非洲排名第一,并且在中东和北非地区的启动投资交易数量最多。

为完善埃及电子政务服务平台,埃及政府已提供超过 100 项服务,包括食品补贴、公证、法院备案、司机和汽车牌照、卫生、房地产、教育、农业和投资相关服务。2019 年 7 月,塞得港省启动"试点计划"实现 170 项政府服务数字化,仅在 3 个月内完成了 34 项服务的转型。[1]

(二)加强数字培训和能力建设

《数字埃及》战略实施之初,政府初步投资 4 亿埃及镑用于在不同信通技术专业提高技能、重新开发和提供终身学习和能力建设,并启动了一系列针对高校生、企业家和专业人员的倡议、指导方案、新兵训练营、孵化和加速计划,以满足当地市场日益增长的需求。2020 年,埃及为市场培训了 1.3 万名学生,并在 2021 年扩大至 11.5 万名。[2] 此外,政府牵头在全国各地创建技术中心来支持技能开发和创造就业空间,发挥高校作为天然孵化器在促进青年创业创新中的重要作用。2021 年,埃及索哈格、南谷、凯纳、梅努菲亚、明亚省和曼苏拉省的六所大学均已在校园内建立了创新中心,且范围仍在持续扩大。

(三)重视培育数字创新生态系统

埃及一直在引入新的激励措施,以加快公司的数字化进程,并支持该

---

① Oxford Business Group, Why Egypt's government services are going online, https://oxfordbusinessgroup. com/reports/egypt/2020 - report/economy/going - digital - government - services-are-shifting-online-to-boost-efficiency,2022-10-17.

② Kamel, Sherif, "The Potential Impact of Digital Transformation on Egypt", Economic Research Forum, No.1488(September 2021), p.20.

领域的研发、原型设计和测试,特别是对初创企业和其他企业提供指导和资源。例如,埃及对数字服务的出口增值部分给予 10% 至 20% 的奖励,最高达 15 万美元。埃及信息技术产业发展局正在建立创新中心提供开发工具、测试设施、联合办公来培育初创企业生态。如今,埃及国内已经建立了一个活跃的初创企业生态系统,涵盖了以大学为基础的加速器和孵化器、风险资本家和天使投资者网络。根据 2017—2021 年年初创企业融资和投资交易数量的统计,埃及已经成为中东和北非增长最快的初创企业生态系统的所在地。[①] 2021 年,信息通信技术部门对国内生产总值的贡献率稳步达到 4.7%,其近 5 年的增长率也维持在 15% 的高水平下(见图 10-1)。作为经济增长最快的部门,信息通信行业为劳动力市场创造了 281000 个就业岗位,逐渐改变第三产业的结构变化,使经济结构抗风险能力增强,在疫情期间缓冲了旅游业萧条对经济的负面影响。

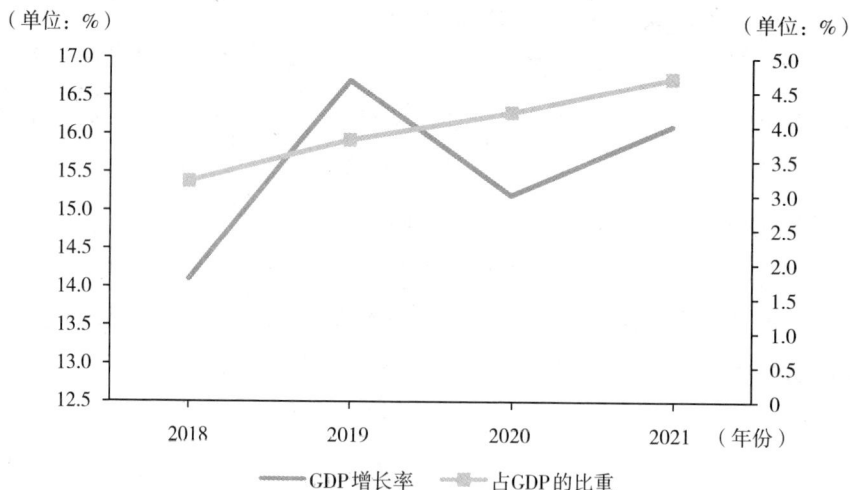

图 10-1　2018—2021 年埃及信息通信技术对 GDP 贡献率及占 GDP 的比重

资料来源:Ministry of Communications and Information Technology(MCIT) ,ICT Indicators Annual Report, https://mcit.gov.eg/Upcont/Documents/Publications _ 2332022000 _ ICT _ Indicators _ Report _ 2017_2021_23032022. pdf,2022-10-17。

---

① IT Industry Development Agency,The Egyptian Startup Ecosystem Report,https://mcit.gov.eg/Upcont/Documents/Reports%20and%20Documents _26102021000_Egyptian-Startup-Ecosystem-Report-2021.pdf,2022-10-17.

三、埃及数字经济的治理

数字经济的高创新、强渗透、广辐射等特征为全球经济增长提供新动能的同时，在权利的冲突与激化、经济发展的安全与稳定以及全球治理等方面也带来了更多的挑战。

(一)埃及政府与私营部门的权利冲突激化

第一，数字经济带来货币国家化与自由化的冲突。比如区块链技术兴起之后，比特币、以太币、莱特币等部分加密币已经被广泛用于支付、汇款、结算等金融领域。私人数字货币作为传统金融和新兴技术结合的产物，在发行和流通中常常伴随诸多风险，对金融安全构成巨大威胁。对此，埃及中央银行要求发行、交易、营销和建立流通或实施与加密货币和电子货币有关的活动必须在取得其许可下进行，以防止私人数字货币侵蚀央行数字货币的交易体系。第二，掌握了数字技术、流量与新型基础设施的数字科技公司不再局限于古典经济学所定义的企业角色，承担起促进商品流通、货币流通、人员流动的职能，不仅僭越了国家主权职能，还在国家税收方面对税收来源、税收概念及税收治理均产生了较大程度的冲击。2022年，埃及财政部宣布与国际商用机器公司合作，配备一个全面的业务运营自动化平台，实现税务局流程和程序的自动化和数字化，以将非正规经济融入正规经济，加强纳税申报治理，更准确地列明纳税群体，扩大税基，为税收正义和市场公平竞争奠定基础。

(二)数据的获取、存储以及应用动摇了经济的安全发展

埃及政府针对数据安全提出了一系列行为规范。第一，规范数据获取行为。2020年第151条法律要求参与直接电子营销的经济实体必须提供有关其身份、地址的详细信息，并明确营销目的，在获取数据前取得数据主体的同意，同时赋予数据主体随时取消同意的权利。第二，加强数据保护。2020年7月13日，埃及政府依据《一般数据保护条例》发布了《数据保护法》。通过建立保护个人数字数据的原则，定义了个人和敏感个人数据，创建了个人数据保护中心，规范了跨境数据传输。第三，明确数据应用途径。根据2018年的第175条法律，政府确认了侵犯网络和信

通技术安全、通过信通技术实施的犯罪、侵犯隐私等在内的 23 项信息技术罪行。同时,该法律及其行政法规对服务运营商规定了新的义务,如要求企业将某些数据存储 180 天、保持数据保密,在保护消费者数据安全的同时确保证据的有效性。然而,《数据保护法》的适用范围不包含埃及中央银行以及受埃及中央银行所监督的实体(包含银行),导致受其监督的实体所拥有的个人数据被排除在《数据保护法》的范围之外。而《埃及中央银行法》缺失完善的数据安全治理规定,它既不明确数据保护的相关行为,也没有建立数据保护的监管职能。除此之外,由于受埃及金融监管局所监督的实体将遵循数据保护法的规定,并必须承担后者法律规定的额外义务和财务负担,而在埃及中央银行管辖下的实体所需遵循的合规义务较少,这种分而治之的执行方式长期会对整个金融部门造成不平等。

第二节　埃及数字经济竞争力

新冠疫情加速了埃及的数字化进程,倒逼社会群体的数字习惯养成,进一步拓宽了本土的数字市场。但由于历史上对人力资本和基础设施建设投资的不连续性和不稳定性,埃及数字市场的进步需求超过了当前的资源水平,整个社会数字经济基础面临迫切的更新升级。

一、数字基础设施建设

优质的网络基础设施建设是释放数字经济潜力并加速埃及社会经济发展的关键基础,不仅带动就业、推动经济增长,还可增强社会的连通性,弥合信息鸿沟。根据 2021 年世界经济论坛发布的《网络就绪指数》(Networked Readiness Index,NRI),埃及在 130 个经济体中排名第 77 位,表现优于其他北非国家。

(一)互联网连接

埃及的互联网覆盖范围正在扩大,互联网使用率 2020 年达到 72%,较 2015 年提高了约 112%,高于世界平均水平(60%)。第一,埃及国内宽带价格低廉。2021 年,埃及固定宽带价格篮子占 GNI 的 2.98%,同期非洲的平均水平为 17.68%,较低的负担门槛加速了埃及互联网的普及。①
第二,增加移动网络覆盖,提高互联网速度。埃及通信信息技术部(Ministry
of Communications and Information Technology,MCIT)在国内各地建设了强
大的信息基础设施,推动移动塔台项目,通过移动电话服务覆盖所有目标
地区,提高了互联网速度和电信服务。2021 年,埃及建立了 2000 多个蜂窝
基站,较 2020 年相比增加了 80%。② 同时,国家电信管理局(National
Telecommunications Regulatory Authority)在伊斯梅利亚、苏伊士等多地的主
要道路上提供移动网络覆盖,提供路边援助和紧急服务。2016—2020 年,
埃及城市和村镇的互联网使用人数都呈现了不同幅度的增长。然而,由于
塔台的建造授权过程复杂,移动网络运营商难以部署光纤基础设施,以提
供塔楼和核心网络之间的回程,因而村镇的塔台数量较少,村镇使用人口
的涨幅仅为 13.6%,低于城市互联网使用人数的涨幅 19%(见表 10-1)。

表 10-1　2016—2020 年埃及城乡互联网渗透率

城市		村镇	
2016 年	2020 年	2016 年	2020 年
49.8%	68.8%	34.2%	47.8%

资料来源: Ministry of Communications and Information Technology, ICT Indicators Annual Report,
　　https://mcit.gov.eg/Upcont/Documents/Publications_2332022000_ICT_Indicators_Report_
　　2017_2021_23032022. pdf,2022-10-17。

　　尽管埃及拥有 4000 平方千米的海底和陆地电缆,但新增容量受到基
础设施的极大限制。在"最后一英里"项目中,家庭或办公室连接到网络
的最终电缆主要依赖于铜的使用,而移动宽带运营商所获得的频谱又持
续受到限制,使埃及的宽带性能难以得到显著改善。埃及电信在 2019 年
和 2020 年投资了 170 亿埃及镑将国内铜缆转换为光纤,有效缓解了商业
活动和教育对互联网激增的需求。但根据埃及工业联合会的数据,扩大

---

　　①　International Telecommunication Union, ICT Price Baskets, https://www.itu.int/en/
ITU-D/Statistics/Dashboards/Pages/IPB.aspx,2022-10-17。
　　②　Ministry of Communications and Information Technology,MCIT Yearbook,https://mcit.gov.
eg/en/Publication/Publication_Summary/10364,2022-10-17。

光纤的使用并提高互联网速度仍需 1200 亿埃及镑的投资。[①]

（二）国际互联互通

埃及位于非洲、亚洲和欧洲的十字路口，有利的地理位置使其成为全球数据传输的重要中转站。该国 17 条海底光缆与 60 多个国家相连，负责亚洲和欧洲 90% 以上的数据流量，是 ICT 基础设施的核心。[②] 2021 年 3 月，埃及政府宣布将建设环绕非洲大陆的混合非洲环线海底电缆系统，耗资 200 亿埃及镑将沙姆沙伊赫将作为登陆点，利用现有的陆地和海底网络将沿海和内陆国家与意大利、法国和葡萄牙连接起来，进一步扩大埃及的国际联通。

二、数字技能

埃及落后的教育体系以及基础设施导致劳动人口的识字能力和技能水平较低，无法满足数字技能的发展需求。根据 2021 年德科集团（Adecco）、欧洲工商管理学院（Institut Européen d'Administration des Affairesingapore）和塔塔通信有限公司（Tata Communications Limited）联合发布的《全球人才竞争力指数》评估，埃及数字人才竞争力在 134 个经济体中位列第 84 名。[③] 为满足市场对数字技能的需求，埃及从教育体系、技能培训等多方面展开政策引导和项目支持。

（一）劳动市场缺口

随着行业的数字化转型，全球陷入了一场技能再培训革命。据估计，2020—2030 年将有超过 10 亿个工作岗位需要重新学习技能，几乎占全球所有工作岗位的 1/3。[④] 数字技能对埃及未来的劳动市场至关重要，而

① Oxford Business Group, Rise in telecoms demand and new regulations shift Egypt's digital economy, https://oxfordbusinessgroup.com/overview/digital－drive－telecoms－saw－rise－demand－during-pandemic-while-new-regulations-and-strategies-support, 2022-10-17.

② World Bank, *Egypt Digital Economy Country Assessment*, Washington: World Bank, 2020, p.38.

③ INSEAD, The Global Talent Competitiveness Index, https://www.insead.edu/sites/default/files/assets/dept/fr/gtci/GTCI-2021-Report.pdf, 2022-10-17.

④ World Economic Forum, We need a global reskilling revolution-here's why, https://www.weforum.org/agenda/2020/01/reskilling-revolution-jobs-future-skills/, 2022-10-17.

电子邮件通信、网络研究和在线交易等基本技能最为关键。作为世界上增长最快的业务流程外包服务出口国之一,埃及的 IT 服务行业价值为 32.6 亿美元,雇用了 21.2 万名全职员工。① 然而,由于技术进步加快,当前市场显现出的技能差距越来越大。

数字技能的供需缺口主要源于市场的结构性失业和落后的基础设施。首先,教育体系落后,造成结构性失业。高等教育是埃及教育体系的重要组成部分。埃及的高等教育入学率和技能相关专业的毕业率分别为 34% 和 11%,明显低于中东和北非地区的平均水平(39% 和 27%),高校学生的技能培养过程受到极大阻碍,高级数字技能的发展受到其低入学率和完成率的限制。② 2021 年,埃及的青年失业率达 24.3%。其次,数字基础设施相对较差,提高了数字技能的工作门槛。由于宽带互联网的承受能力有限,互联网接入仍然高度不平等,导致大多数人通过移动设备访问网络,极大地限制了从业人员的工作内容,甚至无法实现标记和内容分类等技术水平较低的工作。③

(二)数字技能培训

埃及是劳务输出大国,拥有金字塔形的增长性人口结构。截至 2021 年,埃及总人口约 1.0148 亿人,其中 0—19 岁的青少年占比约 44%,60 岁以上的老年人口占 8% 左右。④ 联合国儿童基金会的报告显示,埃及 2030 年前劳动人口将快速增长且抚养率低,处于人口红利的早期阶段。2030—2080 年,埃及处于人口红利的后期,将迎来经济快速增长的契机。⑤ 为激发人力资本潜能,埃及需在人才培养方面作出巨大努力。

首先,更新落后的教育系统。2020 年,一方面,埃及与美国国际开发

---

① CustomerServ, Egypt Call Centers, https://www. customerserv. com/egypt – call – center, 2022–10–17.

② World Bank, *Egypt Digital Economy Country Assessment*, Washington:World Bank,2020,p.60.

③ Lorraine Charles,Shuting Xia and Adam P.Coutts,*Digitalization and Employment*, Geneva: International Labour Organization,p.10.

④ Statista,Total population of Egypt as of 2021, https://www. statista. com/statistics/1230371/ total–population–of–egypt–by–age–group/ ,2022–10–17.

⑤ United Nations International Children's Emergency Fund, MENA Generation 2030, https://www.unicef.org/mena/media/4181/file,2022–10–17.

署、沙特基金、韩国、意大利和德国的多边和双边教育合作伙伴签署了价值 2.52 亿美元的融资协议,用于提高学校应用技术和教师技能、推行现代化技术提供优质教育等目标。另一方面,埃及政府同私营部门合作提供最新数字技术培训,弥合教育体系和市场需求之间的技能鸿沟。2016年,政府与微软合作发起了"发展与变革"计划。自推出以来,埃及有 140多万名青年受益于该倡议和其附带的在线门户网站,学习免费的技术相关课程。2020 年 5 月,埃及信息技术产业发展署与在线教育服务平台"优达学城"(Udacity)合作推出一个为期 18 个月的奖学金计划,为多达100000 名埃及青年配备和培训参与数字经济所需的数字技能。

其次,推动劳动力向人才优势的转化,通过广大青年群体加速进入信息技术时代。2020 年,埃及政府在信息技术专业的培训和能力建设方面投入 4 亿埃及镑,共计培训 13000 名学员。[①] 此外,政府向学生和工作群体提供了一系列的孵化计划,通过私营和公共部门的多种渠道加速人力资源的再培训和技能提升。埃及计划在 15 所大学中建立创新中心,通过大学的"孵化"力量促进青年创业创新。

三、数字平台

数字平台作为一种沟通媒介,可分为政府经营的在线服务平台和私营部门主导的私人数字平台。其通过互联网虚拟地连接了政府、企业和公民,促进了信息、商品和服务的交换,提高了运营效率和服务质量,促进创新和经济发展。

(一)政府在线服务

在埃及的数字化转型战略背景下,政府围绕两大目标推进在线服务建设:一是提供合格的高质量电子服务以提高公民的满意度;二是创建一个完善的数字平台生态系统,以使政府实体之间的数字协作制度化,并优化共享基础设施。根据联合国电子政务发展指数,2022 年埃及的电子政

---

① Kamel, Sherif, "The Potential Impact of Digital Transformation on Egypt", Economic Research Forum, No.1488(September 2021), p.20.

务发展位于第 103 名,发展趋势向好,主要原因是对数字基础设施投资的增加和在线政府服务的完善,使其在数字身份认证、门户网站等方面已经达到了相当先进的政府数字化水平。埃及通信和信息技术部门还启动新的数字埃及门户网站,与各部委合作,预计 2023 年将在全国范围内推出550 项公共电子服务。然而,埃及的电子政务发展缓慢且不平衡,其在线服务索引和人力资本指数在近十几年的发展中有所倒退(见图 10-2)。常规情况下,政府部门的数字化应分阶段进行,并在每个阶段都要达到特定的标准。而埃及政府在数字化转型过程中呈"断条式"前进,不同主体间几乎没有合作,导致政府网站安全性低,政府内部数据共享困难。[①]

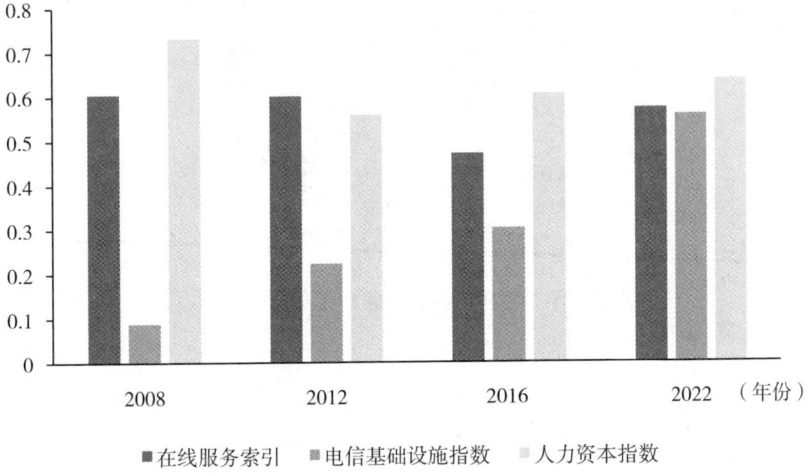

图 10-2 2008—2022 年埃及电子政务发展

资料来源:UN E-Government Knowledgebase, Egypt, https://publicadministration. un. org/egovkb/en-us/Data/Country-Information/id/53-Egypt,2022-10-17。

(二)商业数字平台

不断上升的互联网和移动普及率推动了埃及数字平台的扩张,使其在数字业务总量中的份额高于非洲和中东及北非地区 7.6%,并渗透到

---

① Issam Fares Institute for Public Policy and International Affairs, Digital Transformations In The Middle East and North Africa: A Review of Egypt, Saudi Arabia, and The Unites Arab Emirates, https://www.aub.edu.lb/ifi/Pages/default.aspx,2022-10-17.

教育、金融、农业、医疗等各经济垂直领域(见图 10-3)。受疫情影响,2020 年埃及电子商务行业收入上升近 70%,2021 年有所回落但势头强劲(40%)。然而,政府对于如何监管将移动货币视为收入工具的移动运营商悬而未决,导致消费者难以信任在线交易,对电子商务的购物黏性也表现较差,限制了电子商务的发展(见图 10-4)。

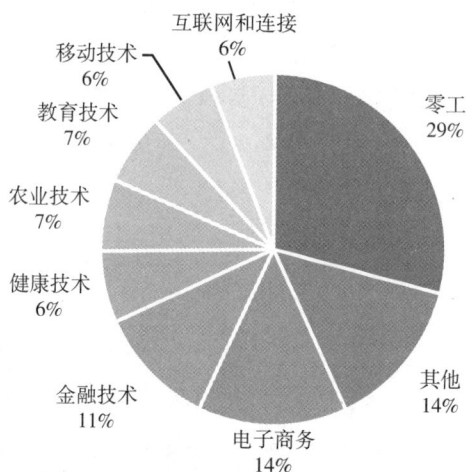

图 10-3 2020 年埃及商业数字平台行业分布

资料来源:World Bank,*Egypt Digital Economy Country Assessment*,Washington:World Bank,2020,p.83。

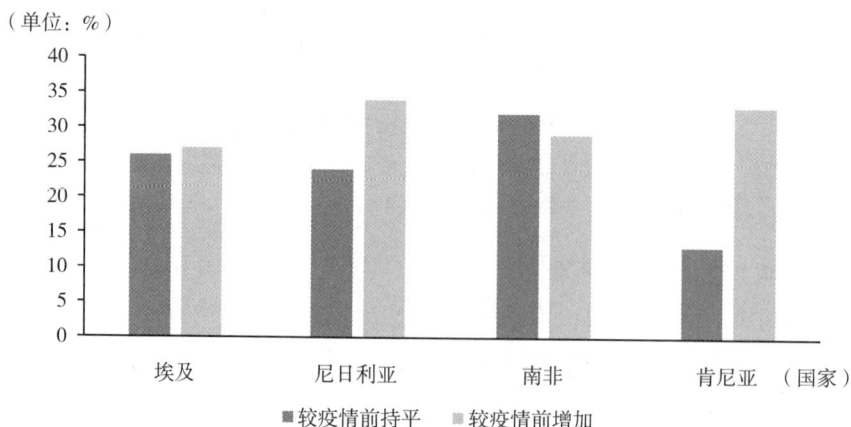

图 10-4 非洲国家疫情前后在线购物消费水平变化情况

资料来源:United Nations,*Covid - 19 impact on E - Commerce*:*Africa*,Ethiopia:Economic Commission for Africa,p.9。

通过数字平台,传统企业能够采用数字技术和新的数字商业模式为其他经济部门创造积极的溢出效应。据统计,埃及有 3500 多家数字企业,其规模位于非洲地区的第三名,且超过 75% 的数字企业处于活跃和盈利的状态。2021 年,超过 20% 的科技初创企业活跃在电子商务和零售科技领域,是金融科技初创企业的两倍。然而,埃及本土企业竞争力并不突出,仅占总量的 1/3,本土创造力难以满足市场需求,超过半数的企业来源于撒哈拉以南非洲地区。①

四、数字金融服务

埃及是非洲地区数字金融最活跃的国家之一。在政府的大力支持下,软硬件环境和监管环境均得以完善和提高,数字金融行业蕴含着良好的投资机遇和发展前景。然而,埃及金融服务的普及在非正规市场受到的阻力较大,埃及中央银行同相关部委和机构努力通过正式和包容性的系统赋予公民平等的经济权利,以适当的成本扩展金融产品和服务,从而实现可持续发展。

(一)金融普惠

金融普惠指个人和企业能够获得可负担的金融产品和服务,同时以可持续的方式进行支付、储蓄、信贷和保险交易。埃及的金融包容性水平较低,半数以上的人口被排除在银行系统之外,占据世界无银行业务成年人的 4%,主要由失业者和女性构成。埃及的商业银行主要提供两种账户类型:储蓄账户和活期账户。活期账户通常要求最低余额,埃及 64.6%的劳动人口处于非正规就业,没有健全的社会保障和工作保障。② 经济的非正式性和工作的不稳定性使账户所有权更加困难,还体现了明显的性别差距。据统计,中东和北非地区的就业市场中,女性失业的可能性比男性高 12%,财务自由及自主性不强,因而对银行账户的需求较低。私

---

① World Bank, *Egypt Digital Economy Country Assessment*, Washington: World Bank, 2020, p.83.

② International Labour Organization, Statistics on the Informal Economy, https://ilostat.ilo. org/topics/informality/, 2022-10-17.

营部门工资支付的数字化是无银行账户公民进入正规金融体系的重要推动力,使埃及在 2011—2021 年银行账户所有权人从 10% 增加到 27%。[1]

埃及的个人或企业都面临借贷难问题。2019 年,埃及小额信贷机构在新政的指导下充当银行的代理人,通过移动支付服务和预付卡提供小额贷款或小额租赁,并通过电子渠道充当小额保险代理人,但在向无银行账户或银行账户不足的客户群体服务上依旧受到限制。[2] 中小企业以及位于落后地区的企业在资本市场中仍难以获得融资支持。为实现政府、金融普惠和邮政服务的普及和深入,埃及邮局充当普惠金融服务的渠道,将客户与服务提供商联系起来,向其提供小额信贷、小额保险等广泛的服务。

(二)金融技术

埃及的基本金融基础设施组成完善,金融部门现代化过程稳定。

第一,埃及拥有完善的国民身份证系统,几乎覆盖了整个人口。目前,埃及征信局(I-score)向银行提供身份验证服务,允许银行在交易前使用进行身份比对。2021 年,埃及政府同"芬果有限公司"(Fingo Limited)公司开展合作,将手指静脉识别技术纳入身份识别系统中。该系统所需的近红外摄像系统可以内置到智能手机中,以实现无处不在的安全身份验证,是最准确的指纹读取方法。

第二,埃及的信用信息数据库较为完备。I-Score 由埃及中央银行监管,几乎覆盖商业银行的全部信贷数据,为信贷市场提供了一个明确的指标。数据主要来源于银行、较大的非政府组织、小额信贷机构以及 A 类和 B 类非政府组织,并通过全国各地的银行分行和银行门户网站、自动取款机和邮局对会员开放。同时,数据主体可以在银行分行提出投诉,信息将传递到 I-Score 进行处理,从而兑现了其向埃及金融界"传递信任"

---

[1]　Asli Demirgüç-Kunt, Leora Klapper, Dorothe Singer, and Saniya Ansar, *Financial Inclusion*, *Digital Payments*, *And Resilience in the Age of Covid*-19, Washington: World Bank, p.16.

[2]　Microfinance Law (Law 141/2014): Companies supervised by the Financial Regulatory Authority can only offer microloans for economic purposes (production, services, commercial) and are subject to a maximum loan amount that cannot exceed EGP 100000.

的承诺。

第三,埃及国家支付网络逐步建立公民、政府与银行支付系统的三方连接。2016 年,埃及中央银行开始授权移动钱包,与埃及沃达丰等移动运营商签署合作协议,通过移动钱包实现和促进养老金和工资支付。截至 2021 年 3 月,埃及移动钱包使用量达 1450 万,信用卡发行量达 330 万、借记卡 1730 万、预付卡 1620 万。[①] 2022 年,埃及中央银行宣布正式推出即时支付网络和即时转账移动应用程序"闪付"(InstaPay),采用最新的银行间运营技术连接所有银行系统,实现与金融科技公司的整合,满足各个细分市场的独特需求。

五、数字创业

埃及拥有成熟且充满活力的创业生态系统,同南非、尼日利亚、肯尼亚共同构成非洲四大初创企业生态系统。据统计,2021 年该国拥有 562 家活跃的科技初创企业。[②] 尽管新冠疫情减缓了初创企业的推出,但消费者和企业的数字行为转变为埃及创造了更多机会。

(一)数字创业资源

首先,孵化器等支持机构向企业提供特定的技能培训和指导、种子资本和技术援助。2021 年 9 月,信息技术产业发展署与科技创新企业孵化企业"璞跃技术中心"(Plug and Play Tech Center)签署协议,针对金融科技、保险科技、能源、互联网等领域的实体启动加速和孵化计划。同年,埃及通信信息技术部在曼苏拉等地启动了学习和创新中心,为年轻人提供未来就业市场所需的技术技能。截至 2022 年,埃及全国共有 8 个创新中心投入使用,还有 19 个处于筹建中。[③]

---

① Ahram, Expanding E-Payments in Egypt, https://english.ahram.org.eg, 2022-10-17.

② Oxford Business Group, Egyptian start-up ecosystem benefits from public and private funding, https://oxfordbusinessgroup.com/analysis/support-network-investment-vehicles-and-state-initiatives-facilitate-start-growth, 2022-10-17.

③ Ministry of Communications and Information Technology, Sultan Hussein Kamel Palace: from Hidden Gem to Innovation Hu, https://mcit.gov.eg/en/Media_Center/Latest_News/News/66649, 2022-10-17.

其次,埃及初创企业融资规模不断扩张。2021年,埃及初创企业风险投资规模创历史新高,共获得4.91亿美元,仅次于尼日利亚和南非,是非洲的第三大风险投资目的国家(见图10-5)。融资资本的增加得益于国际和地区基金的投资,比如2021年埃及著名的早期基金组织"代数风险投资"(Algebra Ventures)推出了规模达9000万美元的基金,用于金融科技、物流、电子健康和农业科技领域的初创企业。然而,虽然埃及初创企业筹集的资金同比增长,但整体创业融资仍不发达,面临"死亡之谷"的挑战,即企业自身资源枯竭与公司在财务上有能力吸引后期投资之间的差距。对此,埃及中央银行推出了金融科技监管体系,协助制定针对细分市场需求的法规,为初创企业提供了一个结构化且受控的环境,促进埃及中央银行、金融科技运营商和传统金融机构之间的合作。

（单位：百万美元）　　　　　　　　　　　　　　　　　　　（单位：笔）

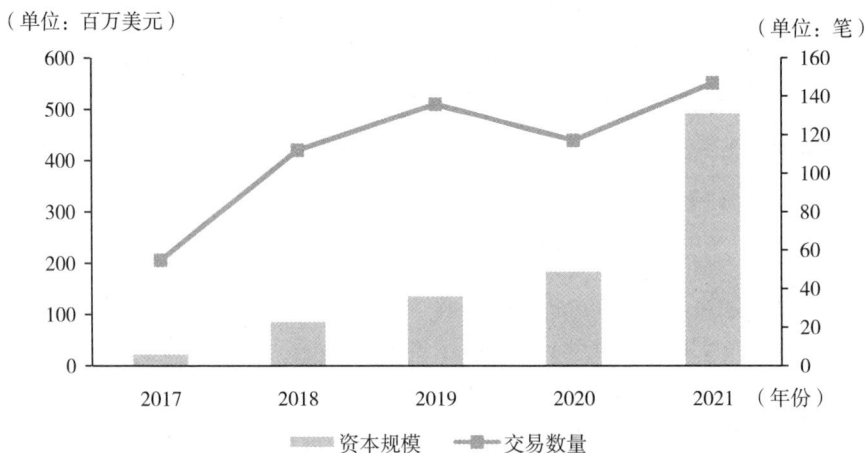

图10-5　2017—2021年埃及风险投资资本规模及交易数量

资料来源：Minister of Communications and Information Technology, Egypt Venture Investment Report, https://mcit.gov.eg/Upcont/Documents/Reports%20and%20Documents_2832022000_Egypt_Venture_Investment_Report_2021.pdf,2022-10-17。

（二）营商环境

根据世界银行2020年的评估报告看,埃及的营商环境在190个经济体中综合排名114位,在财产登记、纳税、跨境贸易以及合同执行四个方面尤为欠佳。

首先,财产登记程序繁杂。埃及征收的手续费、税费等相关费用较低,仅占财产价值的 1.1%,但财产登记需要经过 9 个步骤耗时 76 天,中东和北非地区平均仅需要 5.4 个步骤耗时 26.6 天。其次,税务体系复杂。埃及税种多且缴纳频繁,每年需要缴纳 27 次,纳税额高达利润的44.4%,远高于中东和北非地区,对高成本行业或市场竞争激烈的行业不友好。再次,跨境贸易进口程序困难复杂。相比于出口,埃及在进口中获取批文的时间约为 265 天,限制了跨境电子商务等行业的展开。最后,合同执行力有待提高。埃及政府工作的透明度较差,较长的审判期难以保证判决的公正性。据统计,埃及的商业纠纷通过法律解决的平均时长为1010 天,其中,审判和执行分别需要 720 天和 270 天,是中东和整个北非地区的 1.6 倍,为投资者带来了较大的不确定性和风险(见表 10-2)。

表 10-2　2020 年埃及合同执行相关评判指标

指标	埃及	中东 & 北非	OECD
耗时(天)	1010	622	589.6
成本(占索赔价值的百分比)	26.2	24.7	21.5
司法程序的质量指数(0—18)	4	6.6	11.7

资料来源:World Bank,Doing Business,https://archive.doingbusiness.org/en/data/exploreeconomies/egypt,2022-10-17。

第三节　中国和埃及的数字经济合作

埃及同中国有深厚的合作历史和基础,在实际合作中更偏向于进出口的贸易往来。1994 年签署了双边的《投资保护协定》,2020 年,中国对外直接投资存量及流量分别居世界第三位和第一位,但由于产业链相距较远,中国在埃及的直接投资存量与埃及吸引外资存量总额的比始终不足 1%,且项目多集中于经贸合作区。[1]

---

[1]　国家统计局:《2020 年度中国对外直接投资统计公报》,中国商务出版社 2021 年版,第4 页。

一、数字农业合作

同军事合作等合作领域相比,农业合作的敏感性较低,更容易摆脱关系壁垒,因此农业合作贯穿了中埃两国关系的发展进程,最早可以追溯至1955年双方的大宗交易。随着双边伙伴关系的不断升级,中埃农业合作的议题也随之变化。根据数字时代的发展和埃及政府提出的《2030年农业可持续发展战略》,农业生产项目也由培育经验的传播转至促进埃及的农业现代化。

中埃的农业合作项目以技术转移和技术合作为主,多次在种植、养殖等领域进行合作交流。2018年,西部电子商务股份有限公司和埃及阿斯旺大学农科院共同建立了埃及第一个农业物联网技术推广应用基地,通过网络远程监控杧果生长过程中的水资源利用,实现节水率达30%的种植目标,并将中埃智慧农业项目作为基地向"一带一路"沿线国家和地区辐射;[1]2019年,宁夏大学与埃及国家研究中心、埃及科学技术研究院合作,在当地开展智能控制的风光互补提水、沙化土壤地下渗灌等技术研究,提高节水灌溉技术及智能控制水平,解决埃及干旱少雨的先天环境问题。[2] 中埃农业合作基础深厚,通过技术传播解决埃及农产品的可获得性、供应的充足性和稳定性以及就业等民生问题,数字技术的发展更是加速了项目的落地和技术的传播,契合了体面生活中"消除贫困,改善贫困乡村的经济、社会和环境条件"的理念。

除此之外,生产技术的合作也依赖于农业培训。农业培训以人为传播载体,通过人与人的对接实现中国农业生产技术和治理经验在埃及的传播。除了援埃项目的培训之外,中国有关部门还举办农业发展研修班,邀请埃及技术人员来华考察培训。2018年,农业农村部管理干部学院举

---

① 《中国智慧节水技术走向埃及》,中国—阿拉伯国家技术转移中心:https://www.casttc.org/article/00000881.html,访问时间:2022年10月17日。

② 《我校主持申报的国家科技合作援助项目 埃及旱区绿色智能节水关键技术研究与示范》获批立项,宁夏大学:https://www.nxu.edu.cn/info/1590/24627.htm,访问时间:2022年10月17日。

办了"一带一路"国家农业产能国际合作研修班,包括来自埃及农业部田野作物研究所的 8 个国家的 17 名代表参加。

二、数字基础设施建设

2019 年,埃及政府提出"体面生活倡议"发展农村地区,以可持续发展为基础,围绕改善住房环境、开展基础设施项目提供医疗及教育服务、提供就业培训以及环境干预等多个方面展开,稳定拉动经济发展,中埃两国的承包工程也围绕电力、交通以及智能基础设施建设等领域呈"井喷式"发展。

(一)遵循最高优先级发展领域原则增强电力供给

发电方面,埃及已于 2016 年实现电力富余,主要目标是提升新能源和可再生能源发电机容量。2018 年,中国特变电工新能源与西班牙电力开发商阿驰奥纳公司(Acciona)和迪拜斯威有限公司(Swicorp Limited)在埃及联合投资了 3 个 50 兆瓦的光伏项目,其中特变电工占股 24%,承担价值 1.3 亿美元的项目,是中国企业首次参与埃及光伏领域投资。输电方面,埃及的输电网络建设稳步升级。2016 年,由中电装备埃及分公司承包建设了 15 条 500 千伏同塔双回路交流线路,共计约 1210 千米,价值 7.57 亿美元,是埃及多年以来规模最大的项目。

(二)助力埃及构建全国交通运输网

2017 年,中埃双方签订斋月十日城市郊轻轨项目协议。该项目为连接开罗市区、斋月十日城和新行政首都的轻轨线,包括设计车速 120 千米/小时的双线电气化轻轨和 11 个车站的建设,总里程约 66 千米,总金额达 12.9 亿美元。2022 年,"斋月十日城"市郊铁路项目一、二期线路正式投入运营。除城市交通建设外,中国还积极参与港口等物流运输要塞,比如 2019 年验收的艾因苏赫纳港口二期集装箱码头工程,建设了四个集装箱码头泊位,码头岸线总长度 1350 米,包括码头结构、疏浚与开挖、地基处理、护岸、码头办公室、变电所及道堆和其他水电等配套设施,总金额 1.18 亿美元。

（三）参与智慧城市试点建设推动国家数字化转型

埃及政府将塞得港省和新行政首都作为智慧城市试点，从政府办公和公共服务数字化建设入手加快 5G 战略部署。以新行政首都项目为例，总投资高达 450 亿美元。2017 年，中国参与承建新首都中央商务区，位于新行政首都一期核心区，总占地面积约 50.5 万平方米，合同金额 30 亿美元。随后，"中国建设"于 2018 年同埃及住房部新城开发局签署了埃及新首都中央商务区二期项目总承包合同，合同金额 35 亿美元。

三、信息通信技术合作

信息通信技术是经济活动由低生产率、低技能转向高生产率、高技能的重要途径。埃及将其定位为信息技术服务出口的区域领导者，并努力建设培育充满活力的创业氛围。2017 年，埃及通过了投资法案新规，通过放宽进入壁垒和支持外国跨国公司的本地化努力来促进外国直接投资。紧跟埃及发展战略，华为等中国跨国企业围绕"发展创新能力和技能"两大支柱加强与埃及的合作。

第一，构造创新生态环境。2017 年，华为在开罗成立开放实验室（OpenLab），携手北非地区的产业联盟和合作伙伴，共建北非区域 ICT 生态，共同应对行业数字化转型。作为一个生态伙伴构建的开发合作平台，开放实验室基于与伙伴和客户联合研发创新、差异化、领先的行业解决方案，以打造开放、弹性、安全、灵活的平台，促进数字化转型，致力于构建一个数字化转型共同体进行联合创新，从产业联盟、商业联盟、开发者平台、开源社区四个方面拓展生态系统。[①] 开罗开放实验室作为华为第八个面向垂直行业客户的实验室，立足埃及，服务北非，能够进一步辐射整个非洲区域，为当地区域的行业信息通信生态系统建设作出贡献。

第二，加强数字技能培养。2013 年，华为在埃及推出了信息通信技术学院，培养年轻的信息通信技术人才，并通过促进"大学—产业"联系

---

① 《华为发布 OpenLab 全球建设计划，依托开放生态迎接数字化时代》，华为：https://www.huawei.com/cn/news/2017/3/huawei-launches-global-openlab-program，访问时间：2022 年 10 月 17 日。

增加大学毕业生的就业机会。2019 年,华为与埃及通信信息技术部、人力部以及高等教育和科学研究部签署合作协议,启动了当地信息通信技术人才库,旨在埃及创建 100 所华为学院,培训 200 名讲师和 1200 名信息通信技术工程师,完成 4000 名技术人员的能力认证。2020 年,华为与埃及政府和高校合作线上开展人才培训,通过 430 多门在线课程培训了 7500 多名埃及青年。[①]

第四节 埃及数字经济发展和中埃数字经济合作的政策建议

埃及稳定的数字化转型使其成为非洲地区数字投资的热门目的国,但埃及数字生态系统完整但不具备较强的竞争实力,一方面,政府需要进一步加强基础设施建设和营商环境的监管,弥补数字转型引起的技能差距和资金缺口,保证数字经济的平稳过渡。另一方面,投资者也应保持定力、努力开拓,抓住位于成长期的行业机会,因地制宜地进行投资规划。

一、埃及数字经济发展的政策建议

数字化转型能够激发社会的创新和活力、提高效率、改善服务以及提供全面、长期的发展和增长平台来增强竞争力,从而重塑和改善经济、社会。然而,数字化转型需要得到基础设施、人力资本、法律监管和投资环境、治理、教育、安全以及一体化生态系统相应的支持。

(一)改善创业生态系统,营造有序转型环境

1. 注入充足资金,加强创新引导

首先,确保企业早期资本的可用性,缓解小微企业早期的融资难题。第一,放宽对设立新基金的限制。基金通常是初创企业最典型的第三方资本,并在初创企业的融资价值链中发挥关键作用。但埃及新基金下,资本的

---

① Ahram, Huawei Technologies has invested $10 mln over 5 years in innovation centres in Egypt, https://english.ahram.org.eg/News/423665. aspx,访问时间:2022 年 10 月 17 日。

25%需要来自个人、国际开发银行以外的金融机构。第二,向风险投资公司开放更多的公共资金作为资产类别。除此之外,政府可以提供财政激励措施,鼓励投资者投资风险投资基金或小公司。第三,将数字经济融入传统金融服务。比如供应链金融综合运用大数据、云计算、人工智能等新兴金融科技,依据业务交互数据,立足供应链金融本质,提供安全、高效、便捷的供应链金融服务,解决传统供应链金融下金融机构和供应链所承担的经营风险。

其次,专注于填补金融技术等空白市场的战略引导。移动支付、通信等部门有助于改善其他部门、行业的生产力和业绩,节省时间并提高生产力,产生的涟漪反应能够在长期内推动产业结构从采掘部门转向创造性部门。同时,政府可以通过"税收抵免"等政策在教育、新兴技术等多个领域共同发力,引导并鼓励空白市场的创造性活动。

2.提高服务效率,助力创新进程

面对初创企业,政府应考虑针对性的程序,并推进相关行政和法律的配套建设,降低企业的注册成本。高昂的企业注册费用是埃及非正规部门规模持续扩大的重要原因。而非正规部门由于没有合法的经营权导致无法得到相应的保障,从而造成了隐性失业。

(二)夯实基础服务建设,加快生态数字化转型

当前,埃及数字经济发展态势总体良好,但也存在明显的阶段性特征和问题,制约着数字经济高质量发展。首先,加快主要领域应用场景覆盖,强力推动数字政府、医疗、工业互联网、教育等经济社会需求迫切的应用场景开发,探索数字融合发展新模式。其次,加强数字经济的价值创造。推动三次产业同数字技术深度融合发展,坚持产业数字化、数字产业化,利用信息网络技术对传统产业进行全产业改造升级,扎实推进重点行业和特色产业集群数字化改造,加快服务业智慧化多元化发展。

1.加强基础设施建设,保障企业发展环境

尽管埃及将基础设施改革列为优先事项,但各城市的基础设施建设仍面临发展和质量存在较大差异的难题。因此,政府应重点关注基建升级,持续推进人工智能、云计算、区块链等信息基础设施建设。首先,持续并加大互联网改革力度,集中力量将现有基础设施现代化,以跟上社会不断增长的使用需求,并与私营部门建立更具战略性的伙伴关系,利用改善后的基础设施提供更好的服务。其次,规划创业生态系统,构建交通枢纽,使企业可以以此缩小市场差距、利用各地区的竞争优势,实现资源利用的最优化。最后,大力发展清洁能源项目。由于资源稀缺,政府应从长计议传统行业的未来发展,比如与已经在推动绿色燃料的国际组织合作,还能够为能源领域的初创企业创造更多机会。

2. 完善法律框架,助力企业健康发展

数字化转型对政府的监管提出了较高的要求,过早的监管可能会扼杀创新,而延迟的监管在网络攻击、数据泄露等危害下也会得不偿失。为了加强数字化转型的监管治理,政府应该从法规和监管两方面双管齐下。

第一,保证法规实施的时效性与执行的一致性。目前,埃及已有55项数字经济相关法律法规生效,涉及许可、知识产权、竞争、网络空间安全,数据保护和金融交易等方面,但其中多数已经过时或仍然不完整。2003年以来一直没有更新的《知识产权法》,在版权盗版和数字版权管理等问题上留下了重大空白,导致知识产权法律制度和执法方面存在较大差距,使国际知识产权联盟建议将埃及列入2020年观察名单。

第二,建立合作、包容的监管框架。政府的战略可以与主要政府机构、行业参与者、民间社会和发展伙伴协商制定,确保该战略对政府范围内的优先事项以及行业需求相一致。首先,确立政府在战略中的主导地位,巩固并推广阶段性成果。"数字埃及"战略已初见成效,但其对经济和社会的影响程度尚不清晰。因此,在实践中实现发展就要求埃及全国上下行动统一,明确角色和责任,建立机构之间的协作机制,并由机构负责项目的落实、评估和全面监督。

(三)推动人力资本流动,提供数字化转型动力

埃及持续增长的人口以及不断扩大的高等教育毕业生群体,构成了潜力巨大的人力资本。政府应从市场的供给和需求两方面切入,实现人力资本利用的最大化。

第一,推动人口红利从数量型向质量型转变。高等教育毕业生失业率居高不下的重要原因在于技能同市场需求之间的不匹配,可以通过促进并推动大学、企业风险投资和孵化空间之间的三方伙伴关系,快速并准确地了解市场真实需求加以缓解。其次,注重创业能力建设,合理运用大学的天然"孵化"力量,促进青年创新创业。最后,设立示范地区,打造专业化优势。创业生态系统本身能够发挥集聚效应,拥有大批量熟练的劳动力和其他资源,能够帮助创业者更好、更快地扩大规模。政府可以根据地区行业的要求促进与当地大学或技术培训的更紧密联系,通过填补市场空白来帮助实现行业的成长和创新。

第二,促进高质量人才的交流与合作。虽然埃及的转型正在平稳地进行,但各行业发展的持续发力仍需借鉴国际经验。政府可以为企业牵线,在引入国际资本的同时,为民族企业搭建与高技术企业的合作。比如埃及在中国举办的第二届"一带一路"国际合作高峰论坛中就人工智能、5G、信息通信基础设施建设、大数据、超级计算、移动支付、智慧城市等领域合作交换意见,签署了《中华人民共和国工业和信息化部与阿拉伯埃及共和国通信和信息技术部关于加强通信和信息技术领域合作的谅解备忘录》,通过技术溢出实现其国内人才市场的提升。

二、中埃数字经济合作的政策建议

立足于埃及数字经济发展的根本需求,基础设施建设始终是推动数字经济稳步发展的重要基石。同时,埃及电子商务市场逐渐发力,整体购买力不断上升,但产业结构不完整,进口需求旺盛,为中国企业创造了巨大机遇。

(一)判断投资方向,把握发展机遇

1.基础设施建设

埃及数字基础设施发展在城乡和性别等多个方面存在不平衡不充分发展。截至 2022 年 1 月,埃及政府已经投入超过 7000 亿埃及镑,达成了平均贫困率下降了 4%等多项成就。[1] 但长期来看,体面生活倡议涉及范

---

[1] Egyptian Cabinet Information and Decision Support Center, An Unprecedented Initiative To Develop The Egyptian Countryside, https://idsc.gov.eg/Upload/DocumentLibrary/Attachment_A/ 4639/Decent% 20Life% 20An% 20Unprecedented% 20Initiative% 20To% 20Develop% 20The% 20Egyptian%20Countryside.pdf,2022-10-17.

围广,埃及在资金支持和项目运营上的持续发力需要国际的交流合作。

首先,中埃合作可以在一定程度上填补埃及的基础设施建设的巨大资金缺口。体面生活倡议的资金主要来源于国家的预算、基金和社会组织的捐赠,但仍面临巨大压力。据统计,2016—2040 年埃及政府需要支付基础设施相关费用约 6750 亿美元,面临 2300 亿美元的资金缺口。[①] 自 2013 年"一带一路"倡议提出以来,中国大力发展双边和多边合作,为发展搭建合作平台,建立中非发展基金、非洲共同增长基金等金融机构,为全球提供公共产品和服务。同时,中国在调动私营部门资本方面有成熟经验。中国国内的基础设施建设在项目承包上鼓励公私合营,在资金调动上鼓励多元化,通过发行专项债、基础设施资本证券化等形式提升资本市场服务的实体能力,能够为埃及带来实际的解决方案和建设经验。

其次,中国基建在技术标准、施工能力等方面已处于国际领先水平。中东地区是中国开拓较早的海外基建市场,相互依存日渐紧密,造就了良好的投资环境。2020 年,中阿合作论坛通过了《中国—阿拉伯国家合作论坛 2020 年至 2022 年行动执行计划》,加强双方在电信等基础设施领域的合作,为企业搭建广阔的投资平台,发挥自身优势。

2. 电子商务合作

新冠疫情将全球电子商务推向了高潮,移动支付、物流等支持行业也同步发力。中国跨境电商在新业态和新模式的加速发展下,数字服务贸易竞争力持续增强。2021 年,中国电子商务交易额和跨境电商进出口规模分别达到 42 万亿元和 1.98 万亿元。对于起步较晚但规模广阔的埃及市场,中国企业能够凭借其产业工业链和数字媒体优势开拓市场。一方面,国际贸易海外仓运营快速发展,企业通过数字化转型向国际贸易综合服务商转变。另一方面,字节跳动等社交媒体巨头在埃及市场取得的不凡成绩,为商家提供了便利的平台,从而以直播等多元化形式进行产品推广。

---

① Global Infrastructure Hub: *Global Infrastructure Outlook*, Oxford: Oxford Economics, 2017, p.11.

除此之外,电子商务市场为移动支付、物流等相关支持行业制造了广阔的需求。比如埃及金融市场的信用卡持有率和银行账户普及率较低,需要通过金融科技服务进入数字支付时代支撑电商的发展。中国在移动支付领域的服务水平位居世界前列,是目前移动支付整体渗透率最高的国家。双方金融企业间的交流合作以及跨行业的有效整合联动能加速金融科技行业的升级换代,为跨境电商企业的出海赋能。因此,中国企业在政府的引导下,可以加强在数字支付、技术培训、物流建设等方面的交流与合作,助力埃及电子商务生态系统和跨境电子商务生态系统建设。

(二)熟悉市场规则,科学经营决策

虽然埃及市场显现出巨大的发展潜力,但除了汇率波动等一般性海外投资风险,在埃投资企业还应重点关注资源分配、行政效率等方面所固有的问题,并采取相应的市场竞争策略、管理方式以及经营标准,最大限度地避免因环境差异引起的损失。

1. 本土化战略

本土化战略是企业适应海外经济、文化、政治等差异的竞争方式。埃及的不确定性规避指数较高,产品和营销方式的本土化能够帮助企业迅速了解当地市场,通过建立起和消费者的联系获得竞争优势。除此之外,企业还要注重培养和政府之间的关系,增强信息获取的能力,在规避风险的同时争取更多的机会。在必要的时候,企业可以考虑进入埃及市场的投资方式,选择收购或合资的方式,利用已有战略资源迅速进入市场,特别是在埃及的自然资源领域。尽管埃及政府鼓励私营部门投资,但在黄金开采等重大项目上依旧选择当地的龙头企业合作,因此在某些特殊领域,企业应先合作再竞争。除此之外,企业也要注意社会责任,平衡东道国的各方利益,建设良好的企业形象。

2. 充分理解埃及的行政效率

企业在经营管理中要有较强的预见性。首先,企业要保证安全的现金流。埃及的经济改革效果显著,国内形势较好,实现了基本的财政盈余,但债务水平依然较高,以中长期债务为主,过度依赖外部援助。另外,埃及重视本土企业的发展,外来投资者面临的项目选择往往难度大、营利

性低。因此,企业需要灵活运用资金,避免因资金问题陷入经营危机。

其次,合同是合作双方责任与义务的依据,能够为投资者带来最大的利益保障。企业应该对当地的相关法律法规进行充分了解,比如在免责方面,除合同规定的不可抗力或特殊情况,埃及一般不设免责条款。对于合同的建立,企业应该从磋商到执行再到争端解决,进行整体的风险评估,保证自身利益的安全性。

3. 充分考虑环境因素

首先,企业在项目运行周期上要考虑整体的连续性。埃及进口清关、资产转移等需要大量的时间,投入面临较大的不确定性。此外,埃及社会的内部矛盾问题突出,外有极端组织威胁,内受集体抗议和罢工的影响。因此,企业应充分考虑环境因素,制定并选择合适的生产流程,避免准时制运营,掌握项目的整体节奏,避免因延迟交工等问题陷入商业纠纷。

其次,在运营流程上保证合操作的规性。虽然企业在实际经营中根据实际情况灵活应对,但是在根本性问题上应该严格规范。埃及境外账户对开户名没有严格要求。因此,诈骗组织会利用合作双方的空暇期间仿制信函等文件实施诈骗。因此,操作流程的合规能够避免企业陷入不必要危险。

第十一章 肯尼亚数字经济发展与数字经济治理

肯尼亚政府 2020 年发布的《数字经济蓝图》(Digital Economy Blueprint Powering Kenya's Transformation），将数字经济定义为"运用数字化通信技术和互联网运营的行业"，包括但不限于大数据、云计算、物联网、区块链、人工智能、5G 通信等新兴技术，新零售、新制造都是其典型代表。[①]

然而，纵使肯尼亚拥有良好的硬性条件及适龄的人力资源，但由于其工业化基础较差，数字经济发展起步晚，肯尼亚的经济政策、投资环境及相关市场法律法规等均存在较大待完善的空间，其国内的数字经济转型仍面临一系列亟待解决的问题，如数字基础设施滞后、数字领域人才匮乏、法律监管机制不完善，以及数字技术与生产制造端融合不足等[②]，中国企业在肯尼亚开拓数字化市场，不仅需要有灵活应变的经营头脑，还得具备一定的风险防范意识。如何妥善处理与解决数字经济发展面临的问题以实现产业结构顺利转型升级，是肯尼亚政府需要面对和思考的重大问题，也是促进中肯投资、完善中非数字化产业合作、共建中非数字命运共同体的关键所在。

---

① Republic of Kenya, "Digital Economy Blueprint, Powering Kenya's Transformation", https://www.ict.go.ke/wp-content/uploads/2019/05/Kenya-Digital-Economy-2019.pdf, 2023-03-30.

② 李康平、段威：《非洲数字经济发展态势与中非数字经济合作路径探析》，《中国与世界》2021 年第 3 期。

第一节　肯尼亚数字经济规划和数字经济治理

国际电信联盟认为,撒哈拉以南的非洲国家存在着巨大的数字鸿沟,且国与国之间数字化差异十分明显。[①]

数字化转型是应对危机的有力工具,疫情引发的经济衰退通过各种内外部渠道影响了非洲经济的增长,大多数非洲国家面临着自 1994 年《阿布贾条约》(Abuja Treaty)生效以来的首次衰退,公共收入也进一步减少,发展数字经济可以有效推动非洲大陆国民经济增长。[②] 疫情过后,肯尼亚政府更加重视数字经济的发展,将其视为发展国民经济的重要途径。

一、数字经济政策

随着非洲各地的政治稳定性不断增强,非盟陆续出台了《2063 年议程》《非洲数字化转型战略(2020—2030)》。继 2018 年世界银行发起并落实了《非洲数字经济倡议》(Digital Economy for Africa Initiative,DE4A),非洲各国政府开始积极配合响应,对国内政策与数字经济发展框架进行适当调整。

肯尼亚政府高度重视数字经济的发展,着力构建适宜的数字商业环境和完善的数字基础设施,以提升国内数字化产业服务的包容性、互操作性和创新性,同时确保各参与方的利益都能在电子商务交易中得到妥善保护。为进一步扩大数字贸易市场,肯尼亚政府通过为国内的贸易与金融服务提供信用信息共享平台,包括移动支付和其他电子商务交易相关数据,来缓解国内信息不对称问题,并改善保险、贷款、养老金等广泛数字金融的服务质量,以增强肯尼亚公民对于国内发展数字金融服务的信心,

---

[①]　Inger Brännström,"Gender and digital divide 2000-2008 in two low-income economies in Sub-Saharan Africa:Kenya and Somalia in official statistics",Elsevier,Vol.29,No.1,pp.2-3.

[②]　World Bank Group.Africa's pulse-An Analysis of Issues Shaping Africa's Economic Future,https://documents1.worldbank.org/curated/en/799911586462355556/pdf/An-Analysis-of-Issues-Shaping-Africas-Economic-Future.pdf,2023-03-31.

在鼓励企业采用数字技术展示商品和服务的同时,也鼓励公民利用网络平台来获取就业机会;此外,肯尼亚政府还积极为数字媒体生态系统创造开放有利的发展环境,鼓励本地和外国企业增加对数字化产业的投资,同时还加大了对数字内容创作和消费的支持力度。①

肯尼亚政府十分重视 ICT 技术在数字经济中的作用。2019 年 5 月,总统肯雅塔在"非洲转型峰会"上发布的《数字经济蓝图》(Digital Economy Blueprint Powering Kenya's Transformation, DEBPKT)(见表 11-1),是关于肯尼亚国内发展数字经济的拟议框架,强调要重点发展与 ICT 技术相关的五大支柱型产业,包括数字政府、数字商务、基础设施、创新创业与数字技能培训。2023 年,肯尼亚国家信息通信和技术部启动了"2023 国家宽带战略"(National Broadband Strategy 2023),通过向全体公民提供优质的宽带服务来促进国内数字经济的发展。

表 11-1　肯尼亚 2019 年数字经济蓝图

宏观	政策及监管		新兴趋势	数据	
	数字政府	数字企业	基础设施	创新驱动型企业	数字技术
微观	政府		居民	私营部门	
	集成化系统		绿色 ICT	安全性	

资料来源:肯尼亚政府官网 https://www.ict.go.ke/wp-content/uploads/2019/05/Kenya-Digital-Economy-2019.pdf,第 28 页。

二、数字经济治理

肯尼亚政府提倡大力发展数字经济的同时,数字经济相关的各方面政策也在不断形成与完善中。例如,税收方面,2021 年 1 月 1 日,肯尼亚政府颁布的《2020 年数字服务税收条例草案》(Digital Services Tax Regulations,DSTR)正式生效,该条例规定应按照交易总价值的 1.5%对数字服务征收税费,违约者将被限制进入肯尼亚市场;数字借贷方面,为了防止出现较高的违约率,确保借款方能够获得贷款平台的公平待遇,肯

---

① 《对外投资合作国别(地区)指南肯尼亚(2021 年版)》,中华人民共和国商务部,http://www.mofcom.gov.cn/dl/gbdqzn/upload/kenniya.pdf,访问时间:2023 年 3 月 28 日。

尼亚财政部于 2018 年 4 月起草了一份专业的金融监管法案,数字借贷就包含在其监管的范围内;[1]同时,肯尼亚国内的 12 家数字借贷机构还自发地签署了一项行业行为准则,以此树立起一种业内的自律机制,准则既明确地区分了各项贷款的概念和定义,也强调了向客户授权披露个人数据及隐私的必要性,还规定了借款人首次借出金额不得大于 4000 先令以规避贷款方的信用风险;监管方面,政府早在 2018 年就发起过一项《金融市场行为管理法案草案》(The Draft Financial Markets Conduct Bill),针对的是一类既不属于《银行法》又不属于《小微金融法》管辖的实体金融机构——数字借贷机构,提议对数字借贷机构进行监管并颁发牌照,同时还要由金融市场行为管理局(Financial Market Conduct Authority,FMCA)来设定利率上限。[2] 肯尼亚的正式数字贷款机构会受到来自中央银行监管框架的约束,旨在保护借款方,避免其被要求支付过高的交易费用。

非洲普遍存在较为严重的网络安全问题,如恶意软件、加密货币挖矿、恶意代码、云安全风险等。根据口令管理工具公司"密码经理"(Password Managers)2020 年发布的《网络安全暴露指数》(Cybersecurity Exposure Index,CEI),得分越高的国家网络安全问题越严峻,肯尼亚得分 0.548,排名第 48 位,低于非洲平均水平 0.643 近十个百分点;[3]此外,即使肯尼亚年轻劳动力群体的失业率较高,但肯尼亚的电信诈骗及电信犯罪率相对非洲其他国家却很低。整体而言,肯尼亚的网络环境安全程度较高,颇为适宜发展数字经济。为了确保交易方的个人信息与隐私数据不被泄露或盗用,最大限度地保护消费者的隐私安全与财产安全,肯尼亚政府也积极出台了一系列政策及法律法规,如 2019 年颁布的首部专门针对个人数据保护的法案,肯尼亚成为继卢旺达后第二个拥有专门数据保

---

① PYMNTS. Kenya Moves To Regulate Digital Lending, https://www.pymnts.com/news/international/2018/kenya-mobile-payments-regulation/,2023-03-28.

② Center for Financial Inclusion,"Making Digital Credit Truly Responsible, Insights from analysis of digital credit in Kenya",https://content.centerforfinancialinclusion.org/wp-content/uploads/sites/2/2019/09/Digital-Credit-Kenya-Final-report.pdf,2023-03-27.

③ PasswordManagers.co, https://passwordmanagers.co/cybersecurity-exposure-index/,2023-05-16.

护法律的东非国家;继 2018 年欧盟议会通过了《通用数据保护条例》（General Data Protection Regulation，GDPR）后,肯尼亚参议院、信息通信和技术部门相继发布两版数据保护法草案,实际沿用了《通用数据保护条例》中很多关键性的条款,包括对于数据主体、数据控制者和处理者等的角色定义,及相关权利和义务,数据跨境转移保护,以及数据泄露或贩卖会面临严格的法律惩处等。[①]

第二节　肯尼亚数字经济发展现状

数字经济的增长速度往往快于一国整体经济。2020 年全球数字经济规模达 32.6 万亿美元,占 GDP 总量的 43.7%。与此同时,在全球 GDP 平均增速为－2.84% 的前提下,数字经济仍能保持 3.01% 的正向增长,高于同期 GDP 增速 5.85 个百分点。[②] 此外,发展中国家的数字经济增长速度快于发达国家。根据 2022 年中国信息通信研究院发布的《全球数字经济白皮书》显示,发达国家数字经济规模相较 2021 年增幅为 13.2%,而发展中国家这一数据却达到了 22.3%。[③] 发展数字经济对于基础软硬件和技能人才的要求颇高,还离不开政府各项政策的大力支持。世界银行一项调查报告认为应从五个方面来研究数字经济:数字基础设施、数字平台、数字金融、数字创业和数字技能。[④]

与非洲其他国家相比,肯尼亚发展数字经济主要具有以下优势:首先,地理位置优越,是东、中非的金融中心,吸收着来自全球的资本,首都内罗毕素有"非洲小巴黎"之称,是对外贸易、投资、技术合作的重要桥梁

---

① 肯尼亚颁布个人数据保护法案,被视为"非洲版 GDPR",世界说,https://www.secrss.com/articles/15125,访问时间:2023 年 3 月 11 日。

② 和壮:《中非数字经济合作路径研究》,商务部国际贸易经济合作研究院 2022 年硕士学位论文,第 17 页。

③ 《中国数字经济规模达 7.1 万亿美元》,新华社,http://www.news.cn/2022－07－30/c_1128876675.htm,访问时间:2023 年 3 月 15 日。

④ World Bank. South Africa Digital Economy Diagnostic,https://openknowledge.worldbank.org/handle/10986/33786,2023－03－28。

和窗口;其次,数字基础设施相对完善,肯尼亚拥有的数据中心和云服务平台在整个非洲都名居前列,为其发展数字经济打下了良好基础,属于非洲数字产业的先行者;此外,经济增长离不开大量适龄人力资本,肯尼亚国内的人口普遍很年轻(18岁以下年轻人占比超50%),基础教育普及程度较高,对新事物接受能力较强,开拓创新意识也较为强烈。最后,肯尼亚的网络安全程度较高,其国内的电信诈骗及电信犯罪率均很低。由此可见,肯尼亚的整体环境适宜发展数字经济。[①]

一、数字基础设施

肯尼亚作为东非地区最发达的经济体之一,已经具备完善的电力、交通及通信基础设施。随着信息通信技术(ICT)的进步,数字基础设施已经逐渐开始取代传统基础设施,在数字经济的发展中发挥着重要作用。首先,肯尼亚拥有非洲地区最先进的数字网络基础设施。根据肯尼亚2019年国家经济调查报告显示,肯尼亚国内ICT产业总值已从2017年的3456亿先令增长到了2018年的3902亿先令,同比涨幅为12.9%。[②] 这说明,肯尼亚数字基础设施当前正处于不断发展与完善的过程中,但仍低于世界平均水平。其次,肯尼亚农村及城市边缘地区在获取数字基础设施和服务方面仍然较为落后。此外,监管制度的发展也落后于快速进步的技术格局和不断演变的市场需求。

肯尼亚政府致力于吸引外资,出台了一系列针对外资的优惠政策,并鼓励外资投资于工业园区和经济特区,进一步完善与优化其国内的数字基础设施。

(一)ICT渗透率高,数字基础设施领先

肯尼亚沿海的地理位置相比于非洲其他内陆国家具有明显优势。得

---

①　Regean Mugume, Enock W. N. Bulime, "Post - Covid - 19 recovery for African economies: Lessons for digital financial inclusion from Kenya and Uganda", Economic Policy Research Centre, Makerere University, Kampala, Uganda, p.4.

②　Republic of Kenya. Digital Economy Blueprint, Powering Kenya's Transformation, https://www.ict.go.ke/wp - content/uploads/2019/05/Kenya - Digital - Economy - 2019. pdf, 2023 - 03 - 18.

益于铺设于海底深处的数条电缆,截至 2023 年 7 月,肯尼亚的移动互联网数据传输速度已达平均每秒 24.20Mb,位居世界第 97 位,在非洲位居前列。① 据彭博社报道,2022 年 3 月 30 日,一条连接中欧非、全长 1.5 万千米、总值 4.25 亿美元的海底光缆正式登陆肯尼亚。这是在肯尼亚登陆的第六条海底光缆,被命名为"和平海缆",它是"数字丝绸之路"倡议的一部分。② 此外,据肯尼亚《2021 年经济调查》显示,肯尼亚信息通信技术(ICT)行业的产业总值近年来一直保持着正向增长,互联网普及率也从 2019 年的 83.38%上升到了 2020 年的 91.19%,同比增长 7.81%。受互联网服务需求的推动,互联网服务供应商的数量也从 2019 年的 302 家增加到 2020 年的 366 家,无线网络及宽频服务的用户总数也分别增加 12.0%及 16.8%,达到 4440 万户及 2580 万户。③

(二)宽带覆盖率高,网速较快

"投资监控者"(Investment Monitor)在 2021 年综合考量了 28 项不同指标,主要包括每个国家的移动网络数量、互联网连接质量与 4G 网络覆盖人口百分比等,发布了"2021 非洲互联网连接指数"(African e-Connectivity Index 2021),其中排名前五的国家依次为南非(100 分)、毛里求斯(96.56 分)、埃及(95.42)、肯尼亚(89.60)和突尼斯(88.66)。④ 肯尼亚在宽带覆盖方面的巨大进步,很大程度上得益于自由化的政府举措和较为轻松健全的监管环境。例如,肯尼亚政府在国家光纤骨干基础设施(National Optic Fiber Broadband Infrastructure,NOFBI)上投资了 2 亿多美元,全程覆盖 9000 多千米,包含全国 47 个县(全部)。其中,肯尼亚"第一英里"基础设施由四条海底电缆支撑,相对坚固,为全国的交通、通

---

① SpeedTest,,https://www.speedtest.net/global-index,2023-09-07.

② Bloomberg News, Huawei-Backed Cable Linking China, Europe, Africa Lands in Kenya. https://www.bnnbloomberg.ca/huawei-backed-cable-linking-china-europe-africa-lands-in-kenya-1.1744405,2023-03-20.

③ Republic of Kenya, Digital Economy Blueprint, Powering Kenya's Transformation, https://www.ict.go.ke/wp-content/uploads/2019/05/Kenya-Digital-Economy-2019.pdf,2023-03-21.

④ Statista,https://www.statista.com/statistics/1308940/countries-with-highest-quality-of-internet-connectivity-in-africa/,2023-03-22.

信网络提供支持。① 普遍服务基金（Universal Service Fund, USF）和来自国内私营部门的重大投资，支撑着该国宽带总量的稳定增长。肯尼亚现存的主要移动运营商——肯尼亚萨法利通信公司（Safaricom Co., Ltd.）、印度巴蒂电信公司（Bharti Airtel Co., Ltd.）、南非有线 & 无线通信运营商特尔康公司（Telkom Co., Ltd.）和肯尼亚私有电信贾米伊公司（Jamii Co., Ltd.）之间的同业竞争，也推动着该国移动互联网普及率的大幅提高，远高于东非其余地区平均水平，同时还降低了语音和移动互联网服务所需的费用，完成了从零到一的突破与蜕变。

此外，据 2018 年全球移动通信系统协会（Global System for Mobile communications Association, GSMA）相关数据显示，肯尼亚 2G 网络覆盖率为 68.9%、3G 覆盖率为 85.0%、4G 覆盖率为 36.8%，其宽带互联网速也领先于非洲其他国家，达到了平均每秒 12.2Mb，在中东和整个非洲区域排名第三。② 肯尼亚的国际可用带宽总量也在迅速增加，2015—2018 年三年间就增长了近 200%，四家运营商正相继推出"光纤到户"（Fiber to the Home, FTTH）网络，③私人海底电缆运营商也已经开始利用这一机遇，未来将更广泛地支持基于云服务的数字化增长。10Mbps 被认为是消费者"全面参与数字社会"的必要条件，预计在未来的几年里，三条全新的海底电缆将会陆续登陆肯尼亚，带来 100Tbps 容量超快网速的同时也将带来更多的就业及创业机会。

但放眼全球范围来看，肯尼亚的互联网发展仍较为落后，在获取网络连接服务方面仍存在着较为广泛的"数字鸿沟"。在 2016 年的一项调查研究中，肯尼亚通信管理局（Communications Authority of Kenya, CA）发现

---

① Republic of Kenya. Digital Economy Blueprint, Powering Kenya's Transformation., https://www.ict.go.ke/wp-content/uploads/2019/05/Kenya-Digital-Economy-2019. pdf, 2023-03-23.

② 《非洲十国创投市场调研报告之——肯尼亚》, 36 氪, https://www.36kr.com/p/687270905878663, 访问时间：2023 年 3 月 16 日。

③ The World Bank Group, "Kenya Digital Economy Assessment", https://thedocs.worldbank.org/en/doc/345341601590631958-0090022020/original/DE4AKenyasummarypaperfinal. pdf, 2023-03-24.

有超过 580 个子地点的全球移动通信网络(Global System for Mobile, GSM)覆盖率低于 50%,其中 164 个根本没有信号。同时,宽带覆盖率也存在较大的城乡差异,仅 17% 的农村人口每周会使用互联网,而在城市里这一比例为 44%。此外,光纤电缆仅覆盖了肯尼亚国内 60000 千米(17% 的土地覆盖率)。对大部分人而言,价格仍然是目前使用宽带最大的阻碍因素之一(见表 11-2)。根据国际电信联盟(International Telecommunication Union,ITU)的最新数据,肯尼亚 1GB 移动数据的平均使用成本在 2022 年时首次低于 1 美元,相较 2019 年时降低了 69 个百分点,降幅在整个非洲仅次于尼日利亚(2022 年相较 2019 年时降低 91 个百分点),短短四年内取得这样的成绩离不开政府对互联网基础设施的加速投资建设、技术创新以及各项政策的完善。纵然如此,获取 1GB 数据所需的花销大约为肯尼亚国民月均收入的 4%,是全球平均水平 2% 的两倍,这意味着肯尼亚大部分贫困人口难以获得上网的机会,尤其是农村贫困人口、老年人、妇女和其他边缘化群体。因此,肯尼亚的宽带覆盖层面仍存在着较大的发展空间,其政府组织应进一步加大对技术创新的投资力度,进一步降低流量的使用成本,以实现当地流量的真正普及。

表 11-2　非洲国家 2022 年人均月流量消耗与花费

国家	2022 年月均流量消耗	2022 年月均流量花费	2022 年月均流量花费占月人均收入百分比
埃及	23.4GB	11.81 美元	3.80
肯尼亚	14.1GB	11.81 美元	7.20
尼日利亚	13.8GB	9.83 美元	6.20
南非	12.63GB	25.77 美元	1.90

资料来源:传音控股大数据与人工智能实验室《2023 非洲移动市场的格局之变》报告数据,第 11 页。

(三)"最后一英里"服务逐渐完善

2019 年时,肯尼亚的手机普及率就达到了 91%,移动互联网的普及率也达到了 84%,约 4300 万肯尼亚人在使用移动设备上网,而网络流量的咨询费却在逐年下降,以特尔康地区(Telkom)为例,500MB 日流量的费用为 50 先令,即 0.5 美元。[①] 这一切要得益于肯尼亚国内跨越 9000 千米的国家光纤骨干基础设施(National Optic Fiber Broadband Infrastructure,NOFBI),覆盖了肯尼亚几乎所有主要的城市和区县,虽然仍有一些性能层面的挑战,但它的确提供了高速有效的局域网连接。国家光纤骨干基础设施归肯尼亚政府部门所有,一般通过国内的电信部门,向互联网和移动互联网运营商提供批发、主动服务和暗光纤业务。值得注意的是,肯尼亚国家光纤骨干基础设施在质量方面仍存在一定挑战,包括初始安装质量较低、维修服务不足以及相关政府机构协调不力而导致的频繁停机和恢复服务反应时间较长等问题,未来仍需进一步完善与优化。

(四)绿色能源投资以支持数字经济

电力开销一般是数据中心运营最昂贵的部分。为了维护大功率计算基础设施和需要不间断能源的数据中心的正常运转,肯尼亚需要进行更有针对性的投资,以支持数字经济对能源的需求。肯尼亚已经投资了水电、风能和地热等绿色能源,仍在探索定位大型能源消耗项目,如数据中心源,以确保宽带的便捷接入,将 ICT 技术拓展到该国目前服务质量不佳的地区,同时为数字经济提供更接近发电点的动力源,以降低数据中心等设施的运行成本。例如,肯尼亚的"孔扎科技城"(Konza Technopolis)项目,是肯尼亚政府 2019 年提供 5000 英亩土地、投资 94 亿美元[②]建立和设计的一座智慧科技城市,旨在通过提供缺失的基础设施和技术环节,增强肯尼亚的创新生态系统和数字经济。

二、数字平台

作为东非最大、数字化程度最高的经济体之一,伴随着数字经济的持

---

① The World Bank Group, "Kenya Digital Economy Assessment", https://thedocs. worldbank. org/en/doc/345341601590631958 - 0090022020/original/DE4AKenyasummarypaperfinal. pdf, 2023 - 03 - 24.

② Ademola Makinwa, Aleksa Burmazovic, "Zone Profile: Konza Technopolis", https://www. adrianoplegroup.com/post/zone-profile-konza-technopolis, 2023 - 03 - 25.

续发展,肯尼亚已经开始将自身定位为该地区的电子商务和数字化服务市场的中心。2019 年 5 月肯尼亚政府公布的《数字经济蓝图》(Digital Economy Blueprint Powering Kenya's Transformation)称,肯尼亚的电子商务市场价值约为 96 亿肯先令,其中 70%是通过移动支付平台进行支付的,移动支付交易共计 1.55 亿笔,较 2018 年时增长了 8.4%,总价值为 3820 亿肯先令,接近 2009 年时的 6 倍(2009 年年底时,移动交易仅为 2160 万笔,总价值 520 亿肯先令),在整个非洲排名第三,仅次于尼日利亚和南非。可以肯定的是,移动支付平台(如马佩萨,M-PESA)成功推动了肯尼亚国内电子商务的发展,电子商务不仅为肯尼亚的移动用户提供了可供远程交易的便捷平台,同时也为肯尼亚创造了许多新的就业及创业机会。

近年来,依靠着 4300 万手机用户和 84%的移动互联网普及率[1],肯尼亚的电子商务平台数量激增。大多数企业都提供着某种形式的数字化服务,特别是在移动支付生态系统中,它们利用脸书(facebook)、油管(youtube)和抖音(tiktok)等平台进行广告营销,直接与客户互动并为他们提供最佳的购物或服务体验。根据全球著名的市场监测与数据分析公司——"尼尔森"(Nielsen Co., Ltd.)一项在线调查显示,疫情期间,在埃及、尼日利亚、南非和肯尼亚,消费者参与网络购物的积极性均出现了较大提升,其中肯尼亚网购人数更是翻了近 3 倍。[2]

此外,为了更大程度上实现公共服务"端到端"的数字化,也更方便政府部门提供公共服务和获取私营部门的相关数据,肯尼亚政府部署构建了一系列面向市民的数字化服务平台。例如,"电子公民"(e-Citizen)业务为市民提供了广泛的电子政府服务;综合税务管理系统"爱税收"(iTax)由肯尼亚税务局运行,创建统一的纳税人数据库,以提高税务管理效率,进一步识别和化解风险。

---

① The World Bank Group, "Kenya Digital Economy Assessment", The World Bank Group, https://thedocs. worldbank. org/en/doc/345341601590631958 – 0090022020/original/DE4AKenyasummarypaperfinal. pdf, 2023-03-24.

② 《科技巨头加速挖掘非洲数字市场红利》,澎湃新闻, https://www. thepaper. cn/newsDetail_forward_19244229,访问时间:2023 年 3 月 18 日。

三、数字金融

金融与数字技术相融合,诞生了数字金融业。数字化金融通过降低成本、促进规模经济以提高企业的竞争力,来推动数字贸易乃至全球贸易的增长与发展。据世界银行 2019 年的相关数据估计,约 66% 的非洲人口没有银行账户①,并且几乎所有非洲国家的企业都面临着支付难、贷款难、储蓄难、购买保险难等挑战。非洲数字金融产业中关注度最高的几个领域分别为移动支付(钱包)、在线借贷、在线汇款等。

作为整个东非地区的金融中心,肯尼亚的银行业发展迅猛。截至2019 年,肯尼亚已有 27 家本地商业银行、13 家外资银行,其银行总资产相较 2018 年上涨 10.1%,约为国内 GDP 的 49.5%,73% 的人口住在金融机构网点 3 千米以内,公众对银行业的信心普遍上升。② 此外,肯尼亚还拥有全球领先的深度优先检索算法(Depth First Search,DFS)市场,其规模化覆盖及国内鼓励试验与创新的政策环境,都在促进普惠金融的发展上发挥了重要作用。当前肯尼亚的 DFS 算法市场主要包括三种核心服务,即数字支付、金融科技及数字信贷服务。

完善数字化基础设施,使企业及个人账户都能顺利完成在线交易并成功获取数字服务,是肯尼亚发展数字金融的首要目标。另外值得注意的是,信贷机会增多除带来了收益,也提高了潜在的信用风险,因此,肯尼亚的金融监管部门必须进行持续性的更新迭代才能跟得上数字创新的步伐。

(一)数字支付普遍应用

当前,已有 12 个非洲国家移动数字账户的注册数量超过了银行账户,数百万用户能够获得普惠金融服务。③ 由此可见,移动支付正逐渐成

① 《数字赋能非洲(下):数字经济百花齐放》,36 氪,https://www.36kr.com/p/1725093740545,访问时间:2023 年 3 月 16 日。

② 《非洲十国创投市场调查报告之:(8)肯尼亚》,非程创新,https://www.iyiou.com/news/202005091003138,访问时间:2023 年 3 月 2 日。

③ Republic of Kenya. Digital Economy Blueprint, Powering Kenya's Transformation, https://www.ict.go.ke/wp-content/uploads/2019/05/Kenya-Digital-Economy-2019.pdf, 2023-03-24.

为非洲地区金融体系中不可或缺的一部分。在非洲,数字支付的重要应用领域就是中小企业,如何让移动支付广泛地覆盖这类企业,可能就是金融科技在非洲未来潜在的发展机会。

根据肯尼亚中央银行 2022 年公布的一项调查显示,已有超过80%的肯尼亚人在使用数字金融服务(包括银行、小额信贷提供商及移动货币供应商所提供的服务),而 2006 年时该数据仅为 27%。① 2020 年,肯尼亚移动支付总额增长了 20.0%,达到 5.2 万亿肯先令,是过去 5 年纪录的最大增量金额。同时,肯尼亚同期的移动商务交易额也增长了 35.0%,达到 9.4 万亿肯先令,这一增长是由疫情后对无现金交易的偏好和移动转账关税降低共同推动的。

在数字支付方面,自 2007 年运营商肯尼亚萨法利通信公司(Safaricom Co.,Ltd.)推出了一项移动支付工具——马佩萨(M-pesa),可以提供贷款、储蓄和转账等服务。它的出现扰乱了传统金融业,开辟了一个全新的市场,成为传统银行业的主要竞争对手。在肯尼亚,移动钱包的普及率非常高,96%的家庭中至少有一人使用马佩萨。据《科学杂志》报道,马佩萨已经使大约 2%的肯尼亚家庭(约 194000 人)摆脱了极端贫困。② 自 2007 年马佩萨推出以来,经历了快速的增长迭代,它以 70%的用户份额和 85%的交易份额占据着移动货币市场的主导地位。截至 2018 年年底,肯尼亚累计完成约 90 亿笔移动交易,价值 2200 亿美元,其中仅在 2018 年使用马佩萨的交易额就高达 810 亿美元,占全年总营收的 28%,超过 2000 万活跃客户平均每月进行 11 笔交易,并且这些交易都是按 P2P 方式进行转账的,同年的移动钱包存款额也相较 2017 年同比增长了 12.4%。根据肯尼亚中央银行的数据,2020 年全球新冠大流行期间,马佩萨的交易量相比 2019 年还增加了 45%,相当于肯尼亚当年 GDP 的一半。截至 2020 年年底,马佩萨移动钱包的活跃用户已经将近 3160

---

① 《肯尼亚移动支付发展迅速》,非洲研究院(非洲区域国别学院),https://ias.zjnu.edu. cn/2023/0316/c6148a427186/page.htm,访问时间:2023 年 3 月 15 日。

② Susanne Chishti,Tony Craddock,*The PayTech Book*:*The Payment Technology Handbook for Investors*,*Entrepreneurs and FinTech Visionaries*,Chichester,John Wiley & Sons Ltd.,January 2020.

万人,占人口总数的六成以上,每分钟移动转账额近1500万先令(约14.8万美元),每分钟移动钱包存取款和支付额约2100万先令(20万美元),仅当年就完成交易150亿笔。[①] 据肯尼亚萨法利通信公司(Safaricom Co.,Ltd.)报告称,2022年3—9月,肯尼亚活跃的马佩萨用户就增长了8.6%,达到3117万人。[②]

移动钱包的成功——尤其是马佩萨的崛起,使深度优先检索技术(Depth-First Search, DFS)得以广泛使用。深度优先检索技术是确保数字支付和在线交易成功进行的关键性因素,为肯尼亚的数字服务和电子商务创造了巨大的市场,肯尼亚已成为非洲当前普惠金融率最高的国家之一,在很大程度上得益于深度优先检索技术的高普及率与使用率。此外,移动支付的出现也便利了迄今为止还没有银行账户的人群,大部分是偏远乡村或贫困地区。

尽管如此,大多数肯尼亚人仍然偏好现金消费,特别是在当地小型商店(dukas)、售货亭和药店等个人形式的交易中。据统计,肯尼亚的农民中93%以现金收款,银行转账仅占5%,只有2%的交易是通过移动钱包完成的;贸易商中96%通过现金收款,19%通过移动钱包或其他支付方式。数字支付占比不高的原因主要是,使用马佩萨进行支付需要经过多个步骤,流程较为复杂,同时高昂的交易费用也阻碍了许多用户,尤其是贫困边缘人群。[③] 因此,肯尼亚数字支付领域仍存在很大的增长及改进空间。

(二)金融科技企业数量激增

当前非洲金融科技类企业的数量正处于激增中,主要集中在尼日利亚、肯尼亚、南非、埃及等国家。这是由于近年来非洲地区宽带覆盖率的

---

① 《非洲十国创投市场调查报告之:(8)肯尼亚》,非程创新,https://www.iyiou.com/news/202005091003138,访问时间:2023年3月2日。

② 《非洲最大移动支付平台M-Pesa在12个月内交易规模达3552亿美元》,新华丝路,"一带一路"综合信息服务平台,https://www.imsilkroad.com/news/p/497604.html,访问时间:2023年3月11日。

③ 《寻找非洲硅谷——肯尼亚互联网创投生态》,非程创新,https://mp.weixin.qq.com/s/WMdpzF8T55LsnJ2SP quelQ,访问时间:2023年3月16日。

普遍提高进一步促进了金融深化,同时刺激了金融科技领域的强劲创新。

肯尼亚一直走在非洲金融科技领域创新的前列,这主要得益于数字支付的普遍应用。继 2007 年运营商肯尼亚萨法利通信公司(Safaricom Co.,Ltd.)推出了移动支付工具马佩萨后,各类金融创新工具应运而生,银行、金融科技与其他金融服务供应商合作,允许第三方通过开放的应用程序编程接口(Application Programming Interface,API)进行连接,从而为金融创新在肯尼亚奠定较好的发展基础。肯尼亚的金融市场也变得越发复杂,储蓄、信贷、投资和保险等金融业务之间的界限变得日益模糊。例如,为了将资金留在正规银行部门,肯尼亚的银行家协会与商业银行密切合作,创建了一款软件"佩萨连接"(PesaLink),只需输入银行账户所有者的电话号码,就能实现账户之间的自由实时转账。佩萨连接充当着交易双方的开关,发送方可以选择代理人、移动电话或 ATM 机来付款,而接收方则通过短信来收取交易通知,从而将资金控制和保留在正规银行部门内。

肯尼亚当前的金融科技创业领域主要涵盖以下细分场景:

1. 小额贷款

基于肯尼亚较高的移动互联网普及率和较为完善的数字基础设施,小额信贷产品十分盛行。其中,35%的借贷需求为家庭日常消费,37%为商业需求,只有 7%用于医疗急用。截至 2020 年,肯尼亚有超过 100 家平台可以提供即时的现金贷,这一领域的主要头部公司有:塔拉(Tala Co.,Ltd.)、布朗驰(Branch Co.,Ltd.)、卡本(Carbon Co.,Ltd.)、欧佩萨(Opesa Co.,Ltd.)、欧现金(Ocash Co.,Ltd.)等。然而,随着小额贷款总额增长,不断升高的坏账准备也成为肯尼亚亟待解决的问题。同时,由于部分信贷平台并不属于金融机构,不受肯尼亚当前《中央银行法》《银行法》《小额金融法》的约束,因此,大量小额信贷 App 的涌现也带来了一系列监管缺失的问题,目前政府和相关部门已经在逐渐完善该领域的法律法规。

2. 跨境转账

对大多数非洲国家来说,传统的跨境转账方式成本高、耗时长。当前国际上比较常见的跨国转账方式是"国际资金清算系统"(Society for Worldwide Interbank Financial Telecommunications,SWIFT),覆盖 200 个国家,超过1万个银行和金融机构使用,其缺点是耗时很长,通常需要1—5天甚至更久,交易费率在4%—6%。跨境转账领域当前的创业公司主要通过科技创新来降低费率并缩短转账时间,这一领域的公司主要有:比特佩萨(BitPesa Co.,Ltd.)、池佩尔现金(Chipper Cash Co.,Ltd.)、瓦匹支付(Wapipay Co.,Ltd.)等。当前的挑战主要是如何形成规模效应以及如何解决外汇的合规性。

3. 储蓄信贷合作组织数字化

储蓄信贷合作组织(Saving and Credit Cooperative Organization, SACCO)的目的是为成员储蓄,并提供信贷便利,最终提升其成员的经济利益和整体福利水平。肯尼亚的储蓄信贷合作组织是其经济社会就业与营生的主要来源之一,据估计,每两个肯尼亚人中至少有一个直接或间接地从合作社中谋生。多年来,合作社主要为农业相关的信贷业务提供支持。自2020年开始,其业务出现了明显的多样化,合作社开始从事储蓄业务,一些非农业的合作社也应运而生,比如住房领域等。此外,储蓄信贷合作组织还是肯尼亚农村金融服务的主要来源之一。近年来,肯尼亚本地一些初创公司围绕着储蓄信贷合作组织数字化,做了很多技术创新相关工作。该领域的公司主要有:芬阿科萨斯(FinAccess Co.,Ltd.)、科瓦阿(Kwara Co.,Ltd.)等。

4. 供应链金融

自2016年9月以来,肯尼亚财政部将国内的商业贷款利率上限设定为比央行基准利率(9.5%)高出四个百分点,其目的是限制企业和个人的借贷成本,但在很大程度上却适得其反。银行均认为中小企业的信用风险过高,普遍不愿放贷。一些初创公司通过供应链金融的方式向中小企业提供贷款,比如保理和保兑,而非现金贷款,中小企业只需出示其日常流水和资产相关证明,就可以在一定程度上降低坏账风险,这一领域的代表公司是扎尼弗(Zanifu Co.,Ltd.)。[1]

---

[1] 《寻找非洲硅谷——肯尼亚互联网创投生态》,非程创新,https://mp.weixin.qq.com/s/WMdpzF8T55LsnJ2SPquelQ,访问时间:2023年3月16日。

(三)数字信贷市场迅速扩大

肯尼亚现有 17 家商业银行提供手机银行服务。许多银行也有自己专门的代理网络,提供一系列柜台交易(Over the Counter,OTC),如现金兑现及套现业务。深度优先检索技术在肯尼亚主要被应用于消费者、中小微企业以及农业部门。深度优先检索技术的广泛应用,特别是移动货币服务普及以后,肯尼亚的数字信贷市场迅速扩大,其国内主要的商业银行、金融科技公司以及非银行类金融机构都开始提供数字信贷服务。除了信贷服务,在专门的加速器及孵化器支持下,肯尼亚一些金融科技企业还提供许多其他类型的服务,如医疗保健、区块链、农业科技、外汇兑换和储蓄等。例如,肯尼亚的信息服务部门就在为其农业部门开发产品和提供服务,帮助农民提高生产率,以提高农业部门的经济效益并优化生产力,通过艾牛(iCow)、马珊芭(M-Shamba)、迪姬农场(DigiFarm)等移动应用平台程序为不同需求的人群提供了有效农业信息及定制化服务,从而实现了农业部门的进一步智能化。

获取信贷是中小微企业面临的一大困难,这在很大程度上限制着它们的增长和发展空间。设置利率上限使银行部门放贷意愿降低但却刺激着肯尼亚国内的人们不得不积极寻找可靠的替代性信贷来源。在一定程度上却也促进了肯尼亚数字贷款的多样化发展,因为客户更多地转向了非银行部门,早在 2017 年时,肯尼亚就拥有了 30 多个科技中心及 56 家金融科技初创公司,近年来这里成为非洲最具吸引力的投资胜地之一,也进一步推动了肯尼亚国内的金融创新与数字化产业的发展。为解决融资缺口,肯尼亚政府于 2018 年通过了《肯尼亚信用担保计划法案》(Kenya Credit Guarantee Scheme Act),表示政府会为"向中小微企业和一些优先部门提供信贷的贷款人或贷款机构"提供担保,以鼓励他们提供更多的信贷服务。[1]

① Constantin Johnen, Oliver Musshoff, "Digital credit and the gender gap in financial inclusion: Empirical evidence from Kenya", Journal of International Development, Vol. 35, No. 2, (2023).pp.272-295.

四、数字创业

2019 年联合国贸发会议发布了"B2C 电子商务指数"（Business to Consumer Index，B2CI），根据该指数，肯尼亚全球排名第 88 位。作为东非数字支付的领跑者，肯尼亚在数字化领域存在大量机会，吸引了众多科技公司与初创平台涌入，是全球数字经济参与者在非洲重要的投资中心，当地人的持股份额也在不断上升。根据 2022 年全球创新指数（Global Innovation Index，GII），肯尼亚以 22.7 的得分在 132 个国家中排名第 88 位，位居撒哈拉以南非洲地区前三[①]，且这样的好成绩肯尼亚已经连续保持了 12 年。在非洲，肯尼亚的创投生态发展时间最长，据不完全统计，肯尼亚当前有约 200 家初创企业，其中包括近 70 家互联网公司，创业者背景大多来自本地的大型企业、跨国公司等，已有部分企业成功获得了国际资本巨头的青睐。例如 B2B 食品供应链平台"推嘎食品"（Twiga Foods Co.，Ltd.）最新获得高盛领投的 2380 万美元；农村电商平台"科皮亚全球"（Copia Global Co.，Ltd.）获得了来自英国具有影响力的投资机构 LGT 光石公司（LGT Lightstone Co.，Ltd.）2600 万美元的 B 轮融资；还有不少公司也获得了国际资本领投的 C 轮、D 轮融资，这在整个非洲大陆都是比较罕见的。[②] 就肯尼亚初创企业的赛道布局而言，以金融科技、物流、出行及本地生活方向为主，此外还涉及农业、能源及医疗领域。其中金融科技领域的相关情况上文已经有过具体介绍。

（一）数字创业的投资机构异常活跃

由于肯尼亚在东非地区的经济、金融、商业及物流多个层面均处于领先地位，吸引了众多国际投资者的目光，一些是已经在非洲深耕的欧美投资机构，如 TL 资本（TLcom Capital Co.，Ltd.）、AHL 风投合伙人（AHL Venture Partners Co.，Ltd.），近年来不少本地风投机构兴起，如挪瓦星风投

---

① World Intellectual Property Organization, "Global Innovation Index 2021", https://www.wipo.int/edocs/pubdocs/en/wipo_pub_2000-section3.pdf，2023-03-24.

② 《寻找非洲硅谷——肯尼亚互联网创投生态》，非程创新，https://mp.weixin.qq.com/s/WMdpzF8T55LsnJ2SPquelQ，访问时间：2023 年 3 月 16 日。

（Novastar Venture Co.，Ltd.）等。从整体融资规模和机构活跃程度来讲，其他东非国家确实比不上肯尼亚。根据"颠覆非洲"（Disrupt Africa）的相关研究，在2018年整个非洲获得初创融资的国家中（综合考虑未公开的融资金额），肯尼亚排名第一，44家公司获得共计3.48亿美元融资；2019年时在融资方面也取得了不错的成绩，如电商公司可比亚（Copia Global Co.，Ltd.）和物流公司罗锐系统（Lori Systems Co.，Ltd.）分别获得了3000万与2600万美元投资。①

（二）市场开放，数字创业氛围佳

首先，肯尼亚是非洲东部金融、物流及航运的交通枢纽，自身市场开放稳定，营商自由度很高，是东非地区最具投资吸引力的门户。其首都内罗毕更是东非的金融中心，吸收着来自全球的资本、人才和技术。在2019年世界银行营商指数（Word Bank Doing Business，WBDB）排名中，肯尼亚从2018年的世界第61位上升至第56位，在撒哈拉以南的非洲国家中仅次于毛里求斯和卢旺达。

其次，肯尼亚国内的创投氛围生机蓬勃，孵化器密集。肯尼亚专注于创业初期的孵化机构就多达48家，在撒哈拉以南的非洲仅次于尼日利亚与南非，激励着众多优秀的初创团队前赴后继地出现，同时也使得肯尼亚的科技生态系统更加完善与成熟。本地主要的孵化器包括成立于2010年的艾俱乐部（iHub），目前主要依靠空间出租、调研、咨询及主办活动等方式进行盈利；位于肯尼亚最好的私立大学里的艾实验室（iLab），属于非营利性质的孵化机构，依靠大学资源及多个跨国公司的资助对创业团队提供指导、种子轮投资、法务及财务相关咨询业务。

肯尼亚在物流、移动支付等基础设施层面相较于包括尼日利亚在内的其他非洲国家均具有较大优势，同时肯尼亚政府对于数字创业的支持力度很大，肯尼亚本国的创投生态繁荣，非常适合想要进入非洲的海外资本。同时，需要注意的是，肯尼亚的法律体系与欧美较为接近，其国内的

---

① 《非洲十国创投市场调查报告之：（8）肯尼亚》，非程创新，https://www.iyiou.com/news/202005091003138，访问时间：2023年3月2日。

许多法律条款直接沿袭了欧美标准,因此,对于入场较晚的中国投资者而言,事先需要做好充足的法务尽职背调,以避免不必要的损失。

五、数字技能

数字技能,是运用数字设备、通信应用程序来进行网络接触和管理信息的一系列能力。对一国而言,增强数字技能不仅可以促进数字经济发展,还能享受数字社会带来的好处,从而提高生活质量。在肯尼亚,劳动力群体普遍年轻,风险承受能力较高,创新意识较强,政府坚持全球化的趋势与战略,拥有众多充满活力的科技中心和广泛的孵化器网络,同时,政府一直很注重培养具备先进数字技术的雇佣劳动力,以促进数字技术的创新。联合国贸发会议推出的数字技能金字塔将数字技能分为以下三个层次:数字素养、专业数字技能和电子商务技能。

数字素养主要包括数字意识、计算思维、数字化学习与创新、数字社会责任等内容。肯尼亚的基础教育普及率相较其周边国家较高,15 岁至24 岁的青年人识字率高达 87%,人均素养普遍较高,年轻的中产阶级正在兴起。肯尼亚教育部已经在"能力型课程规划"中将数字素养列为学生在基础教育阶段必须掌握的七大核心能力之一。政府为几乎所有的公立小学供电,并配备投影仪、教师用的笔记本电脑、学生用的平板电脑以及承载数字化课程的服务器等,旨在提高肯尼亚年轻群体的数字素养。[①]

专业数字技能指劳动力要具备生产数字软硬件、设计和维护系统以及进行数字技术研究所需的技能。肯尼亚是一系列数字技能发展项目的参与国之一,旨在通过各利益攸关方的合作,加强 ICT 人才培养、技能培训和知识转移,并在 ICT 领域创造出更多的就业机会。肯尼亚青年组织"耐若必斯"(NairoBits)就在帮助非正式定居点的贫穷年轻人学习网页设计和其他 ICT 技能,另一青年组织"阿基若驰"(AKiraChix)专门专注于培养女性计算机爱好者,由于 ICT 领域的女性偏少,阿基若驰(AKiraChix)鼓励女性

---

① TECH4ALL 数字包容——案例故事,华为,https://www.huawei.com/cn/tech4all/stories/kenya-digischool,访问时间:2023 年 3 月 18 日。

从事 ICT 职业,加入 ICT 公司,为 ICT 领域提供充足的人力资源。①

电子商务技能指劳动者要掌握与创新商业模式、数字产品和服务营销相关的技能。近年来,肯尼亚的电子商务业务在持续稳步增长中。据2017 年调查数据,肯尼亚人的日常采购中仅 6% 来自电子商务。近年来,可供其订购商品和服务的在线平台和应用程序越来越多地涌现,大大促进了该国电子商务行业的蓬勃发展。根据德国 Statista 全球统计数据库显示,2020 年肯尼亚的电子商务市场规模达到约 3 亿美元,占该国当年GDP 的 0.3% 左右②,这一数据在整个非洲大陆内处于领先地位,但仍远落后于欧美国家,根据《2021 年欧洲电子商务报告》相关数据显示,2021年欧洲 27 国的电子商务收入占 GDP 的比例达到 4.6%,其网购人数约占总人口比例的 75%。③

第三节　中肯数字经济合作现状

中肯合作已有 600 余年历史,自 1415 年明朝航海家郑和率领船队第四次下西洋到达肯尼亚东部沿海,到 2017 年 5 月,肯雅塔总统作为非洲唯一的国家元首应邀赴华出席"一带一路"国际合作高峰论坛,两国关系提升为全面战略合作伙伴关系,中肯两国贸易关系早已深度融合,中国是肯尼亚重要的贸易伙伴、工程承包商来源国、投资来源国以及增长最快的海外游客来源国,肯尼亚也连续数年成为吸引中国投资最多的非洲国家。2017 年肯尼亚政府公布的 30 多个"旗舰项目"中,中肯合作项目近半数。④ 作为

---

① 世界银行:《全球经济研究报告:2016 年世界发展报告——数字红利》,清华大学出版社 2017 年版。

② 《肯尼亚 1960—2022 年间国内生产总值(GDP)走势》,Best Data Analytics,http://cn. bestdataanalytics.com/gdp/3333/kenya-gdp-by-year/,访问时间:2023 年 3 月 18 日。

③ 《2022 年欧洲电子商务发展现状及市场规模分析　电商收入对 GDP 贡献不断提升》,前瞻经济学人,https://www.qianzhan.com/analyst/detail/220/220223-09f799e9.html,访问时间:2023 年 2 月 23 日。

④ 《对外投资合作国别(地区)指南肯尼亚(2020 年版)》,中华人民共和国商务部,https://www.yidaiyilu.gov.cn/wcm.files/upload/CMSydylgw/202012/202012230402023.pdf,访问时间:2023 年 3 月 19 日。

数字经济大国,中方一直高度重视发展数字经济,并持续推进该领域的国际合作项目。中方同肯方数字经济相关部门一直保持着密切的交流与合作关系,与此同时还应抓住数字经济发展的红利时期,加强双方企业在信息通信基础设施、互联网和数字经济领域协作,努力缩小数字鸿沟,共同推进数字社会建设。

一、数字经济基础建设方面

当前,中国与肯尼亚尚未签署有关数字经济的相关协议。不过,肯尼亚政府重视创新,尤其是数字经济领域的创新发展。中国一些民企已经率先与肯尼亚开展了一系列合作。例如,通信设备领头企业华为和中兴就积极参与了现代非洲"移动革命",成为在非洲最具影响力的中国电信制造商。华为于1998年经肯尼亚进入非洲市场,成为非洲第一家提供"5G"服务的公司。华为通过支持非洲运营商优化总体运营成本、缩短投资回报率周期、提高站点效率,"三星级"点解决方案等系列举措,帮助非洲运营商加速信息通信技术建设。[①] 华为携手联合国教科文组织、肯尼亚教育部、信息通信部以及相关主管部门开展"数字学校"项目,充分利用肯尼亚现有的9000千米光纤网络,整合各方优势和资源,结合对肯尼亚当地各所学校的评估,确定合适的技术解决方案,为当地13所农村学校提供网络连接,包括9所小学和4所中学。[②] 虽然9000千米光纤网络覆盖下的学校已经直接接入了网络,但还有很多地处偏远地区、尚未被光纤覆盖的学校,它们仍只能通过无线网络接入互联网,无法直接连接。针对此类场景,华为在学校及邻近的光纤接入点建设了小型铁塔,采用公司最先进的点对点微波解决方案以实现互联互通。目前,所有在华为安排下实现网络连接的肯尼亚学校的宽带网速均已不低于100Mbps。此外,肯尼亚各个学校的行政管理人员还可以通过互联网访问政府在线系统,

---

① Amy T.,"China's ICT Engagement in Africa:A Comparative Analysis",*The Yale Review of International Studies*,Vol.2,No.3,(2021),pp.4–18.

② 高莹:《非洲虚拟大学(肯雅塔)的发展模式研究》,浙江师范大学2009年硕士学位论文。

开展学生注册、考试管理和师资管理等工作。教师也可以下载"肯尼亚教育云"上最新的课程资料,包括图像、视频、教程和教学指南,还可以自由访问其他与教学相关的在线内容。对于学生而言,课程体验不仅得到了提升,他们还能学习如何使用互联网的各种搜索功能,以及如何进行安全上网。原华为员工在肯尼亚成立的大型电商平台——齐力商城(Kilimall),以及总部位于深圳、覆盖了非洲十多个国家、仍保持本土化运营的互联网公司——阿曼波(Amanbo Co.,Ltd.),实打实地解决了非洲的海外市场拓展、分销体系建设、本土化服务供给以及进口国关税等方面的冲突与问题。

二、数字化人才方面

华为一直结合自身核心技术积极履行企业社会责任,通过实施人才培养和女性赋能项目以消除数字鸿沟,构建 ICT 发展所需的健康生态环境。自 2014 年起,华为已经连续 5 年资助肯尼亚 ICT 相关专业的大学生赴华参加实践培训,为肯尼亚 ICT 领域的人才队伍建设持续作出积极贡献。[1] 2020 年,华为在肯尼亚首都内罗毕举行了"未来种子"数字人才培养项目启动仪式,该项目首次采用线上的方式进行,为 60 名肯尼亚学员提供为期 5 天的强化培训课程,重点传授 5G、大数据、人工智能和云计算等技术,旨在为肯尼亚培养本土优秀的信息通信技术人才,促进中肯两国之间的沟通交流。[2]

2021 年,中国人周涛在肯尼亚首都内罗毕的吉素来 44 区投资建设了肯尼亚首个网络教育空间——"诺联中心"(Konnect Hub),资费为每天 0.7 美金,并且不限制流量。同时,线下设置诺联实体学校,通过远程教育系统,为当地 5—15 岁孩子免费提供远程教育,旨在让更多的肯尼亚人享受到"互联网+教育"带来的红利。截至 2021 年 7 月,诺联项目与中

---

① 《肯尼亚总统:希望肯尼亚数字化转型能得到华为的继续支持》,华为官网,https://www.huawei.com/cn/news/2018/9/kenya-president-visit-huawei,访问时间:2023 年 3 月 20 日。

② 《肯尼亚官员赞扬华为为培养本土信息技术人才》,新华社,http://m.xinhuanet.com/2020-09/17/c_1126505809.htm,访问时间:2023 年 2 月 18 日。

国电信在肯尼亚的分公司合作,在内罗毕人口密集的吉素来44区和金曼门区发展了6.5万注册宽带用户,将价格低廉但高质量的网络服务普及推广到更多肯尼亚中低收入家庭中,帮助肯尼亚乃至非洲更好地与中国和世界相联结。[①]

三、数字创新与数字技术方面

截至2021年6月,撒哈拉以南非洲地区已有南非、肯尼亚、多哥、马达加斯加和塞舌尔等5个国家建立了"5G"商用网络,覆盖了7个相关国家的主要城区。

随着非洲数字基础设施建设的逐步完善,一方面,谷歌、亚马逊、脸书等跨国科技巨头纷纷将目光投向非洲,急需开拓新市场,找到新的增长点,非洲作为数字经济的蓝海展现出强大的发展韧性和巨大的吸引力。其中,根据维奥思社(We Are Social)的相关数据显示,截至2022年1月,肯尼亚的互联网使用人数为2335万人,互联网普及率为42%,[②]这一数据在非洲国家中名列前茅,自然吸引了巨头们的关注。另一方面,科技巨头通过将技术外包于肯尼亚及其他非洲国家,可以大幅降低自身生产成本,将更多资金与时间投入到科技研发与提升企业核心竞争力上去。

此外,肯尼亚大量的初创企业急需获得技术支持,它们也希望与科技巨头们合作,以更低的成本获取专业技术支持。同时,科技巨头进入肯尼亚市场的过程中还能给当地人提供大量高质量的技术培训,并创造大量就业岗位,在客观上为肯尼亚数字经济的发展构建了良好的生态系统。[③]作为在互联网消费领域领先的国家,中国将在发展数字经济、电商合作、数字基础设施建设、移动支付等层面为肯尼亚提供更多经验和技术支持,帮助肯尼亚有效缩小"数字差距",赶上全球数字经济的浪潮。截至2020

---

① 《全球连线|在非洲创业,他助力肯尼亚学生上网课》,新华社,http://www.xinhuanet.com/world/2021-07/27/c_1127699983.htm,访问时间:2023年2月21日。

② 《数字非洲2022:非洲移动网络覆盖近9成人口》,传音开发者,https://zhuanlan.zhihu.com/p/472284167,访问时间:2023年3月11日。

③ 《科技巨头加速挖掘非洲数字市场红利》,澎湃新闻,https://www.thepaper.cn/newsDetail_forward_19244229,访问时间:2023年3月14日。

年,中国已经成为对非洲信息通信领域技术投资最多的国家。

四、数字贸易与电子商务方面

就中国与非洲各国进出口贸易总额来看,肯尼亚排在了第八位,2021 年肯尼亚从中国进口约 67.35 亿美元,向中国出口约 2.27 亿美元,根据肯方数据,中方已经连续 5 年成为肯尼亚最大的贸易伙伴,正如表 11-3 2018—2022 年中国与肯尼亚进出口及顺差额所示。中国与肯尼亚开展数字合作,能够进一步便利电子商务及数字贸易的发展,减少中肯双方的信息不对称问题,增强交易双方的信任感,从而进一步促进中国与肯尼亚的商品与服务贸易交易,扩大进出口总额,肯方增加政府收入、大力发展电子商务与数字贸易的同时,中方也能增加出口收入,进一步扩大对肯尼亚的贸易顺差额,从而获得更多经常账户上的顺差优势。

表 11-3 2018—2022 年中国与肯尼亚进出口及顺差额

（单位:亿美元）

年份	进出口总额	中国向肯尼亚出口额	中国自肯尼亚进口额	中方顺差额
2018	53.72	51.98	1.74	50.24
2019	51.73	49.93	1.79	48.14
2020	55.62	54.11	1.51	52.60
2021	69.62	67.35	2.27	65.09
2022	85.18	82.49	2.69	79.80

资料来源:中国海关。

此外,"肯尼亚—中国贸易周"也已成为双边合作的重要渠道,在肯尼亚政府的大力支持下,肯尼亚投资署将为中国企业在肯尼亚投资提供最大帮助与支持。

第四节 中肯数字经济合作的政策建议

在数字经济领域,肯尼亚的市场基础较为成熟,发展前景良好,已经成为非洲大陆在电信基础设施、电子商务和数字金融领域最先进的国家之一。尽管 2020 年以来，肯尼亚国内的经济受到新冠疫情、蝗灾、洪灾以及债务负担的多重影响，但其政府积极采取了稳妥可行的防疫措施，制定了一系列经济刺激和经济复苏方案策略，成功地将这些非可控因素对肯尼亚经济社会的冲击收缩在了最低位，在某种程度上也唤起了肯尼亚在线业务的繁荣与创新，激发了肯尼亚发展数字经济的潜力。从长远角度来看，肯尼亚经济基本面向好的大趋势并未改变，其数字经济市场的发展潜力巨大，仍属于非洲最具价值的"投资热土"之一。[①] 当前，随着全球经济复苏回暖，肯尼亚更应该把握机会顺势而上，积极做好国内数字化基础设施建设，稳定宏观投资环境，完善境外投资相关法律法规，并培养劳动力合格的数字技能。

作为肯尼亚的密切合作伙伴，中国应在"一带一路"的政策框架下，抓住肯尼亚在疫情后数字化转型升级的机遇期，积极开展数字经济合作，促进中肯合作的数字化、普惠化和可持续化。作为在互联网消费领域领先的国家，中国可以在数字基础设施建设、电商合作、移动支付等层面为肯尼亚提供更多的经验和技术支持，帮助肯尼亚有效地缩小"数字差距"，赶上全球数字经济的浪潮。

事实上，中肯双方的数字经济合作已经取得了初步成效，但与此同时，仍存在诸多挑战。比如，虽然肯尼亚在当前数字经济领域已经取得一些成就，属于整个东非地区数字基础设施、移动支付和数字金融方向的领跑者，但是，放眼全球范围来看，肯尼亚国内发展数字经济的基础硬件条件较差，其数字化程度与国内电商水平仍然明显落后，导致中方提供的软件支持和相应的配套能力均难以充分发挥出作用；此外，肯尼亚的网络信息环境也不够安全，仍存在个人数据及账户隐私泄露问题，数字风险抵御能力明显不足等。因此，中肯双方应以数字经济发展浪潮为契机，优化合作主体及合作模式，突破合作瓶颈，打通合作堵点，积极提高硬件配套能

---

① 《对外投资合作国别（地区）指南肯尼亚（2020 年版）》，中华人民共和国商务部，https://www.yidaiyilu.gov.cn/wcm.files/upload/CMSydylgw/202012/202012230402023.pdf，访问时间：2023 年 3 月 19 日。

力、软件支持能力、风险防范能力以及国际合作竞争能力，共同推动中肯数字经济合作迈上新台阶。①

一、提高肯尼亚 5G 网络渗透率

根据中国互联网络信息中心（China Internet Network Information Center，CNNIC）发布的相关数据显示，截至 2021 年年底，全球互联网用户规模达到 49.01 亿，全球互联网渗透率为 62.5%②，而国际电信联盟（International Telecommunication Union，ITU）发布的报告《事实与数据》称，截至 2021 年 10 月，非洲整体网民数量超过 5.8 亿，互联网渗透率为 33%，其中肯尼亚的互联网渗透率为 42%。③ 可以看出，肯尼亚及非洲的互联网用户规模与网络渗透率距离全球平均水平仍有较大差距。虽然肯尼亚是当前非洲互联网渗透率最高的国家之一，但其 4G 覆盖率只有 36.8%，5G 覆盖率更低，这说明肯尼亚在互联网渗透率方面，尤其是 5G 网络渗透率方面仍有很大的发展空间。

2022 年，肯尼亚已有六条正常运营的海底电缆，为其与亚洲各大经济体及世界其他地区之间的贸易和投资往来起到了重要的支撑作用，9000 千米的光纤网络帮助肯尼亚实现了其国内大部分地区网络的互联互通，但放在全球视野内，尤其是和发达国家相比，其数字基础设施、通信硬件仍处于落后地位，行业发展空间较大，且获取数据的价格高昂，普通人尤其是贫困及边缘人群难以支付，这对提高 5G 网络渗透率造成了很大的现实阻碍。因此，如何进一步降低数据获取费用及漫游成本，提高 4G 乃至 5G 互联网的接入和渗透率，建设更加实惠、更加完善好用的宽带网络，以保证更多的肯尼亚人可以享受"互联网+"带来的福利与好处，是肯尼亚政府和企业需要重点思考的问题。与此同时，还要注意提高网

---

① 牛东芳、黄梅波、沈昭利：《中非共建"数字非洲"的动力与发展路向》，《西亚非洲》2022 年第 3 期。

② Statista, https://www.statista.com/statistics/273018/number-of-internet-users-worldwide/, 2023-03-24.

③ 《数字非洲 2022：非洲移动网络覆盖近 9 成人口》，传音开发者，https://zhuanlan.zhihu.com/p/472284167，访问时间：2023 年 3 月 11 日。

络使用的安全性,防止数据攫取、信息泄露事件的发生,提高农村及乡镇网络覆盖率及网速,确保数字基础设施建设区域的广泛性以及建设资金配置的公平性,最大限度上减少"数字鸿沟"问题。

二、加强中肯跨境电商合作

中国与肯尼亚都应确定各自在数字贸易往来中所处的定位,当前的情况是中方供过于求,而肯方供小于求,且贸易差额较大,肯方处于弱势地位。因此,首先,中方应进一步提高自身数字贸易的供给能力,保证其供应的数字商品和数字服务的质量,同时应确保提供的数据与相关交易信息准确可靠,提高本国商品与服务在肯尼亚市场的可信度,从而提高本国的出口竞争力;其次,虽然肯尼亚在电子商务领域领先于整个东非,但仅仅13%的肯尼亚人使用电商平台来销售和购买商品及服务,这表明该领域仍存在较大的增长空间。基于肯尼亚数字贸易和数字产业基础薄弱的现状,中方应加大对肯尼亚数字经济的投资扶持力度,帮助肯尼亚提高其数字基础设施的质量水平和数字产业的出口能力,发掘其数字进口潜力,以便未来从整体上进一步扩大中肯数字经贸往来的规模;此外,中国的科技巨头们还可以抓住契机入驻肯尼亚及非洲,成立办事处,与当地公司进行技术合作,推动技术和资源转移,率先占领当地市场,这对于中肯双方而言都是互惠共赢的局面。

三、帮助肯方完善数字信贷市场监管体系并降低不良贷款率

2012年11月,非洲商业银行(Commercial Bank of Africa,CBA)与肯尼亚萨法利通信公司(Safaricom Co.,Ltd.)合作推出了一款银行数字借贷产品——马斯瓦瑞(M-Shwari),为用户提供周期30天、月费率7.5%、最高额度为100万先令(约6.85万元人民币)的信贷产品,用户可在马佩萨(M-Pesa)页面直接申请贷款。自那以后,肯尼亚国内的数字信贷市场就迅速膨胀起来。根据肯尼亚中央银行和国家统计局调查显示,数字借贷已成为当前肯尼亚人最主要的信贷方式,一般用于自主交易和日常消费。

数字信贷市场的崛起与繁荣在带来一系列便利的同时,也引发了对低收入家庭过度借贷和无法还债风险的担忧。数字贷款获取门槛低,贷款期限短,因此贷款利率很高,这就容易带来不稳定的偿还率,从而形成不良贷款。调查显示,超过 80 万的肯尼亚人正在使用数字贷款,并且大约一半的放贷者表示自己的数字信贷至少被延迟还款过一次,约 13% 的借款者承认他们的借款已经构成过实际违约。

因此,要想获得更多外资青睐以发展国内的数字经济,首先要创造一个良好的投资环境,完善数字信贷监管体系,由于数字借贷机构既不属于《银行法》又不属于《小微金融法》管辖范围,因此需进一步完善和健全这个领域的法律条款,降低不良贷款率,从而提高资金安全水平,以提振投资者信心。中方作为数字经济大国,在互联网借贷领域具有比较丰富的经验,国内诞生过蚂蚁金服、京东金融、腾讯微粒贷等颇具代表性的互联网金融企业,各种用户场景及盈利模式已经颇为成熟,兼具流量获取与数字风控能力,不仅具有丰富的实践经验同时拥有完善的理论框架体系,中方巨头可以进一步加深与肯方的交流,主动为肯方传授经验,帮助肯尼亚的数字信贷机构完善自身;同时,随着中国互联网金融的飞速发展,国内监管层面的法律体系也在快速矫正与完善,中方监管机构也可以为肯方数字信贷市场监管体系提供相关建议,帮助肯尼亚更好地建设数字借贷及数字金融领域的法律法规系统。

四、中国企业提前制定好完备的风险防范框架

2019 年,肯尼亚营商环境全球排名第 56 位,较之 2018 年上升了 5 个名次。由于肯尼亚当地的经济法律政策落后,跨境投资、税收等相关市场法规体系均有待完善,即使肯尼亚政府致力于吸引外资,出台了一系列的优惠政策,并鼓励工业园区、经济特区投资,从实践中来看,在肯尼亚的直接投资仍存在诸多风险,如投资便利化程度整体不高、优惠政策难以落实、政府部门工作效率偏低、监管透明度较低、物流运输能力不足、工业配套能力较差、融资成本偏高、恐怖袭击等事件时有发生。

因此,到肯尼亚开拓市场,中国企业应结合自身优势,一方面,认真了

解肯尼亚市场现状,分析当地有关贸易政策、法律法规、市场环境、产品供求状况、支付方式、税收规定、当地民众的消费习惯及购买力等各方面情况,选好切实可行的合作方向,做好投资前期研究并拟定积极稳妥的中长期发展战略,了解肯尼亚当地真实的投资环境和数字基础设施状况,最终确定适合自身投资能力和业务长处的投资项目。[①] 另一方面,还应注意数字信用风险,严惩严打电信诈骗犯罪案件。近年来,中肯外贸交易时贸易诈骗事件频发,货物滞留或错提事件也时有发生,务必要注意提前完善和防范信用风险的框架,以及违约后的惩处方式,最大可能地增强交易双方的信心。

---

① 《对外投资合作国别(地区)指南肯尼亚(2020 年版)》,中华人民共和国商务部,https://www.yidaiyilu.gov.cn/wcm.files/upload/CMSydylgw/202012/202012230402023.pdf,访问时间:2023 年 3 月 19 日。

后　记

　　本书是上海对外经贸大学国际发展合作研究院推出的非洲发展及中非投资研究系列成果之一。全书汇集了上海对外经贸大学、浙江师范大学、华侨大学、厦门理工学院、南京林业大学、河海大学、联合国工发组织、联合国灾害风险综合研究计划项目、传音控股移动互联中心大数据与人工智能实验室的专家学者、研究人员和官员的智慧成果。来自中国社科院世界经济与政治研究所、商务部国际贸易经济合作研究院、中国国际问题研究院、中国信息通信研究院、北京大学、南开大学、浙江大学、湖南大学、对外经贸大学、广东外语外贸大学、中非发展基金、中非民间商会、达之路集团的专家学者参与了该书稿内容的讨论。

　　本书由牛东芳、黄梅波拟订基本框架、逻辑体系和篇章的安排，并承担全部稿件的修改、统稿工作。全书各章的写作分工如下：导论"2022 年中非投资指数测算与分析"由中国邮政储蓄银行股份有限公司武汉市分行胡佳生，上海对外经贸大学张宇宁、钟润芊、王婕佳、黄梅波编写；第一章"2023 年非洲移动应用市场报告"由传音控股移动互联中心大数据与人工智能实验室李虎啸、周毅、孙晔编写；第二章"非洲数字经济发展评价"由浙江师范大学经济与管理学院和中非国际商学院刘爱兰、万丹婷编写；第三章"非洲金融科技发展与国际合作"由上海对外经贸大学罗荃心、黄梅波编写；第四章"数字技能与非洲数字化人才建设"由联合国工发组织王大钟、联合国灾害风险综合研究计划刘春吾编写；第五章"中国对非洲数字基础设施援助的减贫合作效应"由华侨大学海上丝绸之路研究院郑燕霞进行编写；第六章"中非数字金融合作的进展与挑战"由厦门理工学院国际商务系吴凌芳编写；第七章"数字支付与中非数字普惠金融合作"由南京林业大学经济管理学院任芳容、袁菲以及河海大学商学院田泽编写;第八章"南非数字经济竞争力与中南合作"由上海对外经贸大学张宇宁、黄梅波编写;第九章"尼日利亚数字经济竞争力分析"由上海对外经贸大学李恺琦、牛东芳编写;第十章"埃及数字经济发展及评价"由上海对外经贸大学孙文慧、牛东芳编写;第十一章"肯尼亚数字经济发展与数字经济治理"由上海对外经贸大学钟雨萱、牛东芳编写。上海对外经贸大学的作者主要来自国际发展合作研究院及国际经贸学院。

　　感谢所有作者对本书的贡献,也感谢所有参与书稿内容讨论的专家学者。

牛东芳　黄梅波于上海

2023 年 8 月 8 日